Revista de Direito Tributário

80

MALHEIROS EDITORES

Revista de Direito Tributário

Publicada sob os auspícios do

Instituto Geraldo Ataliba — IDEPE — Instituto Internacional de Direito Público e Empresarial e do
IBET — Instituto Brasileiro de Estudos Tributários

ISS 0102-7956

REVISTA DE DIREITO TRIBUTÁRIO
publicação trimestral de
MALHEIROS EDITORES LTDA.
Rua Paes de Araújo, 29, 17º andar - conj. 171
CEP: 04531-940 - São Paulo, SP
Tel. (0xx) 3078-7205
Fax. (0xx) 3168-5495
Diretor Responsável: Álvaro Malheiros
Diretora: Suzana Fleury Malheiros

Assinaturas e comercialização:
CATAVENTO DISTRIBUIDORA
DE LIVROS S.A.
Rua Conselheiro Ramalho, 928
CEP 01325-000 - São Paulo - SP
Tel. 289-0811 - Fax. 251-3756
Supervisão Gráfica: Vânia Lúcia Amato
Composição: *Scripta*
Impressão: Paym Gráfica e Editora Ltda.

Revista de Direito Tributário

CADERNOS DE DIREITO TRIBUTÁRIO

Fundador: Rubens Gomes de Souza (✝)

CADERNOS DE DIREITO TRIBUTÁRIO

SUMÁRIO

CADERNOS DE DIREITO TRIBUTÁRIO

EL PRINCIPIO DE LA EQUIDAD TRIBUTARIA Y EL VÍNCULO DE SOLIDARIDAD SOCIAL: RELACIÓN ENTRE LAS NECESIDADES FINANCIERAS DEL ESTADO Y LA JUSTICIA ECONÓMICA
— VICTOR UCKMAR 7

LA ENSEÑANZA DEL DERECHO FINANCIERO EN ITALIA Y ESPAÑA
— ANDREA AMATUCCI 15

LOS PRINCIPIOS GENERALES DE LA IMPOSICIÓN Y LA CODIFICACIÓN TRIBUTARIA
— EUSEBIO GONZÁLEZ 40

PRESCRIPCIÓN DE TRIBUTOS Y SANCIONES
— RAMÓN FALCÓN Y TELLA 49

A SUPREMACIA CONSTITUCIONAL COMO GARANTIA DO CONTRIBUINTE
— HUGO DE BRITO MACHADO 70

FISCALIDAD DEL COMERCIO ELECTRÓNICO
— CÉSAR GARCÍA NOVOA 85

A CONSTITUIÇÃO FINANCEIRA COMO QUESTÃO CRUCIAL DO DIREITO CONSTITUCIONAL
— RAYMUNDO JULIANO FEITOSA 122

ASESORÍA FISCAL Y DERECHO A LA DEFENSA: NOTAS EN TORNO A LA RESPONSABILIDAD PENAL DEL ASESOR FISCAL
— LUIS MANUEL ALONSO GONZÁLEZ 133

PRAZO PARA RESTITUIÇÃO DE TRIBUTO RECOLHIDO COM BASE EM NORMA DECLARADA INCONSTITUCIONAL
— JOSÉ HENRIQUE LONGO 156

NORMAS TRIBUTARIAS PARA LA PREVENCIÓN DE LA ELUSIÓN INTERNACIONAL - *CONTROLLED FOREIGN CORPORATIONS* - CFC (TRANSPARENCIA FISCAL INTERNACIONAL)
— ALEJANDRO C. ALTAMIRANO 161

INCONSTITUCIONALIDADE DA COBRANÇA DAS CONTRIBUIÇÕES ADMINISTRADAS PELO INSS ANTES DO FATO JURÍDICO TRIBUTÁRIO
— EDUARDO MARCIAL FERREIRA JARDIM 183

PRINCIPIOS CONSTITUCIONALES DEL DERECHO TRIBUTARIO SANCIONADOR
— ÁLVARO RODRIGUEZ BEREIJO 190

LA RESIDENZA DEL *TRUST* NEL DIRITTO TRIBUTARIO ITALIANO E COMPARATO
— GIUSEPPE MARINO 203

LA RETENCIÓN EN EL DERECHO TRIBUTARIO: OBLIGACIÓN "EX LEGE" DE LOS PATRONES
— GABRIELA RÍOS GRANADOS 212

ESTUDOS E COMENTÁRIOS

A REGRA ANTIELISIVA. APENAS UMA DISSIMULADA INTENÇÃO
— SIDNEY SARAIVA APOCALYPSE 232

LA IMPOSICIÓN AL CONSUMO DERIVADA DE LA ADQUISICIÓN DE PRODUCTOS DIGITALES
— ROSSANA RODRÍGUEZ RUIZ 240

ALGUNAS DISQUISICIONES EN TORNO AL CRÉDITO FISCAL Y A LA DENOMINADA REGLA DE LA PRORRATA RECOGIDA EN EL IMPUESTO GENERAL A LAS VENTAS PERUANO
— JORGE BRAVO CUCCI 252

ESTADO DIMINUTO (?) – A FEIÇÃO INTERVENCIONISTA E OS DESCAMINHOS DO NEOLIBERALISMO
— DANIELLE SOUZA DE ANDRADE E SILVA 263

CADERNOS DE DIREITO TRIBUTÁRIO

EL PRINCIPIO DE LA EQUIDAD TRIBUTARIA Y EL VÍNCULO DE SOLIDARIDAD SOCIAL: LA RELACIÓN ENTRE LAS NECESIDADES FINANCIERAS DEL ESTADO Y LA JUSTICIA ECONÓMICA

VICTOR UCKMAR
Profesor da Universidad de Genova

1. La historia de los pueblos, las luchas políticas, el consenso de los ciudadanos, la adecuada administración pública, el desarrollo económico, el bienestar social y – más recientemente – la globalización todos están estrechamente vinculados al hecho fiscal.

Las primeras referencias documentales a la tributación se remontan a seis mil años atrás en el territorio de Sumer – una llanura fértil entre los ríos Tigris y Eufrates – es decir, lo que actualmente es Iraq. Algunas tablas de arcilla encontradas en Lagash señalan el hecho de que se aplicaban impuestos para cubrir los gastos de una terrible guerra pero, una vez que cesaban las hostilidades, los recaudadores de impuestos pretendían mantener el poder. Estas tablas de arcilla también relatan que habían recaudadores de impuestos en todo el país, con el fin de gravar cualquier evento o cosa: los servicios funerales no podían realizarse si el difunto no había pagado todos los impuestos que adeudara! El siguiente dicho ha sido documentado: "Usted puede tener un Señor, usted puede tener un Rey, pero el hombre al que hay que temer es el recaudador de impuestos". Este régimen terrorista terminó cuando el sabio rey Urukagin restauró la libertad, eliminando a los recaudadores. No obstante, la falta de recursos trajo como resultado la derrota durante la invasión.

Por lo tanto, se reconoció el papel fundamental de la aplicación de impuestos para disponer de los medios para la defensa u ofensiva militar. El destino de los ingresos tributarios poco a poco se expandió, pero generalmente para beneficio de la clase dominante.

En el 2000 AC, los egipcios instauraron un sistema tributario integral, compuesto de impuestos directos e indirectos: la agricultura era gravada al 20% del producto bruto y el monto imponible presunto, era calculado en base al nivel alcanzado por las aguas del Nilo que dejaban limo sobre el terreno fértil.

La administración fue confiada a los escribas que gozaban del privilegio de estar exentos del impuesto. Comenzaron a darse las primeras señales de desigualdad y por consiguiente, los movimientos de revuelta relacionados con evasión, corrupción y amnistía otorgada por el faraón. Una memorable amnistía fue narrada en la piedra Roseta (200 AC), poniendo así fin a las vejaciones fiscales y determinando un notable desarrollo económico: entre otras cosas, fueron puestos en libertad miles de evasores que reanudaron sus actividades productivas.

No obstante, el restablecimiento de la situación fue de breve duración debido a la incapacidad de administrar el impuesto que se había tornado nuevamente opresivo: muchos empresarios y trabajadores emigraron, la tierra fue abandonada, se intensificaron las actividades criminales, la navegación por el Nilo disminuyó debido a los asaltos de los piratas, los transeúntes estaban sujetos a robo, aun en las calles de la ciudad, la estructura del Estado se desmoronó. Marco Antonio y Cleopatra fueron derrotados por Octaviano (31 AC), y Egipto fue invadido por los romanos, quienes restauraron el orden y también el bienestar mediante un adecuado sistema tributario.

De la antigua Grecia se puede extraer importantes lecciones donde el ingreso tributario no se derivaba mayormente de los tributos recaudados coactivamente, sino más bien de los pagos voluntarios. Por lo tanto, cuando se presentaba la necesidad de reforzar a las fuerzas armadas, o de construir un puente u organizar eventos deportivos o culturales, los ciudadanos espontáneamente proporcionaban los medios a través de procedimientos litúrgicos. Es una política que en los siglos fue seguida solamente por la Reina Isabel I, que fue la única en afirmar: "Yo preferiría que el dinero (los impuestos) estuviera en los bolsillos de mi pueblo más que en mi Tesorería".

Ciertamente este no es el lugar para detenerse en la fascinante historia de la tributación.

A través de los siglos, el hecho fiscal asume relevancia determinante en los grandes acontecimientos. El embrión de la democracia puede encontrarse en la Carta Magna, según la cual "no hay tributación sin representación"; la revolución americana se inicia con la revuelta contra la aplicación de los "derechos aduaneros" pretendidos por la Corona; la revolución francesa tiene como base la lucha contra los privilegios fiscales del clero y la nobleza; el Gobierno de la Sra. Margaret Thatcher cayó por protestas contra el "impuesto de capitación", se verificaron revueltas en California para contrarrestar el "impuesto a la propiedad". En la actualidad no existe contienda electoral que no esté mayormente basada en argumentos fiscales en contraposición.

2. Gracias a la era de las Luces se abrió una nueva página hacia la libertad inclusive de las vejaciones fiscales, y se introdujeron reglas para la estructura fundamental de los ordenamientos tributarios, resumidas en las famosas cuatro reglas de Adam Smith:

1) Los sujetos de cada estado deberían contribuir a apoyar al gobierno, de la manera más adecuada posible en proporción a sus respectivas capacidades.

2) El impuesto que debe pagar cada individuo debe ser cierto y no arbitrario.

3) Todos los impuestos deben ser gravados en el momento o en la forma que parezca más conveniente para que el contribuyente los pague.

4) Todos los impuestos deberían estar ideados para sacar y para apartar del bolsillo de la gente lo menos posible, por encima de lo que generan para el tesoro público estatal.

Según he señalado en mi obra *Principios comunes del derecho constitucional tributario*,[1] en un examen comparativo se

1. Nota da Editora: Traduzido para o português por Marco Aurélio Greco, *Princípios Gerais de Direito Constitucional Tributário*, 2ª ed., Malheiros Editores, 1999.

observó que en los últimos dos siglos se han consolidado los siguientes fundamentos constitucionales:

1) los impuestos pueden aplicarse solamente en base a una ley que, en muchos Estados, debe ser promulgada según un procedimiento particular y ser renovada anualmente (principio de *legalidad);*

2) todos los contribuyentes deben ser colocados, frente a la carga fiscal, en un plano de igualdad (principio de la *igualdad*) de acuerdo con:

a) la generalidad y uniformidad de la tributación,

b) la abolición de cualquier privilegio o discriminación (igualdad jurídica)

c) la aplicación de los impuestos en base a la capacidad económica de los contribuyentes, con la tendencia a introducir en el sistema fiscal impuestos personales con tasas progresivas;

3) en los Estados en que las entidades locales gozan de autonomía financiera, cada entidad dotada de poder tributario, debe ejercitarlo según los límites señalados en la Constitución, sin obstaculizar el libre comercio a lo interno y con el exterior (principio de competencia).

Resulta interesante destacar que – en gran parte debido a la "trasmigración del derecho" – ha habido una concomitancia histórica en la aceptación de algunos de los principios señalados. Inicialmente, originándose en, o al menos con plena afirmación en Inglaterra, se condicionó la introducción de los tributos al consenso de los órganos representativos de los contribuyentes. Luego, con la revolución francesa se proclamó la abolición de todo privilegio de clase, raza o religión, aun en materia tributaria. Por último, con el sobrevenir de las nuevas exigencias sociales, se afirmó la necesidad de equiparar la carga fiscal a la capacidad económica de los individuos.

3. Dentro de cada Estado, los ordenamientos legales han sido articulados de modo diferente, según los intereses de la clase en el Poder. Por un lado, cuando la fuerza política predominante está constituida por los acomodados, hay una tendencia a una tributación moderada de los ingresos vertiéndola sobre el consumo, del otro lado siendo que cuando se trata de los menos acomodados la tendencia es hacia la redistribución de la riqueza, con alícuotas progresivas sobre la renta, patrimonio y herencias, aunque destinando los ingresos a las necesidades primarias de la colectividad, esencialmente, la defensa interna y externa, las comunicaciones, justicia, higiene y educación. Se trata, según dijera Einaudi, de necesidades caracterizadas por la indivisibilidad y consolidación. No obstante, como lo advierte el propio Einaudi, es necesario recordar la consecuencia importantísima que producen las características de la indivisibilidad y la consolidación de ciertas necesidades: es decir, los costos de satisfacción de dichas necesidades deben ser repartidos forzosamente entre los ciudadanos. El Estado, como ente de tributación, surge entonces como una necesidad técnica pero, al igual que muchos otros efectos que a su vez se convierten en causas, y reaccionan sobre las mismas causas de las que se originaron, la fuerza coactiva del Estado surgida como consecuencia de la necesidad técnica de distribuir los costos indivisibles y consolidados de ciertos servicios, puede ser usada por quien la detiene para otros fines. Dichos individuos, o rangos o clases que gobiernan el Estado pueden servirse del mismo, para fines financieros, no tanto para distribuir coactivamente los costos de los servicios públicos propios o técnicos (indivisibles y consolidados) y económicos (cuyo suministro es menos costoso si la distribución de los costos se realiza coactivamente), sino también los de servicios que son técnicamente divisibles y para nada consolidados y que económicamente serían mejor distribuidos haciendo pagar un precio a los consumidores individuales que un impuesto a los contribuyentes.

No siempre es posible determinar si los servicios públicos proporcionados tienen las características técnicas o económicas antes señaladas. En ocasiones hay una parte que no puede explicarse en base a estos criterios.

Por lo tanto, podemos concluir que, de hecho, se asignan los impuestos no sólo a aquellos servicios públicos que corresponden a las necesidades indivisibles y consolidadas o que son más económicamente repartibles de ese modo, sino también todos aquellos servicios que el grupo o rango o clase gobernante desea declarar públicos. Para distinguirlos de los otros, clasificaremos a este tipo de servicios públicos como *políticos*. Estos son cubiertos con el impuesto, simplemente en virtud del derecho de autoridad del Estado.

Desde finales de la primera guerra mundial, los servicios públicos "políticos" se han vueltos cada vez más abundantes. Tenemos en Italia un claro ejemplo de ello. En primer lugar se trató de intervenir para salvar del derrumbamiento a empresas (vinculadas al sistema bancario) que se encontraban en un estado de grave crisis, ya que habían sido creadas para responder a las necesidades de la guerra y, por lo tanto, requerían ser convertidas y reorganizadas. Al Instituto de Reconstrucción Industrial (IRI) se le encomendó esta tarea y se le proporcionaron medios significativos no para dilapidar un enorme patrimonio, sino especialmente para evitar el desempleo. Estas intervenciones estatales persistieron igualmente en otros sectores que experimentaron un estado de crisis en los años siguientes: a las empresas estatales también se les encomendó la producción de panes de dulces y helados! Luego de la segunda guerra mundial, el alcance del gasto por intervención estatal se extendió tanto que más del ciento por ciento de la economía italiana estaba bajo el control de empresas de propiedad estatal, con impresionantes y catastróficos efectos desde todo punto de vista. La mayoría de estas empresas operaban con pérdida y, por lo tanto requerían capital del estado obtenido de los ingresos tributarios. Luego, durante los años 70 se estableció una política de bienestar social – una especie de Estado de bienestar planificado que comprendió: la nacionalización de las empresas eléctricas, promesas de servicios de salud y seguridad social para todos, construcción de "catedrales en el desierto" (generalmente a solicitud de políticos que tenían algún interés en las áreas de intervención) y así sucesivamente.

Esta situación trajo como resultado un incremento en los impuestos (los impuestos aumentaron de 28% del PIB en 1970 hasta 45% en 1995) y un endeudamiento del gobierno que ascendió de 100.000 millones de liras a 2.500 trillones en 1995. Este incremento tributario lo produjo una caótica intervención legislativa (más de 2.000 disposiciones fueron aprobadas en el transcurso de 15 años) lo que hizo que el sistema tributario se derrumbara con el consiguiente y vertiginoso incremento de la evasión tributaria, igualmente por que la Administración Tributaria italiana no había sido reestructurada para hacer frente a las pesadas tareas.

4. En la mayoría de los países en desarrollo – y particularmente los que dejaban atrás dictaduras y avanzaban hacia un sistema democrático – el gasto para fines sociales es bastante considerable, por cuanto también debe servir el propósito de lograr el apoyo de la masa electoral.

Consideremos el caso de Argentina. El Dr. Marcos Macón en "Nuevos mecanismos para administrar el gasto social" en el "Séptimo Congreso Tributario" del Consejo Profesional de Ciencias Económicas de la Capital Federal (San Martín de los Andes, 4-8 de Septiembre de 1999, v. II, p. 346) se pregunta: ¿Qué significa cuantitativamente el tema del gasto social a nivel del sector público argentino y, más concretamente, a nivel del sector nacional desde el punto de visto cuantitativo? "Entonces, en primer lugar, podemos ver que el gasto del sector público argentino, el gasto social, representa más del sesenta por ciento del gasto en los tres niveles de gobierno. Si consideramos que el gasto total argentino está en alrededor de los 8.587.000 millones de pesos, más de cincuenta mil millones de pesos, alrededor de cincuenta y seis, cincuenta y siete mil millones de pesos, son los recursos que el sector público argentino destina al gasto social. Es decir, es una cifra de gran magnitud que requiere una adecuada y correcta administración y gerenciamiento. (1)

GASTO PÚBLICO CONSOLIDADO POR FINALIDADES

Estructura porcentual — Año 1997(*)

Area	Nación	Provincias	Municipios
Administración Gubernamental	7,4%	14,1%	35,5%
Defensa y Seguridad	7,2%	7,9%	0,0%
Servicios Sociales	66,0%	64,9%	54,1%
Servicios Económicos	4,9%	10,0%	9,6%
Deuda Pública	14,5%	3,1%	0,8%
Total	**100,0%**	**100,0%**	**100,0%**

(*) Incluye gastos de obras sociales

Fuente: Dirección Nacional de Programación del Gasto Social – Secretaría de Programación Económica y Regional.

"Yendo ya más concretamente al caso de nuestro país, para el gobierno nacional el presupuesto original de este año, es alrededor de cincuenta mil millones de pesos. De esos cincuenta mil millones de pesos treinta mil quinientos noventa y tres millones de pesos – esta son cifras del presupuesto original – se destinan al gasto social. Es decir, el sesenta y dos por ciento del presupuesto nacional se destina al gasto social.(2)

Area	Millones de pesos	%
Administración gubernamental	4.360	8,84
Defensa y Seguridad	3.472	7,04
Servicios Sociales	30.593	62,06
Servicios Económicos	3.105	6,3
Deuda Pública	7.769	15,76
Total	**49.299**	**100,00**

"Pero ¿cómo se distribuye ese gasto social? Ese gasto social, esos treinta mil millones de pesos, se distribuyen en salud, asistencia social, seguridad social (que lleva veinte mil millones de pesos), educación, ciencia y técnica, trabajo, vivienda y agua. Como pueden ustedes apreciar, de los treinta mil millones de pesos, veinte mil millones se destinan al gasto en seguridad social, es decir, al gasto en pago de jubilaciones y pensiones nacionales, muchos de ellos también financiando lo que es la trasferencia de cajas provinciales a la nación. Es decir, este gasto social tiene una alta concentración en seguridad social, pero sólo el gobierno nacional, si excluye el gasto en seguridad social, destina diez mil millones de pesos a atender gastos diferentes a los de seguridad social".

Area	Millones de pesos	%
Salud	3.047	9,96
Asistencia Social	2.010	5,57
Seguridad Social	20.353	66,53
Educación	28.958	9,34
Ciencia y Técnica	729	2,38
Trabajo	429	1,40
Vivienda	981	3,21
Agua y alcantarillado	186	0,61
Total	**30.953**	**100,00**

De acuerdo con la Sra. Cristina Vargas, Directora Nacional de Programación del Gasto Social, dicha política social es del todo inadecuada, comportando para cada beneficiario incluido en la población de personas con "necesidades básicas insatisfechas debido a la falta de trabajo, una contribución de cerca de $500 anuales".

Dicha política es mayormente sostenida con los recursos financieros que provienen de los ingresos tributarios; por lo tanto, para aumentar los fondos disponibles, igualmente hay necesidad de aumentar los impuestos. Después de la segunda guerra mundial, un número de países europeos, tales como el Reino Unido y Suecia, usaron esta estrategia: introducción de impuestos personales progresivos, cuyos montos podían ser considerados casi como confiscación, ya que el porcentaje aplicado era casi del 100%. Luego de unos años de efectos negativos en la producción, el Reino Unido cambió dicha estrategia de tributación; Suecia, a su vez, continuó con la misma política fiscal y, como consecuencia, tuvo que enfrentar una crisis trágica. Es evidente que este no era un "impuesto justo".

Después de todo, qué significa "tributación justa"?

Todo el mundo clama por una tributación justa. Luigi Vittorio Berliri, escribiendo aun antes de que se produjera la catástrofe, advirtió que: "Actualmente, cualquiera que desee plantear el tema de tributación justa en un grupo de expertos, ciertamente hará que surja una sonrisa; probablemente correrá el riesgo de ser clasificado entre las personas ingenuas y demagogas, o hasta de energúmeno afectado de satiriasis fiscal, de acuerdo con la descripción dada por uno de los más autorizados escritores de nuestro país del "hombre que no descansará hasta que prevalezca la justicia en nuestra miserable tierra, afligida con tanto impuestos obsoletos, viciados e injustos (Einaudi)".

El asunto es que los economistas y juristas, políticos y expertos – tal vez salvo con la excepción de unos cuantos y peligrosos "doctrinarios", seriamente convencidos de estar en posesión de la fórmula "científica" de la justicia verdadera y perfecta – tienden a estar de acuerdo en limitar la estructuración del sistema tributario al siguiente programa: las tendencias y efectos económicos mejor adaptados a la situación cambiante, a ser fijados como lineamientos y propósitos de la tributación, serán establecidos de acuerdo con consideraciones políticas; la ciencia y la experiencia demostrarán qué impuestos están mejor adaptados para lograr dichos objetivos: el jurista tendrá que formular, desde un punto de vista técnico, los instrumentos necesarios para la implantación de dichos impuestos.

En dicho programa no hay espacio para el tema de la "justicia" fiscal. La opinión casi común de los "expertos" se puede resumir en la siguiente afirmación perentoria, que los economistas autoritarios y perspicaces juristas suelen repetir, más como una paradoja que como un axioma; "la tributación justa no existe". Así pues drásticamente se expresa la convicción de que la búsqueda de la "tributación justa" es imposible, inútil e irracional.

5. Considero que esta afirmación apodíctica debe ser parcialmente modificada, ya que en los últimos años ha prevalecido una considerable reducción de la carga tributaria en la mayoría de los países, especialmente en los industrializados, resultando al menos en una reducción en la carga de los contribuyentes, en la evasión y en las consecuencias negativas de la tributación injusta.

Ello obedece a la creciente internacionalización de la economía que estimula el establecimiento de negocios donde la carga fiscal es menos onerosa. Hasta la primera guerra mundial, la tributación estaba mayormente relacionada con el territorio: las relaciones internacionales estaban prácticamente limitadas al intercambio de bienes y la atención estaba enfocada en los derechos aduaneros. Lentamente han ido desapareciendo las barreras; primero la Liga de Naciones y posteriormente la OCDE trataron de fijar reglas para las relaciones internacionales a fin de evitar la doble tributación y el fraude tributario que habría dado lugar a la distorsión de la competencia. En años recientes, ha surgido una fuerte competencia entre los países para atraer inversiones del exterior. Tanto la OCDE como la Unión Europea han condenado la competencia tributaria perjudicial, no la competencia tributaria en sí. En primer lugar, ello ha traído como resultado el mejoramiento de la estructura de los sistemas tributarios, gracias a significativas simplificaciones y garantías de los contribuyentes, en lo que respecta a la legislación como a la administración. Italia, que ha confrontado dificultades en reducir la carga tributaria debido a una gran deuda pública, recientemente ha tomado algunas medidas para simplificar la legislación, mejorar la administración financiera, (gracias particularmente a un sistema informático orgánico desarrollado por SOGEI), garantizar los derechos de los contribuyentes (que ya no son vistos como súbditos, sino como ciudadanos) y en los últimos meses ha entrado en vigencia un estatuto de contribuyentes. En el plano legislativo establece lo siguiente:

• claridad y transparencia de las disposiciones tributarias;

• las leyes y otros actos con fuerza de ley que incluyan disposiciones tributarias deben mencionar el objeto en su título;

• el índice de las secciones internas y de los artículos únicos deben mencionar el objeto de las disposiciones únicas allí contenidas;

• las leyes y otros actos con fuerza de ley que no tengan un objeto tributario no pueden incluir disposiciones de carácter tributario, salvo aquéllas que son estrechamente inherentes al objeto de la misma ley;

• la llamada a otras disposiciones contenidas en las medidas normativas en materia tributaria, por regla, se hacen indicando igualmente el contenido de la disposición a la cual se pretende hacer referencia;

• las disposiciones que modifican las leyes tributarias deben introducirse señalando todo el texto íntegramente modificado.

A nivel administrativo, se prevé lo siguiente:

• el ciudadano que tenga dudas sobre la interpretación de la ley, puede solicitar aclaración a la Administración Tributaria, la cual dispone de 120 días para responder. En caso de que no haya respuesta, se aplicará la interpretación del contribuyente;

• los controles deberán ser aplicados con el mínimo de inconvenientes posible para el contribuyente y, por regla, no podrán durar más de 30 días;

• no se podrá aplicar sanción alguna por errores que hayan resultado en pagos menores o que hayan sido cometidos por poca claridad de la norma;

• en cada Región se ha instituido el ente conocido como el "defensor del contribuyente", compuesto por tres personas que examina las quejas e interviene para corregir las irregularidades.

Pero eso no es todo: especialmente en los Estados industrializados se ha manifestado de manera siempre más violenta, la "fiebre de recorte de impuestos". De ello, hay muchos ejemplos concretos.

El 14 de julio de 2000, luego de un candente debate político, el Bundesrat, (la Cámara Alta del Parlamento alemán) aprobó la reforma tributaria introducida por el gobierno "rojo-verde". A partir del próximo año, los contribuyentes alemanes pagarán 44 mil millones de liras menos. Para el 2005, el aligeramiento respecto a la presión actual ascenderá a casi a 60 mil millones. Además, a fin de persuadir al Länder para que apoye su paquete de medidas, Eicher ha prometido otros 2 mil millones en deducciones para la pequeña empresa. Se logrará este resultado mediante una reducción de la alícuota en tres fases. Finalmente, la tasa del impuesto de sociedades descenderá del actual 40 al 25%, mientras que la alícuota máxima del impuesto de la renta de las personas físicas pasará del 51% actual al 48,5% en el 2001, hasta llegar al 42% en el 2005. La alícuota mínima descenderá del 22,9% al 19,9% y finalmente al 15%.

La nueva legislación fiscal establece, a partir del 1º de enero de 2001, la abolición de los impuestos sobre ganancias de capital relacionadas con ventas de participaciones cruzadas, lo que según muchos es la verdadera revolución destinada a cambiar para siempre el capitalismo renano. Dicha medida pretende simplificar la estrecha interrelación entre bancos e industrias abriendo así el sistema "Germania" a nuevos inversionistas. "Esto constituye un verdadero cambio que consolidará la recuperación económica y contribuirá posteriormente a reducir el desempleo", dijo el Canciller, inmediatamente después de la votación, gracias a la cual el proyecto de ley fue aprobado con 41 votos a favor y 28 en contra.

Italia ha seguido este mismo camino, previéndose entonces, a consecuencia del impulso del Gobernador del Banco Central, una reducción de ingresos de 20 mil millones. Cabe recordar que las medidas antes mencionadas han sido adoptadas por gobiernos de centro-izquierda que generalmente son particularmente sensibles a la fiscalidad social. En los Estados Unidos – que se han mantenido a la vanguardia (reforma Reagan de 1986) de reducir drásticamente la tributación de la renta y en la reciente lucha contra la elusión fiscal, particularmente la perpetrada a través de "paraísos fiscales" (a tal propósito cabe recordar las declaraciones del Secretario del Tesoro, L. H. Summers, en la apertura de la Asamblea del CIAT en Washington, el 9 de julio) – el debate aún continúa con gran vigor, ya que los Republicanos propenden destinar el excedente de renta respecto a las previsiones de gastos, a la posterior reducción de los impuestos, mientras que los demócratas desearían destinarlos a acciones sociales, sobretodo para la asistencia médica (por otro lado, las dos facciones han llegado a un acuerdo parar la reducción del impuesto a las herencias).

Los balances de los Estados europeos no son igualmente de color de rosa, y por consiguiente, la reducción del ingreso podría afectar los clásicos gastos sociales (salud y previsión social). No obstante, hay que tener presente que la plaga de Europa es la desocupación. Si la reducción del impuesto a las empresas y sobre la disponibilidad de los contribuyentes permitieran un desarrollo económico que absorbiera la desocupación, la maniobra fiscal asumirá entonces un valor social y por consiguiente, la circunstancia podría hacer que hasta la no tributación fuese considerada "justa"!

CADERNOS DE DIREITO TRIBUTÁRIO

LA ENSEÑANZA DEL DERECHO FINANCIERO EN ITALIA Y ESPAÑA[1]

ANDREA AMATUCCI

Catedrático de Derecho Financiero en la Universidad de Nápoles Federico II

1. Griziotti, fundador de la escuela económica y jurídico-financiera de Pavía, la que sostenía la unidad de la cátedra de Ciencia de las finanzas y Derecho financiero, en cuanto ambas tendrían como objeto el mismo fenómeno financiero. 2. Ranelletti, fundador de la escuela jurídico-financiera napolitana, partidaria de la enseñanza del Derecho financiero como rama del Derecho administrativo. 3. Las dos corrientes en la enseñanza de la Ciencia de las finanzas y del Derecho financiero impartida por los juristas. 4. La autonomía del contenido conceptual destacado por D'Alessio e Ingrosso como objeto de la enseñanza del Derecho financiero. 5. Sainz de Bujanda y la influencia de su pensamiento en la institución de las cátedras de "Derecho financiero y tributario" en España. 6. La contribución de Romanelli-Grimaldi a la individuación del fenómeno jurídico financiero como objeto de la enseñanza del Derecho financiero. 7. Las contribuciones de Sica y Abbamonte para reconducir el fenómeno jurídico financiero a los principios constitucionales. 8. La influencia de dichas contribuciones sobre el actual reconocimiento de la autonomía de la enseñanza del Derecho financiero.

1. Griziotti, fundador de la escuela económica y jurídico-financiera de Pavía, la que sostenía la unidad de la cátedra de Ciencia de las finanzas y Derecho financiero, en cuanto ambas tendrían como objeto el mismo fenómeno financiero

La elaboración didáctica que se desarrolló en las Universidades en el transcurso del siglo XIX, inspirándose conjuntamente en la ciencia, la cultura y la política, favoreció, en los albores del siglo XX, la manifestación de evidentes síntomas premonitorios del interés por la búsqueda de una metodología de la enseñanza del Derecho financiero, llena de motivaciones político-económicas.

Se advertía que la enseñanza del Derecho tributario, el cual también nació a principios del siglo Veinte, tuviese que desarrollarse autónomamente; sin embargo, se intuía la utilidad relevante de una evolución

1. Este escrito corresponde, en principio, a la traducción que del texto en italiano hiciera el Instituto Colombiano de Derecho Tributario, y cuya publicación aparece en la Revista 50 de dicho Instituto. No obstante, la presente versión ha sido corregida, ampliada y mejorada por el autor, con la colaboración de su discípulo Salustiano Rinthá M.

paralela de la enseñanza del Derecho financiero al cual pudiera referirse el curso de Derecho tributario, propenso a confrontarse con un contexto propio y más amplio que manifestaba una conexión particular con la Ciencia de las finanzas.

Sobre la base de esta motivación surgieron dos metodologías didácticas:

La primera línea, de naturaleza económico-jurídica, fue expresión, durante las primeras décadas del siglo XX, de las cátedras de Ciencia de las finanzas y Derecho financiero, las cuales, sin embargo, habían sido dictadas por economistas, quienes en su totalidad, hasta ese momento, cultivaron la enseñanza del Derecho financiero en términos aproximativos.

Pero es Benvenuto Griziotti, con ocasión de su prelusión al curso de Ciencia de las finanzas y derecho financiero, leída en la Universidad de Catania el 25 de noviembre de 1914, sobre la "Crisi y tendenze negli studi finanziari",[2] quien evidencia con rigor el contenido de esta rama del Derecho público. Recordando después tal prelusión[3] afirma que "aun antes de subir a la cátedra había encontrado los estudios financieros en crisis porque faltaba la teoría y la enseñanza del Derecho financiero"; por ello, a él ha de atribuirse el notabilísimo mérito de haber sido el primero en enseñarlo, en el ámbito de aquella línea, con compromiso y con criterios que, durante los años, evolucionarían hasta alcanzar el nivel de una metodología específica.

En cambio, el 23 de febrero de 1920 leyó su prelusión al curso de Ciencia de las finanzas y Derecho financiero de la Universidad de su ciudad natal, sobre "Il programma scientifico dell'insegnamento a Pavia e problemi della ricostruzione finanziaria".[4] Esa cátedra paviana fue la primera después de la unificación de Italia[5] y la más prestigiosa, ya que, como se dijo, había sido anteriormente impartida por ilustres economistas, entre los cuales se contaba Antonio De Viti De Marco,[6] defensor de la naturaleza sustancial del Derecho financiero, antítesis de la visión formal de Vittorio Emanuele Orlando.

Sobre la base de la experiencia científica y didáctica madurada hasta ese momento, Griziotti fundó la "Escuela de Pavía" que se edifica sobre la concepción integralista, según la cual la Ciencia de las finanzas y el Derecho financiero estudian el mismo fenómeno. Por lo tanto, según su parecer,

2. En *Giornale degli economisti*, febrero 1915, publicado nuevamente en *Studi di Scienza delle finanze e Diritto finanziario*, II, 3, Giuffrè, Milano, 1956. Griziottti nació en Pavía en 1884 y allí mismo falleció en 1956. Se licenció en jurisprudencia en 1905 y fue alumno de A. Wagner en Berlín, de P. Leroy-Beaulieu en París, de V. Pareto en Losana, de M. Pantaleoni, de A. De Viti De Marco, de R. Benini y de L. Einaudi.

3. *Lo svolgimento scientifico del Diritto finanziario dalla mia prolusione di Catania (1914)*, en *Annali del Seminario giuridico*, Universidad de Catania, vol. V, 1950-51, publicado nuevamente en *Studi di Scienza delle finanze e Diritto finanziario*, II, 51, Giuffrè, Milano, 1956.

4. En *Studi delle Scienze giuridiche e sociali*, Facultad de Jurisprudencia, Universidad de Pavía, 1925, publicado nuevamente en *Studi di Scienza delle finanze e Diritto finanziario*, Milano, 1956, 19. Ver: *Per il progresso scientifico degli studi degli ordinamenti finanziari*, programa de la revista contenido en el primer fascículo de la *Riv. Dir. fin. Sc. fin.*, 1937, I, 1 (trabajo publicado nuevamente en *Studi di Scienza delle finanze e Diritto finanziario*, II, Milano, Giuffrè, 1956, 99).

Tal revista, publicada por la Editorial Giuffrè y aún en vida, fue fundada por el mismo Griziotti cómo expresión de su Escuela. Ver G. Ghessi, *I primi cinquant'anni della Rivista di Diritto finanziario e Scienza delle finanze*, (1937 1991) en *Riv. Dir. fin. Sc. fin.* 1996, 541.

5. La historia de la enseñanza de la Hacienda, en Italia, se sintetiza en la lápida situada en Pavía a lado del Instituto de Hacienda: "En su escuela en Pavía, Luigi Cossa, solícito del renacimiento de los estudios en Italia, inició en 1859, alternándola cada año con la economía política, la enseñanza de la teoría de las Finanzas, hasta que, bajo los auspicios del Consorcio Universitario Lombardo, aquí se constituyó la primera cátedra italiana...."

"Con base en el ejemplo insigne de esta Universidad, en 1886-1887 fue introducida, por ley, en el ordenamiento universitario, la cátedra de Ciencia de las finanzas y Derecho financiero ...."

6. Nació en Lecce en 1858 y enseñó también en la Universidad de Roma desde 1887. En 1931 fue retirado de la cátedra por razones políticas.

el análisis del fenómeno financiero debe ser al mismo tiempo económico y jurídico. La consiguiente metodología de interpretación funcional de la norma financiera implica entonces el conocimiento de sus funciones jurídicas, económicas, políticas y sociales a través de la identificación de la causa, por él concebida, preliminarmente, como contraprestación.

Esta metodología interpretativa, que se formó contemporáneamente con la del "modo de consideración económica" por obra de Ennio Becker en Alemania,[7] tuvo el mérito de señalar la conexión entre la investigación jurídica y la investigación económica, si bien con la exasperada valoración de la causa, sólo atenuada en parte mediante el recurso al principio de capacidad contributiva, introducido luego en la Constitución republicana.[8]

De modo particular y en relación con la formación del docente — afirma Griziotti[9] haciendo referencia a dicha enseñanza —, es necesario ser financieros, es decir, saber conocer y afrontar el fenómeno financiero en sus elementos esenciales, o sea, penetrar las directrices políticas, la estructura jurídica y la función económica del fenómeno financiero. A la fórmula de Carnelutti y Einaudi, según la cual el fenómeno

7. Justamente en los años inmediatamente siguientes a la primera guerra mundial, nació en Alemania una verdadera Ciencia jurídica tributaria, la cual evolucionó de manera tan rápida e intensa que alcanzó, en corto tiempo, un interesante nivel de autonomía que le permitió colocarse a lado de las otras antiguas disciplinas jurídicas. De hecho, los años veinte, que coincidieron en parte con la vida de la República de Weimar (1913-1933), merecen el título de años de oro de la Ciencia del Derecho tributario en Alemania. En el mismo período, también alcanzaron relevancia científica las investigaciones de algunos estudiosos alemanes externos a las Universidades, en particular las de E. Becker (Ver M. R. Theisen (a cargo de) *Gedenkschrift zum 50. Todestag von Dr. h.c. Enno Becker*, 1869-1949, Oldenburg, 1990) quien había sido magistrado y artífice de aquel Código General del Derecho tributario del 1919, definido *Reichsabgabenordnung* que no obtuvo asenso y L. Waldecker (Ver *Fin. Arch.*, XLII, 1925, 69, 70, 72, 75), quien en cambio fue favorablemente acogido por E. Kaufmann (Ver *Recht und Wirtschaft*, 1919, 211), J. Jellinek (Ver *Verwaltungsrecht*, III edición, Berlín, 1931) y quien no tuvo ocasión de fundarse sobre una sistematización de los principios generales. E. Becker fue un sostenedor de la *wirtschaftliche Betrachtungsweise*, que constituye el fulcro de la metodología interpretativa de la ley tributaria inspirada en la concepción económica. Durante ese decenio, las obras de Derecho administrativo (Ver, entre los últimos que consideraron el Derecho tributario un sector del Derecho administrativo, O. Mayer, *Deutsches Verwaltungsrecht*, III edición de 1924, I, par. 27-32; F. Fleiner, *Institutionen des deutschen Verwaltungsrechts*, VIII edición de 1928, par. 27 y W. Jellinek, *Verwaltungsrecht*, III edición de 1931) han dejado de dedicar un espacio al Derecho tributario. De 1933 a 1945, durante el nazionalsocialismo, sobresalió la figura de Fritz Reinhardt (Ver *Vorträge auf der Salzburger Umschulungstagung*, de 1941 *Bücherei des Steuerrechts* vol. V) quien aportó contribuciones relevantes, propuso diseños de ley y desempeñó un papel determinante dentro de la Administración financiera. En la República Federal Alemana la enseñanza es fundamentalmente de Derecho tributario. Sin embargo, Ernst Blumenstein (nacido en Berna en 1876, inicialmente profesor de Derecho público y luego de Derecho administrativo y autor del manual *Schweizerisches Steuerrecht*, I, Tübingen, 1926 y del *Sistema del Diritto delle imposte*, Milano, 1954) escribió una carta a Griziotti en la cual expresaba su plena aprobación en relación con su trabajo *Per il progresso scientifico degli studi e degli ordinamenti finanziari*. Dicha carta está referida en *Studi di Scienza delle finanze e Diritto finanziario*, Milano, Giuffrè, 1956, II, 104 y es del siguiente tenor: "Encuentro sus páginas escritas de manera espléndida y concuerdo plenamente con su contenido. Sería un gran progreso en el campo de nuestra Ciencia si se llegara a realizar una síntesis entre los puntos de vista jurídicos, políticos y económicos. Su artículo indica justamente los caminos para llegar a este fin y creo que precisamente la doctrina italiana y en particular su Escuela, más que todas las demás, sea llamada a proceder adelante, puesto que lleva años trabajando".

8. Ver, entre los economistas, en particular Pesenti, *Lezioni di Scienza delle finanze e Diritto finanziario*, Editori Riuniti, 1961 y Morselli, *Compendio di Scienza delle finanze e Diritto finanziario*, Padua, 1963.

9. *Sul metodo di ricerca e critica negli studi finanziari*, en *La riforma sociale* n. 2, 1933 y publicado nuevamente en *Studi di Scienza delle finanze e Diritto finanziario*, Milano, 1956, II, 94.

Ver Francesco Carnelutti, *Introduzione allo studio del diritto processuale tributario*, en *Riv. dir. proc. civ.* 1932, I, 105 y Luigi Einaudi, *Intorno al metodo negli studi finanziari* en *Saggi*, Torino, 1933, 531.

financiero del jurista ha de ser estudiado por el jurista, Griziotti no tiene nada que oponer; sin embargo, para que la fórmula se entienda bien, hay que completarla destacando que el jurista sea financiero y ya no jurista puro, tal como lo expresa Einaudi, que para el estudio político del fenómeno financiero el político sea financiero y no político puro y que para el estudio económico el economista sea una vez más financiero y no un economista puro. Por otro lado — considera Griziotti — no es suficiente la distribución del trabajo en el campo del Derecho, de la Política y de la Economía para el estudio de las Finanzas, cuando en muchos aspectos, si no en todos, es necesaria la triple investigación para la construcción de una institución financiera o para la solución de un problema concreto. No es posible — anota él — reservar sólo a unos cuantos hombres de inteligencia excepcional esas investigaciones complejas, en tanto ellas son frecuentes y fundamentales; de otra parte, es necesaria la preparación, aunque sea sólo para entender y utilizar los análisis desarrollados en ramas distintas a la propia, ya que esto implica controlar, discutir y coordinar las ideas de otros con las propias. Para Griziotti, si la preparación existe, aun sólo en virtud de una media cultura, da lo mismo entonces estudiar el fenómeno financiero en sus tres elementos coesenciales y sólo el financiero, quien desarrolla la investigación científica, conoce la necesidad de las investigaciones bajo los tres diferentes aspectos, para llegar a ese conocimiento hacia el cual están dirigidos sus esfuerzos. El jurista, que no es financiero — puntualiza él — no advierte la exigencia ni del político ni del economista; sus sabias investigaciones corren el riesgo de quedarse inutilizables para el conocimiento científico integral del fenómeno financiero y la unidad personal del investigador logra una mejor coordinación de los esfuerzos que, aplicados a la investigación de manera adecuada, permiten una penetración más profunda. Griziotti, en particular, escribe: "Me atrevo a afirmar que esto es cierto sobre todo en el campo propio de la Ciencia de las finanzas, pero también en el mismo campo de la elaboración de los principios del Derecho financiero y de la interpretación misma de las leyes financieras. Para realizar bien esto no siempre es suficiente ser buenos juristas, es necesario ser financieros, es decir, conocer también los elementos políticos y económicos del fenómeno financiero.

"En realidad, ahora es prematuro hablar de división del trabajo, porque escasean los juristas que se dediquen al Derecho financiero y los políticos que cultiven científicamente la Hacienda. Por lo tanto, el financiero se encuentra ahora en una situación de colonizador de tierras inexploradas quien, por necesidad, ha de volverse artesano en cada oficio.

"Sin embargo, los amigos Einaudi y Carnelutti querrán admitir que por el momento los economistas puros de la Hacienda ignoran y quizá no están preparados para utilizar la literatura, aunque escasa, de Derecho financiero que ahora existe, sobre todo en Alemania. ¿Y entonces, en qué va la coordinación de los estudios? (...)

"Einaudi también, por otra parte, ha completado los *Principi di Scienza della Finanza* con el *Sistema Tributario Italiano*, que en pocos meses ha alcanzado felizmente la segunda edición, debido al mérito característico de toda su obra. ¿Y qué más puede ser este *Sistema,* que expone la legislación y la jurisprudencia, si no un manual de Derecho tributario, aunque ahí no esté particularmente planteada la dogmática jurídica y tampoco se desarrolle la crítica jurídica a la jurisprudencia italiana, que tanta necesidad tiene de una revisión científica, para salir del gran empirismo de la práctica tradicional?

"Entonces, también Einaudi recorre el camino que se considera fuera de discusión, no sólo porque representa el *optimum*, sino también porque es el único camino, por lo menos por el momento, posible de recorrer, por las exigencias de estudio de los complejos asuntos financieros, que son de estudiar diariamente".[10]

Basado en estas consideraciones sobre los requisitos formativos, Griziotti examina el asunto de la calificación de la cátedra afirmando que la unidad de la enseñanza de la Ciencia de las finanzas y del Derecho financiero ha de ser respetada porque se apoya sobre bases científicas, está conforme con las clásicas tradiciones italianas, selladas por el pensamiento de G. D. Romagnosi, y es el origen de la primacía y de la originalidad reconocidas a los estudios financieros italianos, que se encuentran a la vanguardia del progreso con respecto a la Ciencia de las finanzas, el Derecho financiero y la Jurisprudencia tributaria.

Griziotti, además, observa: "La experiencia de un período de veinte años en la Universidad de Pavía demuestra la oportuna posibilidad de formar competencias en la Ciencia de las finanzas y en el Derecho financiero frente a las cuales se demuestran inadecuadas, para el estudio cabal de la Hacienda, las parciales competencias para el dominio de la sola Ciencia de las finanzas o del Derecho financiero. Los inconvenientes resultantes del hecho que los estudiosos de las Finanzas proceden de los campos más distintos del saber (Estadística, Economía, Derecho administrativo) son inconvenientes reales que amenazan con la decadencia de los estudios financieros debido a la fácil infiltración universitaria de improvisados o apresurados cultores de los estudios financieros (en lugar de reales financieros) y que se superan de la mejor forma, exigiendo una competencia madura tanto en la Ciencia de las finanzas como en el Derecho financiero.

"Hay que ser partidario de mantener la unidad de la cátedra para las dos enseñanzas financieras que están estrechamente relacionadas y complementadas entre sí y es posible agregar que un estudio más profundo del Derecho financiero puede lograrse introduciendo, en el prospecto de las disciplinas, una segunda cátedra reservada al Derecho financiero (material, formal, procesal, penal e internacional).

"La relación que existe entre esta nueva cátedra (que floreció en Pavía durante algunos años hasta la drástica reforma de De Vecchi) y la primera es idéntica a la que hay entre el Derecho civil y el curso de las Instituciones.

"Es esta la solución que debería acogerse en la reforma de la enseñanza superior, para brindar a las Universidades la posibilidad de ampliar el estudio de las múltiples leyes y asuntos jurisprudenciales en materia financiera.

"Sin embargo, vale la pena retomar este interesante tema, también para considerar objetivamente opiniones distintas y situaciones concretas".[11]

Durante los años treinta, la cátedra de Ciencia de las finanzas y Derecho financiero fue temporalmente modificada en la de Derecho financiero y Ciencia de las finanzas,[12] para evidenciar así el papel predominante que quería atribuirse al Derecho financiero.

2. *Ranelletti, fundador de la escuela jurídico-financiera napolitana, partidaria de la enseñanza del Derecho financiero como rama del Derecho administrativo*

La segunda metodología didáctica, que se desarrolló contemporáneamente a la primera, privilegió la conexión con la enseñanza del Derecho administrativo, del

10. *Ibid.*

11. *Per l'unità della cattedra di Diritto finanziario e Scienza delle finanze e per il prestigio degli studi finanziari in Italia*, en *Riv. Dir. fin. Sc. Fin*, 1942, I, 201, y publicado nuevamente en *Studi di Scienza delle finanze e Diritto finanziario*, Milano, 1956, II, 123.

12. Griziotti, *Diritto finanziario, Scienza della finanza ed Economia finanziaria* en *Riv. Dir. fin. Sc. fin.* 1939, I, 3, y reimpreso en *Studi di Scienza delle finanze e Diritto finanziario*, II, 115, Milano, 1956.

cual el Derecho financiero era considerado aquel sector que ponía en evidencia la peculiaridad de un contacto con la Ciencia de las finanzas, sin adquirir, de todas formas, la importancia que le daba Griziotti.

En efecto, en Alemania, para la época en que se publicó el primer texto académico especializado,[13] el Derecho financiero se enseñaba en el ámbito del Derecho administrativo, aunque, a partir de 1915, L. Waldecker hubiese dictado como *libero docente*[n.d.t.] cursos autónomos de Derecho financiero y tributario en la Universidad de Berlín. Sin embargo, la tradición jurídico-financiera alemana, cuyo pensamiento científico es tan antiguo como el italiano, desconoció la unidad del fenómeno financiero, lo cual, consecuencialmente, suscitó inicialmente un gran interés para luego debilitarse a lo largo del Siglo. Es decir, los alemanes estuvieron siempre convencidos de la existencia de dos fenómenos financieros: el primero jurídico y el segundo económico, contrario a lo que pensaba Griziotti, para quien sólo existía un fenómeno financiero jurídico y económico. En cambio, en las Universidades alemanas, se difundió con rigor un compromiso creciente en relación con la enseñanza del Derecho tributario, llegando a niveles entre los más avanzados en el mundo y expresados en la actualidad por la articulación de tres corrientes, una con enfoque sistemático en Köln, otra con enfoque administrativo y constitucionalista en Münster y otra con enfoque privado en Bonn, además de los enfoques autónomos de los docentes desvinculados de cualquiera de estas escuelas.

En Italia, después de la primera guerra mundial — 1915-1918 —, se inició el verdadero desarrollo de la enseñanza del Derecho financiero, también en el ámbito de los cursos de Derecho administrativo,[14] con base en la visión unitaria del fenómeno financiero.

La escuela siciliana de derecho administrativo, que en su momento de esplendor había de considerarse la italiana, al señalar que el derecho público se basa en la dicotomía Constitución-Administración, la cual asume la figura convencionalmente difundida de un Estado que en las relaciones patrimoniales se sujeta a normas de tipo privado, se enlaza con la doctrina administrativa alemana que separa la actividad impositiva del derecho del patrimonio público,[15] De todas maneras, el Derecho financiero, independientemente de como se considerara, es decir, tanto unitario como distribuido en las dos partes mencionadas, se concebía como un sector del Derecho administrativo.

Expresión máxima de esta intuición didáctica fue Oreste Ranelletti, catedrático de Derecho administrativo en la Facultad de Jurisprudencia de la Universidad de Ná-

13. Myrbach-Rheinfeld, *Grundriß des Finanzrechts*, Leipzig, 1906 y München, 1916. Publicado también en lengua francesa en París (Giard et Briére) en 1910. Obra que se considera expresión de la Escuela jurídico-financiera austriaca.

n.d.t. Los exámenes para la libre docencia se abolieron en Italia hace casi treinta años. Se trataba de un examen anual convocado por el Ministerio de Educación que habilitaba a la enseñanza universitaria y otorgaba la calificación de *libero docente* y de 'profesor' sin que se estableciera alguna relación económica con la Universidad. Constituía la primera etapa de la carrera universitaria, después de la cual algunos se dedicaban a la profesión haciéndose llamar 'profesor' y *libero docente* en una específica disciplina. Otros seguían la carrera enfrentando el Concurso para profesor titular. Hoy, en cambio, existe el concurso para profesor asociado y luego para profesor titular.

14. Persico, *Principi di Diritto amministrativo*, II, Nápoles, 1874, 55 y Meucci, *Istituzioni di Diritto amministrativo*, VI edición, Torino, 1909, 321. Un precedente de enseñanza de un sector del Derecho financiero se remonta a Gaspare Finali quien el 23 de febrero de 1882 inauguró, con una significativa prelusión, el curso de Contabilidad del Estado en la Universidad de Roma; en aquella época ni siquiera se intuía la conexión entre todos los momentos de la actividad financiera para volverlos a reunir en el objeto en una única disciplina jurídica.

15. Sobre el método en Derecho público ver V. E. Orlando, *Diritto pubblico generale*, Escritos varios (1881-1940), Milano 1954, (reimpresión inalterada), 3. V. Cianferotti, *Il pensiero di V. E. Orlando e la pubblicistica italiana fra ottocento e novecento*, Milano, 1981 y Mayer, *Deutsches Verwaltunsrecht*, III ed. München, 1924.

poles hasta 1924 y quien dedicó al Derecho financiero un espacio significativo de su enseñanza en esa Universidad. El Maestro, originario de la Región de Abbruzzo, en efecto escribió durante el período 1910-1920 las primeras ediciones de su *Corso di Diritto Finanziario.*[16] Utilizó, durante su enseñanza en la Universidad napolitana, las dos ediciones litografiadas, que inicialmente fueron destinadas de manera exclusiva para los estudiantes y luego dieron pie para la publicación en 1928 del muy apreciable *Corso di Diritto Finanziario*, el cual representa el primer texto italiano institucional de la disciplina[17] de relevancia científica.

El rigor de la investigación, siempre llena de referencias doctrinales e históricas, convirtió al *Corso di Diritto Finanziario* de Ranelletti en los cimientos para la construcción de una correcta metodología didáctica de la Ciencia jurídica financiera.

Por ello el autor advierte, desde las premisas, la suma relevancia del tema de la relación que existe entre la Ciencia de las finanzas y el Derecho financiero.

Observa Ranelletti que ambas disciplinas tienen por objeto el fenómeno financiero, en el cual prevalecen la recaudación y el uso por parte del Estado de los recursos necesarios para garantizar los servicios públicos, pero cambia el punto de vista desde el cual cada una de ellas lo estudia. La Ciencia de las finanzas lo trata bajo el perfil económico (y por esto social) y político, es decir, examinando las instituciones financieras para alcanzar un modelo de organización y funcionamiento más acorde al interés general, o sea, para garantizar el más provechoso sistema de recaudación y empleo, por parte del Estado, de los recursos necesarios para la generación de servicios públicos; es justamente a través de estas consideraciones que él encuentra las razones para definirla una Ciencia social y sobre todo política. El Derecho financiero es para Ranelletti, en cambio, una Ciencia que estudia el fenómeno financiero desde el punto de vista jurídico; es decir, analiza las normas dirigidas a regular la organización y la actividad financiera del Estado,

16. En 1928 aparece la tercera edición de su *Corso di Diritto finanziario*, Tenconi, Milano, la cual es posterior a dos ediciones anteriores nunca publicadas, como ha sido puesto de presente por su discípulo de segunda generación, D'Amati, *Il diritto finanziario di Oreste Ranelletti*, en *Dir. e prat. Trib.*, 1954, I, p. 174, nota I. Ranelletti, nacido en Celano (Aquila) en 1868, había enseñado en Nápoles hasta el año 1924, en la única universidad existente en aquel tiempo en el sur de la Italia continental. Este autor logró establecer sobre bases científicas, gracias a sus notables dotes como estudioso de derecho administrativo y a los profundos análisis llevados a cabo en décadas anteriores, la sistematización del derecho financiero, que se convertía así en la primera en Italia, con la dificultad que entrañaba la inexistencia de trabajos análogos precedentes. Sin embargo, Ranelletti, en el artículo la *Natura giuridica dell'imposta,* publicado en la revista *Imposte Dirette,* 1898, pág. 193, evidencia algunos aspectos de la escuela integralista. Durante todo el Siglo, numerosos profesores de la misma Facultad de Jurisprudencia de la Universidad de Nápoles siguieron su doctrina, dedicándose al derecho financiero desde una perspectiva metodológica y sistemática. Entre los estudiosos ilustres de la Ciencia de las finanzas, si bien sensibles a los temas de Derecho financiero, que han impartido docencia anteriormente (1805) en la citada Facultad, se cuenta a Francesco Saverio Nitti, nacido en Melfi, Rasilicata, también en el año 1868 (ver Nota 30).

17. Anteriores análisis sobre el contenido del Derecho financiero habían sido tema de apreciables artículos. Tangorra, *Il Diritto finanziario e i suoi odierni problemi* extraído del *Digesto italiano*, Torino, 1900, 10, afirma que el Derecho financiero es una rama del Derecho administrativo general, mas sin embargo, sea por la índole especial de su *contenido que es todo económico*, sea porque participa de la naturaleza y las tareas de la legislación social y del derecho político y económico, sea, también, por la amplitud e importancia de sus doctrinas, ha de considerarse como un Derecho de por sí o como ramificación del Derecho público, merecedora de ser considerada y estudiada aparte. Vitagliano, *Il Diritto finanziario nella Scienza e nella evoluzione dello Stato moderno*, en *Giorn. degli econom.* 1910, I, 522, observa que el Derecho financiero está en el medio y participa del Derecho constitucional y del Derecho administrativo, porque incluye argumentos de una y otra disciplina los cuales, por su importancia, merecen un estudio aparte y se funden en una unidad orgánica por medio de un carácter común, es decir *su contenido económico*, su referencia al fin único de procurar para el Estado las riquezas necesarias para el logro de los fines estatales. Para una visión más amplia sobre dichos aspectos ver Conigliani, *Il Diritto pubblico nei Sistemi finanziari*, Bologna, 1892.

reglamentando en particular los elementos constitutivos de la obligación tributaria, el procedimiento tributario, los gastos públicos y el presupuesto. De ahí la necesidad, por él evidenciada, de enseñar el Derecho financiero privilegiando sus conexiones con el Derecho administrativo, a través de una metodología que implica una referencia moderada a la Ciencia de las finanzas; consecuencia de dicho planteamiento es la conveniencia de la división de la enseñanza común de las dos disciplinas defendida por Griziotti.

De indudable relevancia política es el análisis de los fines que el Estado persigue mediante el uso de los recursos adquiridos a través de las relaciones jurídicas financieras: entre estos fines Ranelletti, en efecto, señala también aquellos asociados con la función social.

Su tesis intervencionista, sin embargo, se diferencia de todos los planteamientos extremos tendientes a convertir la Hacienda en un instrumento de confiscación y redistribución de las riquezas de los particulares. De hecho, él considera al Estado legitimado a sustraer a los particulares, para propósitos sociales, sólo aquella parte de las rentas individuales necesaria para sostener las Instituciones encargadas de garantizar el cumplimiento de las exigencias públicas.

Interesante, también, es el concepto de dominio fiscal tal como Ranelletti lo plantea. La diversidad del fin, que el Estado persigue mediante cada una de las diferentes categorías de sus bienes, se refleja en la disciplina jurídica a la cual ellos están sujetos y en la correspondiente especificación dogmática. Así el Estado, a través de las normas financieras, ejerce su poder de imperio para alterar la relación económica normal de intercambio, a veces para favorecer al consumidor, permitiéndole adquirir cierto producto a un costo notablemente inferior al precio de mercado, o inclusive al precio de costo (teoría de los precios políticos), otras veces para conseguir con ello mismo una utilidad superior a la que un precio de competencia permitiría (teoría de los monopolios fiscales).

El problema de la conexión entre ingresos y gastos asume, para Ranelletti, naturaleza política que afecta el momento de la imposición, siendo del todo indiferente al sucesivo momento jurídico del cumplimiento de las distintas obligaciones.

El ejercicio de la potestad tributaria no debe proceder de un albedrío de la autoridad estatal, sino que está sujeto a los principios de la equidad y de la justicia. El concepto causal elaborado por Ranelletti reviste un valor general de naturaleza político-económica, que excluye cualquier relevancia jurídica limitada a la relación intersubjetiva individual. La motivación objetiva de la imposición se aparta del concepto de causa civilista, que expresa la función económico-social de los contratos.

Ranelletti sentó los cimientos de la escuela jurídico-financiera, que puede calificarse napolitana bajo el preponderante perfil universitario, pero "meridional" desde el punto de vista territorial, ya que la Universidad de Nápoles fue, por setecientos años, la única en el sur del continente y por ende atrajo los mejores talentos de todas aquellas regiones.

La rama baresa creció robusta y lozana. En efecto, Ranelletti formó dos generaciones de alumnos ilustres quienes enseñaron en particular en la Universidad de Bari,[18] fundada justamente en la víspera de su traslado a la Universidad de Milán. De hecho, en la Universidad de Bari enseñó Giorgio Tesoro,[19] fundador de la *Rivista*

18. La Universidad de Nápoles nació en 1224. La Facultad de Jurisprudencia de la Universidad de Bari fue fundada en 1925 y la Facultad de Economía y Comercio en 1939. La universidad de Palermo se fundó en 1781, pero en Sicilia, gracias también a los docentes de las Universidades de Catania, fundada en 1434, y Messina, se afirmó una importante tradición didáctica que privilegió el Derecho tributario. En la Universidad de Palermo, inició en 1957.

19. *Appunti di Diritto finanziario,* Soc. Foro It. Roma, 1936, *Sull'autonomia del Diritto finanziario,* en *Annali del Seminario giuridico-economico dell'Università di Bari*, 1936, II, 73. *Principi di*

Italiana di Diritto Finanziario, publicada en aquella ciudad y fusionada, después de la segunda guerra mundial, debido a las dificultades económicas de aquel período, con la *Rivista de Diritto Finanziario e Scienza delle Finanze* fundada por Griziotti. Achille Donato Giannini,[20] catedrático de Ciencia de las finanzas y Derecho financiero en la Universidad de Bari, elaboró con rigor los conceptos fundamentales de aquel sector esencial del Derecho financiero constituido por el Derecho tributario. Éste, a su vez, fue maestro de Nicola D'Amati, quien, como digno descendiente y estimulado por los contactos científicos que tuvo también con Ranelletti directamente, asumió con empeño la investigación y la enseñanza del Derecho tributario y financiero dictado desde la cátedra de Ciencia de las finanzas y Derecho financiero, garantizando la continuidad de esta corriente metodológica hasta el fin del siglo XX. Valioso ha sido el aporte de D'Amati[21] al análisis del pensamiento de Ranelletti.

En 1925, Ranelletti fue llamado a enseñar en la Universidad de Milán, no lejos de la Universidad de Pavía a donde, cinco años antes, se había trasladado Griziotti. La región de Lombardia representó, por lo tanto, en los años veinte el área iluminante de la esfera didáctica en la cual estaban comprometidos los ideadores de las dos metodologías. Sobre estos solidísimos cimientos se levantaría la escuela milanesa.

Diritto tributario, Macrì, Bari, 1938. Luego, se trasladó, por razones políticas, a los Estados Unidos. La *Rivista italiana di Diritto finanziario* era dirigida por Giorgio Tesoro, Achille Donato Giannini y otros.

20. El tributarista de Puglia (nacido en 1888 en Foggia y muerto en Roma en 1965) fue, junto con Antonio Berliri (autor de *Principi di diritto tributario*, Giuffrè, Milano, en tres volúmenes de los cuales el tercero fue publicado en 1964), el punto de referencia de la doctrina también de lengua española. Giannini fue autor de *Elementi di Diritto finanziario e Contabilità di Stato*, Giuffrè, Milano, 1936, y del famoso manual, publicado en varias ediciones por la editorial Giuffrè de Milán, *Istituzioni di diritto tributario* (a novena edición, a cargo de Romanelli – Grimaldi, es de 1965). Relevantes son, en efecto, los *Concetti fondamentali del Diritto tributario*, Utet, Torino, 1956, que constituye el primer volúmen del *Trattato di Diritto tributario* el cual se compone de catorce volúmenes, de los cuales dos (II y III) son dedicados al contencioso, a las sanciones y a los otros tributos individuales.

Giannini enseñó Derecho administrativo (en las Universidades de Cagliari -de 1936 a 1939- y de Trieste -de 1940 a 1941-) y Ciencia de las finanzas y Derecho financiero en la Universidad Católica Sacro Cuore de Milán hasta 1947, año en el cual fue llamado por la Universidad de Bari, capital de su región natal, la Puglia.

21. El *"Diritto finanziario" di Oreste Ranelletti*, en *Dir. e prat. trib.*, 1954, I, 174. D'Amati, nacido en Bari el 9 de julio de 1928, aunque de origen lucano (Irsina), observa que la divergencia del Derecho financiero de la Ciencia de las finanzas no se detiene en la diferencia del punto de vista desde el cual las dos disciplinas estudian el fenómeno financiero de la adquisición y el empleo, por parte de las Entidades públicas, de las riquezas necesarias para la producción de los servicios públicos, siendo en muchos casos diferente la problemática misma que forma el objeto. Las dos disciplinas, precisa él, no sólo difieren entre ellas porque estudian, cuando existe identidad del objeto tomado en consideración, el mismo fenómeno desde puntos de vista divergentes, sino también porque consideran aspectos muy distintos del mismo hecho. En realidad, señala D'Amati, si bien la primera expresión es indiscutible y evidente, no es igual de clara la comprensión de la segunda expresión: objeto de la Ciencia de las finanzas es la actividad del Estado que busca los medios aptos para procurar los fines que se propone, mientras que el Derecho financiero tiende a la construcción de un sistema de relaciones que permita al Estado, en las formas que cada vez aparecen más oportunas, adquirir y posteriormente erogar los medios necesarios para la producción y el funcionamiento de los servicios públicos. Y esto no puede determinar, anota, con relación a la primera y más superficial observación de los fenómenos financieros, el convencimiento de la absoluta identidad del objeto de la Ciencia de las finanzas y del Derecho financiero que estudian, bajo aspectos diversos, el mismo fenómeno de la adquisición y del empleo de los recursos públicos. Sin embargo, observando de manera más cumplida la consideración jurídica del dato financiero, él aclara que surge la necesidad de separar los dos diversos aspectos de los cuales esta consideración, aparentemente unitaria, se compone: el proceso nomogenético con el cual está estrechamente relacionada la actividad hermenéutica; la elaboración científica que construye, sobre una base lógico-jurídica, un sistema de principios generales y de derivaciones especiales. Según el parecer de D'Amati, el primer aspecto, puesto que expresa la resultante de la totalidad ético-social de un determinado ordenamiento político, recibe de la realidad fenoménica y espiritual un colorido y una vitalidad que permite a la norma individual superar su misma formulación

Termina así la primera fase del proceso de evolución didáctica del Derecho financiero. Las dos metodologías paralelas de enseñanza del derecho financiero, conducidas por Griziotti y Ranelletti, respectivamente, han alcanzado un resultado decisivo, dando así impulso a la segunda fase.

originaria y por lo tanto está relacionado con todos los aspectos de la vida social tomados en consideración. Bajo este perfil, nunca se podrá desconocer la imprenscindibilidad de la conexión de la Ciencia de las finanzas con el Derecho financiero, a fin de la exacta y precisa determinación del contenido de las diferentes normas. Diferente es el realce que él da al segundo aspecto de la consideración jurídica de la Finanza pública, la cual, a fin de construir un armazón dogmático, sólo puede utilizar instrumentos y conceptos jurídicos y, bajo este perfil adicional, el Derecho financiero reivindica necesariamente una autonomía exploradora propia, siendo su problemática exclusiva y de tal naturaleza que no puede recibir de la economía ninguna contribución apreciable.

De lo contrario, a la observación usual en doctrina sobre las dificultades que presenta la enseñanza conjunta de la Ciencia de las finanzas y del Derecho financiero, sería fácil para D'Amati objetar que, una vez superados esos obstáculos, se disfrutaría cuanto menos del resultado de una investigación completa y exhaustiva, mientras que, en cambio, un estudio que quisiera apurar el fenómeno financiero en todos sus aspectos políticos, económicos, jurídicos y sociológicos, reuniría, en sustancia, problemas tan distintos que parecería afecto de elefantiasis.

Naturalmente, el reconocimiento de la separación científica y didáctica de las dos disciplinas financieras, no debe arrojar como resultado, por las razones por él expuestas, su recíproco aislamiento, puesto que primero que todo la interpretación de las normas financieras es casi imposible sin una preventiva definición económica de la base sobre la cual la imposición incide y además muchos capítulos de la Ciencia de las finanzas tienen por objeto el estudio del efecto de una norma jurídica. Esta íntima soldadura recíproca de todos los aspectos de la Hacienda es, según D'Amati, dentro de la consideración científica, fecunda de resultados, siempre y cuando sea previamente precisada la línea de demarcación existente entre ellos.

Entonces, según él, es posible, consecuentemente con la mejor doctrina general del Derecho que ha reconocido la enorme importancia, a fin de la interpretación de las leyes y de los factores económico-sociales que constituyen la especie, proceder a la construcción de un sistema de Derecho financiero, rigurosamente jurídico, pero al mismo tiempo abierto a todos los resultados no sólo alcanzados por la Ciencia de las finanzas, sino también de todas las otras Ciencias políticas, económicas y sociológicas que estudian el fenómeno financiero.

De tales elaboraciones surgen más convincentes las argumentaciones con base en las cuales se justifica ya no la vinculación a una única enseñanza de la Ciencia de las finanzas y del Derecho financiero, sino sus intensas conexiones.

Ranelletti, a quien el prof. Gustavo Del Vecchio (autor de *L'introduzione alla finanza pubblica*, Padua, 1957) había transmitido el extracto del artículo de D'Amati, contestó con la carta que incluimos a continuación y que contiene algunas consideraciones sobre la enseñanza del Derecho financiero por cierto merecedoras de ser divulgadas y publicadas en la misma revista *Dir e prat. trib*, (1954, I, 238):

"Apreciadísimo y estimado Profesor,

los extractos, que usted tuvo la atenta amabilidad de enviarme y la carta, también muy gentil (como siempre) que les acompaña, me dieron realmente mucho gusto, más que por mi y mis viejas lecciones, por su Instituto y por su joven y valioso asistente.

"Con grande confortación he apreciado que un Instituto de Economía y Finanza en Italia cuida el estudio, además de la Ciencia de las finanzas, del Derecho financiero, puesto que la altísima importancia, doctrinal y práctica, de esta *importantísima rama de nuestro derecho público* encuentra en los jóvenes una absoluta falta de preparación por parte de nuestra Universidad.

"El origen de aquellas lecciones se debió justamente a esta exigencia. Cuando, por solicitud del Senador Rector Mangiagalli, el Ministro de aquel entonces ordenó mi traslado a Milán en 1924 para la organización de la nueva Universidad milanesa y luego para el ordenamiento de la Facultad de Jurisprudencia (materias y docentes), yo, considerando que la Facultad de Jurisprudencia tiene como fin principal el de formar los jóvenes para la vida jurídica nacional y que por ende las materias económicas y políticas debían estudiarse también como presupuesto y base de aquellas jurídicas, propuse (y fue aceptado) que los términos del binomio: 'Ciencia de las finanzas y Derecho financiero' se volcaran: 'Derecho financiero y Ciencia de las finanzas'. Sin embargo, después de algunos meses de búsqueda, la Facultad, por no haber encontrado quien asumiera esa enseñanza, me pidió que la impartiera yo como responsable de la innovación. Así nacieron aquel curso y aquellas lecciones que dicté por cinco años. Pero, posteriormente, debido a la muerte del Prof. Gobbi y al retiro (por razones políticas) de otro docente, el Prof. Mortara lamentó la deficiencia de la enseñanza de las materias económicas en la Universidad: yo puse mi cargo a disposición de la Facultad. Y fue llamado de Pisa el Profesor Borgatta. Así terminó el curso de Derecho financiero (entendido así como es necesario entenderlo) y se regresó a la Ciencia de las finanzas con alguna referencia a la ley tributaria. Aquellas lecciones, entonces, (recogidas por un estudiante, hoy en día profesor Scherillo de Historia del Derecho romano aquí en Milán) se

3. *Las dos corrientes en la enseñanza de la Ciencia de las finanzas*[22] *y del Derecho financiero impartida por los juristas*

La metodología de Griziotti utilizó en el ordenamiento didáctico una enseñanza fundamental que comprendía también el Derecho financiero. Sin embargo, esta metodología, basada en una enseñanza "integrada" del Derecho financiero y la Ciencia de las finanzas, no recibió una aceptación considerable.[23]

Por el otro lado, la metodología de Ranelletti se desarrolló en el ámbito de otra enseñanza fundamental la cual no contenía de forma explícita el Derecho financiero que, por ende, era visto como un sector del Derecho administrativo. En el plano didáctico, el contacto con la Ciencia de las finanzas era mucho más moderado. Aún no existían las condiciones para lograr la inserción, en el ordenamiento didáctico, de la enseñanza del Derecho financiero, una disciplina que estaba en curso de formación. A partir de este momento, entonces, los cultores del Derecho tributario y financiero tuvieron la oportunidad de enseñar desde las cátedras de Ciencia de las finanzas y Derecho financiero, fundamentales en las Facultades de Jurisprudencia y de Economía y Comercio, cátedras que siempre habían sido dictadas por economistas, quienes, debido a la debilitación del método integralista, seguían enseñando sólo Ciencia de las finanzas, de vez en cuando con alguna superficial referencia al Derecho financiero.

La línea jurídico-financiera, en efecto, se articuló en el ámbito de dicha cátedra de Ciencia de las finanzas y Derecho financiero o del solo Derecho financiero, en dos direcciones: Una primera corriente impulsada por el noble fin de dictar desde una cátedra obligatoria la enseñanza del Derecho tributario, considerado opcional en aquellas Facultades donde su enseñanza se había instituido.

Algunos catedráticos de Derecho administrativo impartían, como suplentes, las cátedras de Ciencia de las finanzas y Derecho financiero para desde ahí enseñar en efecto el Derecho tributario. Entre ellos figuran Giovanni Miele hasta 1978 y Enzo Capaccioli, quien fue también catedrático de Derecho tributario hasta 1969.

A partir de 1948, la Universidad Católica Sacro Cuore de Milán llamó, para dictar la cátedra de Ciencia de las finanzas y Derecho financiero, hasta ese entonces impartida por Achille Donato Giannini quien a su vez se trasladaba a la Universidad de Bari, a Enrico Allorio[24] quien provenía

cerraron en 1928. Y sobre ellas nunca más he vuelto a...

"Reciba mi más atento saludo, O. Ranelletti"

Comparar además, sobre estos temas, el apreciable trabajo de D'Amati, *Il Diritto tributario e la tradizione giuridico-finanziaria italiana,* en *Riv. trib.* 1958 n. 6; *Nozione critica del Diritto finanziario,* en *Dir e prat. trib,* 1957, I, 209; *Il discorso sul metodo nel Diritto finanziario,* en *Jus,* 1959, 39; *Le basi storiche e sistematiche dell'autonomia del Diritto finanziario,* en *Dir e prat. trib.*, 1982, I, 3; *Teoria e critica del Diritto finanziario*, Bari, 1981; y, *Unità e sistematicità del Diritto finanziario*, en *Dir. e prat. trib.*, 1988, I, 3.

22. Disciplina económica también conocida como Hacienda Pública o Ciencia de la Hacienda.

23. *Su di un recente tentativo di ricostruzione storica della teoria della Finanza pubblica in Italia,* en *Riv. Dir. fin. Sc. fin.* 1995, 3, refiriéndose a la concepción de Griziotti, Domenicantonio Fausto observa que se trata de una línea metodológica no por todos compartida y que, con el pasar de los años, sus mismos alumnos Pugliese, Vanoni, Pesenti, Steve, Parravicini y Forte (para recordar sólo los mayores) no siempre han seguido observando, pero que sigue siendo siempre una parte inseparable de los contenidos de la tradición italiana de la Hacienda pública. Ver, también de Fausto, *La polemica sull'unità disciplinare tra Scienza delle finanze e Diritto finanziario,* en *Il pensiero economico italiano fra le due guerre* (1915-1943), *Quaderni di Storia economico-politica,* VII, 1990, 223.

24. Nacido en Vercelli el 14 de julio de 1914, profesor titular de Derecho procesal civil desde 1940 en Macerata y desde 1941 en Padua, fue profesor titular de Ciencia de las finanzas y Derecho financiero en la Universidad Católica del Sacro Cuore de Milán de 1948 a 1974 y nuevamente profesor titular de Derecho procesal civil en la Universidad estatal de Milán. Fue autor de *Diritto processuale tributario,* Utet, Torino, 1969 (V edición). La Universidad Ca-

de la enseñanza de Procedimiento civil, enseñanza a la cual volvió luego, cuando pasó a la Universidad estatal de Milán.

Con el apreciable fin de promover el crecimiento progresivo de nuevas generaciones de docentes en las disciplinas jurídico-tributarias, continuó el momento de elevadísima calificación con el traslado, en la Universidad de Roma, del Derecho procesal civil al Derecho tributario, de otro grande Maestro, Gian Antonio Micheli.[25]

El escaso grupo de ganadores de los primeros concursos de Derecho tributario, quienes, en calidad de titulares, dictaron las cátedras de Ciencia de las finanzas y Derecho financiero en la segunda mitad del siglo Veinte, estuvo compuesto por Victor Uckmar (quien de manera brillante siguió los pasos de su padre Antonio, fundador en 1929 de la *Revista Diritto e Pratica Tributaria*) y su alumno Corrado Magnani en la Universidad de Génova, por Enrico De Mita, quien volvió al Derecho tributario a principios de los años noventa como alumno y sucesor de Allorio en la Universidad Católica de Milán, por Gaetano Liccardo, primero en la Universidad de Nápoles y luego en la Segunda Universidad de Nápoles, y por Andrea Parlato en la Universidad de Palermo desde 1971.

En cambio, la segunda corriente de la línea jurídico-financiera se adhirió más a la enseñanza de Ranelletti, dedicándose con empeño al estudio y a la enseñanza del Derecho financiero.

El objetivo era el de mantener viva la enseñanza del Derecho financiero con el propósito de estimular una reforma del ordenamiento didáctico que extrapolara esta disciplina de la enseñanza de Ciencia de las finanzas y Derecho financiero, la cual, por lo tanto, se había vuelto, con la excepción de algunos casos, dominio de los economistas.

En un principio, trabajan en esta dirección precisamente dos de los principales alumnos juristas de Griziotti: Mario Pugliese y Ezio Vanoni.

Pugliese, catedrático de Derecho financiero en la Universidad de Trieste, es el autor de *Istituzioni di Diritto Finanziario-Diritto Tributario*.[26] Confía él en que sus *Istituzioni* puedan brindar una contribución al desarrollo de los estudios de Derecho financiero en Italia y constituir, al mismo tiempo, un instrumento útil para la enseñanza en nuestras Universidades de esta materia, con la cual se relacionan "intereses tan importantes de los particulares y del Estado".

Vanoni, catedrático de Ciencia de las finanzas y Derecho financiero en las Uni-

tólica ya había mostrado sensibilidad para esa línea por haber llamado Piero Bodda, ya titular de Derecho administrativo desde 1933 en las Universidades de Messina, Pavía y Turín, a impartir esa cátedra.

25. Nació en Milán en 1913 y murió en Roma en 1980. Fue profesor titular de Procedimiento civil en las Universidades de Parma (1938-1940), de Messina (1942-1943), de Urbino (1943-45), de Bari (1946-1948), de Parma (1949-1956) y de Florencia (1957-1962) y de Derecho tributario desde 1963 a 1964 en la Universidad de Roma, donde fundó una importante Escuela que cuenta con numerosos y reconocidos docentes. Alumnos de Micheli fueron Fantozzi, Fedele, Gallo, Lupi, Perrone, Puoti y Tremonti, todos titulares actualmente de Derecho tributario en las Universidades de Roma. Ver la voz *Diritto tributario e Diritto finanziario* en *Enciclopedia del diritto*, Milano, 1964, XII, 1119 y *Corso di Diritto tributario*, Utet, Torino, 1970, que alcanzó la séptima edición en 1984.

26. Cedam, Padua, 1937, originado de un curso universitario, litografiado. Nació en Bologna en 1903. En el período 1934-1938 fue titular de Derecho financiero y Ciencia de las finanzas en las Universidades de Trieste y desde 1939 de Derecho financiero en la Universidad de Córdoba en Argentina, donde murió en 1940. Lo sucedió, por indicación de Griziotti, Dino Jarach -nacido en Milán en 1915 y muerto en Buenos Aires en 1996- quien permaneció en la Universidad de Córdoba hasta 1951. De 1951 a 1961 impartió las cátedras de Finanzas Públicas y Derecho financiero en el Instituto Tecnológico del Sur y de 1961 a 1974 la cátedra de Finanzas Públicas de la Facultad de Ciencias Económicas de la Universidad Nacional de Buenos Aires. Fue autor de dos obras consideradas clásicas en la materia: *El Hecho Imponible*, Abeledo Perrot, III edición, Buenos Aires, 1982 y *Curso Superior de Derecho Tributario*. Relevante fue la contribución de ambos, junto con el español Gabriel Franco, a la enseñanza del Derecho Tributario y financiero en las Universidades de América Latina.

versidades de Cagliari, Padua, Venecia y Milán, publicó la primera monografía italiana sobre el tema metodológico.[27]

4. *La autonomía del contenido conceptual destacado por D'Alessio e Ingrosso como objeto de la enseñanza del Derecho financiero*

La escuela jurídico-financiera napolitana,[28] fiel a la corriente de Ranelletti, se fortaleció mucho en aquel período por mérito de Francesco D'Alessio y Gustavo Ingrosso.

D'Alessio, catedrático de Derecho financiero y Ciencia de las finanzas en la Facultad de Jurisprudencia de la Universidad de Nápoles, es autor de una publicación, impresa por la misma Facultad, titulada *Corso di Diritto Finanziario*,[29] que contiene sus lecciones recogidas por un alumno. Afirma éste en la presentación que, con la reciente reforma relativa al ordenamiento de los estudios superiores, la antigua y tradicional cátedra de "Ciencia de las finanzas y Derecho financiero", dictada en la Universidad napolitana por ilustres economistas, se ha convertido en la de "Derecho financiero y Ciencia de las finanzas", cuya titularidad ha sido confiada a un jurista, Francesco D'Alessio, desde 1915 catedrático de Derecho administrativo en las mayores universidades. Sin embargo, aún en forma de lecciones, observa el alumno, la materia está distribuida orgánicamente, de acuerdo a un sistema científico preordenado por el Maestro, quien emprendió "tal vez el primero en Italia" la reconstrucción de un cuadro completo de la parte general del Derecho financiero que armonice el análisis del Derecho positivo con los principios dogmáticos de la Ciencia jurídica.

Ingrosso, en cambio, fue profesor de "Contabilidad del Estado" en la misma Facultad de Jurisprudencia de la Universidad de Nápoles hasta 1925 y, durante el período 1935-1946, publicó en tres volúmenes *Istituzioni di Diritto Finanziario*, texto que adoptó en calidad no tanto de catedrático de Contabilidad del Estado, como sí de profesor suplente de Ciencia de las finanzas y Derecho financiero en la misma Facultad desde 1949 hasta 1952. En 1954 volvió a elaborar esos tres volúmenes en un amplio manual de *Diritto Finanziario*.[30]

El compromiso principal de Ingrosso consistió en trasladar la metodología didác-

27. *Natura e interpretazione delle leggi tributarie*, Padua, 1932, publicado nuevamente en *Opere giuridiche*, Milano, 1961, I, 299. Interesantes son sus *Lezioni di Scienza delle finanze e Diritto finanziario*, Officine Arti Grafiche, Roma 1934. Nació en Morbegno (Sondrio) en 1903 y murió en Roma en 1956.

28. En relación con sectores específicos, ver E. Scandale, *La riscossione delle imposte dirette*, Jovene, Nápoles, 1933 y M. Di Lorenzo, Jovene, Nápoles, 1934.

29. Nacido en Montescaglioso (Basilicata) el 27 de mayo de 1886 y muerto el 2 de abril de 1949. Tal *Corso* fue publicado en tres volúmenes (entregas) también recogidos en uno solo, Nápoles, Jovene, 1937, en donde a partir de la página 25 empieza un interesante análisis de las relaciones con las otras disciplinas. D'Alessio es también autor de *Premesse allo studio del Diritto finanziario*, en *Riv. it. Dir fin.* 1937, I, 111. No obstante, en realidad la contribución de D'Alessio no se traduce aun en una reivindicación motivada de autonomía del Derecho financiero. Así también D'Amelio, *L'autonomia del Diritto ed in particolare del Diritto finanziario nell'unità del Diritto*, en *Riv. Dir. fin. Sc. fin.* 1941, I, 1.

30. Publicado por Jovene, Nápoles, ver en particular páginas 6 y 31. Ingrosso, nacido en Gallipoli (Puglia), el 2 de mayo de 1877, ganó el concurso para la cátedra de Derecho Administrativo en 1926; a pesar de ello, el Ministro no le dio curso por razones de orden político. La carrera de Ingrosso fue reconstruida y, por ende, fue admitido nuevamente en servicio cómo titular de Contabilidad del Estado desde el 1 de noviembre de 1943 y jubilado el 1 de noviembre de 1952. A partir del año académico 1949-1950 también estuvo a cargo de Ciencia de las Finanzas y Derecho financiero en la Facultad de Jurisprudencia de la Universidad de Nápoles. Él restableció la línea jurídica sucediendo en la enseñanza a Francesco Saverio Nitti, quien como titular de Ciencia de las Finanzas y Derecho financiero en la misma Facultad, había abandonado voluntariamente la enseñanza el 16 de octubre de 1921 para no someterse a los principios políticos de la época, pero admitido nuevamente en servicio desde el 1 de abril de 1944 después que el profesor Celestino Arena había dejado dicha cátedra en el año 1942, por haber sido trasladado a la Facultad de Economía y Comercio de la Universidad de Nápoles.

tica de Ranelletti, arraigada fundamentalmente en los principios de Derecho administrativo, al mismo contexto didáctico en el cual se ubicó la de Griziotti, es decir, en el ámbito de las cátedras de Ciencia de las finanzas y Derecho financiero.

Ingrosso, al igual que Ranelletti y D'Alessio, comparte el planteamiento de Griziotti, puesto que concuerda con la unidad del fenómeno financiero. Él observa que en la base de todo sistema financiero está la actividad financiera, expresión de la soberanía del Estado que se manifiesta con el ejercicio de la potestad de imperio. Considera él que los procedimientos, que la Administración financiera adopta para alcanzar los fines del Estado, afectan una materia que es económica.

Sin embargo, Ingrosso hace una notable contribución a la determinación del objeto del Derecho financiero, señalando dos momentos de la actividad financiera: el primero, que precede su manifestación como acto jurídico; el segundo, que coincide con ella. Tales momentos son objeto de dos disciplinas: el primero, económico-social, es estudiado por la Ciencia de las finanzas y por la Política financiera. Dada la "identidad de la materia de estudio", él considera que el Derecho financiero, relacionado con el segundo momento, evidencia vínculos estrechos de conexión con las otras dos disciplinas e intercambia con ellas los frutos respectivos de la elaboración. Tal como el Derecho financiero presupone el conocimiento de los motivos económicos y sociales de los institutos positivos de los cuales contiene el régimen jurídico, así recíprocamente la Ciencia de las finanzas, para llegar a la individuación y a la reconstrucción teórica de las leyes constantes y necesarias de los fenómenos financieros, debe tener en cuenta los términos en los cuales ellos han sido acogidos por las legislaciones positivas. Sin embargo, Ingrosso[31] agrega que, si bien es común la materia de estudio, bien distinto es el respectivo campo teórico del Derecho financiero y de las otras disciplinas financieras que son sociales.

Por lo tanto, Ingrosso está de acuerdo con Griziotti en considerar idéntico el objeto de estudio, pero se distancia de él cuando separa el "campo teórico" de las dos disciplinas, uno jurídico y uno económico. Rechaza, entonces, una visión integralista y reivindica la autonomía del contenido conceptual jurídico, aun confirmando las conexiones atribuidas por la escuela de Pavía.

Pero, lo más interesante es la reivindicación de la dignidad científica del Derecho financiero.[32] Ingrosso observa que la doble consideración de la identidad de materia — objeto de estudio del Derecho financiero y de la Ciencia de las finanzas — y del carácter eminentemente teórico de esta cultura, ha generado la opinión equivocada que el Derecho financiero, como producto de la legislación positiva, deba considerarse un "dato comprobado", con la consecuencia que el fenómeno financiero, como acto jurídico, no se considera susceptible y digno de un tratamiento científico. Los motivos de esta condena son el carácter contingente y sobre todo la inestabilidad de los institutos financieros positivos que imposibilitarían la formación de un sistema teórico de los principios.

La notable contribución de Ingrosso fue la de demostrar el contrario, es decir, la existencia de un fondo común y constante de reglas y principios que obedecen a exigencias teóricas de naturaleza jurídica, política y social vinculadas, por necesaria derivación ideológica, a la doctrina general del Estado y, más precisamente, a las relaciones de derecho público, como son el procedimiento tributario, las garantías del ciudadano en materia de presupuesto y el sistema de la jurisdicción y de los controles de la *Corte dei Conti*.

Ingrosso[33] reconoce la "especificación" y los "particularismos" del Derecho

31. *Diritto finanziario*, Jovene, Nápoles, 1954, p. 10.

32. *Ibid.*, p. 10, nota 1.

33. *Ibid.*, p. 14.

tributario correspondientes a una exigencia teórica. Sin embargo,[34] sustenta que las diferentes partes que componen el Derecho financiero pueden reconducirse a una unidad desde el punto de vista conceptual. El único hilo conductor, es decir, el único principio de unidad orgánica, en el Derecho financiero es el factor económico (criterio cualitativo).[35] De esta manera, Ingrosso magistralmente ha continuado la construcción de la escuela napolitana.

Alumno suyo fue Gaetano Liccardo, primero catedrático de Ciencia de las finanzas y Derecho financiero en la Universidad de Nápoles Federico II y luego en la Segunda Universidad de Nápoles a partir de su fundación.

5. *Sainz de Bujanda y la influencia de su pensamiento en la institución de las cátedras de "Derecho financiero y tributario" en España*

El mérito de haber dado impulso a la investigación científica y a la enseñanza del Derecho financiero en España debe atribuirse indiscutiblemente a Fernando Sainz de Bujanda, catedrático de Derecho financiero y tributario en la Universidad Complutense de Madrid.

El primer momento es meramente científico, caracterizado fundamentalmente por las contribuciones de Sainz de Bujanda, aportadas entre los años 1945 a 1970[36] y recogidas en seis volúmenes de la colección *Hacienda y Derecho*.

La irreprochabilidad de su orientación[37] está demostrada por la elección del siguiente pasaje tomado de un escrito de Carnelutti, ya analizado por Griziotti, y que Sainz de Bujanda quiso poner a lado del título del primer volumen de su *Sistema*: "Es mejor estudiar el fenómeno financiero con profundidad desde un solo lado, que no desde todos los lados de la superficie, como puede hacerse con una media cultura; tampoco es necesario agregar que cuando el fenómeno financiero lo estudia el jurista, debe estudiarlo como jurista, es decir, con sus métodos y con sus principios".

Este concepto es afianzado por Sainz de Bujanda, según el cual el Derecho financiero, considerado como disciplina científica, es aquella parte del Derecho que atiende al estudio de la actividad financiera de las Entidades públicas, ya que dicha actividad parece calificarse, por sus connotaciones conceptuales, como jurídica.[38] Él dedica mucho espacio a esa temática, analizando las diferentes teorías sobre la autonomía del Derecho financiero respecto a las disciplinas científicas no jurídicas.[39] Sainz de Bujanda, sobre la base de un conocimiento profundo de las teorías elaboradas por los estudiosos italianos, considera[40] que el jurista debe saber interpretar y aplicar el Derecho, enseñarlo y tomar parte en su creación.

Cuando el jurista toma en consideración los resultados de la Ciencia de las finanzas, no quiere decir que debe confundirlos con aquellos proporcionados por el

34. *Ibid.*, p. 17.
35. *Ibid.*, p. 14.
36. El Maestro dejó un gran vacío entre sus numerosos alumnos, pues falleció en la primavera de 1999. Ver sus trabajos. *Concepto y contenido del Derecho financiero*, en *Revista de Derecho privado*, 1945; *La autonomía del Derecho financiero, Aspectos científicos y didácticos* en *Hacienda y Derecho*, II, Madrid, 1962, 47. Sainz de Bujanda es autor también de una obra majestuosa, el *Sistema de Derecho financiero*, subdividida en dos volúmenes publicados en 1977 y 1985 respectivamente.

37. Notable es la sucesiva difusión de tal interés científico. Ver De Juano, *La crisis del Derecho y el Derecho financiero*, en *Derecho fiscal*, 1967, 1407; Canetero-Pérez, *Derecho financiero*, Madrid, 1968; J. Lasarte Álvarez, *Notas para la historiografía del Derecho financiero*, en *Revista española de Derecho financiero*, n. 1, 1974, *El valor formativo del Derecho financiero*, en *Hacienda y Derecho*, VI, Madrid, 1973. Fundamental es el trabajo de Eusebio González García, *Derecho fiscal*, *Derecho financiero y Derecho tributario*, en *Revista de Derecho financiero y de Hacienda Pública*, n. 104, 1973, 393.
38. *Sistema de Derecho financiero*, I, Madrid, 1977, p. 322.
39. *Ibid.*, p. 339.
40. *Ibid.*, p. 385.

Derecho. En el plano operativo, los criterios anteriormente expresados actúan con mayor flexibilidad, siempre y cuando se adopten las precauciones indispensables para garantizar el conocimiento estrictamente jurídico. En el plano de la producción normativa, la contribución del jurista consiste en incluir, en el campo legislativo formal, los conceptos elaborados por la teoría económica de la Hacienda pública, teniendo en consideración la realidad socioeconómica sobre la cual opera el Derecho.

El planteamiento dogmático de Sainz de Bujanda, fundado en el análisis del estado de evolución de la Ciencia jurídica financiera en Italia, expresa un progreso significativo porque consolida la autonomía científica y didáctica del Derecho financiero de la Ciencia de las finanzas, ya evidenciada por Ingrosso.

El segundo momento fue científico-legislativo y coincidió con el estudio del proyecto de la *Ley General Tributaria*[41] de 1963. Por casi dos años estuvo comprometida en este diseño una Comisión de la cual formaron parte las más ilustres figuras de docentes de la época, entre los cuales estaba el mismo Sainz de Bujanda.

El tercer momento, que es el que más interesa, fue científico-didáctico. Desde 1970 se desmembró la enseñanza común de "Economía política, Ciencia de las finanzas y Derecho tributario" y se instituyeron las primeras cinco cátedras de "Derecho financiero y tributario". Ciertamente, los estudios de Sainz de Bujanda influenciaron el acoplamiento, aún vigente en España, de las dos disciplinas jurídicas en una misma enseñanza. La intensa y constante evolución científica de los últimos treinta años del siglo veinte es el resultado de las investigaciones realizadas por los cada vez más numerosos docentes españoles en todos los temas fundamentales del Derecho tributario y, por una parte consistente de ellos, también sobre el Derecho financiero. Con respecto a la comunidad científica jurídico-financiera y tributaria española, los docentes representan las actuales escuelas que se distinguen en dos áreas: la primera expresa una sola grande escuela que se declara jurídico-financiera además de jurídico-tributaria, reivindicando como Maestro, naturalmente, a Sainz de Bujanda y que recoge casi dos tercios de los docentes distribuidos, con equilibrio, en tres líneas (andaluza, valenciana y madrileña); de la segunda área participa el otro tercio de los docentes quienes expresan dos escuelas jurídico-tributarias fundadas por Calvo Ortega y Pérez de Ayala respectivamente.

6. La contribución de Romanelli-Grimaldi a la individuación del fenómeno jurídico financiero como objeto de la enseñanza del Derecho financiero

Un fundamental paso hacia adelante en el conocimiento del objeto del Derecho

41. En España, el debate se encendió sobre el artículo 25 de la Ley General Tributaria la cual en el punto 3 establece que, cuando el hecho imponible se remite a conceptos económicos, el criterio para calificarlo tendrá en cuenta la situación y las relaciones económicas existentes, independientemente de la forma jurídica que se utiliza. Eugenio Simón Acosta (*El Derecho financiero y la Ciencia jurídica.* Publicaciones del Real Colegio de España, Belonia, 1985) afirma que, a través de la interpretación teleológica la cual se orienta hacia el significado técnico económico, los conceptos de naturaleza económica entran en el Derecho financiero. Sin embargo, por medio del método "principalista" no se puede sustituir la voluntad de la ley mediante el arbitrio interpretativo. El riesgo de la alteración del significado jurídico por parte del sentido económico es advertido por Victoria Eugenia Combarros Villanueva, *La interpretación económica como criterio de interpretación jurídica,* en *Rev. esp. de der. fin.* n. 44, 1984, 485, César Albiñana-García Quintana, *La interpretación económica de las leyes tributarias* en *Rev. Der. fin. Hda públ.* n. 144, 1979, 1383 y José Juan Ferreiro Lapatza, *Curso de Derecho financiero español,* Madrid, 1995, reconducen, sin embargo, la interpretación económica y la teleológica; Iván Martín Queralt y Carmelo Lozano Serrano *Curso de Derecho financiero y tributario,* Madrid, 1990, niegan que exista un hecho imponible de naturaleza jurídica en contraposición con uno económico. La unidad del Derecho financiero está, sin embargo, garantizada por la constitución financiera, como observa Luis Sánchez Serrano, *Tratado de Derecho financiero y tributario constitucional,* Madrid, 1998.

financiero fue dado, en el ámbito de la escuela jurídico-financiera napolitana, por Vincenzo Romanelli-Grimaldi. En su valiosa prelusión "Metodologia del Diritto finanziario"[42] al curso de Ciencia de las finanzas y Derecho financiero en la Facultad de Jurisprudencia de la Universidad de Nápoles 1959-1960, que a partir de aquel año académico y hasta su escisión se formaría sin interrupciones con una dirección jurídica, él evidencia que las dos disciplinas contenidas en la misma asignatura tienen dos objetos distintos, es decir, el fenómeno económico-financiero y el fenómeno jurídico-financiero respectivamente.

Se aprecia por sutileza y claridad el análisis con el cual Romanelli-Grimaldi demuestra cómo la expresión "fenómeno financiero" se presta para indicar dos conceptos diferentes. "Como se sabe — afirma el insigne jurista — la palabra fenómeno puede asumirse en dos significados. En un sentido, que podríamos definir técnico, indica una manifestación digna de observación y de la cual se estudian las causas. En otro sentido, simplemente significa cosa manifestada, manifestación, lo que aparece.

"Ahora, si el primer significado puede, tal vez, adaptarse bien al objeto de la Ciencia de las finanzas que, como Ciencia económica, de tipo abstracto, matemático, busca las leyes causales o de interdependencia del hecho financiero, considerado en sí y por sí, o sea en su calidad íntima de finanzas, es evidente de inmediato, *ictu oculi*, cómo la expresión, en el significado en el que se está considerando, sea del todo ajena al objeto de estudio del Derecho financiero.

"Cuando los juristas identifican el objeto del Derecho financiero en el fenómeno financiero, se refieren a la primera expresión, la del fenómeno en el sentido de cosa manifestada por la realidad jurídica, en contraposición con, o, más bien, distinta de la realidad efectiva de la manifestación social; y, en la conexión con el otro término financiero, no quieren en absoluto referirse al concepto de finanzas considerado en sí y por sí y en su calidad íntima; si no que, sobreentendiendo entre las dos expresiones de fenómeno financiero la otra de jurídico, se proponen llegar, con el término financiero, sólo a una identificación formal y exterior de la disciplina. En otras palabras, los juristas, cuando afirman que el Derecho financiero tiene por objeto el fenómeno financiero, quieren, con esta fórmula, designar y circunscribir la esfera o, más bien, la materia en la cual interviene el Derecho".[43]

Romanelli-Grimaldi somete a un cuidadoso examen los numerosos inconvenientes de los cuales ha sido y todavía es causa la incidencia ejercida por la escuela integralista sobre los estudios financieros. Para convencerse de esto, observa, es suficiente ojear el primer manual de Derecho tributario que se tenga a disposición para ahí encontrar definiciones, clasificaciones y organizaciones de conceptos que, si bien pueden tener relevancia en el campo económico, son del todo irrelevantes en la esfera jurídica; de este modo, es interesante, a manera de ejemplificación, pensar en la distinción entre impuesto, tasa y contribución especial, términos que el legislador, en sus disposiciones, usa promiscuamente y sin un conocimiento claro de la definición que recibieron de la Ciencia de las finanzas. Y en verdad, agrega él, la circunstancia que un hecho específico haya provocado una ventaja particular para cierta categoría de personas o un gasto peculiar para la Entidad pública o, aun, se trate de un servicio indivisible o divisible dado por el Estado al contribuyente, es jurídicamente irrelevante cada vez que el legislador sea inducido a vincular a ese evento el nacimiento de una obligación legal regulada de manera totalmente idéntica a la de un impuesto típico; de igual manera es jurídicamente irrelevante

42. Nació en Nápoles en 1904 y murió en Turín en 1963. Trasladado de la Universidad de Pisa, donde había sido titular de Derecho administrativo, leyó dicha prelusión el 3 de diciembre de 1959, en *Rass. Dir. pubb.*, 1960, I, 1, Revista dirigida por Alfonso Tesauro y editada por Jovene, Nápoles.

43. *Rass. Dir. pubb.*, 1960, I, 1.

la circunstancia que la obligación nazca automáticamente para el sujeto pasivo, sin que el mismo desarrolle una actividad, o que el nacimiento de la obligación se vincule a una iniciativa del sujeto mismo, a la cual la ley refiere el vínculo obligatorio.

Romanelli-Grimaldi considera que ninguna manifestación de la vida social puede ser indiferente para el jurista; obviamente, el conocimiento de las otras Ciencias sociales le es de auxilio para evaluar y apreciar la realidad formal que el ordenamiento jurídico le presenta; naturalmente, anota, esto no quiere decir que las Ciencias sociales deban fusionarse con la jurídica, sino que sencillamente ellas constituyen un presupuesto de la Ciencia jurídica.

Acentuando el alejamiento de la escuela de Pavía, él pone en justo relieve los efectos que realmente produciría la teoría de Griziotti si se profundizara su análisis crítico. Es evidente, afirma Romanelli-Grimaldi, que con la concepción de la interpretación funcional se está más allá de cualquier límite razonable en el que debe mantenerse cualquier interpretación, la cual, evidentemente, es investigación y no invención del Derecho y se está más allá de las exageraciones de la interpretación teleológica que, por otra parte, la misma doctrina integralista afirma superar. La investigación hermenéutica, agrega él, es convertida en licencia y, por así decirlo, se navega en pleno "Derecho libre", que significa la anarquía del Derecho y que, además, debe considerarse excluido del ordenamiento jurídico italiano.

Los interesantes enfoques ofrecidos por Romanelli-Grimaldi amplían el horizonte, estimulando sucesivas reflexiones.

Desde la premisa que los objetos de la Ciencia de las finanzas y del Derecho financiero están incluidos en la misma actividad financiera, resulta, en efecto, arbitrario deducir que ésta constituya el mismo objeto de ambas Ciencias. Es como opinar que la psicología y la cardiología, puesto que estudian al hombre, se caracterizan por la identidad de objeto, variando sólo el aspecto bajo el cual se examina. Sin embargo, es claro que la referencia común al organismo humano y la relación que existe entre la actividad psíquica y la fisiológica, puesta en evidencia por la psicología, no permiten en absoluto afirmar que no se trata de objetos de estudio diferentes, sino del mismo objeto examinado desde puntos de vista distintos.

Es, por lo tanto, equivocado opinar que el Derecho financiero y la Ciencia de las finanzas tienen por objeto la "actividad financiera", que, en cuanto representa el límite dentro del cual operan diferentes Ciencias, no puede constituir el objeto de ninguna de ellas. La lógica no está del todo en condición de seguir un método único y universalmente válido para cada objeto sobre el cual se refleja. Es cierto que la investigación científica constituye actividad cognitiva, pero ésta, a pesar de que asuma unos caracteres fundamentales, cuya existencia condiciona su naturaleza peculiar, se uniforma y se plasma de acuerdo a las exigencias propias de los diferentes fenómenos sobre los cuales actúa. Puesto que un fenómeno dado constituye el objeto de estudio del cultor de una Ciencia individual, su método de investigación asume caracteres peculiares, aptos para distinguirlo del método seguido por cultores de otras Ciencias. En consecuencia, entonces, cuando más investigaciones se realizan sobre un único fenómeno, no obstante se analice desde puntos de vista diferentes, es necesaria la coordinación de dichas investigaciones, ya que ellas siguen un método idéntico, impuesto por la exigencia de una visión unitaria del fenómeno mismo. Pero, si las dos investigaciones se reflejan sobre fenómenos completamente distintos, sus métodos asumen, naturalmente, caracteres propios. La investigación del cultor de la Ciencia de las finanzas se diferencia netamente de la del estudioso del Derecho financiero por las peculiaridades metodológicas, impuestas por la discriminación del objeto, al igual que la investigación del físico es disímil de la del filósofo. La investigación del economista asume, en efecto, un carácter prevalentemente causal, mientras que la investigación jurídica se muestra como posición y organización de relaciones de derecho.

7. Las contribuciones de Sica y Abbamonte para reconducir el fenómeno jurídico financiero a los principios constitucionales

La escuela jurídico-financiera napolitana siguió recorriendo este interesante camino gracias a Vincenzo Sica, inicialmente catedrático de Derecho público y luego titular de la misma cátedra de Ciencia de las finanzas y Derecho financiero de la Facultad de Jurisprudencia de la Universidad de Nápoles, quien, en su monografía *Bilancio dello Stato e Programmazione Economica (Profili Giuridici)*,[44] consolida en el plano constitucional la distinción neta entre los objetos de las dos disciplinas realizada por Romanelli-Grimaldi.

De hecho, él observa que cambia la materia misma de la investigación, ligada ya no a la conducta de los operadores públicos, a la medida de los efectos producidos sobre la economía del país, sino ligada a las calificaciones de los comportamientos de dichos sujetos y de sus organizaciones en el ejercicio de las situaciones referidas y reguladas por una determinada normativa y en el ámbito de las relaciones resultantes.

De la Economía financiera se pasa entonces al Derecho financiero, caracterizado y diferenciado de ella en su metodología y, antes que todo, en su mismo objeto.

Sica se da cuenta de la dificultad de diferenciación entre los tipos de evaluación de objetos asumidos, pero destaca que la identidad de los sujetos, que operan en el orden jurídico y en el orden económico, no impide su distinta relevancia en perspectivas y en sistemas de relaciones diferentes. Pone el acento no sólo sobre la distinción neta entre los objetos de las dos disciplinas, sino también sobre el concepto unitario de un fenómeno jurídico financiero en expansión.[45]

Sica, en efecto, observa que el ordenamiento estatal contemporáneo expresa, con correspondencia y en función de su mayor complejidad y especialización respecto a los ordenamientos estatales modernos, una fenomenología financiera por cierto más amplia y articulada. Además, advierte que el fenómeno financiero ha de asumirse en su entereza, en la complejidad unitaria de sus componentes y de sus factores para poder entender su estructura y sus lineamentos esenciales y los datos diferenciales, ya que dicha unidad no es sólo una realidad lógica, resultado de la necesidad de evaluar la plenitud de un fenómeno, sino también la resultante positiva del mismo ordenamiento estatal asumido al igual que su sistema normativo.

A través de la rigurosa interpretación de las normas constitucionales que fijan las situaciones de los sujetos legitimados a operar en el ciclo completo de provisión, administración y gasto de los medios económicos, él analiza las esferas de competencia relativas, las actividades atribuidas y las relaciones subjetivas y objetivas.

De otra parte, destaca que también en el sector financiero[46] es radical la diferencia entre Estado contemporáneo y Estado moderno. En el primero, observa, toda la organización puede reconducirse a la comunidad, ya que la potestad tributaria se legitima a través de la inversión en los gastos públicos dirigidos a la realización de los fines de la colectividad, individuados por su organización representativa.

Es evidente que Sica continua el análisis de Romanelli-Grimaldi más específicamente sobre la base de la interpretación de

44. Sica, nacido en Castel San Giorgio, provincia de Salerno, el 15 de diciembre de 1924 y fallecido prematuramente, publicó tal texto con la editorial Liguori, Nápoles en 1964.

45. *Bilancio dello Stato e programmazione economica (profili giuridici)*, Liguori, Nápoles, 1964, 7.

46. *Ibid.*, p. 134.

las normas constitucionales en materia de presupuesto, confirmando la línea jurídica de la enseñanza. Por lo tanto, el fenómeno financiero es unitario, como observa Griziotti, pero no es único puesto que, de éste, existen dos: uno jurídico y otro económico.

Otro insigne Maestro de la escuela napolitana jurídico-financiera es Giuseppe Abbamonte, el cual, ya antes catedrático de Derecho constitucional, sucesor en la misma cátedra de Ciencia de las finanzas y Derecho financiero de la Facultad de Jurisprudencia de la Universidad de Nápoles y autor del *Corso di Diritto Finanziario*,[47] recoge la herencia didáctica de la cátedra y continua la misma línea trazada por Sica dirigida a fundar sobre bases constitucionales la decisiva y brillante intuición de Romanelli-Grimaldi.

En efecto, piensa Abbamonte, para demostrar la unidad del Derecho financiero, que la constitucionalidad de la ley tributaria y de la ley del gasto se funda sobre los mismos principios que se deducen de la relación entre estas dos leyes.

Él observa que la actividad financiera del Estado de bienestar desempeña la función de proveer los medios necesarios para las intervenciones redistributivas que son los instrumentos más idóneos para ejecutar la igualdad de hecho en la lógica de la extrafiscalidad. El asunto de la redistribución, advierte Abbamonte, se destaca cuando se observa la asignación de los ingresos, puesto que la actividad financiera no es inmediatamente un medio de redistribución. Por esto, él considera extremadamente útil la investigación de las consecuencias de la aplicación de una norma financiera, en sesión de control de legitimidad, especialmente con respecto a la igualdad de hecho. La obligación de perseguir esta garantía, puntualiza, rige tanto en el momento de institución de los tributos como en el que se delibera el gasto, en el cual, sin embargo, la evaluación debe realizarse con suficiente amplitud de opiniones, porque la deliberación del gasto ocurre de acuerdo a una serie muy compleja de motivos y la correlación entre ingresos y gastos proporciona elementos útiles para el control de legitimidad del gasto.

Abbamonte asocia la visión unitaria del fenómeno financiero en la Constitución con la correcta relación entre Ciencia de las finanzas y Derecho financiero. En efecto, anota[48] que, en sesión de delimitación del campo de la investigación jurídica, la cual no ha de confundirse con la económica, es necesario advertir la indispensable contribución de la Ciencia de las finanzas para establecer si de las leyes procede la igualdad de trato.

A lado de las otras motivaciones, relativas a la exigencia de investigación y de enseñanza exclusivamente jurídica, Abbamonte coloca la importancia del papel unitario del Derecho financiero desempeñado por el principio de redistribución.

8. La influencia de dichas contribuciones sobre el actual reconocimiento de la autonomía de la enseñanza del Derecho financiero

Inspirándome en la enseñanza de tantos ilustres Maestros y con el orgullo de pertenencia a la escuela jurídico-financiera napolitana, he seguido recorriendo — en calidad de ganador en 1972 del concurso[49] de

47. Liguori, Nápoles, 1969. Nació en Nápoles el 17 de marzo de 1923.

48. *Corso di Diritto finanziario,* Liguori, Nápoles, 1969, 36 y *Principi di Diritto finanziario*, Liguori, Nápoles, 1975, 34. El valor de las contribuciones del profesor "emérito" es ilustrado en la presentación de *Scritti* en su honor, publicados por Jovene, Nápoles, 1999. Tales escritos contienen (I, 163) una contribución de Alvaro Rodriguez Bereijo, catedrático de Derecho financiero y tributario y, hasta 1999, presidente de la Corte Constitucional de España, quien me relató que el estudio del *Corso* de Abbamonte le amplió el horizonte.

49. La victoria del concurso para la cátedra de Ciencia de las finanzas y Derecho financiero por parte de un jurista ha sido declarada legítima por el Consiglio di Stato, con decisión de la Sección VI, n. 434 del 20 de diciembre de 1974 (en *Il Consiglio di Stato,*

Ciencia de las finanzas y Derecho financiero y catedrático de dicha disciplina[50] desde 1978 en la Facultad de Jurisprudencia de la Universidad de Nápoles, denominada mientras tanto "Federico II" en homenaje a quien la fundó en 1224 — el camino trazado por ellos, que nos ha conducido hasta la actual celebración del primer siglo de vida de la Ciencia jurídica financiera.

1974, 1713). Este Órgano, en efecto, estableció lo siguiente: "Las argumentaciones de los recurrentes se basan sobre una premisa de hecho indudablemente exacta, es decir que la cátedra en cuestión ha sido insertada, de manera prevalente, en el ámbito de los estudios jurídicos, con todas sus necesarias consecuencias con relación a la selección de los votantes, la valoración de la afinidad, los juicios sobre los trabajos de los candidatos y así sucesivamente: lo que, en cambio, no parece exacto es que dicha selección sea censurable sobre el plano formal al igual que sobre el de la congruidad y de la racionalidad. En efecto, es una constatación obvia, deducible de la denominación misma de la cátedra, que se trata de un curso con estructura compuesta, como bien lo han destacado los defensores de las partes en causa con citaciones doctrinarias de sentido opuesto, ambas válidas desde el respectivo punto de vista. Y si bien es cierto que en el pasado no han faltado los intentos para conducir hacia una unidad la originaria duplicidad de los objetos de la enseñanza, no se puede desconocer que actualmente recorran caminos completamente distintos, el uno absorbido nuevamente en aquel ámbito económico que le es propio, el otro reconstruido en términos rigurosamente jurídicos-públicos. Todo lo anterior, en el plano de la política legislativa, puede exigir un desdoblamiento de la cátedra, pero en el plano más concreto de la línea administrativa se traduce en un amplio poder discrecional acerca de la prevalencia de uno u otro aspecto, cuyo mérito no es juzgable en esta sede. Por otro lado, aparecen inconsistentes también las censuras de ilegitimidad, *sub specie* exceso de poder, centradas sobre el tema de la composición de los cuerpos electorales y de la mesa examinadora ya que, en la perspectiva escogida, es del todo lógico y consecuente considerar afín, a la materia en concurso, gran parte de las disciplinas jurídicas y en especial el Derecho administrativo, del cual el tributario y el contable no son sino unos sectores relativamente autónomos.... La falta de fundamento de todas las censuras impone concluir con el rechazo de ambos recursos."

50. Después de la misma experiencia didáctica realizada en las Facultades de Economía y Comercio de la Universidad de Cagliari y de Bari, lo mismo que en relación sólo con el Derecho financiero, en la Facultad napolitana de Ciencias Políticas, que tuve el honor de presidir.

Los análisis por mí desarrollados, en particular en el tema de la interpretación de la norma de Derecho financiero[51] y de la función y reglamentación del presupuesto del Estado,[52] y luego objeto de una ulterior reflexión en mi manual *L'Ordinamento Giuridico Finanziario*, que ha alcanzado en 1999[53] su sexta edición, me convencen que el jurista debe acercarse al ordenamiento financiero con método riguroso y particular que permita destacar todo el contenido económico real.

Resulta evidente el papel central que cumple, en el ámbito de los estudios jurídicos de la hacienda pública, el tema de los contenidos de las fuentes primarias, que a menudo involucran al intérprete en temáticas de análisis económico del Derecho, las cuales convierten a este ordenamiento en objeto de interesante investigación jurídica.

Fue pujante entonces la necesidad de romper con aquellos esquemas formalistas y con los tecnicismos, limitando además cualquier perspectiva más amplia, que sin embargo la Economía y la Política, hace tiempo, tienden a asignar a la actividad financiera. El Derecho necesita tomar nota de esta realidad más compleja, intentando aprovechar en la individuación de las normas de base todos aquellos momentos de conexión y de análisis que regeneren los contenidos de dichas normas a la luz de las más recientes contribuciones doctrinarias.

Se justifica, de esta manera, la investigación sobre las normas constitucionales que, valoradas por las referencias a los temas de la igualdad, de la capacidad contributiva, de la progresividad y de la planeación, proporcionan contenidos concretos y modernos al asunto de la reserva de ley, ya no ajena a ellos, sino explicitación formal de ellos mismos.

51. *L'interpretazione della norma di Diritto finanziario*, Jovene, Nápoles, 1965.

52. *Funzioni e disciplina del bilancio dello Stato*, Jovene, Nápoles, 1970.

53. Editado por Jovene, Nápoles.

Con base en estas consideraciones, también genera interés el tema del presupuesto, como instrumento de política económica, porque responde a la exigencia de afirmar, en términos unitarios, los procesos complementarios del ingreso y del gasto, dando al Derecho la posibilidad de conocer, también en el plano formal, la unicidad sustancial del proceso de administración financiera pública, la cual en efecto representa un momento fundamental de verificación de la función de la ley de presupuesto de condición de operatividad de las leyes tributarias, además de los delicados equilibrios entre Parlamento y Gobierno, en una perspectiva cada vez de más intensa subordinación a los parámetros de origen comunitario.

El análisis de la relevancia constitucional de las conexiones entre nuestro ordenamiento y las normas internacionales constituye, en verdad, estímulo para una amplia reflexión sobre los condicionamientos que dichas normas ejercen sobre el ordenamiento financiero interno, en una perspectiva destinada a ampliarse con la acentuación de los complejos procesos de agregación internacional y de externabilidad de los ordenamientos estatales. El actual proceso de armonización y unificación a nivel europeo y de globalización de los procesos económicos a nivel mundial, confirman que este aspecto ya representa un tema que caracteriza nuestra disciplina.

La identificación del fundamento constitucional y del significado de los instrumentos de actuación, de la adaptación del ordenamiento financiero interno con el comunitario, permite entender los aspectos más significativos de las fuentes secundarias, las cuales muestran signos tangibles de dicha adaptación, en una delicada afirmación de complejos equilibrios entre normas constitucionales y principios sobre los cuales se funda la unidad europea.

En particular, el desarrollo de algunos aspectos de actual importancia en el tema de la valoración del interés público, referido al resultado económico y al proceso productivo, convierte aquella particular norma financiera, que es la ley tributaria proyectada hacia fines extrafiscales con todas sus implicaciones, en protagonista de la acción de intervención pública en los interesantes contextos, respectivamente, de la política regional de desarrollo en la dimensión comunitaria y de la protección del medio ambiente.

Tales perspectivas permiten demostrar la validez del análisis del Derecho tributario que no prescinda del Derecho financiero del cual, de todas formas, nunca se pierde el contenido pleno de juridicidad.

Las evoluciones científicas y didácticas del Derecho tributario y del Derecho financiero están estrechamente ligadas. Cada una alimenta la otra. La Ciencia jurídica tributaria necesita crecer en una autonomía útilmente condicionada, es decir, con referencias constantes a la evolución científica y didáctica del Derecho financiero, de la cual absorbe los elementos sustanciales en el fenómeno económico y social-financiero.[54]

54. La doctrina alemana (Hans Jürgen Papier, *Die finanzrechtlichen Gesetzesvorbehalte und das grundsgesetzliche Demokratieprinzip*, Berlín, 1973) evidencia, sin embargo, una reserva de ley jurídica financiera como principio constitucional de democracia. De acuerdo a las observaciones de Klaus Tipke y Joachim Lang (*Steuerrecht*, 16 ed. Köln, 1998, 14) y de Klein (dirigido por, *Öffentliches Finanzrecht*, Berlin, 1993) el Derecho tributario es una parte del Derecho financiero público y la enseñanza tributaria económica financiera es una componente de la Economía pública; por lo tanto, la temática de las relaciones entre Ciencia de las finanzas y Derecho financiero se transfiere al Derecho tributario, desarrollando la concepción de Becker. Dentro del debate intenso, profundo y continuo sobre el modo de consideración económica de la ley tributaria, está contenida la prestigiosa comparación de la doctrina jurídica alemana sobre la relación entre Ciencia de las finanzas y Derecho financiero. Rudolf Willelms (*Finanzwissenschaftliche Erkentnisse als Auslegungselemente*, en *Von der Auslegung und Anwendung der Steuergesetze*, Stuttgart, 1958, 67) sostiene que el ordenamiento jurídico tributario ha de construirse sobre los resultados de la Ciencia de las finanzas de manera teórica y sobre las metas alcanzadas por la Ciencia de las finanzas de manera práctica.

Helmut Urbas (*Der wirtschaftliche Betrachtungsweise im Steuerrecht*, Frankfurt, Bern, Paris, 1987, 287) observa que en particular en el Derecho

Bajo tal óptica, me parece que la investigación alcanzará nuevos resultados útiles, adicionando problemas a los tradicionales del Derecho de los impuestos y estableciendo con ellos vínculos oportunos, que tratan de utilizar todos los elementos positivos de un moderno Derecho público de la economía, sin resolver en ello, por supuesto, la perspectiva específica del Derecho financiero.

El Derecho tributario tiene así la oportunidad de confrontarse con un contexto jurídico propio más amplio, al cual pertenece, recibiendo el plasma vital que, en dosis oportunas, ofrece la Ciencia de las finanzas.

La validez de tales conceptos está demostrada, primero que todo, por el análisis del contenido del complejo y delicado tema, que se pone en fase de elaboración de la metodología interpretativa de la ley tributaria y que consiste en la determinación de los criterios (*wirtschaftliche Betrachtungsweise* para la doctrina alemana e *interpretación económica de las leyes tributarias* para la doctrina española) que deben ser de ayuda para el proceso de conocimiento de la densa motivación económica, resultado de la intervención de la Ciencia de las finanzas en apoyo al legislador y, consecuentemente, del significado de los institutos de otras ramas del derecho por tal ley recibidos. Es necesario establecer la relación que existe entre el fenómeno jurídico-financiero, del cual el tributario es parte fundamental, y el fenómeno económico-financiero. La exactitud del análisis sobre la relación que une dos fenómenos análogos presupone que sean considerados en una misma dimensión. Sólo de tal manera es posible en-

tributario, dirigido fuertemente hacia la economía, siempre se debe examinar si y en qué medida son determinantes los conocimientos económico y, por ende, el modo de consideración económica. Sobre la prevalencia de la sustancia se ha pronunciado Klaus Tipke (*Von der formalen zur materialen Tatbestandslehre*, en *StuW*, 1993, 105).

Ver Strickrodt, *Finanzrecht*, Berlin, Bielefeld, München, 1975, y Klein, (a cargo de) *Öfflentliches Finanzrecht*, Berlin, 1993. Por lo tanto, la doctrina alemana demuestra cierto interés por el fenómeno financiero, aun negando su unidad.

Juan Martín Queralt, Carmelo Lozano Serrano, Gabriel Casado Ollero y José M. Tejerizo López *Curso de Derecho financiero y tributario*, Madrid, 1996, 32, Martín Queralt, *La constitución española y el derecho financiero*, en Hacienda Pública Española, n. 63 1980, 97, F. I. Carrera Raya, *Manual de Derecho financiero*, Madrid, 1993, 94, y Lozano Serrano, *Intervencionismo y Derecho financiero en Revista de Derecho financiero* n. 55, 1987, 325 observan que el Derecho, al igual que la Política, la Economía y la Sociología, puede legítimamente asumir como objeto de conocimiento la actividad financiera, concretamente el ordenamiento jurídico financiero, y que la conexión entre ingresos y gastos públicos es la esencia de la actividad financiera y por consiguiente su análisis científico debe realizarse en el ámbito de una disciplina de naturaleza unitaria, con una metodología común y con base en la directriz de un principio común: la justicia financiera. En pro de la autonomía del Derecho financiero se han pronunciado varios juristas españoles.

Ver E. Simón Acosta, *El Derecho Financiero y la Ciencia Jurídica, Publicaciones del Real Colegio de España*, Bolonia, 1985. Él definió los lindes del Derecho financiero en términos negativos, o sea identificando lo que no es parte de dicha disciplina, con particular referencia a los ingresos patrimoniales y con referencia a Sainz de Bujanda, Ingrosso y D'Amati. (En esta misma perspectiva se orientan también algunos estudios de R. Calvo Ortega, *Consideraciones sobre los presupuestos científicos del Derecho financiero* en *Hacienda pública española*, 1970,123). Él considera la autonomía como consecuencia lógica de la coexistencia de dos factores: la existencia de una conexión entre relaciones sociales que por su desarrollo necesitan un ordenamiento jurídico; la existencia de un principio jurídico específicamente aplicable a tales relaciones.

Rodríguez Bereijo contribuye de manera significativa a la solución de tal problemática con el documento, *Introducción al estudio del Derecho financiero*, Madrid, 1976, 27. Él percibe en el Derecho financiero un Derecho redistributivo inspirándose a Abbamonte, Sainz de Bujanda, e Vincente Arche Domingo, *Hacienda pública y Administración pública* en *Hacienda pública española* n. 26, 1974, 10, C. Palao Taboada, *Derecho financiero y tributario*, I, 2, Madrid, 1987, M. A. Rodríguez Ruiz, *Consideración sobre el concepto de Derecho financiero*, en *Hacienda pública española*, n. 92, 1985, Capo Bavona y De Borogorda, *El patrimonio de Estado*, Madrid, 1977, 341. Los textos fundamentales españoles de Derecho financiero más actuales son de José Juan Ferreiro Lapatza *Curso de Derecho Financiero español*, Madrid, 1995 y de Juan Martín Queralt, Carmelo Lozano Serrano, Gabriel Casado Ollero y José M. Tejerizo López *Curso de Derecho financiero y tributario*, Madrid, 1996, 32.

tender la medida exacta de la contribución que la Ciencia de las finanzas ha de aportar a la investigación jurídico-financiera y luego a la investigación jurídico-tributaria.

Gracias a los resultados persuasivos, alcanzados por la doctrina al amanecer del tercer milenio y que han permitido pasar gradualmente de una imagen confusa y opaca del objeto del Derecho financiero a principios del siglo XX, hasta una suficientemente nítida en el ocaso del mismo Siglo, ha iniciado la tercera fase del proceso didáctico en el cual la enseñanza de Ciencia de las finanzas y Derecho financiero se ha dividido en dos asignaturas autónomas.[55]

Ha concluido un asendereado y fascinante proceso secular que ha conferido dignidad de autonomía didáctica al Derecho financiero, autonomía que sin embargo ha de fundarse en una equilibrada e intensa conexión con la Ciencia de las finanzas, mirando con atención los fenómenos vinculados en la actividad de cobranza y de gasto, así como justamente se configura, por lo general, el proceso de intervención del operador público sobre la economía.

De esta manera, por fin, se han construido las condiciones para una nueva perspectiva didáctica que quiere ser de estímulo para las nuevas generaciones de docentes del Derecho tributario a sostener la continuación de la enseñanza del Derecho financiero.

Expresando una consecuencia histórica[56] respecto a la tradición italiana[57] y es-

55. El sector científico-disciplinario N13X contiene, según d.p.r. (decreto del presidente de la república) 12/4/1994, también la disciplina "Derecho financiero" que absorbe explícitamente la de "Ciencia de las finanzas y Derecho financiero". El sector PO1C contiene, en cambio, la enseñanza "Ciencia de las finanzas" que absorbe la otra "Ciencia de las finanzas y Derecho financiero". Los sectores han sido rediseñados mediante DM 23/6/1997 y por el Consejo Universitario Nacional con dictamen del 11/2/1999, según el cual el sector "Derecho tributario" contiene las siguientes disciplinas: "Derecho financiero, Derecho tributario, Derecho tributario comparado, Sistemas fiscales comparados". Corresponde a cada Facultad atribuir al Derecho financiero el espacio didáctico considerado oportuno.

El D.M. 11/2/1994, que por consiguiente ha modificado el ordenamiento didáctico universitario relativamente a la licenciatura en Jurisprudencia, en el artículo 11 establece que es obligatorio una enseñanza por cada una de cinco áreas ahí indicadas; el área 4 se titula "Derecho tributario" y se conecta con el correspondiente sector científico-disciplinario N13X.

56. El fuerte llamado a la tradición, dirigido a los docentes de la tercera generación, es de D'Amati, *Il 'Diritto tributario' e la tradizione giuridico-finanziaria italiana*, en *Riv. trib.*, 1958, 409.

Para un testimonio reciente de la Escuela siciliana, ver Ferlazzo Natoli, *Presupposti metodologici di un corso di Diritto finanziario*, en *Riv. dir. trib.*, 1997, I, 593.

57. D'Amati *Il discorso sul metodo nel Diritto finanziario*, en *Jus*, 1959, 39, 1, inicia afirmando que "La esencia de la cuestión metodológica financiera consiste, como es sabido, en el problema del encuentro entre el Derecho y la Economía en el dato concreto. En verdad, este problema, aun interesando la actividad financiera en su totalidad, afecta de manera más directa el campo tributario, donde la conexión entre *forma jurídica* y *sustancia económica* presenta un carácter particularmente marcado".

En vísperas del tercer milenio, el Derecho financiero – nacido, apenas a principios del siglo XX, junto con el Derecho tributario que de él es componente fundamental como disciplina jurídica autónoma – está en condición de fundarse sobre una sólida madurez científica que seguramente permitirá superar las difíciles pruebas que resulten de los procesos de internacionalización en curso.

El laborioso camino hasta aquí recorrido por todos los sistemas financieros contemporáneos y las implicaciones de carácter teórico, que de tales transformaciones han surgido, proponen con prontitud una pausa de reflexión sobre los "nuevos" principios que en la tradición científica internacional han venido emergiendo, por lo cual a partir de ellos pueda iniciar aquel trabajo adicional de profundización capaz de indicar continuidad.

De esta manera, se logra vislumbrar la nueva función que esta peculiar sección del Derecho ha venido desempeñando, en el ámbito de las Ciencias jurídicas, y luego la particular y, en algunos aspectos, original actitud de procedimiento de construcción de los específicos ordenamientos. En este contexto se ubican los análisis sobre el orden de las fuentes con sus propios ámbitos de competencias individuales y caracterizados dentro de una metodología de la interpretación que, aun tomando de la teoría general, necesita calificaciones adecuadas para adaptarse a una construcción técnica de la norma financiera totalmente influenciada por el proceso económico subyacente.

Esta mirada global logra evidenciar una relevancia universal de la teoría general del Derecho pañola, que exalta la unidad del fenómeno financiero contrariamente a la tradición alemana,[58] y utilizando con metodología apropiada la Ciencia de las finanzas que estudia un fenómeno financiero distinto, se contribuirá al desarrollo didáctico que beneficiará al mismo Derecho tributario, que en Italia ya ha alcanzado niveles notables, en un contexto europeo,[59] con el despegue del tercer milenio.

financiero que, ya garantizada por sus cimientos conceptuales, halla acentuación en los principios de unicidad, veridicidad y transparencia del presupuesto, de reserva de ley, capacidad contributiva, progresividad e igualdad sustancial y, cada vez más, de la certeza del derecho: principios ya difundidos en las Cartas constitucionales europeas y útilmente releídos, en clave moderna, por una doctrina cada vez más refinada culturalmente.

Mirando a un pasado menos reciente hay que observar que los contenidos universales de la teoría general del Derecho financiero han dado la posibilidad a Escuelas de diferentes países de participar, a menudo de manera autónoma, de dicho desarrollo científico.

58 En efecto, Klaus Tipke, *Die Steuerrechtsordnung*, Köln, 1993, I, 1980, observa que en los países latinos (como Italia y España) los textos institucionales tradicionales son de Derecho financiero. Él, sin embargo, aun dedicando un capítulo a los principios constitucionales financieros, manifiesta perplejidad sobre el futuro de esta disciplina jurídica. Distinta es la convicción de Klaus Vogel, titular de Derecho tributario en la Universidad de München, como se deduce de la carta que me envió el 18 de junio de 1999 con el siguiente contenido:

"Estimado amigo y colega,

Usted tuvo la amabilidad de hacerme enviar de la Editorial la nueva edición de "L'Ordinamento giuridico finanziario". Por esto le agradezco de todo corazón. La obra impresiona por su planteamiento riguroso y por su proyección hacia posteriores desarrollos. Nosotros aún no tenemos en la literatura alemana un manual de Derecho financiero que analice tan a fondo también el Derecho europeo. Una vez más mil gracias y mis más cordiales saludos.

Atentamente, Klaus Vogel".

59. Por esta razón, en el año víspera de un nuevo milenio, nació, a cargo de la Universidad de La Sapienza de Roma, la primera *Rivista di diritto tributario internazionale,* que tengo el honor de dirigir junto con Uckmar y Puoti, quien la fundó.

CADERNOS DE DIREITO TRIBUTÁRIO

LOS PRINCIPIOS GENERALES DE LA IMPOSICIÓN Y LA CODIFICACIÓN TRIBUTARIA

EUSEBIO GONZÁLEZ
Catedrático de Derecho Tributario
Universidad de Salamanca

Introducción

Es difícil no coincidir en que los principios generales de la imposición se centran, formalmente (pero con indudables efectos materiales), en la seguridad jurídica y la reserva de ley, y materialmente (pero con indudables exigencias formales), en la igualdad de trato y el pago conforme a la capacidad contributiva de quien soporta el gravamen.

Tampoco es fácil oponerse a la idea (Vanoni, Jarach, Giuliani Fonrouge, Sainz de Bujanda y Valdés Costa) de que todo proceso codificador implica iniciar un camino de depuración terminológica y sistematización conceptual, que al tiempo que promueve el desarrollo científico de esa rama del saber, facilita el conocimiento del Derecho.

Finalmente, nadie podrá negar que el fin de toda codificación estriba en la aplicación uniforme del Derecho inspirado en aquellos principios, es decir, estamos, en último término, ante uno de los dos problemas básicos de toda rama jurídica, que consiste, una vez fijado el orden jerárquico sus fuentes de producción normativa, en la correcta interpretación y aplicación del Derecho.

De este modo, la secuencia lógica "principios de la imposición y codificación tributaria", se resuelve, prácticamente, en una investigación tendente, en primer lugar, a comprobar de qué modo el proceso codificador recoge y alienta la vigencia efectiva de los grandes principios tributarios citados en el ordenamiento jurídico; y, en segundo término, a verificar si efectivamente la codificación favorece una aplicación uniforme del Derecho Tributario, al facilitar una interpretación estrictamente jurídica de sus normas.

Dedicaremos los tres epígrafes que siguen a glosar sintéticamente las anteriores ideas, teniendo presente que sobre cada uno de ellos ya nos hemos pronunciado ampliamente con anterioridad.[1]

El principio de seguridad jurídica como fundamento de la codificación

Como hemos tenido ocasión de decir en otra oportunidad,[2] a vigencia efectiva

1. "Relaciones entre los principios de seguridad jurídica y legalidad", en *Justiça Tributária*, São Paulo, 1998, y "Reflexiones en torno a los principios de capacidad contributiva e igualdad", *Ars Iuris*, 1990. Sobre la codificación, v. "La codificación de las normas tributarias en España", XI Conf. Tec., CIAT, Madrid, 1976. Y sobre la interpretación v., "La interpretación de las normas tributarias", Aranzadi, 1997.

2. V. "El principio de seguridad jurídica y la codificación tributaria", en *Principios constitucionales tributarios*, Culiacán, 1993.

del principio de certeza o seguridad jurídica del contribuyente en un ordenamiento exige no sólo instrumentalizar cauces de participación ciudadana en la elaboración de las leyes tributarias (prescripción mínima y primera, consustancial al principio de legalidad), sino también hacer accesible o aprehensible esa certeza. Es decir, el principio de certeza deja de ser tal cuando por el marasmo de las disposiciones o la imprecisión (por no decir incorrección) de los términos técnicos utilizados en su redacción se dificulta extraordinariamente saber en cada momento cual es la norma a aplicar o se corre el peligro de no aplicar de modo uniforme idéntica norma. Para superar o al menos poner coto a uno y otro fenómeno, más pronto o más tarde se plantea en todos los países el problema de la codificación tributaria, bien en su aspecto de refundiciones normativas que recogen el Derecho vigente en un momento dado (Textos refundidos), bien como intento de perfeccionamiento técnico y búsqueda de una mayor uniformidad en la aplicación de las normas (Códigos Tributarios).

A partir de las ideas anteriores, el proceso codificador en su andadura histórica adopta unos modos de operar, unas manifestaciones que, por lógicas, son bastante comunes. Así, es muy difícil, por no decir imposible, reducir nada a unidad, si no se parte de unos principios informadores; y esos principios, al operar sobre el conjunto, tienen forzosamente que proporcionar una estructura ordenada e inteligible, es decir, un sistema. Esta es la causa de que allí donde la racionalidad propia de la codificación se une al adecuado desarrollo de la técnica jurídica, el resultado haya sido óptimo; favoreciendo ese clima de unidad y de certeza en la aplicación del Derecho, que es el fundamento de la seguridad jurídica.

Son bien conocidas las dificultades que toda acción codificadora entraña.[3] La falta de unidad y de uniformidad que con frecuencia preside el quehacer legislativo ha dado lugar a ordenamientos complejos y dispersos, donde no sólo brillan por su ausencia las ideas de sistema y claridad, sino que en ocasiones surgen dudas sobre la propia vigencia de las disposiciones, al encontrarse el intérprete ante principios contradictorios.

El menoscabo del principio de certeza o seguridad jurídica que semejante estado de cosas implica ha forzado a todos los países a emprender el camino de la codificación legislativa. En efecto, superadas las razones teóricas y circunstancias históricas que hicieron posible la discusión Thibaut-Savigny y habiéndose incrementado los inconvenientes de la situación descrita, al tiempo que se multiplica la actividad legislativa dentro del Estado intervencionista, el problema de la codificación del Derecho desborda los límites civilistas en que venía desenvolviéndose para invadir todas las esferas del ordenamiento jurídico.

Por todo ello conviene que de vez en cuando, y tal y como están las cosas quizá con mayor frecuencia que de vez en cuando, nos paremos a reflexionar sobre el modo en que se viene legislando, particularmente en materia tributaria, durante los últimos años. Pues sería triste progreso el nuestro, si después de haber desplegado grandes esfuerzos en el perfeccionamiento técnico de nuestros códigos tributarios, resultase que esos códigos no pueden cumplir el alto cometido al que estaban destinados, porque el legislador ordinario, por precipitación, ignorancia o menosprecio de la seguridad que aportan las formas jurídicas, desconociese la contribución de esos cuerpos sistemáticos a la aplicación uniforme del ordenamiento jurídico y, consiguientemente, al perfeccionamiento del Derecho, legislando en cada caso a impulsos de la necesidad.

3. Por lo que se refiere a la codificación del Derecho Civil, primera en todas las legislaciones, v. Sánchez Román, *Derecho civil*, Madrid, 1899, I, pp. 8.510 y ss.; Manresa, *Comentarios al Código Civil español*, Madrid, 1903, I, pp. 190 y ss.; y De Buen, *Introducción al estudio del Derecho Civil*, Madrid, 1932, pp. 167 y ss.

A menudo se critica a la doctrina porque no orienta con sus comentarios sobre la aplicación de unas normas, que el interprete no alcanza a comprender. Pues bien, al margen de que también al estudioso muchas veces le sucede lo mismo, esto es, que no entiende las normas, el problema, allí donde exista un código tributario bien configurado al que el legislador no presta atención, obviamente no es de la doctrina, sino del legislador. Adicionalmente, cabe observar que nos encontramos ante lo que desde el punto de vista económico podría calificarse como un "desequilibrio del mercado": *la demanda de claridad es excesiva frente a la limitada oferta disponible, solo que, en este caso, en vez de elevarse el precio de la claridad, se ha preferido arrojarla por el sumidero de las circulares administrativas.* Haría falta una legión de tributaristas, con dedicación plena a este cometido, para introducir ciertas dosis de claridad en el marasmo, caos y confusión de la legislación tributaria de muchos países.

Si a la situación descrita añadimos la velocidad con que se publican y derogan las normas tributarias, tendremos un cuadro bastante próximo a la realidad que contemplamos al abrir la ventana de las decenas de disposiciones con que nos obsequia el Diario Oficial todos los días.

Pensamientos análogos a los expresados pasan habitualmente por la cabeza de profesores universitarios, jueces y letrados. En este sentido, viene a mi memoria una reciente sentencia del Tribunal Superior de Justicia del País Vasco, en la que textualmente se dice: "Las normas tributarias deben ser especialmente claras y evidentes en su dicción, toda vez que las mismas van a regular el ejercicio de la potestad de exigir tributos. El principio de seguridad jurídica supone que toda actuación administrativa, y especialmente aquélla que se desenvuelve en un campo como el tributario, que conlleva una actuación directa en la esfera de los derechos de los ciudadanos, se lleve a cabo rodeada de unas garantías que no impliquen suposiciones o derivaciones implícitas o deducidas. La evidencia, la claridad y la seguridad deben presidir estas relaciones. En el caso de autos, para nada se dan estas circunstancias, al contrario..." (STSJ País Vasco 22 diciembre 1994, *JT* 1586).

Pocos años después se pronunciaba en parecidos términos la Audiencia Nacional, recogiendo la doctrina del Tribunal Constitucional sobre este punto en los términos siguientes: "El Tribunal Constitucional en la sentencia 150/1990 señaló que los principios de seguridad jurídica y de interdicción de la arbitrariedad de los poderes públicos exigen que la norma sea clara para que los ciudadanos sepan a qué atenerse ante la misma, por lo que no cabe subestimar la importancia que para la certeza del Derecho y la seguridad jurídica tiene el empleo de una depurada técnica jurídica en el proceso de elaboración de la misma..." (SAN 19 enero 1998, *JT* 270).

En las sentencias citadas, que tienen un simple valor ejemplificativo, el resultado fue, naturalmente, la anulación de las liquidaciones impugnadas. Pero nuestro propósito al seleccionar en este momento estas sentencias, entre otras pronunciadas en el mismo sentido, va más allá de la simple conexión lógica entre el supuesto sometido a juicio, la existencia de una norma poco clara y la consiguiente anulación de una liquidación incorrecta.

Por tanto, si el interés de ambas sentencias no reside en los supuestos de hecho contemplados ni en la resolución dada a los mismos, es claro que lo que nos interesa de ellas es la fundamentación. No es ciertamente frecuente traer a colación el principio de seguridad jurídica para anular una liquidación por falta de claridad en el precepto que le da cobertura legal. Sin embargo es evidente que semejante modo de proceder sólo plácemes puede suscitar en el intérprete, junto al deseo de que cunda el ejemplo.

Así, pues, en total sintonía con las sentencias recogidas, pensamos que la primera y fundamental exigencia que deriva del principio de seguridad jurídica, junto a la interdicción de la arbitrariedad, es la idea de certeza, ese saber a qué atenerse, tan ligado a la claridad de los términos utilizados por el legislador y al inequívoco conocimiento del Derecho vigente en cada momento, circunstancias ambas que un buen código tributario facilita extraordinariamente.

Es necesario estar persuadidos de que es muy difícil, por no decir imposible, aproximarse mínimamente a un grado de certeza deseable en la aplicación del Derecho, si no se parte de dos premisas imprescindibles. La primera consiste en tener un conocimiento suficientemente preciso de las normas vigentes en cada momento. La segunda, dando por supuesto ese conocimiento, exige poder entender el contenido de las normas vigentes, es decir, que un ciudadano corriente, que ha cursado la enseñanza obligatoria y está en condiciones de contribuir al sostenimiento de los gastos públicos, tiene todo el derecho del mundo a poder entender por qué paga sus impuestos, sin necesidad de recurrir a un experto que, previo pago, le explique cifras, datos y fórmulas para él absolutamente cabalísticas.

Por todas estas razones, estimamos que sentencias como las previamente citadas deben ser positivamente valoradas por la doctrina, al proclamar que no puede ser conforme a Derecho una liquidación basada en normas "no especialmente claras y evidentes en su dicción..., que impliquen suposiciones o derivaciones implícitas o deducidas".

La codificación como instrumento de depuración terminológica y sistematización conceptual

Todo proceso codificador, y consiguientemente también el tributario, se caracteriza por dos notas: primero, reduce a unidad lo que estaba disperso; y segundo, como derivación lógica de lo anterior, proporciona seguridad a sus destinatarios.[4] Habiendo dedicado el epígrafe anterior a glosar las relaciones entre seguridad jurídica y codificación, parece razonable que examinemos ahora las relaciones entre codificación y mejoras derivadas de ella en el sistema jurídico.

La certeza en la aplicación del Derecho no es fruto de un día, ni puede derivarse tan solo de una depurada técnica jurídica. Toda codificación duradera procede de un fondo jurídico común de opiniones, hábitos y técnicas que, de un lado, permite consolidar lo conocido, al tiempo que, de otro, facilita la acción futura del legislador, al proporcionarle instrumentos extraídos de la práctica de cada día y, por tanto, perfectamente acomodados a la realidad del país.

Cuando se cumplen estas condiciones, el Código resultante goza de un respeto y estabilidad que podríamos calificar de "naturales", y no hay estricta necesidad de reforzar su rango jerárquico, porque sus preceptos, por lógicos y conocidos, se entienden universalmente admitidos en el país en cuestión.

A los caracteres anteriores la codificación tributaria añade algunas peculiaridades, que en unos casos facilitan el proceso, como la unidad de fuentes normativas, mientras que en otros lo dificultan, debido a la propia complejidad del Derecho Tributario y de su instituto central: el tributo.

En Derecho Tributario el problema de la codificación no está ligado al de la fijación de sus fuentes productoras de normas, por ser éste un problema cuya resolución viene dada con carácter previo, debido a la propia estructura de sus fuentes de producción jurídica. En esta rama del Derecho abordar el tema de la codificación equivale a plantearse el problema de la armonía y sistematización que deben presidir el desarrollo de la actividad legislativa en materia tributaria. En este sentido puede decirse con propiedad que la codificación de las

4. V. Ezio Vanoni, "Il problema della codificazione tributaria", en *Opere Giuridiche*; C. Albiñana, "La codificación tributaria en el Derecho Comparado", XI Conf. Tec., CIAT, Madrid, 1976; y M. Cortés y J. Martín, *Ordenamiento tributario español*, Madrid, 1977, pp. 49 y ss.

normas tributarias es un aspecto de la codificación administrativa.

Por tanto, las dificultades surgidas son las mismas que se han planteado en el ámbito más amplio de Derecho administrativo.[5] Esto es, la desconexión y consiguiente yuxtaposición de normas que proporcionan la base sobre la que se asienta el calificativo de complejo, tan frecuentemente unido al ordenamiento tributario. Si éste fuera todo el problema, para poner término al mismo sería suficiente realizar la oportuna compilación de disposiciones vigentes. Sin embargo, el mal que preside el creciente desarrollo de los ordenamientos tributarios no queda suficientemente precisado dentro del término "complejo". Con frecuencia, bajo la capa de la complejidad, se esconden auténticas contradicciones que la acción compiladora no puede salvar. Se hace entonces necesario dar con los principios informadores del sistema, y ésta es labor propia de la codificación.

Así, pues, sin desconocer las enormes dificultades que acompañan a toda acción codificadora, la codificación de las normas tributarias se presenta no sólo como una labor deseable y posible, sino fundamentalmente necesaria, dada, de una parte, la intrínseca unidad del fenómeno tributario, y de otra, la múltiple y variada floración legislativa en esta rama del Derecho, que al surgir muchas veces de forma independiente y urgida por las necesidades del momento ofrece al intérprete numerosos puntos de fricción.

¿Cuáles son en concreto las necesidades que una codificación tributaria viene a satisfacer?. La respuesta es seguramente tan vieja como el Derecho. Pero limitando el alcance de la panorámica a los dos últimos siglos, vemos que Canga Argüelles recoge la opinión de J. B. Say,[6] E. Vanoni se apoya en Broggia y Verri[7] y nosotros podríamos añadir a esta lista el nombre de León de Arroyal.[8] El común parecer de todos los autores citados podría sintetizarse en la gráfica frase de Canga Argüelles: "La falta de buenos y sencillos códigos y la desorganización de los tribunales obran de un modo muy sensible en la riqueza".

El fondo de sentido común que late bajo las ideas anteriores conserva plenamente su vigencia. Expuestas de forma más precisa pueden reconducirse a las dos exigencias que alternativa o acumulativamente toda codificación tributaria debe satisfacer.[9] Esto es, exigencias derivadas de la ne-

5. Desde un punto de vista general el mejor estudio sobre la materia sigue siendo el de E. Vanoni, "Il problema della codificazione tributaria", en *Opere Giuridiche*, Giuffré, 1963, pp.413 y ss. El entendimiento de este estudio se enriquece consultando F. Maffezzoni, "Il problema della codificazione tributaria nel pensiero di Ezio Vanoni", *Riv. Dir. Fin*, 1956. Respecto a la codificación alemana, v. los excelentes estudios de E. Becker "Accentramento e sviluppo del dirito tributario tedesco", *Riv. Dir. Fin*, 1937, y E. Vanoni, "L' esperienza della codificazione tributaria in Germania", en *Opere Giuridiche*, cit. Sobre la codificación italiana, v. A. Berliri, *Il testo unico delle imposte dirette*, Giuffré, 1969. Sobre la codificación española, v. N. Amorós, *Ley General Tributaria*, Ed. Der. Fin., 1967, pp. 31 a 46; C. Albiñana, ob. cit, p. 363; y M. Cortés, *Ordenamiento tributario español*, 1972, pp. 49 y ss. Interesantes observaciones sobre las experiencias codificadoras americanas se encuentran en Giuliani Fonrouge, "Realidad y perspectivas de la codificación tributaria", *Rev. Der. Fin*, 1964, y R. Valdés Costa, *Derecho Tributario Latinoamericano*, Montevideo, 1982, pp.33 y ss.

6. "En todo país donde la legislación es complicada – dice Say – se aumenta el trabajo de los jueces y dependientes de los Tribunales, y se ocupa mucha gente sin que la prosperidad pública obtenga útiles resultados. La complicación de las leyes favorece la mala fe, porque ofrece al malo muchos efugios" (Canga Argüelles, *Elementos de Ciencia de la Hacienda*, Inst. Est. Fisc., 1961, p. 49)

7. Ob. cit, pp.433 y 435.

8. Pertenecen a L. de Arroyal juicios tan sabrosos como los que siguen: "El querer curar todos los males del cuerpo político a fuerza de leyes es querer curar todos los del cuerpo humano a fuerza de jaropes... El texto de la Ley vale un pepino, en no habiendo doctrinas y opiniones ... las muchas leyes no son prueba de mucha sabiduría en una nación...Es necesario introducir la sencillez y la facilidad en todos los ramos de la administración...Una misma legislación debe surtir unos mismos efectos en cualquier parte del mundo" (*Cartas político-económicas al conde de Lerena*, Madrid, 1978, pp. 184 a 205).

9. V. Ezio Vanoni, ob. cit, p.436 y ss; y C. Albiñana, ob. cit, p. 360.

cesaria seguridad en cuanto a la vigencia de las normas y exigencias derivadas de la necesaria precisión terminológica en la redacción de las normas tributarias correspondientes. Esta última exigencia, que constituye un *prius* lógico respecto a los fines de sistematización y aplicación uniforme del Derecho, es la más propia de la labor codificadora, toda vez que en la base de ésta última se encuentra como idea rectora que la anima y hace posible el deseo de fijar unos pocos principios fundamentales que ayuden a establecer la imprescindible unidad de criterio, cuyo fin inmediato y directo será la precisa configuración de los términos utilizados, con la ventaja consiguiente para la uniforme aplicación del Derecho, fin último de toda acción codificadora.

De este modo se pone de manifiesto la íntima relación existente entre codificación, depuración terminológica y desarrollo científico de la rama del Derecho implicada, en una sucesión de impulsos ininterrumpidos recíprocos en la que es difícil precisar donde está la causa y donde el efecto. En nuestro caso, la conocida experiencia germánica en torno a la *Reichsabgabenordnung* de 1919 (AO), de tanta influencia en las codificaciones mejicana, española, resto de iberoamerica y portuguesa, prueba de modo suficiente cuanto hemos dicho.

En los casos citados, la codificación suele preceder a una regulación de los conceptos tributarios fundamentales de los distintos impuestos, esto es, de aquellos conceptos que inexcusablemente han de repetirse en cada figura tributaria concreta (hecho imponible, sujeto pasivo, base imponible, liquidación, tipo impositivo y cuota, fundamentalmente), por ello se dice que la codificación en cuestión opera en el área de los principios. El paradigma de este tipo de acción codificadora lo constituye la Ordenanza Tributaria alemana, aunque, como sabemos, también es posible una acción codificadora dirigida a la coordinación interna de las normas que regulan impuestos en particular (Code General des Impots, Testo Unico delle Imposte Dirette, Textos refundidos españoles y Código Tributario colombiano).[10] En este último supuesto es claro que la codificación no opera de modo directo en el ámbito de los principios, sino en el área de las figuras impositivas concretas. Siendo, naturalmente, mucho más interesantes en el marco de nuestras preocupaciones actuales las experiencias codificadoras desarrolladas bajo la influencia alemana.

En resumen, el fin último que toda acción codificadora pretende es la aplicación de las leyes según criterios uniformes. Esta es, pues, la primera y más importante consecuencia de la codificación tributaria.

Ahora bien, el fin de la aplicación uniforme del Derecho no se cumple de una vez por todas, es decir, en este momento y para siempre. Es necesario que la acción uniformadora que la codificación introduce perdure, que extienda sus efectos en el tiempo. Objetivo que sólo puede conseguirse a través de una acción prolongada sobre la legislación sucesiva, a cuyo efecto suele dotarse al texto codificador de un valor superior al de la Ley ordinaria.

La importancia de esta segunda consecuencia de la codificación no necesita ser resaltada. Gracias a ella el impulso depurador y sistematizador de la codificación se actualiza no sólo a través de una acción perfeccionadora sobre las disposiciones sucesivas, sino también, y por ello mismo, sobre la jurisprudencia y la ciencia del Derecho tributario. La acción sobre la primera constituye un fin en sí misma, ya que al exigir el texto codificador que las disposiciones posteriores se acomoden a él, pretende precisamente evitar las contradicciones que pudieran producirse, al tiempo que, como efecto reflejo, comporta un alivio considerable en el trabajo del legislador futuro. Pero la acción perfeccionadora de la codifica-

10. V. L. Trotabas, *Science et technique fiscales*, Dalloz, 1960, pp. 95-96; E. Vanoni, ob. cit, pp.448 y 453; C. Albiñana, ob. cit, p. 371; y M. Cortés, ob. cit, p.51.

ción sobre la jurisprudencia y la ciencia del Derecho tributario es simple contraprestación de favores, pues en tema de perfeccionamientos recíprocos entre codificación, jurisprudencia y ciencia del Derecho tributario no es asunto fácil dar con los saldos respectivos.

Junto a estas observaciones cabe apreciar la existencia de otras corrientes unificadoras, no por indirectas menos efectivas. Nos referimos a la generalizada práctica de aplicar a las figuras impositivas nuevas o peor conocidas los conceptos y modos acuñados en los impuestos mejor elaborados. De este modo, a través del ancho camino que ofrecen al respecto la inercia legislativa, la comodidad del funcionario, la probada eficacia recaudatoria de determinados expedientes o simplemente el gusto por lo conocido y la lógica duda ante lo nuevo, se fueron introduciendo en la columna vertebral de la imposición española (Impuesto de Derechos Reales, Contribución de Utilidades y Contribución de Usos y Consumos) conceptos y modos que, haciendo abstracción ahora de su mayor o menor perfección técnica, al ser trasladados a los restantes impuestos, contribuyeron en buena medida a mitigar el carácter disperso, complejo y coyuntural de nuestra legislación tributaria.

La codificación y la interpretación de las normas tributarias

Aunque en un foro científico hoy pocos pondrían en duda la pertenencia del Derecho Tributario al tronco del Derecho Público, no son infrecuentes la jurisprudencia y las opiniones, que en sede de interpretación normativa continúan remitiendo los conceptos tributarios al campo de la Economía o del Derecho Privado, con olvido de la natural autonomía calificadora de que debe gozar esta rama del Derecho Público. Por ello es necesario que un Código tributario se pronuncie sobre estas cuestiones, tal y como, por ejemplo, han hecho, entre otros, el art. 23 de la Ley General Tributaria española, el art. 9º del Código Tributario de Perú, el art. 5º del MCTAL, el art. 4º del Código Tributario de Uruguay, el art. 12 del Código Tributario de Ecuador y el art. 12 de la Lei Geral Tributária portuguesa, dejando perfectamente claro que las normas tributarias, por ser normas jurídicas ordinarias, han de interpretarse con arreglo a los criterios generales admitidos en Derecho.

Si del ámbito del Derecho Tributario descendemos a su instituto nuclear, nos encontramos con una enconada polémica sobre el papel que corresponde al tributo en nuestra sociedad. Pocos dudan de que efectivamente al tributo pueden o deben corresponder funciones distintas a su natural destino a la cobertura del gasto público. Pero quizá no sea tan lógico y natural que la finalidad que caracteriza y define al tributo como institución jurídica, quede oscurecida o marginada ante el cúmulo de finalidades extrafiscales que acompañan a muchos tributos contemporáneos. Este es un punto que tampoco puede desconocer un Código tributario, tal y como, por ejemplo, hacen la Ordenanza Tributaria alemana (art. 3.1), la Ley General Tributaria española (art. 4º) y la Lei Geral Tributária portuguesa (art. 5.1).

Junto a las anteriores grandes cuestiones, que han pretendido demostrar la imposibilidad de ser políticamente neutros al acometer cualquier codificación, incluida la tributaria, aparecen otras de gran calado tributario (sujetos pasivos, responsables, órganos gestores e inspectores, revisión de actos, etc.), pero de menor entidad ideológica, por lo que hemos preferido posponer su examen en esta ocasión.

De los temas enunciados, por su especial importancia e íntima conexión con la razón de ser de la codificación tributaria (certeza basada en la aplicación uniforme del Derecho), vamos a dedicar la última parte de esta comunicación a glosar la influencia de la codificación en la generalización de las reglas propias del método jurídico en la interpretación de las normas tributarias.

En materia de aplicación de normas, el fruto más importante de la codificación consiste en reiterar que en el momento de interpretar, lo que hay que hacer es desentrañar el significado de la norma y, en último término, toda interpretación se mueve entre dos grandes límites que no se pueden sobrepasar: la letra de la ley y el fin de la norma. La interpretación es una actividad mental flexible, una especie de resorte que se puede estirar o acortar, pero siempre tiene un límite más allá del cual no puede dilatarse o encogerse, ese límite es la letra de la ley.[11]

Entonces, si la norma tributaria no se interpreta ni pro Fisco ni pro contribuyente, sino que la norma se interpreta de un modo neutro, buscando el resultado que más acomode la letra con el fin de la norma, este razonamiento tiene una conclusión en Teoría General de la Interpretación, y es que toda la Teoría General de la Interpretación de las Normas, toda ella sin excepción, es íntegramente trasladable al Derecho Tributario. No hay ninguna especialidad en la interpretación de las normas tributarias. Las normas tributarias se interpretan como cualquier otra norma jurídica, por la sencilla razón de que son normas jurídicas.

Quedan de esta forma vacías de contenido las opiniones que afirman el carácter odioso, oneroso o limitativo de los derechos tutelados por las normas tributarias, opiniones que no tienen sentido dentro de un Estado de Derecho. ¿Cómo puede conciliarse esta afirmación acerca de lo odiosa, restrictiva y limitativa que es la norma tributaria, cuando las aportaciones que ella establece van encaminadas al bien común?. Aunque cada vez con menor frecuencia, alguna jurisprudencia ha sostenido esta postura, sobre todo en materia de exenciones.[12]

Consiguientemente, el carácter y naturaleza común, normal y ordinario de la norma tributaria así entendida, lleva, como muy bien dice el art. 5º MCTAL, a la aplicación en el ámbito de la interpretación de las normas tributarias de todos los criterios y elementos propios de la teoría general de la interpretación. Admitir este carácter común y ordinario de las normas tributarias, tanto las de imposición como las de exención, conlleva la aplicación, salvo limitaciones expresas, de todos los métodos de interpretación de las normas admitidos en Derecho al ámbito del Derecho Tributario.[13] Y aceptar esto último implica aceptarlo con todas sus consecuencias, sin que luego quepa dar marcha atrás en cuanto a la aplicación o no de ciertos métodos, como por ejemplo la analogía, siempre que el mismo sea admitido dentro de la teoría general de la interpretación.

Por último, cabe hacer una advertencia acerca del choque ficticio que puede producirse para el jurista entre forma jurídica

11. Esta manifestación de sincretismo metodológico, aunque aparentemente semejante, nada tiene que ver con esa otra posición abiertamente defendida en España por Larraz y tan brillantemente desarrollada en Italia por E. Antonini, contraria a la admisión de una interpretación integrativa unívoca. Antonini sostiene que aunque algunas formas jurídicas prácticamente son bastante fungibles, el legislador en su valoración sacrifica la posibilidad de una esfera de aplicación más amplia del tributo en aras de la certeza, y elige un presupuesto típico no fungible (en idéntico sentido, Sáinz de Bujanda, *Análisis jurídico del hecho imponible*). De aquí que en impuestos como el de registro, para Antonini, la forma jurídica elegida ha de prevalecer de un modo absoluto; en tanto que en impuestos como el de sucesiones, que no contempla las formas, sino la transmisión, la forma jurídica elegida puede tener un valor accesorio (V. N. Amorós, "La elusión...", *RDFHP*, 1965, p. 610).

12. V., por ejemplo, N. Amorós, *Ley General Tributaria*, Madrid, 1967, p.247 y ss. Contra TEAC 28 junio 1995 (*JT* 1119, comentada). También, J. Larraz, *Metodología aplicativa del Derecho Tributario*, Madrid,1951, "La metodología aplicativa a la ley tributaria desde 1952", *RJC*, 1959 y "Contradicción metodológica de la jurisprudencia fiscal del Tribunal Supremo", *An. Dir. Gen. Cont. Est.*, Madrid, 1962; L. Martín Retortillo, "La interpretación de las normas tributarias", *Rev. Der. Fin.*, 1964; E. González, *La interpretación de las normas tributarias*, Aranzadi, 1997; y C. Checa, *Interpretación y aplicación de las normas tributarias: análisis jurisprudencial*, Valladolid, 1998.

13. Por lo que se refiere, en concreto, a la doctrina de las leyes meramente penales, puede verse de forma resumida A. de Luna, *La doctrina de las leyes meramente penales y la evasión fiscal*, SEDF,1961; y en su génesis y evolución histórica, J. Gorosqueta, "El sistema de ideas tributarias de los teólogos y moralistas principales de la Escuela de Salamanca", *HPE*, 1972.

y contenido económico. El llamado criterio de la realidad económica es, en realidad, un criterio de confusión, pero en algunos ordenamientos, por ejemplo en los Derechos alemán y argentino, presenta la característica de ser Derecho positivo. Y el jurista nunca puede operar de espaldas al Derecho positivo.

En puridad, desde planteamientos exclusivamente teóricos, en el choque entre contenido y forma, debería prevalecer la forma. La realidad objeto de estudio de un jurista, no es la realidad física, química o económica. La realidad con la que operan los juristas es una realidad normativizada. Su objeto de estudio son las normas, sin importar tanto lo que quiso decir el legislador y no lo dijo. El único caso en que para un jurista interesa sobremanera la realidad, se da cuando el jurista forma parte de una Comisión legislativa, es decir, cuando se están elaborando las normas. En ese momento sí es interesante conocer la realidad, prestando especial atención a lo que opinan los economistas, los sociólogos o los contables. Tener en cuenta esa opinión implica intentar resolver el problema en el plano normativo con mayor cantidad de elementos, y después de conocer cuál es el problema a resolver, se plasma en una forma jurídica concreta, que constituye el punto de partida inexcusable de toda labor interpretativa, razón de ser de los códigos y actividad propia y específica del jurista.[14]

14. El art. 133 BGB dice: "Al interpretar los actos declarativos debe buscarse la voluntad real en vez de vincularse al sentido literal de la expresión". En Italia, Cogliolo afirmaba que cuando la letra del Código no sea abiertamente contraria, es lícito sustituir la voluntad del legislador plasmada en la ley por la que hubiera sido, caso de legislar en el presente.

CADERNOS DE DIREITO TRIBUTÁRIO

PRESCRIPCIÓN DE TRIBUTOS Y SANCIONES

RAMÓN FALCÓN Y TELLA
Catedrático de Derecho Financiero y Tributario — Abogado

1. Concepto, naturaleza y fundamento de la prescripción tributaria. 2. Requisitos de la prescripción de la obligación tributaria: determinación del "dies a quo". 3. Interrupción de la prescripción de la obligación tributaria. 4. Efectos de la prescripción de la obligación tributaria. 5. La prescripción de las obligaciones entre particulares derivadas de la aplicación de tributos: especial referencia a la retención a cuenta del IRPF y a la repercusión en el IVA. 6. La prescripción del derecho a la devolución de ingresos indebidos. 7. Prescripción en materia de infracciones y sanciones tributarias.

1. Concepto, naturaleza y fundamento de la prescripción tributaria

La prescripción se define usualmente como la extinción o debilitamiento de la obligación como consecuencia del "silencio" de la relación jurídica ("inacción" del acreedor y falta de reconocimiento por el deudor) durante un período de tiempo. Es pues característico de la prescripción — y en ello se diferencia de la caducidad — la posibilidad de interrupción, en el sentido de que si se rompe ese "silencio" de la relación jurídica se pierde el tiempo ganado y comienza a correr un nuevo plazo.

No forma parte de la esencia o naturaleza de la prescripción, en cambio, su eficacia sobre la relación jurídica a que afecta. En ciertos sectores del ordenamiento, como el Derecho civil, la consumación de la prescripción supone la atribución al sujeto pasivo (o a un tercero interesado) de la facultad para enervar, detener o repeler el ejercicio tardío del derecho. En el Derecho público, sin embargo, la prescripción supone la imposición al ente público acreedor del deber de abstenerse en el ejercicio de las potestades y acciones tendentes al ejercicio de su derecho.

Desde esta perspectiva, el hecho de que la prescripción opere como una excepción procesal o se aplique de oficio, y en este último caso extinga o no la obligación misma, resulta irrelevante. O si se prefiere, existen varios tipos de prescripción, desde la perspectiva de su eficacia o modo de aplicación, presentando todos ellos la nota común de que se produce un debilitamiento del crédito como consecuencia de la concurrencia del doble requisito antes mencionado: silencio de la relación jurídica y transcurso del tiempo.

Ello permite diferenciar claramente la prescripción (produzca o no efectos extintivos y se aplique o no de oficio) de la caducidad, que opera *ipso iure*, por el mero transcurso del plazo fijado por el ordenamiento, sin posibilidad de interrupción, sino sólo de suspensión.

La prescripción también se caracteriza porque opera siempre sobre un derecho subjetivo, mientras que la caducidad se proyecta sobre facultades o potestades. Este criterio, elaborado en el ámbito del Derecho público por Santi Romano, y acogido por la más prestigiosa doctrina administrativa (García de Enterría) y financiera (Sáinz de Bujanda), parte de la evidencia de que las potestades, dado su origen legal y, sobre todo, su carácter genérico, no son susceptibles de prescripción, pues no cabe entender producida en ningún caso la "inacción" de una potestad. Su ejercicio puede caducar, respecto a un supuesto concreto, pero la potestad en sí misma no es susceptible de prescripción.

Partiendo de estas premisas, pueden resolverse fácilmente las dudas doctrinales sobre la naturaleza de la figura que, bajo la denominación de "prescripción", regula la Ley General Tributaria en sus artículos 64 a 67. El primero de estos preceptos establece que "prescriben" a los cinco años (cuatro a partir del 1 de enero de 1999, en virtud de la modificación introducida por la Ley 1/1998) los siguientes "derechos y acciones" de la Administración tributaria:

"a) El derecho de la Administración para determinar la deuda tributaria mediante la oportuna liquidación (...).

"b) La acción para exigir el pago de las deudas tributarias liquidadas.

"c) La acción para imponer sanciones tributarias (...)

"d) El derecho a la devolución de ingresos indebidos."

Como pone de relieve Sáinz de Bujanda, las letras a) y b) no se refieren en realidad a ningún "derecho" o "acción", sino a las potestades liquidatoria y recaudatoria, respectivamente, pues la Administración no tiene derecho a liquidar, sino potestad para hacerlo, ni tienen tampoco propiamente una acción (judicial) para exigir el cobro, sino potestad para recaudar en la vía administrativa de apremio.

El hecho de que la Ley General Tributaria predique aparentemente la prescripción — en su tenor literal — de las potestades liquidatoria y recaudatoria, omitiendo cualquier referencia expresa al crédito u obligación tributaria, así como la aplicación de oficio ordenada por el art. 67, llevan a un sector de la doctrina a entender que estamos en realidad ante plazos de caducidad, o ante una figura híbrida entre la prescripción y la caducidad. A mi juicio, sin embargo, el dato fundamental es la posibilidad de interrupción de los plazos (prevista en el art. 66 de la Ley General Tributaria), del que se deduce que estamos ante verdaderos supuestos de prescripción, a los que por tanto se aplica supletoriamente la regulación civil en esta materia.

Obviamente, si se trata de plazos de prescripción, y no de caducidad, y habida cuenta de que las potestades administrativas no son susceptibles de prescripción, sino únicamente de caducidad, los supuestos de prescripción contemplados en las letras a) y b) del art. 64 Ley General Tributaria han de referirse necesariamente, pese al tenor literal de la Ley, a la obligación tributaria en sentido estricto.

Dicho en otros términos, lo que la Ley establece son dos plazos de prescripción, que se proyectan sobre la misma obligación tributaria, y que se distinguen por el tipo de inactividad del acreedor (o silencio de la relación jurídica) que da lugar en cada caso a la consumación de la prescripción. Pues, en efecto, la actividad administrativa tendente a la exigencia del crédito tributario es reconducible a dos grandes categorías: por un lado la autotutela declarativa, que gira en torno a la potestad liquidatoria; y por otro la autotutela ejecutiva, a la que es reconducible la potestad recaudatoria.

En este sentido, cuando la Ley General Tributaria, por economía del lenguaje, habla de "prescripción del derecho a liquidar" y de "prescripción de la acción recaudatoria", hay que entender referidas dichas expresiones, respectivamente, a la prescripción de la obligación tributaria *como consecuencia de la no actuación de la potestad liquidatoria* y a la prescripción de la obligación tributaria *como consecuencia de la no actuación de la potestad recaudatoria.*

Se trata de dos plazos de prescripción que se proyectan sobre la misma obligación, pero que son conceptualmente distintos, en cuanto que surgen de presupuestos distintos (es decir, de un tipo de inactividad distinto) y por ello, como veremos, producen un efecto distinto; pueden correr sucesiva o paralelamente, según los casos; e incluso, en mi opinión, son susceptibles de interrupción autónomamente.

Así, una vez producida una autoliquidación o liquidación administrativa, no acompañada del correspondiente ingreso, empieza a correr la acción recaudatoria, que no se proyecta necesariamente sobre la totalidad de la deuda tributaria sino sólo sobre la cuantía autoliquidada o liquidada. Paralelamente — salvo en el caso de una liquidación definitiva, en el que la firmeza del acto administrativo puede hacer innecesario el juego de la llamada prescripción del derecho a liquidar — corre la prescripción del derecho a liquidar (es decir, la prescripción de la obligación respecto a la parte de cuota no liquidada que eventualmente pueda existir). Pero ni las actuaciones tendentes al cobro de la parte de deuda liquidada interrumpen esta última prescripción, ni las actuaciones administrativas tendentes a comprobar la autoliquidación tienen eficacia interruptiva respecto a la posibilidad de exigir en apremio la deuda autoliquidada o provisionalmente liquidada por la Administración.

Ambos plazos de prescripción de la obligación tributaria también corren paralelamente, y respecto a la totalidad de la deuda, en caso de falta de presentación de la autoliquidación o declaración, en la medida en que transcurridos cuatro años desde la finalización del plazo para declarar no cabe ya ni liquidar ni, obviamente, recaudar. Aunque en este supuesto sería más correcto técnicamente afirmar que la obligación tributaria ha prescrito por inactividad de la potestad liquidatoria, exclusivamente, y que la imposibilidad de exigir cantidad alguna en apremio es una simple consecuencia indirecta de tal prescripción, ya que uno de los presupuestos necesarios para el ejercicio de la potestad recaudatoria es la existencia de una autoliquidación o liquidación administrativa.

Conviene observar que la coexistencia de dos plazos de prescripción sobre una misma obligación, aunque constituye una peculiaridad del ordenamiento tributario frente al civil, no es desconocida en el Derecho comparado. Por ejemplo, en el ordenamiento alemán se distingue entre la *Festsetzungsverjährung*, que provoca la inadmisibilidad de la liquidación o de su revocación o modificación, y la *Zahlungsverjährung*, que conlleva la extinción de la obligación principal y de los intereses, y la doctrina señala que se trata de una distinción propia del ámbito tributario, desconocida en otros sectores del ordenamiento, como el civil. Exactamente lo mismo que sucede, a mi juicio, en el ordenamiento español.

En cuanto al fundamento de la prescripción, la doctrina civil acude a la seguridad jurídica, por un lado, y a la presunción de abandono del derecho por su titular. En el ámbito tributario, sin embargo, la prescripción se basa exclusivamente en razones objetivas, ligadas a la seguridad jurídica, a la que repugnaría que la posibilidad de exigir el crédito tributario permaneciera indefinidamente abierta. No cabe, en cambio, presumir ninguna voluntad de renunciar al crédito tributario por parte del ente público, dada la indisponibilidad o "inderogabilidad" de la obligación tributaria.

2. *Requisitos de la prescripción de la obligación tributaria: determinación del "dies a quo"*

Los dos supuestos de prescripción que operan sobre la obligación tributaria — que, siguiendo la terminología legal, llamaremos prescripción del derecho a liquidar y prescripción de la acción recaudatoria, pese a que estas expresiones no responden exactamente a la verdadera naturaleza de la institución — parten de un requisito o presupuesto distinto, y de otro común, como es el transcurso del plazo.

Respecto a este último, la Ley General Tributaria vino a unificar en cinco años la pluralidad de plazos, cada uno con un *dies a quo* diferente, que existían con anterioridad a 1963. Con la única excepción del Impuesto sobre Sucesiones, para el que la redacción originaria de la ley mantenía un plazo especial de 10 años, respecto al derecho a liquidar y la facultad de imponer sanciones, en razón a la mayor frecuencia con que en dicho tributo se omitía la declaración del hecho imponible, aplicándose en cambio el plazo general de 5 años a la acción recaudatoria y al derecho a la devolución de ingresos indebidos. La nueva Ley reguladora de este impuesto ha suprimido, sin embargo, el mencionado plazo especial, a partir de 1 de enero de 1988, dado que en la actualidad la Administración cuenta con mecanismos adecuados, a través de los deberes de colaboración de terceros fundamentalmente, para conocer los hechos imponibles realizados, aunque no se declaren espontáneamente. Precisamente el mayor control administrativo, enormemente facilitado por la informática, lleva a algunos autores a considerar excesivo incluso el actual plazo quinquenal, postulando su reducción con carácter general a 3 años. Finalmente, la Ley 1/1998 se ha hecho eco de estas posturas doctrinales reduciendo el plazo, con efectos a partir del 1 de enero de 1999, a cuatro años.

En los supuestos en que se ha producido un acortamiento de plazos ha venido siendo tradicional (al igual que en su día hiciera el Código Civil) la aplicación del nuevo plazo incluso a los hechos imponibles realizados con anterioridad de la norma que lo establece, pero computando dicho nuevo plazo desde la entrada en vigor de la norma. Dicho en otros términos, la prescripción se consuma en estos casos o bien por el transcurso del plazo antiguo (más largo) computado desde la realización del hecho imponible o desde el vencimiento del plazo para declarar (en aplicación de las normas generales sobre el inicio del cómputo, a las que inmediatamente nos referiremos), o bien por el transcurso del nuevo plazo (más corto) pero computado desde la entrada en vigor de la norma que lo establece, debiendo atenderse en cada caso concreto al plazo, entre los dos mencionados, que venza antes. Pues se entiende que la aplicación del nuevo plazo a los hechos imponibles anteriores a la entrada en vigor de la nueva Ley, no supone retroactividad en sentido propio, y por tanto no permite retrotraer el inicio del cómputo a un momento anterior a dicha entrada en vigor, sino que se trata más bien de una limitación a la ultractividad del plazo antiguo, con objeto de evitar el absurdo de que, como consecuencia del acortamiento del plazo, pudiera entenderse prescrito antes la obligación derivada de un hecho imponible posterior.

En la reforma operada por la Ley 1/1998, sin embargo, el legislador ha preferido "retrasar" la entrada en vigor del nuevo plazo de cuatro años hasta el 1 de enero de 1999, lo que sólo puede explicarse partiendo de una aplicación retroactiva, en el sentido de que el nuevo plazo se aplica a las prescripciones en curso *y se computa desde la última circunstancia con virtualidad interruptiva* (de manera que el 1 de enero de 1999 se consumará la prescripción del IRPF correspondiente a 1993, y el 20 de junio de 1999 la correspondiente al IRPF de 1994, por ejemplo); salvo en materia de infracciones y sanciones en que, a mi juicio, la retroactividad debe ir aun más allá, de modo que incluso se anulen las sanciones, aun firmes, cuando la actuación inspectora se hubiera iniciado una vez transcurridos cuatro años, salvo que se trate de sanciones ya ingresadas.

Según el art. 10.d) LGT, el plazo de prescripción ha de regularse por normas con rango de ley. Al no tratarse, sin embargo, del "establecimiento" de tributos, y por tanto no ser reconducible al art. 31.1 de la Constitución, algún autor entiende que se trata de una reserva meramente formal, que podría ser levantada por una Ley posterior, o que incluso no impide la utilización del Reglamento para reducir los plazos. A mi juicio sin embargo, la exigencia de ley en este ámbito no deriva exclusivamente del principio de jerarquía normativa, sino que constituye una exigencia lógica de la indisponibilidad del crédito tributario, que entronca directamente con la idea misma de Estado de Derecho y con el carácter fiduciario de los créditos y potestades de que es titular la Administración, lo que impediría la utilización del reglamento tanto para alargar como para acortar los plazos, y ello incluso en ausencia del art. 10.d) LGT.

En cuanto al requisito de la inactividad del acreedor, ya hemos dicho que ésta se manifiesta de forma distinta en la llamada prescripción del derecho a liquidar y en la prescripción de la acción recaudatoria. En el primer caso la inactividad determinante de la prescripción debe predicarse de la autotutela declarativa, y por tanto el cómputo del plazo de prescripción se iniciaba, en la redacción originaria del art. 54 LGT, a partir del nacimiento de la obligación, es decir a partir del devengo. Ciertamente las facultades administrativas tendentes al reconocimiento y cuantificación de la obligación tributaria no siempre pueden ejercitarse desde la realización misma del hecho imponible (pues normalmente la comprobación administrativa debe esperar a que transcurra el plazo otorgado al sujeto pasivo para declarar), pero razones de seguridad jurídica aconsejaron en su momento optar por el criterio del devengo, fijado por la ley para cada tributo, en lugar de atender, por ejemplo, a la finalización del plazo para declarar, cuya fijación se confía al reglamento.

La razonable precisión con que normalmente puede determinarse, en la práctica, el momento del devengo en relación con cualquier tributo, permitió el normal funcionamiento de la prescripción sin prácticamente controversia alguna entre la Administración y los contribuyentes en relación con la fijación del *dies a quo*. La única excepción está constituida por aquellos hechos imponibles reflejados en documento privado, ya que este tipo de documentos no da fe de la fecha que consta en los mismos respecto a terceros (incluida la Hacienda pública), sino desde que muere uno de los firmantes, se inscribe en un registro o se presenta a un funcionario público por razón de su oficio (categoría esta última a la que es reconducible la presentación de la declaración tributaria), según dispone el art. 1.227 CC.

En estos casos la Administración ha pretendido a veces, con manifiesto abuso, desconocer la fecha del documento a efectos de prescripción (y así rechazar la existencia de la misma), pero atender a dicha fecha a efectos de intereses o sanciones. Afortunadamente los Tribunales han corregido este modo de proceder (que sin embargo reaparece sorprendentemente en el art. 95 del nuevo Reglamento del Impuesto sobre Transmisiones Patrimoniales y Actos Jurídicos Documentados, aprobado por Real Decreto 828/1995, de 29 de mayo), afirmando que una vez determinada la fecha del documento privado, aunque sea a través de medios de prueba distintos de los que prevé el mencionado artículo 1.227 CC (por ejemplo, el descuento de unas letras que se reseñaron en el documento privado como forma de pago), ha de atenderse a dicha fecha a todos los efectos.

A mi juicio conviene tener en cuenta que la norma civil que nos ocupa sólo pretende proteger al tercero, por lo que parece que éste puede dar por buena la fecha del documento privado, lo que de ser así supondría también la posibilidad de la Hacienda de atender a la fecha del mismo, si no han transcurrido más de cuatro años, para liquidar intereses, e incluso imponer sanciones por falta de ingreso dentro de plazo. Pero, en todo caso, debe quedar claro que una vez determinada la fecha respecto a terceros, esta ha de jugar tanto en lo favorable como en lo desfavorable (prescripción, sanciones, intereses...).

Desde esta perspectiva, resultan también criticables algunos pronunciamientos que, por ejemplo, niegan eficacia a la presentación del documento privado para la liquidación de un tributo local, como medio de prueba de la fecha a efectos de prescripción de los tributos estatales que resulten de dicho documento, con el argumento de que el conocimiento por una Administración pública (por ejemplo, local) del hecho imponible, no permite a las demás Administración ejercer su potestad liquidatoria. Este modo de argumentar parte de la errónea premisa de la prescripción comienza a correr desde el acreedor puede ejercitar su derecho (es decir, en el caso de la Hacienda, desde que ésta conoce la realización del hecho imponible), cuando lo cierto es que la regla de la *actio nata* sólo opera en nuestro ordenamiento, según el art. 1969 CC, cuando "no haya disposición especial que otra cosa determine", y en el ámbito tributario existe una disposición especial contenida en el art. 65 LGT.

La peculiaridad del documento privado a efectos de prescripción no deriva, por tanto, de la mayor o menor dificultad de la Administración para conocer en estos casos la realización del hecho imponible, sino simplemente de la imposibilidad de que un documento privado (que fácilmente puede antedatarse) sea considerado como un medio de prueba suficiente, respecto a terceros, de la fecha en que se ha redactado. Problema este, evidentemente, que no es exclusivamente tributario; y que, en cuanto problema de prueba, debe resolverse con el mismo criterio independientemente de que el tercero eventualmente afectado por el documento sea la Hacienda pública o un particular.

En todo caso, como se ha dicho, el cómputo de la prescripción del derecho a liquidar desde el momento del devengo, que ordenaba el art. 65 LGT en su redacción originaria, permitía evitar controversias, dado el razonable grado de seguridad con que, salvo que el hecho imponible conste en un documento privado, suele ser posible la determinación del devengo.

Pese a ello — a mi juicio con un alto grado de improvisación — la reforma de la Ley General Tributaria operada por la Ley 10/1985 (tan desafortunada, también, en otros aspectos, hasta el punto de que ha sido necesario dar marcha atrás a través de la reciente Ley 25/1995) modificó el art. 65 disponiendo que a partir de su entrada en vigor (el 27 de abril de 1985) la prescripción del derecho a liquidar se computaría desde la finalización del plazo para declarar.

Este cambio de criterio se basa en la discriminación que, con anterioridad, se producía en perjuicio de quien presentaba autoliquidación (interrumpiendo así la prescripción), respecto a quien no presentaba declaración en absoluto, cuya obligación prescribía antes. Argumento especialmente ingenuo, pues es de esencia de la prescripción, basada en la seguridad jurídica (y no, por tanto, en la justicia, que llevada a sus últimas consecuencias postularía la imprescriptibilidad de las obligaciones), la discriminación del deudor que, al menos, reconoce, o cumple parcialmente, con su obligación, respecto a quien intencionadamente procura evitar cualquier ruptura del silencio de la relación jurídica.

Por otro lado, el nuevo criterio no resuelve el problema de los documentos privados (dado que el plazo para declarar está en función de la realización del hecho imponible, y por tanto para determinar el vencimiento del plazo para declarar es preciso previamente determinar el devengo); introduce una importante dosis de incertidumbre en aquellos tributos en que existen plazos distintos para declarar, según que la declaración sea positiva o negativa (IRPF) o según el momento de aprobación de las cuentas (Impuesto sobre Sociedades), así como cuando el plazo inicial para declarar es susceptible de prórroga o suspensión

(Impuesto sobre Sucesiones y Donaciones); y, lo que es más grave, deja sin solución aquellos casos en que no existe obligación (ni por tanto plazo) para declarar, como son los tributos locales de cobro periódico por recibo (IAE, IBI, etc.) en que el contribuyente sólo está obligado a declarar el alta en un registro, padrón o matrícula, girándose de oficio por la Administración las liquidaciones correspondientes a los sucesivos períodos impositivos, sin necesidad de nueva declaración en tanto no se alteren las circunstancias de hecho determinantes de la aplicación del tributo.

Entiendo que en este último caso la prescripción comienza a correr desde el devengo de la obligación (salvo cuando exista obligación de presentar declaración de alta o de modificación, en que cabe atender a la finalización del plazo para presentar la misma), por el sencillo argumento de que no es posible ninguna otra solución, ni cabe tampoco considerar imprescriptible la correspondiente obligación. Cuando el plazo varía según que el resultado de la autoliquidación sea a ingresar o no, ha de atenderse en mi opinión al plazo para presentar las declaraciones positivas, pues en las negativas no se plantea en realidad un problema de prescripción de la obligación tributaria sino, en su caso, de prescripción de una obligación de devolución o reembolso. Y cuando el plazo inicialmente previsto en la norma es susceptible de ampliación, prórroga o suspensión, parece lógico atender a estas circunstancias únicamente si se producen, es decir si efectivamente se solicita y obtiene una ampliación o prórroga, o concurren las circunstancias determinantes de la suspensión del plazo para declarar.

Pero creo que puede convenirse sin dificultad que el legislador de 1985 — que tan impulsivamente se dejó llevar por el deseo de evitar colocar en una peor situación a quien declara, aunque sea incorrectamente —, debería al menos haber resuelto expresamente los problemas prácticos que el cambio de criterio plantea.

Algún autor critica también la nueva regulación del *dies a quo* en la medida en que supondría, según esta opinión, deslegalizar la materia, ya que es el reglamento y no la ley quien fija los plazos para declarar. Ahora bien, a mi juicio no existe dificultad teórica para compatibilizar la fijación reglamentaria de los plazos de declaración con la exigencia de ley en materia de prescripción. El plazo de prescripción sigue estando fijado por ley, aunque la ley no determine directamente — sino por remisión al plazo reglamentario de declaración — el momento inicial para su cómputo. Sin que ello suponga que la Administración esté, de hecho, disponiendo de su crédito, o al menos disponga del mismo en mayor medida en que ya lo hace al fijar el plazo de declaración, de cuyo vencimiento depende en todo caso la exigibilidad del tributo. Desde esta perspectiva, el problema no consiste en conciliar la exigencia de ley en materia de prescripción con la fijación por reglamento del plazo de declaración, sino en determinar hasta que punto es admisible la plena deslegalización en relación con la fijación de este último plazo.

Respecto a la llamada prescripción de la acción recaudatoria, es requisito de la misma la inactividad de las facultades de autotutela ejecutiva. Por ello el art. 65 LGT, que en este punto permanece inalterado, fija como momento inicial de esta prescripción el vencimiento del plazo de ingreso en período voluntario (que, por cierto, se fija también reglamentariamente, lo que platea un problema similar al que acabamos de exponer, en relación con la actual regulación del *dies a quo* para la prescripción del derecho a liquidar).

La remisión al plazo de ingreso supone que, en caso de aplazamiento o fraccionamiento, o de suspensión de la ejecución, se retrasa el momento inicial de la prescripción de la acción recaudatoria respecto a las cantidades autoliquidadas o liquidadas.

Una solución alternativa consistiría en iniciar el cómputo de esta prescripción a partir del momento de presentación de la autoliquidación o de notificación del acto administrativo de liquidación. Pero los problemas que, en la práctica, plantea la determinación del momento en que se ha producido la notificación, las frecuentes discusiones sobre la validez de la misma (sobre todo cuando no se ha efectuado de forma personal con el interesado), y la necesidad en tal caso de atribuir eficacia interruptiva (o al menos suspensiva) a los aplazamientos, fraccionamientos y suspensiones del ingreso, hacen que esta alternativa no presente ninguna ventaja significativa en términos de seguridad jurídica.

En todo caso, conviene observar que la prescripción de la acción recaudatoria presupone la existencia de una autoliquidación o liquidación administrativa debidamente notificada, con resultado a ingresar (independientemente de que el plazo comience a correr desde el momento de la notificación o desde el vencimiento del plazo de ingreso). Si no existe autoliquidación ni liquidación administrativa, sólo entrará en juego la prescripción del derecho a liquidar, cuya consumación hará imposible lógicamente la exigencia en apremio de una cantidad que no se ha determinado ni puede ya determinarse.

3. *Interrupción de la prescripción de la obligación tributaria*

El art. 66 LGT regula causas comunes de interrupción para la prescripción del derecho a liquidar y de la acción recaudatoria, si bien dichas causas operan separadamente, como ya hemos adelantado, respecto a una y otra, en el sentido de que, por ejemplo, una actuación inspectora no supone interrupción de la prescripción del derecho a exigir en apremio las cantidades que previamente hayan sido objeto de autoliquidación o liquidación provisional; así como el pago de una autoliquidación o liquidación provisional no interrumpe la prescripción del derecho a liquidar otros componentes de la base que hubieran sido omitidos por el sujeto pasivo en la correspondiente declaración.

Las causas de interrupción son reconducibles a tres grandes grupos. En primer lugar, tienen eficacia interruptiva las actuaciones administrativas realizadas con el "conocimiento formal" del sujeto pasivo, lo que hay que entender como debidamente notificadas a la persona o personas a que existe obligación de notificar. Al mismo tiempo, la jurisprudencia entiende acertadamente que ha de tratarse de actuaciones que efectivamente hagan avanzar el procedimiento de que se trate, careciendo de virtualidad interruptiva las llamadas "diligencias para interrumpir la prescripción", es decir, por ejemplo, una comunicación al sujeto pasivo sin pedirle dato alguno ni iniciar efectivamente las actuaciones inspectoras, poniendo únicamente en su conocimiento que el plazo de prescripción se entiende interrumpido. Ya hemos dicho que, en materia tributaria, el fundamento de la prescripción es puramente objetivo, y por tanto no basta la manifestación del acreedor de que no renuncia al crédito tributario (le está prohibido disponer del mismo y, por tanto, cualquier renuncia expresa o tácita sería nula), sino que es preciso el efectivo ejercicio de las potestades de autotutela.

El Reglamento General de Inspección (art. 41.3) extrae una consecuencia de ello, al disponer expresamente que si las actuaciones inspectoras se paralizan durante más de seis meses sin causa justificada, pierden su eficacia interruptiva de la prescripción; ésta norma se recoge en la reciente Ley 1/1998, que además priva de eficacia interruptiva a los procedimientos de inspección que se prolonguen más allá del año (o de dos años, en circunstancias de especial complejidad), y con el mismo fundamento cabe privar de eficacia interruptiva a todo procedimiento cuya duración sobrepase el plazo máximo establecido, que por regla general es de seis meses.

En el ámbito de la acción recaudatoria, el Reglamento General de Recaudación y el art. 70 de la Ley General Tributaria establecen que, en caso de insolvencia, la deuda se entiende provisionalmente extinguida, sin perjuicio de la posibilidad de su rehabilitación si el sujeto pasivo viene a mejor fortuna dentro del plazo de prescripción.

Lo que supone, en el fondo, prohibir a la Administración que, una vez comprobada y declarada la insolvencia del deudor apremiado, prosiga con las actuaciones propias del procedimiento recaudatorio (que en tal caso no podrían, por definición, alcanzar su objetivo) con el único fin de dejar indefinidamente abierta la posibilidad de cobrar, evitando el normal juego de la prescripción.

En todos estos casos se trata, en mi opinión, de simples manifestaciones de un principio general, según el cual sólo interrumpen la prescripción las actuaciones que efectivamente hacen avanzar el procedimiento de que se trate, y no en cambio las que pueda presumirse que se producen con la única finalidad de interrumpir la prescripción, o no sean objetivamente idóneas para alcanzar la finalidad a que tiende el respectivo procedimiento.

También interrumpe la prescripción de la obligación tributaria, al igual que ocurre en el derecho civil, cualquier acto del deudor que suponga reconocimiento de la obligación, como sería la presentación de una declaración o autoliquidación (pero no si es negativa, en cuyo caso sólo interrumpe la prescripción del derecho a la devolución o reembolso de que se trate), la solicitud de un aplazamiento o fraccionamiento, de la suspensión, o el pago total o parcial.

Finalmente, el art. 66 LGT atribuye eficacia interruptiva a la "interposición de recursos o reclamaciones de cualquier clase". Como afirma Ferreriro, si bien en el ámbito civil es el ejercicio de acciones judiciales por el acreedor lo que interrumpe la prescripción, la norma tributaria no se refiere a la reclamación judicial por parte del acreedor (que en un sistema de Derecho administrativo como el nuestro no es necesaria, y que en todo caso sería reconducible al primero de los motivos de interrupción, ya estudiado); a lo que esta expresión hace referencia es a los recursos que puede interponer el particular, en los que paradójicamente no se reconoce la existencia de la obligación (sino precisamente todo lo contrario); pero, pese a ello, el recurso por parte del contribuyente supone romper el silencio de la relación jurídica, y ello es determinante de la interrupción de la prescripción. De manera que, si el Código Civil no regula esta causa de interrupción, ello es simplemente porque en el ámbito civil la carga de reclamar judicialmente pese sobre el acreedor, pudiendo el deudor contentarse con mantener una actitud pasiva.

El problema fundamental que plantea la interposición de recursos es el de la duración de la eficacia interruptiva, sobre todo en el caso de las reclamaciones económico-administrativas (es decir, ante órganos de la propia Administración tributaria), pues la jurisprudencia tradicional entendía (por aplicación analógica de lo dispuesto en materia civil respecto al ejercicio de acciones por el acreedor), que la prescripción debía entenderse interrumpida por todo el tiempo que durase la sustanciación de la reclamación, empezando a correr el nuevo plazo desde el momento en que se notificase la resolución expresa o el interesado optase por considerar tácitamente desestimada su reclamación. Ello suponía que, aunque la reclamación estuviera paralizada durante un largo período de años, por causas no imputables al deudor, no cabía apreciar la existencia de prescripción.

Afortunadamente esta tesis (que de hecho suponía la imprescriptibilidad de la obligación cuando el órgano económico-administrativo incumple su obligación de dictar resolución expresa) se ha ido abandonando progresivamente a partir de 1986, por entenderse que lo que interrumpe la prescripción no es la "sustanciación" del recurso, por toda la duración del procedimiento, sino el acto de interposición en si mismo considerado, o cualquier actuación del órgano económico administrativo realizada con el conocimiento formal del reclamante, o de este último en el marco del procedimiento (pero no actuaciones internas, como la reclamación del expediente de gestión).

Hay que tener en cuenta, además, la naturaleza administrativa de los llamados

Tribunales Económico-Administrativos, por lo que la inactividad de los mismos es también imputable a la Administración acreedora, en cuanto que se trata de órganos de la misma. En este sentido, hay que entender que la interposición de la reclamación supone el traslado de la iniciativa — o el "traslado del expediente", en la terminología del Reglamento de Procedimiento en las Reclamaciones Económico-Administrativas — del órgano de gestión que dictó el acto impugnado al órgano económico-administrativo que conoce del recurso; de manera que es este último, y no aquél, quien con su inactividad puede romper el silencio de la relación jurídica, y por tanto si la reclamación permanece paralizada por causas no imputables al particular por más de cuatro años se consuma la prescripción, y el Tribunal Económico-Administrativo no puede ya dictar su resolución sino es para declarar la misma.

Obviamente esta tesis sólo se aplica en vía económico-administrativa, y cuando se ha obtenido la suspensión de la ejecución del acto impugnado. Pues en vía contencioso-administrativa, el retraso del órgano jurisdiccional en resolver no puede imputarse a la Administración, y por tanto no puede entenderse que se haya producido la inactividad del acreedor determinante de la prescripción. Y, tanto en vía administrativa como contenciosa, si la ejecución no se encuentra suspendida, la consumación de la prescripción requiere, además, la inactividad del órgano de gestión.

Por otro lado, hemos de preguntarnos si la interrupción de la prescripción ha de ligarse a todo tipo de reclamaciones o recursos o sólo a aquellos que en todo o en parte desestiman la pretensión del contribuyente; o lo que es lo mismo, la trascendencia que, respecto a la interrupción de la prescripción, cabe atribuir a los actos administrativos declarados nulos o anulados. Hasta ahora el criterio predominante venía siendo que las liquidaciones no pierden su eficacia interruptiva aunque posteriormente sean anuladas de oficio o mediante recurso. En este sentido se pronuncian, por ejemplo, las SSTS 14 mayo 1965, 30 mayo 1967, 22 marzo 1974, 18 junio 1976, 16 octubre 1989 (RJ 1989/7555) y 6 mayo 1995 (RJ 1995/3666), así como las Resoluciones TEAC 9 marzo 1993 (JT 1993/511), 26 mayo 1993 (RJ 1993/913) y 6 marzo 1996 (JT 1996/373). Únicamente respecto a las liquidaciones "inexistentes" (por ejemplo, por falta de firma) o *nulas de pleno Derecho* se matiza este criterio (STS 31 enero 1989), lo que resulta plenamente coherente con la naturaleza de la nulidad absoluta, radical o de pleno Derecho, que conlleva la ineficacia intrínseca del acto y por tanto la privación de todo efecto (incluido el mínimo de interrumpir la prescripción) *ab initio*; es decir, supone la ineficacia inmediata, *ipso iure*, con carácter general o *erga omnes*, así como la imposibilidad de sanar por confirmación o prescripción el acto nulo.

Ahora bien, como es sabido la nulidad absoluta no es la regla, sino la excepción (art. 153 LGT), por lo que privar de eficacia interruptiva únicamente a los actos nulos supondría que en la generalidad de los casos una actuación administrativa irregular, formalmente declarada como tal en la resolución o sentencia, puede "convalidarse" posteriormente a través de una nueva liquidación *cualquiera que sea el tiempo transcurrido desde el devengo del impuesto*, siempre que las actuaciones tendentes a dictar la nueva liquidación no se paralicen durante más de seis meses, y aunque haya transcurrido un plazo irrazonablemente largo desde el devengo; lo que, en mi opinión, resulta difícilmente admisible desde un punto de vista jurídico, social y económico.

Desde esta perspectiva, entiendo que resulta perfectamente defendible que *en ningún caso el acto anulado (aunque no se trate de nulidad absoluta) interrumpe la prescripción.* Y tampoco la interrumpe el propio acuerdo anulatorio, pues resultaría contradictorio que lo que por un lado se niega (que el acto anulado interrumpa la prescripción) se afirme por otro, al considerar como circunstancia interruptiva al acuerdo anulatorio.

Conviene tener presente, en apoyo de esta opinión, el art. 63.3 del antiguo Reglamento General de Recaudación de 14 de noviembre de 1968, según el cual no se consideraría interrumpido el plazo de prescripción de la acción recaudatoria si las actuaciones administrativas "se declarasen nulas de oficio o por reclamación de los interesados". Y si bien esta norma ha desaparecido del actual RGR, hay que considerarla subsistente — al menos mientras no se establezca lo contrario en un precepto con rango de Ley — ya que se trata de una consecuencia lógica de la anulación. Precisamente por ello la doctrina consideraba aplicable el criterio contenido en la citada disposición del anterior Reglamento — a la que se llegó a calificar de innecesaria (J. J. Bayona y M. T. Soler) — también a la prescripción del derecho a liquidar.

Resulta evidente, en mi opinión, que el anterior Reglamento, cuando aludía a los actos declarados nulos de oficio o *por reclamación* de los interesados, hacía claramente referencia a todos los supuestos de revisión de oficio (al amparo del art. 153 o del 154 LGT) o *mediante recurso*, es decir a todos los casos de *estimación de una pretensión anulatoria del particular*, ya estuviera esta fundada en un supuesto de nulidad radical *o en cualquier infracción del ordenamiento jurídico*. En este sentido entiendo que, pese a que la jurisprudencia parece no haberlo visto siempre así (con alguna excepción significativa), hay base suficiente para equiparar (a efectos de negar eficacia interruptiva de la prescripción) los actos nulos de pleno derecho y los actos afectados por una nulidad relativa, siempre que estos últimos efectivamente se anulen de oficio o mediante recurso.

En realidad, lo que diferencia al acto "nulo de pleno Derecho" del meramente "anulable" es simplemente que este último mantiene su eficacia si el particular afectado no reacciona frente al mismo. En este sentido, mientras que el acto nulo de pleno Derecho no puede convalidarse por el transcurso del tiempo, el acto anulable se entiende consentido y convertido en firme e inatacable si no se reacciona frente a él en tiempo y forma. Así lo certifica el art. 40 LJCA según el cual "no se admitirá recurso contencioso-administrativo respecto de... los actos que sean reproducción de otros anteriores que sean definitivo y firmes *y los confirmatorios de acuerdos consentidos por no haber sido recurridos en tiempo y forma*".

El acto afectado por un vicio no determinante de su nulidad absoluta se equipara, por tanto, a un acto válido si no se impugna en tiempo y forma, lo que hace que produzca todos los efectos que le son propios, incluido el de interrumpir la prescripción. Pero si se impugna, y el recurso es estimado, cabe sostener con fundamento que el acto anulatorio priva de todo efecto al acto anulado, que por tanto pierde también su virtualidad interruptiva de la prescripción.

Y tampoco puede entenderse, en mi opinión, que el fallo o acuerdo anulatorio interrumpa la prescripción ya que, cuando el art. 66 LGT establece que la reclamación interpuesta interrumpe la prescripción, ello se debe a que tal reclamación genera una situación de controversia, que provocará una toma de postura por el acreedor (al resolver la reclamación económico-administrativa o al contestar la demanda en vía contenciosa) rompiéndose así el silencio de la relación jurídica; pero, en mi opinión, la eficacia interruptiva o no de la reclamación va necesariamente ligada a la suerte que corra la liquidación impugnada.

Conviene recordar, es este sentido, que como afirma Díez-Picazo "no es que la prescripción se interrumpe por la reclamación o por el recurso, sino otra cosa distinta: que una prescripción interrumpida por otro acto distinto (el acto impugnado)... continúa interrumpida mientras se sustancia la reclamación o recurso". Y la Res. TEAC 22 septiembre 1988, dictada en un recurso extraordinario de alzada para la unificación de criterio, afirma que el acto de interposición de una reclamación o recurso sólo interrumpe la prescripción si ha existido un acto tributario previo susceptible de recurso. Lo cual permite sostener, como se ha dicho, que la eficacia interruptiva de la reclamación queda en cierto sentido vinculada a que el acto impugnado haya tenido, a su vez, eficacia interruptiva, para lo que hace falta que sea válido (o resulte convalidado por no haberse reaccionado frente al mismo en tiempo y forma), además de realizarse con el conocimiento formal del sujeto pasivo.

Por tanto, cuando la reclamación se resuelve, *habrá que distinguir según que mantenga la validez del acto impugnado o proceda a anular el mismo. En el primer caso tanto el acto impugnado como la resolución desestimatoria habrán interrumpido la prescripción, ya que al mantener la validez del acto impugnado se ha reafirmado el derecho del acreedor. En el segundo, en cambio, no cabe atribuir eficacia interruptiva ni a la liquidación anulada ni al acuerdo anulatorio, en la medida en que éste último no hace sino confirmar que no ha existido una actuación válida del acreedor tendente a la exigencia de su derecho.*

Desde esta perspectiva cabe observar una cierta evolución de la jurisprudencia del Tribunal Supremo, que en sus sentencias más recientes acentúa las garantías del particular, afirmando que no basta que haya tenido conocimiento del acto administrativo sino que, para que interrumpa la prescripción, es preciso que el mismo se haya notificado con todos los requisitos (STS 11 octubre 1996). *Y si, de acuerdo con este criterio, cualquier defecto formal de la notificación del acto implica que el mismo carezca de eficacia interruptiva, no parece que la existencia de un defecto sustantivo o de fondo determinante de la anulación del acto pueda obviarse a efectos de prescripción, como venían haciendo sentencias anteriores.* Es por ello que si el acto notificado defectuosamente carece de eficacia interruptiva (y en este sentido se equipara al acto nulo), aunque el particular haya tenido conocimiento del mismo, con mayor razón ha de negarse eficacia interruptiva al acto que adolece de un vicio sustantivo (y no meramente formal en la notificación) determinante de su anulación.

Obsérvese al respecto que cualquier vicio determinante de la anulación, aunque afecte sólo a una parte del acto (las sanciones, por ejemplo) supone la *anulación del acto entero y su sustitución por otro nuevo*, por lo que basta la estimación parcial de la reclamación o recurso para entender que ni el acto impugnado ni la propia reclamación han interrumpido la prescripción.

Esta interpretación supone, además, un reforzamiento importante del derecho a un proceso sin dilaciones indebidas, integrante de la tutela judicial efectiva, pues evita que el retraso en resolver perjudique al particular, en el sentido de mantener indefinidamente abierta (o al menos durante un período excesivo) una contingencia fiscal. Lógicamente nada impide que si, cuando la liquidación se anula, no ha transcurrido todavía el plazo de prescripción a contar desde la finalización del período voluntario, se dicte una nueva liquidación.

Esta solución resulta, además, perfectamente coherente con el ordenamiento común, pues un acreedor privado que entabla una reclamación judicial, si por insuficiencia de prueba o defectuosa argumentación de la demanda, ve finalmente desestimada su reclamación, normalmente se encontrará con una sentencia con fuerza de cosa juzgada que le impide entablar una nueva reclamación. Ciertamente, en virtud del principio de autotutela, la Administración puede declarar por si misma su derecho (a través del acto administrativo de liquidación) sin necesidad de acudir a los Tribunales. Pero cuando la liquidación se anula por falta de motivación o motivación incorrecta, por insuficiencia de prueba o por cualquier otro defecto, ¿por qué vamos a reconocer a la Administración, y no al acreedor particular, el derecho a reiterar indefinidamente su pretensión?.

Y no se diga que, dada la lentitud de los Tribunales (especialmente las Salas de lo contencioso), la tesis que se defiende supondría condenar de antemano a la Administración a la pérdida de su derecho ante el más mínimo vicio o defecto en la liquidación. Ciertamente si la Administración espera a que dicho vicio o defecto sea declarado en vía contenciosa, normalmente cuando recaiga la sentencia anulatoria habrá transcurrido ya el plazo de prescripción. Pero nada impide que, aunque haya un recurso pendiente, la Administración rectifique por si misma y dicte una nueva liquidación (siempre que no resulta más gravosa para el particular, en cuyo caso la rectificación sólo sería posible por la vía de los arts. 153 y 154 LGT). Dicho de otro modo, la tesis que proponemos, lejos de provocar la imposibilidad de liquidar, simplemente incentivaría que la Administración ajustara su comportamiento al ordenamiento jurídico y se esforzara el corregir de inmediato cualquier defecto detectado; si se opta por una actuación despreocupada de las formas jurídicas y se deja sistemáticamente a los Tribunales la tarea de corregir dicha actuación, ninguna protección especial, que tampoco tiene un acreedor privado, está jutificada.

La interrupción de la prescripción, cuando se produce, extiende sus efectos a todos los obligados al pago, incluido el sustituto, el responsable y aun el avalista, y ello aunque la actuación administrativa sólo se haya producido con el conocimiento formal del contribuyente, o haya sido éste el único que haya reconocido la existencia de la obligación. Pues, de nuevo, hay que recordar que la prescripción tributaria tiene un fundamento puramente objetivo, y por tanto la interrupción de la misma no depende tanto de que el acreedor manifieste su voluntad de cobrar, o el deudor se considere obligado, sino del hecho puramente objetivo de que se haya producido o no alguna de las causas de interrupción tipificadas por la Ley.

La única excepción a esta comunicación de los efectos de la prescripción viene constituida por las obligaciones mancomunadas (en los supuestos del art. 39 LGT, por ejemplo, en que la responsabilidad es solidaria respecto a la entidad, pero mancomunada de los comuneros entre sí), en que se presume que existen tantas obligaciones como deudores, y por tanto la actuación realizada con conocimiento de uno sólo de los coobligados (o la actuación de dicho coobligado) sólo tiene eficacia interruptiva para el sujeto afectado.

4. Efectos de la prescripción de la obligación tributaria

La consumación de la prescripción produce efectos respecto a todos los sujetos afectados por la obligación de que se trate. Ello no quiere decir, sin embargo, que la obligación se extinga (pese a que la LGT regula la prescripción como una causa de extinción de la obligación), sino simplemente que se debilita, en el sentido de que ya no es posible exigir la misma.

O más precisamente, la llamada prescripción del derecho a liquidar supone la *inalterabilidad* de la liquidación o autoliquidación anterior. A ello es a lo que se refiere el art. 120 LGT cuando afirma que la liquidación provisional "se convierte en definitiva" cuando no ha sido comprobada dentro del plazo de prescripción. Lógicamente, si no existe ninguna liquidación previamente notificada, o autoliquidación presentada, dicha inalterabilidad supone en la práctica la inexigibilidad de cuota alguna.

La llamada prescripción de la acción recaudatoria supone en cambio la *inexigibilidad* de la obligación previamente liquidada. Ya se ha dicho que, si no existe una liquidación o autoliquidación anterior, esta prescripción no llega a entrar en juego, pues la inexigibilidad resulta ya de la imposibilidad de determinar o liquidar deuda alguna.

La prescripción de la obligación tributaria principal extiende sus efectos, al menos en principio, sobre las obligaciones accesorias (como los intereses de demora o recargos), sobre las obligaciones a cuenta (pues no cabe exigir pagos fraccionados a cuenta de una obligación que se haya prescrita) y sobre las obligaciones y deberes formales, tanto del propio sujeto pasivo (no se le puede pedir la declaración) como de terceros (a quienes no cabe requerir información sobre obligaciones que, de existir, se encontrarían prescritas). Respecto a la obligación de ingresar las cantidades retenidas o que hubieran debido retenerse, su naturaleza tributaria (reconocida por la actual redacción del art. 58 LGT) permite afirmar que es susceptible de prescripción autónoma, aplicando por analogía las reglas previstas para la prescripción de la obligación tributaria principal (es decir, cuatro años desde que finaliza el plazo para declarar e ingresar las retenciones de cada trimestre), sin perjuicio de que si esta última se consuma antes que aquélla, se vea afectada por la misma, pues como se ha dicho no tiene sentido exigir pagos a cuenta (tampoco a un tercero) de una obligación prescrita.

En alguno de estos casos, sin embargo, el juego de la prescripción no es suficiente, sino que la seguridad jurídica exige el establecimiento de plazos de caducidad. Por ejemplo, respecto al deber de colaboración de terceros, parece excesivo mantener abierta la posibilidad de la Administración de solicitar datos con trascendencia tributaria a terceros, durante todo el plazo de prescripción, ya que el tercero normalmente desconocerá eventuales interrupciones de la prescripción. Por tanto, aunque la Ley no lo diga expresamente, parece preferible entender que los deberes de información de terceros caducan a los cuatro años, sin que se vean afectados por la interrupción de la prescripción de la obligación tributaria principal, salvo que la ley aplicable establezca un plazo distinto durante el que es necesario conservar la información (por ejemplo, respecto a la documentación empresarial, seis años, de acuerdo con el art. 30.1 CCom.).

En cuanto a las potestades administrativas, ya hemos visto como, por su carácter genérico, no son susceptibles de prescripción. Ello no obsta a la afirmación de que las potestades tributarias no pueden ejercerse respecto a una obligación prescrita, pues dicho ejercicio carecería de objeto. La Ley General Tributaria lo prevé expresamente al permitir (en el art. 137, que tras la Ley 25/1995, ha pasado a ser el 138) la impugnación de la providencia de apremio (es decir, oponerse al ejercicio de la potestad recaudatoria) alegando la prescripción (entre otros motivos tasados de oposición); y como la Ley no distingue, hay que entender que puede alegarse tanto la prescripción del derecho a liquidar como la de la acción recaudatoria, pues la imposibilidad de ejercitar las potestades administrativas respecto a una obligación prescrita no es sino una consecuencia de la aplicación de oficio de la prescripción.

La ausencia de una eficacia propiamente extintiva en la prescripción explica que tradicionalmente se haya admitido la posibilidad del sujeto pasivo de renunciar a la prescripción ganada. El antiguo Reglamento General de Recaudación de 1968 presumía incluso, en su art. 62.3, la renuncia cuando se pagaba una deuda prescrita, y la jurisprudencia fue extendiendo paulatinamente esta presunción de renuncia hasta límites insospechados (autoliquidación presentada una vez consumada la prescripción, aunque no fuera acompañada del ingreso; interposición de una reclamación o recurso sin alegar la prescripción..., que en consecuencia ya no podía esgrimirse en una posterior instancia por entenderse producida la renuncia a la misma; etc). Hasta el punto de que, en la práctica, se vulneraba claramente la regla contenida en el art. 67 LGT, que ordena la aplicación de oficio de la prescripción tributaria.

En estas circunstancias, el Decreto de procedimiento para la devolución de ingresos indebidos de 1990 introdujo un giro radical en la materia, al reconocer de forma clara y rotunda el derecho a la devolución cuando se hubiera ingresado una deuda prescrita. Y en la misma línea, el nuevo Reglamento General de Recaudación, también de 1990, omite ya toda referencia a la renuncia a la prescripción ganada, lo que lleva a la mayoría de los autores a considerar que no cabe ya tal renuncia.

A mi juicio, sin embargo, lo único que se ha derogado ha sido la posibilidad de renuncia tácita, que tan alegremente había ido extendiéndose en la jurisprudencia. Pues es de sentido común que, por ejemplo, quien paga una deuda prescrita, normalmente lo hace porque desconoce la prescripción, y no porque desee renunciar a la misma, por lo que resulta arbitrario considerar dicho pago como una forma de renuncia tácita. Y más aun, resulta absurdo pensar que quien recurre contra la liquidación, olvidando mencionar entre sus alegaciones la prescripción ganada, es porque renuncia a dicha prescripción, cuando precisamente la interposición del recurso denota la voluntad de oponerse a la procedencia del tributo. Una cosa es que, el recurso, en cuento rompe el silencio de la relación jurídica, conlleve la interrupción de la prescripción en curso, y otra muy distinta que, si previamente se había consumado la prescripción, dicho recurso pueda interpretarse como una renuncia a la misma.

Es por ello que el antiguo Reglamento de 1968 debería haberse interpretado restrictivamente, en el sentido de que el pago sólo supone la renuncia cuando consta que el sujeto conocía la prescripción ganada, por ejemplo porque va acompañado de una autoliquidación en la que, de un modo u otro, se manifiesta dicho conocimiento. Y en este sentido entiendo que la nueva normativa reglamentaria vigente desde 1990 no hace sino corregir los excesos que se venían produciendo, y que podían y debían haberse corregido por vía interpretativa, sin que en el fondo se haya producido ninguna innovación en cuanto a la posibilidad de renuncia.

Téngase en cuenta que la posibilidad o no de renuncia no parece una materia propia del Reglamento, sino que debe establecerse expresa o implícitamente en la Ley, pues en otro caso la Administración estaría disponiendo indirectamente de su crédito.

Y aunque un amplio sector doctrinal considera que la posibilidad de renuncia es incompatible con la aplicación de oficio de la prescripción tributaria, ordenada por el art. 67 LGT (lo que en buena lógica debería llevar a afirmar la nulidad del art. 62.3 del Reglamento de 1968, cuando lo cierto es que ni dicha nulidad fue apreciada por Tribunal alguno ni siquiera denunciada por la doctrina), a mi juicio una cosa es que la prescripción no necesite ser alegada por el sujeto pasivo que se beneficia de ella, y por tanto que la Administración deba abstenerse de liquidar si la deuda ha prescrito; deba abstenerse de recaudar si la autoliquidación se presenta cuando la prescripción ya se ha consumado; deba devolver, incluso de oficio, si se por cualquier razón llega a ingresarse una deuda prescrita; o deba apreciar la prescripción, aunque no se alegue, al resolver cualquier eventual recurso frente a una liquidación dictada una vez prescrita la obligación. Y otra cosa muy distinta que el particular no pueda, con perfecto conocimiento de causa, renunciar expresamente a la prescripción ganada, reabriéndose en consecuencia la posibilidad de la Administración de liquidar y recaudar las cantidades que se liquiden o hayan sido autoliquidadas, lo que no dejaría de tener utilidad en ciertos supuestos.

En definitiva, hay que presumir — pues es de sentido común hacerlo así — que el particular no tiene voluntad de renunciar a la prescripción, aunque autoliquide, ingrese o recurra sin alegar la prescripción, y ello incluso antes del giro reglamentario operado en 1990. Pero no hay razón alguna para negar virtualidad a una voluntad de renuncia, cuando consta claramente, que no contradice principio alguno del orden tributario, e incluso en ciertos casos puede beneficiar al particular. Lógicamente, según el criterio que sienta el art. 1937 CC, la renuncia no perjudica a terceros, los cuales pueden siempre hacer valer la prescripción, pese a la renuncia del sujeto pasivo, en cuanto que ello les beneficie; lo que en el ámbito tributario se traduce en la aplicación de oficio de la prescripción, incluso en caso de renuncia, respecto a cualquier obligado distinto del propio renunciante.

5. La prescripción de las obligaciones entre particulares derivadas de la aplicación del tributo: especial referencia a la retención a cuenta del IRPF y a la repercusión en el IVA

Las obligaciones entre particulares derivadas de la aplicación del tributo quedan en principio sometidas a las reglas del Derecho común, incluidas las relativas a la prescripción. Así, por ejemplo, el deudor solidario que realiza el pago en los supuestos del art. 34 LGT puede dirigirse frente a los demás coobligados durante un plazo de 15 años, en aplicación del régimen general de prescripción que establece el art. 1964 del Código Civil. El mismo plazo se aplica a la acción de reembolso de que goza quien asume contractualmente la obligación tributaria y realiza el pago, al derecho del responsable frente al sujeto pasivo, y a las relaciones entre sustituto y contribuyente.

Esta regla general cede, sin embargo, cuando existen normas especiales en el ámbito tributario, ya que la prescripción se rige, ante todo, por la ley que establece la obligación objeto de prescripción, según señala el propio Código Civil.

Esto ocurre, por ejemplo, en el IVA, cuya normativa reguladora fija determinados límites temporales para la rectificación de las cuotas repercutidas, según que la rectificación sea al alza o a la baja, y el destinatario tenga o no derecho a deducir el IVA soportado.

Tampoco se aplican las reglas civiles, sin más, cuando resultan incoherentes con la naturaleza y fundamento de la obligación de que se trate, aunque no exista norma expresa en el ámbito tributario. Así, por ejemplo, quien satisface rendimientos sujetos a retención y omite ésta, no puede dirigirse frente al retenido una vez que haya prescrito la obligación principal, pues carecería de sentido retener a cuenta de una obligación que ya es inexigible. Y aunque el retenedor puede renunciar a la prescripción de la obligación de ingresar las cantidades retenidas o que hubieran debido retenerse, tal renuncia no perjudica a terceros, como lo es (respecto a la relación entre el retenedor y la Hacienda) la persona obligada a soportar la retención.

Del mismo modo, en relación con los derechos de reembolso del responsable o del sustituto, hay que entender que sólo cuando el responsable o el sustituto llega a hacer efectivo el pago, nace el derecho de reembolso, sometido al plazo de prescripción de quince años propio del Derecho civil. Pero obviamente, si tales personas no llegan a realizar el pago, o dicho pago se realiza una vez prescrita la obligación tributaria (porque renuncian a la prescripción), no pueden dirigirse frente al contribuyente, pues la obligación de reembolso no ha llegado a nacer, ya que la renuncia sólo produce efectos para el que la realiza. Pero no se trata, en rigor, de que en estos supuestos prevalezca el plazo de la prescripción tributaria, frente a los plazos civiles, sino que al no existir carga tributaria alguna (pues no puede estimarse como tal la cantidad ingresada voluntariamente previa renuncia a la prescripción) la correspondiente obligación de reembolso no habría llegado siquiera a nacer.

6. La prescripción del derecho a la devolución de ingresos indebidos

El art. 64.d) LGT establece un plazo, también de cuatro años a partir del 1 de enero de 1999, para la prescripción del derecho del sujeto pasivo a la devolución de ingresos indebidos. Plazo que según el art. 65 comienza a correr desde el momento mismo del ingreso; según el art. 66 se interrumpe por cualquier actuación administrativa que reconozca el carácter indebido del ingreso o por cualquier actuación del particular tendente a obtener la devolución (incluida la interposición de reclamaciones o recursos); y según el art. 67 se aplica de oficio.

No cabe, en este caso, la renuncia a la prescripción ganada, pues aquí el sujeto beneficiario de la prescripción es el ente público, que en cuanto titular fiduciario debe limitarse a cumplir la Ley, sin que sea admisible que, a su arbitrio, a través de la renuncia a la prescripción, beneficie a unas personas (que precisamente no han sido diligentes en el ejercicio de su derecho a la devolución) a costa de la generalidad de los contribuyentes.

En este ámbito, el principal problema que se plantea en la práctica es la existencia de fugaces plazos de caducidad (por ejemplo el plazo de 15 días para recurrir) que pueden suponer de hecho la imposibilidad de hacer efectivo el derecho a la devolución, mucho antes de que se haya consumado la prescripción. El Decreto de procedimiento en la devolución de ingresos indebidos de 1990 ha eliminado la mayor parte de los problemas que se venían planteando en este sentido, por ejemplo en relación con las autoliquidaciones, que hasta entonces debían impugnarse en el plazo de un año, así como en general en los supuestos de error de Derecho. De manera que, en la actualidad, puede afirmarse que con carácter general es posible hacer efectivo el derecho a la devolución durante todo el plazo de prescripción, salvo obviamente en los supuestos en que la firmeza de la liquidación impide ya determinar si efectivamente se ha producido o no un ingreso indebido; lo que no constituye propiamente una excepción, sino una mera consecuencia de la regla general de inalterabilidad de los actos firmes, salvo en los supuestos de nulidad de pleno Derecho, anulabilidad por infracción manifiesta de la ley, y otros semejantes.

Si constituye una excepción, en cambio, y totalmente injustificada a mi juicio, la imposibilidad — según el Decreto de 1990 — de instar la devolución cuando el ingreso deriva de una liquidación provisional no impugnada dentro de plazo, a no ser por motivos distintos a los que dieron lugar a dicha liquidación. Pues si la liquidación es provisional, aunque no haya sido impugnada dentro de plazo (y por tanto haya adquirido firmeza en sentido formal), nunca puede considerarse firme en sentido material, ya que su contenido puede ser alterado por la Administración con ocasión de la liquidación definitiva.

Si la liquidación es provisional, debe serlo a todos los efectos, y por tanto también en caso de que haya dado lugar a un ingreso indebido. A mi juicio cada ordenamiento debe optar entre, o bien establecer que la Administración queda vinculada por la liquidación provisional, cuyo contenido debería entonces respetarse siempre al dictar la liquidación definitiva (que no podría utilizarse para corregir errores en aquella en perjuicio del sujeto pasivo); o bien, si como ocurre en nuestro ordenamiento la liquidación provisional carece de toda eficacia vinculante para la Administración, y sólo sirve de soporte para un ingreso a cuenta, reconocer sin restricción alguna el derecho de sujeto pasivo a instar la rectificación de la liquidación provisional en su favor, durante todo el plazo de prescripción, ya sea por errores de hecho o de derecho.

Por otro parte, la regulación de la Ley General Tributaria plantea el problema de que sólo se refiere a los ingresos indebidos en sentido estricto, y no a otros supuestos de devolución o reembolso en materia tributaria, como las devoluciones del IVA o el exceso de cantidades ingresadas a cuenta en el IRPF. Tales supuestos deben resolverse, a mi juicio, aplicando por analogía las reglas sobre prescripción del derecho a la devolución de ingresos indebidos, aunque en ellos no exista propiamente ingreso indebido alguno. Quiere con ello decirse que estas devoluciones quedan también sometidas a un plazo de prescripción de cuatro años, a contar desde el nacimiento del derecho a la devolución (por ejemplo, en el IRPF, desde que finaliza el plazo de presentación de las declaraciones negativas, que es cuando nace el derecho a la devolución).

Téngase en cuenta, a este respecto, que si el art. 65 LGT establece como *dies a quo* para la prescripción del derecho a la devolución, el momento en que se haya efectuado el ingreso, ello es simplemente porque, en los ingresos indebidos, el derecho a la devolución nace precisamente desde el momento mismo en que se produce el ingreso. En los demás supuestos de devolución o reembolso, la aplicación por analogía de esta regla debe llevar, en consecuencia, a atender al momento de nacimiento de la obligación de devolver, independientemente de cuando se haya efectuado el ingreso del IVA soportado o de cantidades a cuenta del IRPF.

7. Prescripción en materia de infracciones y sanciones tributarias

La letra c) del art. 64 LGT establece que la acción para imponer sanciones (es decir, la responsabilidad derivada de la infracción) prescribe a los cinco años (cuatro años a partir del 1 de enero de 1999), y el art. 65 precisa que dicho plazo se cuenta desde el momento en que se cometió la infracción.

Las causas de interrupción son aparentemente, según el tenor literal del art. 66 LGT, las mismas que operan en relación con la prescripción de la obligación tributaria, pero la doctrina entiende que por aplicación de los principios penales (comunes a las infracciones criminalizadas y puramente administrativas) debe excluirse la posibilidad de interrupción por actos propios del transgresor.

Por la misma razón, entiendo que la prescripción de las infracciones debe considerarse autónoma respecto a la prescripción de la obligación misma, de modo que la primera puede haberse consumado aunque la segunda se haya interrumpido (por ejemplo, por una declaración complementaria), aunque esto último no se acepta hoy en la práctica administrativa y judicial; si bien la separación entre el procedimiento liquidatorio en sentido estricto y el procedimiento sancionador, ordenada por la reciente Ley 1/1998, ofrecen una buena ocasión para hacer efectivos los principios penales también en materia de prescripción.

En cuanto a su aplicación de oficio o a instancia de parte, los principios penales (además del art. 67 LGT) obligan a inclinarse por la aplicación de oficio, y sin que en este caso sea posible la renuncia a la prescripción ganada, precisamente por aplicación de los principios penales.

Respecto a las sanciones ya impuestas, cuando se trata de sanciones pecuniarias (multa fija o proporcional) son reconducibles a la letra b) del art. 64 (prescripción de la acción recaudatoria) y no a la letra c), que sólo se refiere a la potestad sancionadora, es decir a la prescripción de las infracciones. Pese a no tratarse en sentido estricto de un componente de la obligación tributaria, sin embargo a efectos recaudatorios se tratan como si lo fueran (el art. 58 LGT dice que forman parte de la "deuda tributaria"), lo que explica la aplicación de normas comunes en materia de prescripción; con la única excepción, probablemente, de la imposibilidad de renuncia a la prescripción ganada, dado que la misma es difícilmente conciliable con los principios penales.

La prescripción de las sanciones no pecuniarias, consistentes en la privación o limitación de determinados derechos (por ejemplo, la privación de disfrutar de beneficios fiscales durante tres años), no aparece regulada en la Ley General Tributaria, pues ni es aplicable la letra c), que sólo se refiere a las infracciones, ni la letra b) del art. 64, que contempla la recaudación de la deuda tributaria. Ante el silencio de la Ley, la escasa doctrina que se ha ocupado del tema (este tipo de sanciones no son muy frecuentes en la práctica) afirma que debe aplicarse por analogía el plazo de cuatro años, que en este caso comenzaría a contar desde el acuerdo de imposición de la sanción.

A mi juicio, sin embargo, no hay ningún fundamento para proceder a esta aplicación analógica. Téngase en cuenta, por ejemplo, que el plazo de prescripción de las sanciones pecuniarias efectivamente es de cuatro años, como todos los plazos que contempla el art. 64 LGT, pero no comienza a contarse desde el momento en que se impone la multa, sino desde que finaliza el plazo para su ingreso en período voluntario.

En mi opinión, lo que ocurre es sencillamente que este tipo de sanciones no prescriben autónomamente, sino que se ven afectados por los plazos de prescripción que operan en relación con los derechos de cuya privación se trata. O en otros términos, no se extinguen nunca por prescripción, sino por cumplimiento, y por tanto sólo se ven afectadas por los plazos de prescripción o caducidad que operen en relación con el derecho o beneficios en cuya privación consiste dicho cumplimiento.

Así, en el caso de una sanción consistente en la privación del derecho a disfrutar de beneficios fiscales durante tres años (que, por ejemplo, afectase a los ejercicios 1996, 1997 y 1998), impuesta el 20 de diciembre de 1995, la tesis mayoritaria conduciría a afirmar, si indebidamente se aplican dichos beneficios (desconociendo la sanción) en las autoliquidaciones correspondientes a 1998, que la sanción ha prescrito el 20 de diciembre de 1999 (pues como hemos dicho el nuevo plazo de cuatro años se aplica retroactivamente), y que por lo tanto ya no puede revisarse en este punto la autoliquidación correspondiente a 1997, lo que en la práctica supone acortar injustificadamente el plazo de prescripción del derecho a liquidar, al menos en lo que respecta al control de aquellos elementos de la deuda tributaria afectados por la sanción, para lo que no parece existir base alguna.

En cambio, según la tesis que defendemos, al no quedar afectada la sanción consistente en la privación de beneficios fiscales por plazo alguno de prescripción, la sanción se extinguiría siempre por cumplimiento, es decir, en el ejemplo que hemos puesto, liquidando los ejercicios 1996, 1997 y 1998 sin aplicar beneficio alguno. Y si el sujeto incumpliera la sanción, aplicando indebidamente un beneficio fiscal en su autoliquidación correspondiente a 1997, dicha autoliquidación podría revisarse por la Administración durante todo el plazo de prescripción del derecho a liquidar (es decir, hasta el 20 de junio del año 2.002). La sanción no prescribiría nunca, sino que o bien se habría cumplido, o bien, en caso de incumplimiento, la revisión habría devenido imposible como consecuencia del juego de la prescripción del derecho a liquidar, en relación con el ejercicio o ejercicios durante los cuales la liquidación debió haberse efectuado teniendo en cuenta la sanción impuesta.

Una solución similar es aplicable, en mi opinión, a las sanciones consistentes en la privación del derecho a obtener subvenciones, en la prohibición de celebrar contratos con el Estado o un ente público o en la suspensión de profesiones oficiales. También aquí la sanción se extingue siempre por el transcurso del plazo, y si durante el mismo no se ha respetado la prohibición o suspensión, lo procedente en solicitar la devolución de la subvención con intereses, anular la adjudicación o exigir la devolución de haberes percibidos mientras se estaba suspendido. Los únicos plazos de prescripción que pueden entrar en juego son, por tanto, los que afectan a estas últimas facultades administrativas. Pero la sanción en si misma es imprescriptible.

Nota bibliográfica

• El texto que antecede ha sido elaborado sobre las base de las ideas expuestas en un trabajo anterior (*La prescripción en materia tributaria*, La Ley, Madrid, 1992), al que me remito para bibliografía y jurisprudencia. Se han incorporado al mismo las modificciones derivadas de la Ley 1/1998, vulgarmente conocida como Estatuto del contribuyente, y de la jurisprudencia más reciente. Véanse además las monografías de M. Vega Herrero, *La prescripción de la obligación tributaria*, Lex Nova, Valladolid, 1990, que sigue el planteamiento tradicional; y Adriana Fabiola Martín Cáceres, *La prescripción del crédito tributario*,

Pons, Madrid, 1994, donde se mantiene una posición más próxima a la sostenida en el texto.

• Las citas de Santi Romano corresponden al *Corso di Diritto Amministrativo*, Cedam, Padova, 1937, pág. 139 y ss.; *Principi di Diritto Costituzionale generale*, Giuffrè, Milano, 1946, cap. VIII; y *Fragmentos de un diccionario jurídico*, traducc. castellana Buenos Aires, 1964, pág. 121 y ss.

• La cita de García de Enterría hace referencia al *Curso de Derecho Administrativo*, escrito con Tomás-Ramón Fernández, Civitas, Madrid, 1980, pág. 373; la de Sáinz de Bujanda remite a las *Lecciones de Derecho financiero*, Madrid, 1987, pág. 262.

• Sobre la coexistencia de dos plazos de prescripción sobre una misma obligación, como peculiaridad del Derecho tributario frente al ordenamiento civil, véase Dörr, *Die Verjährung vermögensrechtlicher Ansprüche im öffentlichen Recht*, Die öffentliche Verwaltung, 1984, pág. 12 y ss.

• El carácter de mera reserva formal del art. 10.d) LGT se defiende por J. R. Ruiz García, *La liquidación en el ordenamiento tributario,* Civitas, Madrid, 1987, pág. 266, en nota. A una conclusión parecida llega el Dictamen del Servicio Jurídico del Estado en el Ministerio de Economía y Hacienda, de 27 febrero 1987 (ponente: A. Martínez Lafuente), publicado en CT, núm. 57, 1986 (téngase en cuenta el notable retraso que ha sido habitual en varios períodos de esta revista), pág. 141 y ss.

• En relación con el acortamiento de plazos, el criterio mantenido en el texto es el contenido en el art. 1939 CC y en la Orden de 24 de junio de 1964, que resolvió los problemas de Derecho transitorio en materia de prescripción planteados con la entrada en vigor de la LGT. El desconocimiento de estos precedentes ha llevado a la Administración, sin embargo, a aplicar retroactivamente el acortamiento del plazo operado por la Ley 29/1987, reguladora del ISD (consulta de 27 de julio de 1988), llegando a resultados absurdos, aunque favorables para determinados contribuyentes. Por ejemplo, según la citada consulta, respecto a un fallecimiento producido el 1 de enero de 1982, habiéndose iniciado una inspección en diciembre de 1987, sin que a 1 de enero de 1988 (fecha de entrada en vigor de la Ley 29/1987) se hubiera dictado el acto de liquidación, habría de entenderse prescrita la deuda, por aplicación retroactiva del nuevo plazo (lo que, de hecho, supone privar de eficacia interruptiva a la actuaciones de inspección). En cambio, respecto a un fallecimiento ocurrido en 1978, si la comprobación iniciada en 1987 (antes, por tanto, de que conforme a la norma entonces vigente se hubiera consumado la prescripción) hubiera culminado con una liquidación notificada antes del 1 de enero de 1988, el criterio administrativo supone, acertadamente, reconocer la validez de dicha liquidación, que no se ve afectada por el nuevo plazo de prescripción, en cuanto anterior a la entrada en vigor de la norma que lo establece.

• En relación con el sentido de la interrupción por la interposición de reclamaciones y recursos, suscribimos plenamente la posición mantenida desde antiguo por J. J. Ferreiro Lapatza, *La prescripczione come causa di estinzione dell'obligazione tributaria* (inédito), Bolonia, 1964; y del mismo autor, *La extinción de la obligación tributaria*, RDFHP, núm. 77, 1968. La calificación como "innecesaria" de la disposición contenida en el art. 63.3 del antiguo Reglamento General de Recaudación de 14 de noviembre de 1968, corresponde a J. J. Bayona y M. T. Soler, Derecho financiero II, pág. 208; y en el mismo sentido, M. Vega, *La prescripción...*, pág. 88. Sobre el art. 40 LJCA, véase Enterría y T.-R. Fernández, *Curso*, I, pág. 611. La idea de que el recurso no interrumpe en sentido propio la prescripción, sino que se prolonga la interrupción provocada por el acto que se recurre, lo que hay que entender con la salvedad de que la reclamación económico-administrativa se paralice por cinco años, corresponde a Déz-Picazo, *La extinción de la deuda tributaria*, pág. 482; y en el mismo sentido Ferreiro, *La extinción...* pág. 1067 y ss. El texto de la Res. TEAC 22 septiembre 1988 puede consultarse en Impuestos I/1989, pág. 622.

• Algunas de las ideas sobre la interrupción de la prescripción y sobre el modo de operar de la prescripción en relación con las infracciones y sanciones están sacadas de los trabajos de F. Pérez Royo, *Sobre la prescripción en Derecho Tributario y los actos con virtualidad interruptiva de la misma*, CT, núm. 19 (1976), pág. 199 y ss.; y sobre todo, *Los delitos y las infracciones en materia tributaria*, IEF, Madrid, 1986, aunque difiero radicalmente en cuanto a la prescripción de las sanciones no pecuniarias.

• Sobre la polémica doctrinal en torno a la naturaleza (prescripción o caducidad) de la figura regulada en el art. 64 LGT, fundamentalmente en su letra a), véase por todos E. Eseverri, *Apuntes sobre la prescripción tributaria*, REDF, núm. 57, 1988, donde se afirma que "la ceguera existente al insistir en que aquello que se vuelve ineficaz en el tiempo en un derecho y no una facultad administrativa", entre otros factores, condicionó "el pensamiento del redactor de la Ley General Tributaria, que interpretando la situación en clave garantista de las actuaciones administrativas, introduce la figura de la prescripción que no se ajusta así a los postulados que de ella hace depender la doctrina iusprivatista y el Código Civil", concluyendo sin embargo que nos hallamos ante "una forma *sui generis* de prescribir los derechos".

• Obsérvese que, como indica M. Cortés, *Ordenamiento tributario español*, Madrid, 1985, I, pág. 493, la polémica sobre prescripción o caducidad aparece íntimamente ligada a la discusión sobre el carácter constitutivo o declarativo de la liquidación tributaria. Pero si bien para los partidarios del carácter constitutivo de la liquidación, la prescripción sólo puede correr a partir de ésta, por pura coherencia lógica, y por tanto necesariamente el supuesto previsto en el art. 64.a) LGT ha de calificarse como caducidad, sin embargo la tesis (mayoritaria) según la cual la obligación nace con la realización del hecho imponible, no prejuzga el momento inicial para el cómputo de la prescripción, que en tal caso puede ligarse por la ley al devengo del tributo o situarse en un momento posterior.

• En cuanto a la renuncia a la prescripción ganada, es representativo de la tesis dominante el trabajo de F. Escribano, *Nota acerca del instituto de la prescripción en el nuevo Reglamento General de Recaudación*, RTT, núm. 13 (1991), págs. 11 y ss. Si bien conviene observar que la imposibilidad de renuncia no refuerza la posición jurídica del contribuyente, sino todo lo contrario, aunque pueda parecer paradójico, siempre que no se presuma una voluntad de renuncia que puede no existir. A efectos prácticos, por tanto, basta la exigencia de que conste claramente la voluntad de renuncia. Téngase en cuenta que la renuncia puede ser útil cuando la determinación de una obligación no prescrita (por ejemplo un incremento de patrimonio en el IRPF o en el IS) dependa de la valoración o calificación efectuada en un ejercicio prescrito (por ejemplo la base imponible que haya prevalecido en TPO o en el ISD con ocasión de la adquisición); y en otros ordenamientos, como el italiano, en que el pago del tributo condiciona el ejercicio de determinados derechos y acciones civiles, por ejemplo en materia sucesoria.

A SUPREMACIA CONSTITUCIONAL COMO GARANTIA DO CONTRIBUINTE

HUGO DE BRITO MACHADO

Juiz aposentado do TRF da 5ª Região — Professor Titular de Direito Tributário da UFC — Presidente do Instituto Cearense de Estudos Tributários

1. Introdução. 2. Importância do Direito Constitucional Tributário: 2.1 Universalidade do arbítrio em matéria de tributação; 2.2 A importância da supremacia constitucional. 3. Supremacia constitucional e controle do poder: 3.1 Os caminhos; 3.2 A Constituição minudente; 3.3 O desenvolvimento dos princípios; 3.4 Responsabilidade pessoal do agente público. 4. Exemplos do amesquinhamento de princípios fundamentais: 4.1 O princípio da irretroatividade: 4.1.1 Os dispositivos de nossa Constituição Federal; 4.1.2 Os fundamentos doutrinários da irretroatividade; 4.1.3 Exemplos de amesquinhamento do princípio da irretroatividade: 4.1.3.1 A irretroatividade e o imposto de importação; 4.1.3.2 A irretroatividade e a declaração de inconstitucionalidade da lei tributária; 4.1.3.3 A irretroatividade e a declaração de inconstitucionalidade da lei tributária; 4.1.3.4 O dever de fundamentar e os impostos flexíveis; 4.1.3.5 A contribuição de melhoria.

1. Introdução

Muitos estudiosos do Direito Tributário ainda não se deram conta de que o poder de tributar não pode ser limitado apenas pela lei,[1] posto que muitas vezes o arbítrio estatal se manifesta pela voz do próprio legislador. Essa pressão gigantesca do poder de tributar, que não poucas vezes verga o legislador e o faz produzir normas de tributação contrárias aos princípios fundamentais do Direito Tributário.

Temos sustentado que a supremacia constitucional é o único instrumento que o Direito pode oferecer contra o arbítrio, quando deste se manifesta na atividade legislativa, e temos visto com satisfação que essa nossa idéia está na mente de eminentes constitucionalistas e tributaristas, que se preocupam com os mecanismos jurídicos de contenção do arbítrio estatal, e mesmo diante de cons-

1. No final de 1998, em Lisboa, por ocasião das "XIX Jornadas Latino-Americanas de Direito Tributário", propusemos como tema central para as "XX Jornadas", a serem realizadas no Brasil, o tema *Supremacia Constitucional e Tributação*. Alguns colegas, entretanto, objetaram que a questão da supremacia constitucional não era importante, e que somente no Brasil o assunto merecia certa atenção, pelo fato de ser a nossa Constituição rica em normas a respeito de tributos. Fiquei vencido. Prevaleceu a proposta do tema *Tributação e Direitos Humanos*. Perdemos, assim, excelente oportunidade de debater com os colegas da América Latina, e de alguns países da Europa, a questão da supremacia constitucional como garantia do contribuinte.

tituições nas quais, diferentemente da nossa, estão ainda ausentes normas específicas de regramento da atividade tributária.

Com efeito, é patente e universal o desenvolvimento de práticas arbitrárias, tanto por parte do legislador, como da administração tributária, de sorte que se faz imprescindível a reflexão, e o debate a respeito da supremacia constitucional, especialmente no que diz respeito à interpretação das normas da Constituição, tarefa na qual ainda se vê com freqüência a predominância do elemento literal, em detrimento ou mesmo com a completa desconsideração dos elementos teleológico e sistêmico, não obstante estes importantes elementos da hermenêutica constitucional sejam sempre lembrados pelos defensores da Fazenda Pública quando sustentam teses convenientes para o aumento da arrecadação.[2]

Por tal razão, aliás, não estou seguro de que o melhor caminho seja o trilhado pelo constituinte brasileiro, que optou pela inclusão no texto da Lei Maior de normas específicas, minudentes, a respeito de tributação. Talvez esse caminho leve a um resultado oposto àquele que se tem pretendido. Em vez de fortalecer as garantias do contribuinte, talvez termine por enfraquecer a supremacia constitucional, como adverte, com inteira propriedade, o Professor Paulo Bonavides, um dos mais notáveis estudiosos da Ciência Política e do Direito Constitucional da atualidade. A propósito da postura do constituinte, em vários países, enaltecida por Mário Gonzalez, de incluírem nas constituições verdadeiros planos de política econômica, faz uma ressalva que está a merecer profunda meditação, afirmando:

"Houve, efetivamente, essa mudança. Mas à acuidade crítica de muitos constitucionalistas, deslumbrados com essa portentosa variação, escapou aquele aspecto desintegrativo dos fundamentos jurídicos da ordem constitucional que tem acompanhado de perto a crise das Constituições, contribuindo largamente a desprestigiá-las e desvalorizá-las como formas clássicas idôneas para afiançar o exercício de poderes limitados nos rígidos moldes de um Estado de direito, protetor das liberdades humanas. A Constituição — plano ou programa de política econômica posto no ponto mais alto da escala hierárquica dos valores políticos — desvirtua e desfigura o sentido tradicional das Constituições, compreendidas fundamentalmente pelo aspecto jurídico, que urge salvaguardar. Nos países socialistas, por exemplo, a Constituição tem mais valia sócio-econômica do que propriamente jurídica, é mais um instrumento programático de governo do que um esquema de repartição de competências entre órgãos do poder, harmônicos e independentes, ou de atribuição de direitos no sentido tradicional das Constituições ocidentais."[3]

Assim é que, sem a pretensão de produzir doutrina, até porque desprovidos do conhecimento e do talento a tanto indispensáveis, ousamos colocar aqui algumas idéias para a meditação dos doutos, especialmente daqueles que se dedicam aos estudos da tributação e alimentam seriamente a preocupação de contribuir na edificação de instituições capazes de, neste campo, tornar efetivo o controle jurídico do poder de tributar.

Com este propósito vamos aqui demonstrar a importância e examinar alguns aspectos do que podemos denominar Direito Constitucional Tributário, especialmente os que se referem aos princípios da legalidade, da irretroatividade, da isonomia e da capacidade contributiva.

2. *Importância do Direito Constitucional Tributário*

2.1 *A universalidade do arbítrio em matéria de tributação*

Em rápida pesquisa que realizamos, podemos constatar que a importância do

2. Exemplo disto é o bem elaborado estudo de Kleber Augusto Tagliaferro, ilustre Procurador Seccional da Fazenda Nacional em Marília, São Paulo, publicado na *RDT* 66/67-75, sobre sigilo bancário.

3. Paulo Bonavides, *Curso de Direito Constitucional*, 7ª edição, Forense, Rio de Janeiro, p. 32.

Direito Constitucional Tributário vem sendo destacada em diversos países, entre os quais na Alemanha, na Bélgica, em Portugal, na Espanha e em países na América Latina.

Isto é suficiente para demonstrar a universalidade do arbítrio em matéria de tributação. Há, todavia, referência expressa a essa universalidade, em texto recente de Rubén O. Asorey, que afirma, sem meias palavras:

"Este fenómeno no reconoce fronteras, ni identificación con organismos, ni personas, gozando de universalidad y comprendiendo por igual a organismos de recaudación impositivos, aduaneros y previsionales, federales o locales, de países desarrollados o en vías de desarrollo."[4]

Asorey demonstra também a importância da supremacia constitucional como instrumento para o controle desse arbítrio. E idêntica demonstração pode ser vislumbrada, também, em manifestações várias.

2.2 *A importância da supremacia constitucional*

Klaus Tipke analisa os princípios fundamentais da tributação, em excelente estudo cujo título, *El Derecho Tributario Constitucional en Europa*, já está a indicar a importância da supremacia constitucional no trato das questões tributária, não apenas na Alemanha, mas em toda a Europa. Destacamos nesse estudo a análise do princípio da capacidade econômica e sua não aplicação aos impostos com função extrafiscal, que o autor denomina impostos de ordenamento, à consideração de que "(...) resulta lícito y obligado realizar una ponderación de bienes jurídicos entre el principio de igualdad en la tributación con arreglo a la capacidad económica y otros principios constitucionales. Sin embargo, no es lícito eludir el principio de igualdad tributaria según la capacidad económica — principio decisivo de la justicia tributaria en un Estado de Derecho — mediante cualesquiera consideraciones de política extrafiscal. Por el contrario, la medida de ordenamiento deberá tener al menos la misma incidencia sobre el bien comun — si no mayor — de la que supone la pura tributación con arreglo a la capacidad económica. Las exenciones y bonificaciones fiscales no deben establecerse según el capricho del legislador."[5]

Na Bélgica, Elisabeth Willemart começa uma excelente monografia sobre o tema apoiando-se em consistente doutrina do moderno constitucionalismo para afirmar:

"Le droit fiscal n'échappe pas au profond mouvement de constitutionnalisation que marque, depuis plusieurs annéss, les différentes branches du droit (sur ce thème, voy. not. F. Delpérée, *La constitutionnalisation de l'ordre juridique belge*, R.B.D.C., 1998, pp. 219-243). La valorisation des dispositions que la Constitution consacre à la fiscalité s'impose même avec une évidence singullière. Instrument d'un pouvoir exercé sur les citoyens, le droit fiscal trouve en effet directement son assise das la Constitution (Le droit fiscal partage notamment cette particularité avec le droit pénal. Voy. M. Verdussen, *Contours et enjeux du droit constitutionnel pénal*, Bruxelles, Bruylant, 1995): le pouvoir fiscal émane de la Nation; il est exercé de la manière etabilie par la Constitucion (Const., art. 33: Tous les pouvoirs émanent de la Nation. Ils sont exercés de la manière établie par la Constitution)."[6]

Em Portugal já de algum tempo podem ser anotadas manifestações a respeito

4. Rubén O. Asorey, "Protección constitucional de los contribuyentes frente a la arbitrariedad de las administraciones tributarias", em *Protección Constitucional de los Contribuyentes*, livro de autoria coletiva coordenado por Asorey, Educa/Marcial Pons, Madrid/Baracelona, 2000, p. 26

5. Klaus Tipke, "El Derecho Tributario Constitucional en Europa", em *Revista Euroamericana de Estudios Tributarios*, IET e EF, Madrid, n. 5, mayo/agosto 2000, pp. 19-20.

6. Elisabeth Willemart, *Les Limites Constitutionnelles du Pouvoir Fiscal*, Bruylant, Bruxelles, 1999, p. 1.

da supremacia constitucional e sua importância em matéria tributária. É sabido que o fato gerador da obrigação tributária deve ser um *signo presuntivo* de capacidade contributiva. Deve ser um indício que autoriza a presunção de capacidade econômica para o pagamento do tributo. Cardoso da Costa, embora afirme a liberdade do legislador para a escolha desse fato indício de capacidade contributiva, aponta o limite que a este se impõe, doutrinando com propriedade:

"Qual seja ele para cada imposto é coisa evidentemente dependente da escolha que o legislador faça. O que a este respeito cabe sublinhar é que o legislador detém nesta matéria ampla liberdade, podendo, em princípio, arvorar qualquer facto ou situação da vida real em índice da capacidade contributiva dos cidadãos e ligar-lhe consequentemente uma obrigação de imposto. O legislador determinar-se-á, fundamentalmente, por considerações extra-jurídicas — em considerações de ordem económica, política e técnica, como a estrutura económica, as necessidades financeiras, o peso da opinião pública — mas sempre *terá de respeitar, em todo o caso, os limites constitucionais que depara*, e que são sobretudo os decorrentes do princípio da igualdade tributária, (...)"[7] (o destaque não é do original).

Na Espanha e em países da América Latina a situação não é diferente.

Rubén O. Asorey, por exemplo, assevera que:

"El Derecho tributario debe, en forma substancial, su desarrollo y evolución al esquema esencial de la relación jurídica tributaria. Los enfoques dinámicos o procedimentalistas aparecidos a partir de la década del sesenta no pudieron relativizar el papel trascendental de esa relación dentro de la teoría general del Derecho tributario.

"Ese núcleo esencial, objeto de los más profundos análisis y disquisiciones intelectuales, permitió la incorporación legislativa de la juridicidad de tales desarrollos dogmáticos, convirtiendo en anatema el principio de subordinación del administrado a un poder estatal situado en un plano superior y consagrando la plena sumisión de los dos sujeitos de la relación al mismo plano de igualdad.

"Sin embargo, el ejercicio de los derechos y obligaciones de esa relación, por efectos de diversos factores jurídicos y metajurídicos, fue sufriendo la erosión ostensible de la situación del sujeto pasivo, es decir, de los contribuiyentes y responsables. Quizá la razón fundamental de ello radica en la siempre bienvenida lucha contra la evasión, que lleva al Estado al desmadre de calificar y tratar como evasores a quienes actuando de buena fe optan por una alternativa legal de mejor opción económica, a la presencia de criterios eficientistas que tratan de superar las deficiencias y carencias de los organismos de recaudación con medidas que devienen arbitrarias por las más diversas razones, y a la actuación desmedida de funcionarios bajo la invocación de conceptos vagos e inasibles.

"En fin, se originan en la vida del Derecho tributario una serie de abuso, desvíos, arbitrariedades, donde el sujeito activo actúa fuera de la ley y del derecho, a través de comportamientos anómalos, utilizando en ciertos casos máscaras legitimadoras de la juridicidad, como seudointerpretaciones reñidas con las garantías constitucionales.

"A partir de los años ochenta se comienza a prestar atención a esta situación, no ya desde la teoría general del Derecho fiscal, sino desde la práctica y ejercicio de los derechos y deberes de la relación."

Jaramillo também sustenta a colocação das questões fundamentais do Direito Tributário no plano da Constituição, questionando a posição da disciplina que estuda tais questões, se deve ser integrada ao Direito tributário, ou ao Direito constitucional, ou se deve ser considerada uma disciplina autônoma. Para ele os princípios fundamentais da atividade financeira, por ób-

7. José Manuel M. Cardoso da Costa, *Curso de Direito Fiscal*, 2ª ed., Almedina, Coimbra, 1972, p. 266.

vias razões, estão nas Constituições Políticas, o que tem dado lugar a que se sustente a existência de um Direito constitucional financeiro, ou ao menos do Direito constitucional tributário. E assevera que "Las Constituciones ecuatorianas han mostrado preocupación por los temas tributarios, los que hasta la fecha preponderan".[8]

3. *Supremacia constitucional e controle do poder*

3.1 Os caminhos

São tantos os exemplos que podem ser citados, de abusos do poder estatal praticados pela via legislativa, que ninguém mais pode ter dúvida quanto à insuficiência do princípio da legalidade como garantia do contribuinte. O legislador no mais das vezes submete-se às pressões do governo, que dispõe numerosos instrumentos para exercer influência sobre o parlamento. Por outro lado, em alguns países o próprio governo legisla, como acontece no Brasil, com o decreto-lei do regime constitucional anterior, e com as medidas provisórias do regime constitucional vigente.

A questão que se coloca então é a de saber qual o caminho mais adequado para a efetiva garantia do contribuinte contra abusos do poder de tributar, se a colocação, na Constituição, de regras de tributação minudentes, ou se a utilização dos princípios constitucionais fundamentais, que se refletem também no âmbito das relações de tributação e podem ser desenvolvidos na doutrina e na jurisprudência, mediante uma interpretação consentânea com a finalidade desses princípios.

Vejamos, ainda que em traços superficiais, cada um desses caminhos.

3.2 A Constituição minudente

No Brasil o Constituinte optou pelo primeiro desses caminhos. Desde o regime constitucional anterior tínhamos já a Constituição mais rica do mundo em normas pertinentes à tributação. Na vigente Constituição, então, foram albergadas normas que a rigor deveriam estar nos regulamentos de tributos. E ainda assim não se conseguiu controlar os abusos.

Por outro lado, criou-se, mesmo na mente de juristas respeitáveis, a idéia de que as normas da Constituição devem ser expressas, mesmo quando se reportem a conceitos conhecidos, sem o que o legislador ficará livre para o trato dos assuntos, sem as limitações decorrentes daqueles conceitos que, utilizados pela norma da Constituição, passaram a constituir elementos decisivos na determinação do significado desta. Exemplo desse grave equívoco em que incorrem alguns juristas é o da contribuição de melhoria, que mais adiante vamos examinar.

Problemas outros também já foram suscitados em torno do alcance de princípios constitucionais no que diz respeito a questões tributárias, e infelizmente se viu que o trato minudente talvez tenha tolhido a mente do intérprete e aplicador da Constituição. Temos visto, em conseqüência, serem amesquinhadas garantias fundamentais do cidadão contribuinte, em situações as mais diversas. Entre as garantias amesquinhadas pelas mentes habituadas às normas minudentes, destacamos para estudo, nesta oportunidade, a irretroatividade das leis e a exigência de fundamentação dos atos administrativos.

3.3 O desenvolvimento dos princípios

Parece, em face do que se tem observado, ser de duvidosa utilidade a colocação de normas minudentes na Constituição. Mais do que inútil, esse caminho parece nos demonstrar que tem razão o Professor Paulo Bonavides quando se refere àquele "aspecto desintegrativo dos fundamentos jurídicos da ordem constitucional que tem acompanhado de perto a crise das Constituições, contribuindo largamente a desprestigiá-las e desvalorizá-las como formas

8. José Vicente Troya Jaramillo, "Finanzas Públicas y Derecho Constitucional", em *Revista Latinoamericana de Derecho Tributario* 5/9, ano 1998.

clássicas idôneas para afiançar o exercício de poderes limitados nos rígidos moldes de um Estado de direito, protetor das liberdades humanas".

Uma das facetas pelas quais pode ser vista essa desintegração dos fundamentos jurídicos da ordem constitucional é a extrema facilidade com que são alteradas as normas da Constituição. Alegando a necessidade de preservar a governabilidade, o governo geralmente consegue a aprovação de emendas que aos poucos alteram completamente a Constituição, como tem acontecido no Brasil.

Outra faceta pela qual se revela a aludida desintegração é o menosprezo que as autoridades do governo devotam aos princípios constitucionais na aplicação da lei tributária, amesquinhando completamente princípios fundamentais, como adiante será demonstrado.

3.4 Responsabilidade pessoal do agente público

O caminho que nos parece necessário trilhar, para reduzir a limites aceitáveis as práticas abusivas de autoridades, é a responsabilidade pessoal do agente público. Nos dias atuais quem corporifica o Estado age de modo praticamente irresponsável no que diz respeito aos direitos individuais que eventualmente lesiona. O agente do fisco, que formula em auto de infração exigência que sabe ou deveria saber indevida, não sofre nenhuma conseqüência de seu ato ilícito, não obstante esteja este legalmente definido como crime de excesso de exação.[9] Não se conhece um único caso de ação penal por excesso de exação, e não é razoável acreditar-se que nenhum agente do fisco o tenha praticado.

Preconizamos, pois, a responsabilidade do agente público por lesões que pratique a direitos do contribuinte, sem prejuízo da responsabilidade objetiva do Estado. Entendemos que esta é a forma mais adequada de se combater o cometimento arbitrário do fisco.

É sabido que a indenização por cometimento ilícito tem dupla finalidade. Uma, a de tornar indene, restabelecer, o patrimônio de quem sofreu o dano. A outra, a de desestimular a conduta ilícita de quem o causou.

A responsabilidade objetiva do Estado por danos ao cidadão pode assegurar a este a indenização correspondente, mas não atua como fator desestimulante da ilegalidade, pois quem a pratica não suporta o ônus da indenização que, sendo paga pelos cofres públicos, recai a final sobre o próprio contribuinte.

E não são poucas as práticas que podem ensejar a responsabilidade pessoal do agente público. Quem exerce atividade direta ou indiretamente ligada à tributação sabe muito bem que os agentes do fisco geralmente não respeitam os direitos do contribuinte e tudo fazem para arrecadar mais, ainda que ilegalmente.

É certo que a responsabilidade pessoal não existirá para o agente público que atua em cumprimento a determinação oficial, posta em ato administrativo de efeito concreto, ou em ato administrativo de caráter normativo. Em tais casos, se o ato administrativo em cuja obediência atua o agente público é arbitrário, a responsabilidade será da autoridade que o emitiu, e nos casos em que o arbítrio esteja na própria lei não haverá responsabilidade da autoridade administrativa que simplesmente a aplica, pois essa autoridade, como temos sustentado, não pode eximir-se de cumprir a lei alegando a sua inconstitucionalidade.

Quando o arbítrio reside na própria lei, tem-se caso de inconstitucionalidade que há de ser declarada pelo Judiciário. Uma vez transitada em julgado essa declaração, porém, a autoridade administrativa já não pode aplicar a lei inconstitucional. Se o fizer — e na prática são inúmeros os casos em que o fez — poderá ser pessoalmente responsabilizada.

9. Código Penal, art. 316, § 1º, com redação que lhe deu o art. 20, da Lei 8.137, de 27.12.1990.

É certo que a declaração de inconstitucionalidade no denominado controle difuso não produz efeitos gerais, e por isto é possível sustentar-se que a autoridade administrativa não está obrigada a abster-se de aplicar a lei que nessa via tenha sido declarada inconstitucional, antes da suspensão da vigência desta pelo Senado Federal. Na verdade, porém, assim não é. Uma vez declarada a inconstitucionalidade de uma lei, em decisão definitiva, a autoridade administrativa já não a pode aplicar. Se a Fazenda Pública é parte no processo onde se deu a declaração de inconstitucionalidade — como geralmente acontece em matéria tributária — não há dúvida de que todas as autoridades administrativas a ela vinculadas estarão obrigadas a não mais aplicar a lei declarada inconstitucional. Tanto em razão do efeito processual que se produz em relação à parte, como em razão do princípio da harmonia entre os Poderes do Estado.[10] Se a Fazenda Pública não é parte no processo onde se deu a declaração de inconstitucionalidade — o que dificilmente ocorrerá em matéria tributária — mesmo assim, em razão do dever de preservar a harmonia entre os Poderes do Estado, as autoridades administrativas estarão, todas, impedidas de seguirem aplicando a lei declarada inconstitucional.

Em se tratando de declaração de inconstitucionalidade proferida no controle concentrado, dúvida não pode haver quanto aos efeitos gerais que esta produz. Assim, dúvida não pode haver de que todas as autoridades, sejam fazendárias ou não, estarão impedidas de aplicar a lei declarada inconstitucional.

Nos casos em que a autoridade administrativa esteja, como acima explicado, no dever de não aplicar a lei que foi declarada inconstitucional, se o faz comete ato ilícito, pelo qual poderá ser pessoalmente responsabilizada. E a responsabilização pessoal da autoridade é, repita-se, o caminho mais adequado no combate às práticas arbitrárias do Poder Público.

10. Constituição Federal de 1988, art. 2º.

4. Exemplos do amesquinhamento de princípios fundamentais

4.1 O princípio da irretroatividade

4.1.1 Os dispositivos de nossa Constituição Federal

Nossa Constituição Federal coloca o princípio da irretroatividade das leis entre os direitos e garantias fundamentais, estabelecendo que *a lei não prejudicará o direito adquirido, o ato jurídico perfeito e a coisa julgada.*[11] E como se isto não bastasse, no capítulo em que trata do sistema tributário, estabelece que *sem prejuízo de outras garantias asseguradas ao contribuinte, é vedado à União, aos Estados, ao Distrito Federal e aos Municípios, cobrar tributos em relação a fatos geradores ocorridos antes do início da vigência da lei que os houver instituído ou aumentado.*[12]

Temos, portanto, na Carta Magna, consagrado o princípio da irretroatividade das leis como um direito fundamental do cidadão, e ainda, em dispositivo específico, a garantia ofertada ao contribuinte de que, de que é vedada a cobrança de tributo instituído ou aumentado depois de ocorrido o fato tomado pela lei como signo presuntivo de capacidade contributiva. E nem podia deixar de ser assim, em face dos sólidos fundamentos doutrinários em que se apoia esse importantíssimo princípio jurídico.

4.1.2 Os fundamentos doutrinários da irretroatividade

Sabemos todos que a irretroatividade das leis é um princípio jurídico fundamental. Faz parte da própria essência do Direito, de sorte que a sua preservação é indispensável à própria integridade, e utilidade do sistema jurídico. Um sistema de leis retroativas seria a própria negação do que há de mais essencial no Direito. A negação da própria essência do *jurídico*.

11. Constituição Federal de 1988, art. 5º, inciso XXXVI.

12. Constituição Federal de 1988, art. 150, inciso III, alínea *a*.

O Direito corporifica e realiza os valores da humanidade, entre os quais se destaca o da segurança, indispensável mesmo para a realização de todos os demais. Indispensável à própria idéia de Estado de Direito, sendo certo que "a retroatividade da lei poderia ser encarada como contradição do Estado consigo próprio, pois que, se de um lado ele faz repousar a estabilidade das relações e direitos sobre a garantia e proteção das leis que ele próprio emana, de outro lado ele mesmo não pode retirar essa estabilidade com a edição de leis retroativas".[13]

Na primorosa lição de José Luís Shaw, transcrita e traduzida por Maria Luiza Pessoa de Mendonça em sua excelente monografia sobre o tema:

"Se nos perguntamos porque e para que os homens estabelecem o Direito e tratamos de descobrir o sentido germinal do Direito a fim de apreendermos a sua essência, dar-nos-emos conta de que a motivação radical que determinou a existência do Direito não deriva das altas regiões dos valores éticos superiores, senão de um valor de categoria inferior, a saber: da segurança na vida social. O Direito surge, precisamente, como instância determinadora daquilo que o homem tem que se ater em suas relações com os demais: certeza, mas não só certeza teórica (saber o que deve fazer) senão também certeza prática, quer dizer, segurança, saber que isto tenderá forçosamente a ocorrer porque será imposto pela força, se preciso for, inexoravelmente."[14]

Cuida-se, aliás, de um princípio da mais fácil compreensão. Se o legislador pudesse editar leis retroativas, ninguém saberia mais como se comportar porque deixaria de confiar na lei, que a qualquer momento poderia ser alterada com reflexos nos fatos já ocorridos, tornando-se desta forma praticamente inexistente o padrão do certo e do errado.

Pode-se por isto mesmo, com Vicente Ráo, sustentar que o princípio da irretroatividade atende a necessidade essencial do próprio ser humano:

"A inviolabilidade do passado é princípio que encontra fundamento na própria natureza do ser humano, pois, segundo as sábias palavras de Portalis, o homem, que não ocupa senão um ponto no tempo e no espaço, seria o mais infeliz dos seres, se não se pudesse julgar seguro nem sequer quanto a sua vida passada. Por essa parte de sua existência, já não carregou todo o peso de seu destino? O passado pode deixar dissabores, mas põe termo a todas as incertezas. Na ordem do universo e da natureza, só o futuro é incerto e esta própria incerteza é suavizada pela esperança, a fiel companheira da nossa fraqueza. Seria agravar a triste condição da humanidade querer mudar, através do sistema da legislação, o sistema da natureza, procurando, para o tempo que já se foi, fazer reviver as nossas dores, sem nos restituir as nossas esperanças."[15]

Por isto os sistemas jurídicos dos países civilizados consagram o princípio da irretroatividade das leis. "As leis, como regra fundamental, não retroagem, porque só assim os direitos e situações gerados na vigência delas gozam de estabilidade e segurança".[16]

Como forma de garantir a estabilidade das relações jurídicas, o princípio da irretroatividade há de ser universal. Editada uma lei, sem referência expressa a sua aplicação ao passado, certamente só ao fu-

13. Maria Luiza Vianna Pessoa de Mendonça, *O Princípio Constitucional da Irretroatividade da Lei — A irretroatividade da Lei Tributária*, Del Rey, Belo Horizonte, 1996, p. 62.

14. José Luís Shaw, citado e traduzido por Maria Luiza Vianna Pessoa de Mendonça, *O Princípio Constitucional da Irretroatividade da Lei — A Irretroatividade da Lei Tributária*, Del Rey, Belo Horizonte, 1996, p. 63.

15. Vicente Ráo, *O Direito e a Vida dos Direitos*, cit. por Celso Ribeiro Bastos, *Curso de Direito Constitucional*, 18ª ed., Saraiva, São Paulo, 1997, p. 216.

16. Hermes Lima, *Introdução à Ciência do Direito*, 28ª ed., Freitas Bastos, São Paulo, 1986, p. 143.

turo será aplicável. E se o legislador pretender disciplinar fatos já ocorridos, o que excepcionalmente pode fazer, terá de respeitar o ato jurídico perfeito, o direito adquirido e a coisa julgada, que no Brasil constitui expressa determinação constitucional.

4.1.3 Exemplos de amesquinhamento do princípio da irretroatividade

Não obstante a importância do princípio da irretroatividade das leis, e talvez em razão da existência de norma constitucional específica que enseja interpretação literal limitadora, esse princípio tem sido entre nós freqüentemente amesquinhado pelo fisco. E o Poder Judiciário nem sempre tem sabido amparar o direito do contribuinte, admitindo às vezes a prevalência da interpretação literal que reduz significativamente a sua utilidade.

Entre os muitos que poderiam aqui ser arrolados, de amesquinhamento do princípio da irretroatividade, vamos examinar apenas dois. Um, já apreciado pelo Supremo Tribunal Federal, que infelizmente não lhe deu o alcance que efetivamente tem para alcançar sua real finalidade que é a preservação da segurança jurídica, diz respeito ao imposto de importação. O outro, ainda objeto de disputa judicial, e sobre o qual ainda vai decidir a Corte Maior, sendo razoável esperar-se que desta vez faça valer o princípio, diz respeito ao efeito retroativo de decisão que declara a inconstitucionalidade de lei.

4.1.3.1 A irretroatividade e o imposto de importação — Já por várias vezes foram elevadas alíquotas do imposto de importação, e o fisco cobrou o imposto correspondente mediante aplicação das alíquotas majoradas, mesmo em relação a produtos que se encontravam já no território nacional no momento da majoração.

A alíquota do imposto de importação para automóveis foi elevada pelo menos duas vezes recentemente. Na primeira delas, ficou dito expressamente que o aumento seria cobrado apenas em relação às importações que ainda não estivessem em curso. Na segunda, porém, de maior expressão econômica, nenhuma ressalva se fez e a cobrança do aumento alcançou automóveis já desembarcados nos portos brasileiros, simplesmente porque não se dera ainda o respectivo desembaraço aduaneiro.

O Judiciário, infelizmente, limitou-se à interpretação literal do art. 150, inciso III, alínea *a*. Afastou-se, porém, da literalidade do art. 19, do CTN, que praticamente desconsiderou, para admitir que o fato gerador do imposto de importação é o desembaraço aduaneiro dos bens importados, e assim decidiu a final a favor do fisco, validando a cobrança do imposto com alíquota elevada, mesmo em relação aos automóveis que se encontravam já no pátio da repartição aduaneira na data do aumento.

A propósito do assunto já escrevi:

"Quando se tenha de resolver questão de direito intertemporal, a entrada da mercadoria no território nacional não pode ser vista como fato isolado. Ela decorre de um conjunto de outros fatos que não podem ser ignorados, para que se faça efetiva a irretroatividade das leis como manifestação do princípio da segurança jurídica.

"Obtida a guia de importação, ou forma equivalente de autorização da importação, se necessária, ou efetuado o contrato de câmbio, e efetivada a aquisição do bem no exterior, o importador tem direito a que a importação se complete no regime jurídico então vigente. Se ocorre redução de alíquota do imposto de importação antes do desembaraço aduaneiro, é razoável admitir-se que o imposto seja pago pela alíquota menor. Se ocorre aumento, devem ser respeitadas as situações jurídicas já constituídas. O art. 150, inciso III, alínea *a*, combinado com o art. 5º, inciso XXXVI, da Constituição Federal o determinam.

"Se o importador já está juridicamente vinculado a situação cujo desfazimento lhe causará prejuízo significativo, evidentemente está incorporado a seu patrimônio o direito de ter consumada a importação à luz do regime jurídico, inclusive tributário, então vigente. Salvo se as alterações desse regime jurídico o favoreçam, pois neste caso não se aplica o princípio da irretroatividade.

"Com efeito, a não ser assim, estaria inviabilizada a importação, como atividade empresarial. O governo poderia levar à ruína qualquer importador com um simples ato de elevação de alíquota do imposto de importação, o que efetivamente não é compatível com o Estado de Direito que assegura a livre iniciativa econômica."[17]

Muitos importadores já haviam vendido vários dos automóveis e ficaram em situação difícil, forçados a arcar com o prejuízo decorrente do aumento da alíquota do imposto de importação. Daí em diante, ao efetuarem venda de automóveis ainda não recebidos, passaram a fazer constar dos contratos correspondentes cláusula estabelecendo que o preço respectivo seria reajustado na hipótese de aumento do imposto. Tal solução, porém, apenas em parte resolve o problema. Ampara o importador vendedor, mas deixa desprotegido o comprador, que a final poderá ter que pagar um preço que, se conhecido na data da compra, teria motivado decisão diversa. Seja como for, deixa evidente a insegurança jurídica, que o contrato apenas consegue transferir do importador vendedor para o comprador.

4.1.3.2 A irretroatividade e a declaração de inconstitucionalidade da lei tributária — Geralmente a lei tributária que é declarada inconstitucional é lei mais gravosa. Sua retirada do ordenamento jurídico, assim, favorece o contribuinte com uma redução do ônus tributário. Aliás, também em outras áreas do Direito, os dispositivos de lei declarados inconstitucionais geralmente são detrimentosos para o cidadão. Afinal, a garantia de que as leis devem ser elaboradas de acordo com a Constituição é uma garantia do cidadão, que tem exatamente a finalidade de livrá-lo de leis arbitrárias, que lhes imponham restrições ou ônus incompatíveis com os preceitos da Constituição.

É justo, pois, que a decisão que declara a inconstitucionalidade de uma lei produza efeitos retroativos, e em defesa dessa tese tem sido invocada a doutrina de Kelsen. Colhe-se isoladamente a afirmação do Mestre de Viena, segundo a qual uma lei dita inconstitucional "não é sequer uma lei, porque não é juridicamente existente e, portanto, não é possível acerca dela qualquer afirmação jurídica".[18] O equívoco, porém, é evidente. Na verdade, segundo Kelsen, a afirmação de que uma lei é inconstitucional é contraditória porque todas as leis devem ser de conformidade com a Constituição. Entretanto, Kelsen explica que a afirmação de que uma lei é inconstitucional significa dizer que a lei assim qualificada "pode ser revogada não só pelo processo usual, quer dizer, por uma outra lei, segundo o princípio *lex posterior derogat priori*, mas também de um processo especial, previsto pela Constituição. Enquanto, porém, não for revogada, tem de ser considerada válida; e, enquanto for válida, não pode ser inconstitucional".

Realmente, a doutrina de Kelsen é a que melhor explica o controle concentrado de constitucionalidade, atribuindo à declaração de inconstitucionalidade, nesse campo, efeitos de verdadeira produção normativa, que se operam para todos e para o futuro, como em princípio deve ocorrer com toda norma jurídica. Por isto é que no dizer de Spisso "el efecto *erga omnes* de las sentencias anulatorias de las leys, residuo de su concecpción como decisión legislativa, les da a tales sistemas estrechas vinculaciones con el modelo kelseniano".[19]

Realmente, segundo a teoria pura do direito, a declaração de inconstitucionali-

17. Hugo de Brito Machado, *Curso de Direito Tributário*, 19ª edição, Malheiros Editores, São Paulo, 2001, pp. 252-253.

18. Hans Kelsen, *Teoria Pura do Direito*, trad. João Baptista Machado, 3ª ed., Arménio Amado, Coimbra, 1974, p. 367.

19. Rodolfo R. Spisso, *Derecho Constitucional Tributario*, Depalma, Buenos Aires, 1993, p. 338.

dade de uma lei eqüivale a sua revogação. Tem, portanto, a natureza de ato legislativo e assim, tal como acontece com os atos legislativos em geral, não pode produzir efeitos retroativos, salvo em favor do cidadão. E esta é a doutrina que melhor preserva a segurança, e assim melhor realiza o objetivo fundamental de toda ordem jurídica democrática.

Esta é, aliás, a diretriz seguida pelo moderno constitucionalismo europeu. A Constituição da Itália, por exemplo, estabelece: "Quando a Corte declara a ilegitimidade constitucional de uma norma de lei ou de um ato com forma de lei, a norma perde a sua eficácia a partir do dia sucessivo à publicação da decisão" (art. 136).

Depois de fazer profunda análise do sistema europeu de controle de constitucionalidade, assevera Villalón:

"En este punto cabe afirmar que la tendencia general de la época es la atribución de efectos *ex nunc* o *pro futuro* a las declaraciones de inconstitucionalidad, sobre la base — ello va implícito en el 'sistema europeo' — de que se trata de efectos generales o *erga omnes*. Absolutamente consecuente, sin embargo, sólo aparece el ordenamiento austríaco, quien habla expresa e inequívocamente de 'derogación' e incluso admite una 'vacatio' primero de seis meses, luego de un ano, para la entrada en vigor de dicha derogación."[20]

Sabemos todos que o direito austríaco muito deve ao Mestre de Viena, especialmente no que diz respeito ao tema que estamos analisando. Seja como for, verdade é que não se pode negar a adequação da tese que atribui efeitos normativos à declaração de inconstitucionalidade, com as conseqüências daí decorrentes, como instrumento de proteção da segurança jurídica.

Ressalte-se, finalmente, a lição de Paulo Bonavides, inegavelmente o grande expoente da doutrina do Direito Constitucional no Brasil, a demonstrar o ajustamento da doutrina estrangeira no caso de que se cuida. Mestre Paulo Bonavides, que em seu excelente Curso de Direito Constitucional examina com propriedade a doutrina do controle de constitucionalidade, manifesta-se decididamente contrário à aplicação pura e simples da doutrina das nulidades no campo do controle concentrado de constitucionalidade, e preconiza, como temos feito, a atribuição de efeitos *ex nunc* à declaração de inconstitucionalidade neste proferida, assevera com incontestável razão:

"Não se contraponha que as considerações copiosamente expendidas acerca dessa nova direção jurisprudencial se prendem a sistemas jurídicos diferentes, ao direito de outros países e que são de todo inúteis para a nossa ordem de instituições. A uma assertiva desse jaez, notoriamente inane e descabida, basta, para desvanecê-la, não perder de memória que todo o Direito Constitucional brasileiro durante a Primeira República evolveu doutrinariamente atado a clássicos do direito público norte-americano e a juizes célebres da Suprema Corte dos Estados Unidos, cujas lições sobre *judicial control*, por exemplo, foram aqui acolhidas em razões forenses, arestos, artigos de doutrina, bem como a inumeráveis publicações que opulentaram nossas letras jurídicas."[21]

Manifestou-se já o Supremo Tribunal Federal no sentido de que "A declaração de inconstitucionalidade de uma lei alcança, inclusive, os atos pretéritos com base nela praticados, eis que o reconhecimento desse supremo vício jurídico, que inquina de total nulidade os atos emanados do Poder Público, desampara as situações constituídas sob sua égide e inibe — ante a sua inaptidão para produzir efeitos jurídicos válidos — a possibilidade de invocação de qualquer direito. A declaração de inconsti-

20. Pedro Cruz Villalón, *La Formación del sistema europeo de control de constitutionalidad (1918-1939)*, Centro de Estudios Constitucionales, Madrid, 1987, p. 416.

21. Paulo Bonavides, *Curso de Direito Constitucional*, 7ª ed., Malheiros Editores, São Paulo, 1997, p. 309.

tucionalidade em tese encerra um juízo de exclusão, que, fundado numa competência de rejeição deferida ao Supremo Tribunal Federal, consiste em remover do ordenamento positivo a manifestação estatal inválida e desconforme ao modelo plasmado na Carta Política, com todas as conseqüências daí decorrentes, inclusive a plena restauração de eficácia das leis e das normas afetadas pelo ato declarado inconstitucional".[22]

Manifestou-se também o Supremo Tribunal Federal no sentido de que o deferimento de medida liminar, em ação direta declaratória de inconstitucionalidade, produz efeitos *ex nunc*. O ato normativo cuja constitucionalidade é discutida fica com sua vigência suspensa até o julgamento definitivo.[23]

Pode-se, portanto, afirmar que a jurisprudência da Corte Maior é no sentido de que a declaração de inconstitucionalidade produz efeitos *ex tunc*, ou efeitos retroativos.

Isto, porém, não quer dizer que seja sempre assim. Uma decisão judicial deve ser interpretada tendo-se em vista a questão posta em apreciação. Como assevera Ganuzas, com fundamento na jurisprudência do Tribunal Constitucional espanhol, o direito à tutela jurisdicional, garantido pela Constituição daquele país, da mesma forma que é pela nossa Constituição, inclui o direito de obter uma decisão na qual se ofereça resposta judicial adequada às questões postas pelas partes.[24]

Assim, somente quando seja colocada perante o Supremo Tribunal Federal a questão dos efeitos retroativos prejudiciais ao contribuinte que tinha cumprindo a lei declarada inconstitucional é que se terá uma decisão que vai definir essa questão. Por enquanto, tem-se jurisprudência afirmando a produção de efeitos retroativos, ou *ex tunc*, mas com certeza a questão posta não foi a de saber se tais efeitos retroativos se operam contra o cidadão para favorecer o Estado. Afinal, além de ser a supremacia constitucional uma garantia do cidadão, responsável pela produção de lei inconstitucional não é este, mas o Estado.

E tudo nos leva a acreditar que o Supremo Tribunal Federal, tendo de examinar essa questão, decidirá pela preservação da segurança jurídica. Neste sentido, aliás, já o legislador cuidou de deixar aberto o caminho. Embora tenha estabelecido que a decisão em tela produz efeitos *ex tunc*, deixou clara a ressalva, como a seguir se verá.

A Lei 9.868, de 11 de novembro de 1999, que dispõe sobre o processo e julgamento da ação direta de inconstitucionalidade e da ação declaratória de constitucionalidade perante o Supremo Tribunal Federal, estabelece que "Ao declarar a inconstitucionalidade de lei ou ato normativo, e tendo em vista razões de segurança jurídica ou de excepcional interesse social, poderá o Supremo Tribunal Federal, por maioria de dois terços de seus membros, restringir os efeitos daquela declaração ou decidir que ela só tenha eficácia a partir de seu trânsito em julgado ou de outro momento que venha a ser fixado".[25]

Assim, não obstante tenha consagrado implicitamente a posição que vinha sendo adotada pelo Supremo Tribunal Federal, atributiva de efeitos *ex tunc* às declarações de inconstitucionalidade, o legislador expressamente autorizou a Corte Maior a dispor de modo diverso, para preservar a segurança jurídica e o excepcional interesse social.

Embora desnecessária, porque na verdade o próprio Supremo Tribunal Federal já podia ter definido em sua jurisprudência tais efeitos, a edição do dispositivo legal

22. STF, Pleno, Ac. un. ADIn 652-5-MA, Questão de Ordem, Rel. Min. Celso de Mello, *DJU* de 2.4.93, p. 5.615.

23. STF, Pleno, ADIn 00007114/600, Questão de Ordem, Rel. Min. Neri da Silveira, j. 5.8.92, *DJU* 11.6.93, p. 11.529 e *Repertório IOB de Jurisprudência* 13/93, pp. 255-256.

24. Francisco Javier Ezquiaga Ganuzas, *"Jura Novit Curia" y Aplicación Judicial del Derecho*, Lex Nova, Valladolid, 2000, pp. 41-42.

25. Artigo 27.

em tela tem o mérito de contribuir para a superação de posições excessivamente cautelosas, para não dizer tímidas, da Corte Maior, que não se tem adiantado na construção do sistema jurídico.

Resta saber qual o alcance dessa prescrição legislativa, posto que a referência a *razões de segurança jurídica e de excepcional interesse social* na verdade não o definem. Embora tenha o indiscutível mérito de abrir caminho para o Supremo Tribunal Federal construir, como se espera, uma jurisprudência que a final preserve a supremacia constitucional, garantindo o direito fundamental à segurança jurídica, enseja também, o que se espera não venha a ocorrer, a prestação de eventuais homenagens ao autoritarismo, com o indesejável amesquinhamento da segurança jurídica.

Oportuno, portanto, é insistirmos em que uma declaração de inconstitucionalidade de lei ou ato normativo, da qual resulta o restabelecimento de norma mais gravosa para o contribuinte, lesiona a segurança jurídica da mesma forma que o faz a edição de leis retroativas criando ou majorando tributos. Na verdade a segurança jurídica somente será preservada com a garantia da irretroatividade das leis e demais atos normativos, como princípio, posto que a irretroatividade garantidora dos direitos faz parte da própria essência do jurídico.

Essa irretroatividade, que há de ser garantida, não diz respeito apenas à edição de leis pelo parlamento. Ela abrange, também, os demais atos estatais que impliquem aplicação de qualquer norma a fatos do passado, e da qual decorra um detrimento para o cidadão.

4.1.3.3 A irretroatividade e a declaração de inconstitucionalidade da lei tributária — No presente momento importante questão está sendo colocada sob a apreciação do Judiciário. As empresas agro-industriais deveriam pagar sua contribuições sobre a folha de salários, relativamente ao setor industrial, e sobre a produção, relativamente ao setor agrícola ou pastoril. Ocorre que empresas cujo processo produtivo é totalmente automatizado, e por isto mesmo a mão de obra é de valor diminuto em relação à produção, provocaram, por intermédio da Confederação respectiva, o Supremo Tribunal Federal, e este declarou inconstitucional o dispositivo de lei que estabelecia aquela forma de calcular a contribuição das agroindústrias para a Seguridade Social. E em face dessa decisão o INSS passou a exigir das agroindústrias que, em relação ao setor agrícola ou pastoril tem folhas de salários elevadas e haviam pago contribuições sobre a produção, a diferença entre o valor destas e o valor das contribuições calculadas sobre as folhas de salários.

Tal exigência é incompatível com a segurança jurídica. A empresa agro-industrial praticou suas operações sob o regime jurídico de uma lei que se presumia constitucional. Formulou o seu plano de atividades com fundamento nesse regime jurídico. Estabeleceu os preços de seus produtos com base na lei vigente, presumidamente constitucional. Em face da declaração de sua inconstitucionalidade, não é razoável submetê-la a regime tributário mais gravoso.

É razoável, pois, esperar-se que o Supremo Tribunal Federal prestigie o princípio da segurança jurídica e decida que os efeitos da declaração de inconstitucionalidade operam-se retroativamente apenas a favor do cidadão, não podendo implicar gravame para o contribuinte. Assim, em relação àquelas empresas agro-industriais com folha de salário do setor rural muito elevadas, que por isto mesmo seriam deverão pagar, em face da declaração de inconstitucionalidade, contribuição mais elevada, não terá a declaração de inconstitucionalidade efeito retroativo. E em relação àquelas empresas agro-industriais com folha de salários do setor rural diminuta, que por isto mesmo sejam favorecidas com a declaração de inconstitucionalidade, esta haverá de produzir efeitos retroativos. Afinal a Corte Maior já decidiu que o princípio da irretroatividade é uma garantia do cidadão, que não impede o Estado de dispor retroativamente em benefício do particular.[26]

4.1.3.4 O dever de fundamentar e os impostos flexíveis — É hoje praticamente pacífica a idéia segundo a qual o ato administrativo em geral deve ser motivado. Salvo algum dos administrativistas que ainda conservam o ranço do autoritarismo, a doutrina é firme no sentido da necessidade de fundamentação dos atos administrativos.

Em nosso Sistema Tributário prevalece o princípio da estrita legalidade. Entretanto, em relação a alguns impostos a Constituição Federal atribui certa margem de liberdade à Administração, para alterar as respectivas alíquotas. Isto acontece com os impostos sobre o comércio exterior, vele dizer, imposto de importação e de exportação, com o imposto sobre produtos industrializados, e imposto sobre operações de crédito, câmbio e seguros, e sobre títulos e valores mobiliários.

A faculdade da Administração de aumentar ou reduzir ditos impostos, porém, há de ser exercida dentro de certos parâmetros, pois a Constituição exige sejam "atendidas as condições e os limites estabelecidos em lei".[27]

Na prática, porém, essa limitação tem sido flagrantemente burlada, mediante motivação genérica, excessivamente abrangente, que não atende a exigência constitucional, e o Poder Judiciário se tem mostrado complacente, admitindo a validade dos atos que elevam alíquotas daqueles impostos de forma inteiramente discricionária.

Aliás, mesmo que se entenda tratar-se de poder discricionário, o controle judicial é cabível, e a motivação objetiva exigível. Hoje até por força de dispositivo legal expresso,[28] porque a alteração de alíquota de um imposto, para maior, é ato administrativo que sempre afeta interesses e agrava deveres ou encargos. E mesmo quando se trate de redução, algum interesse poderá estar sendo afetado, especialmente o próprio interesse público na arrecadação do imposto.

A motivação dos atos administrativos em geral é indiscutivelmente um instrumento de controle. Seja do controle judicial, seja do controle diretamente democrático, configurando-se como elemento que vai permitir à opinião pública ter a certeza a respeito da legitimidade e racionalidade do exercício do poder pela Administração, na medida em que através dela os órgãos administrativos reconduzem seus atos a uma regra de Direito, prestando assim contas do uso de seus poderes e evitando que suas decisões apareçam como algo meramente voluntarista ou arbitrário.[29]

Para que exista efetivo controle, porém, mister se faz que a motivação seja objetiva e específica. Não pode ficar perdida em conceitos vagos. Não pode ser motivação que se preste para tudo, pois se a tudo serve não serve a nada.

Em relação ao imposto de exportação, por exemplo, nos termos da Lei 9.716, de 26.11.98, tem-se que a alíquota *ad valorem* é de 30% (trinta por cento), "facultado ao Poder Executivo reduzi-la ou aumentá-la, para atender aos objetivos da política cambial e do comércio exterior" (art. 3º). E a alíquota máxima não pode ser superior a cento e cinqüenta por cento (art. 3º, parágrafo único).

A rigor, cada redução, ou aumento, tem de ser objetivamente justificado. Não basta que o ato do Poder Executivo diga que a redução, ou o aumento, se faz para atender aos objetivos da política cambial e do comércio exterior, reproduzindo-se as expressões genéricas utilizadas na lei. Tal justificação, feita nesses termos, nada justifica. Serve para toda e qualquer situação e, por isto mesmo, para nada serve, a não

26. STF, RE 184.099-DF, Rel. Min. Octávio Gallotti, j. 10.12.96 (Informativo 57).

27. Constituição Federal de 1988, art. 153, § 1º.

28. Lei 9.784, de 29.1.99, art. 50, incisos I e II.

29. Joaquín Árvarez Martínez, *La Motivación de los Actos Tributarios*, Marcial Pons, Madrid/Barcelona, 1999, pp. 95-96.

ser para evidenciar o exercício arbitrário do poder de tributar.[30]

4.1.3.5 A contribuição de melhoria — Com a contribuição de melhoria temos outro exemplo de situação que demonstra o acerto da advertência do Professor Bonavides, quanto àquele aspecto desintegrativo dos fundamentos jurídicos da ordem constitucional que tem acompanhado de perto a crise das Constituições, contribuindo largamente a desprestigiá-las e desvalorizá-las como formas clássicas idôneas para afiançar o exercício de poderes limitados nos rígidos moldes de um Estado de direito, protetor das liberdades humanas.

Sobre o tema já escrevemos:

"Autorizando a instituição de *contribuição de melhoria*, o legislador constituinte autorizou a instituição de uma espécie de tributo que tem os seus contornos conhecidos, resultantes da própria razão de ser, de sua finalidade essencial.

"A contribuição de melhoria, doutrina com propriedade Aliomar Baleeiro, consubstancia '*a recuperação do enriquecimento ganho por um proprietário em virtude de obra pública concreta no local da situação do prédio*' (Aliomar Baleeiro, *Direito Tributário Brasileiro*, 10ª ed., Forense, Rio de Janeiro, 1981, p. 359). E se é recuperação, não pode ter valor mais elevado do que o desembolso a ser recuperado.

"Da obra pública resultam vantagens gerais para toda a comunidade, mas resulta uma vantagem especial para os proprietários de imóveis no local em que se encarta. Não é justo que estes proprietários usufruam dessa valorização, decorrente de obra realizada com o dinheiro do Tesouro Público. Não é justo que os contribuintes em geral paguem impostos, e do emprego dos recursos públicos resulte valorização imobiliária para determinadas pessoas. Dessa valorização o Tesouro tem o direito de recuperar o que gastou com a obra respectiva. Por isto é que os financistas imaginaram um tributo capaz de fazer retornar ao Tesouro o valor despendido em obras públicas, até o limite da valorização imobiliária decorrente.

"A não ser para cumprir essa finalidade, a contribuição de melhoria não tem nenhuma razão de ser. Por isto mesmo, aliás, a Constituição Federal de 1988 poderia, em seu art. 145, inciso III, ter feito referência, simplesmente, a contribuição de melhoria. Isto não poderia ser tido como autorização ao legislador para instituí-la sem os contornos que a distinguem das demais espécies de tributo.

"Em excelente monografia a respeito dessa espécie de tributo, assevera Cadavid, com inteira propriedade: 'Como imposición fiscal de finalidad, el destino de la contribución no puede ser outro que atender a los costos de la obra de interés público o, subsidiariamente, para los casos en que la obra se haya construído con anterioridad a la contribución, recuperar para la entidad pública los dineros invertidos en su ejecución' (Alberto Fernández Cadavid, *La Contribución de Valorización en Colombia*, 2ª ed., Temis, 1981, p. 23)."[31]

Referindo-se à contribuição de melhoria, evidentemente o constituinte não precisava ser minudente, não precisava, como efetivamente não precisa, referir-se aos elementos que integram o conceito dessa espécie tributária. Entretanto, doutrinadores menos atentos para aquele aspecto desintegrativo dos fundamentos jurídicos da ordem constitucional que tem acompanhado de perto a crise das Constituições, ... terminam por colaborar para o agravamento dessa crise, preconizando a necessidade de normas minudentes na Constituição.

30. Veja-se sobre este assunto nosso artigo sobre *os impostos flexíveis e a motivação dos atos administrativos*, na *Revista Dialética de Direito Tributário* 63, Dialética, São Paulo, dezembro/2000.

31. Hugo de Brito Machado, "Os limites da contribuição de melhoria", *Revista Dialética de Direito Tributário* 21, Dialética, São Paulo, p. 60.

CADERNOS DE DIREITO TRIBUTÁRIO

FISCALIDAD DEL COMERCIO ELECTRÓNICO

César García Novoa
Profesor Titular de Derecho Financiero y Tributario, Universidad de Santiago de Compostela (España)

I. Sociedad de la información, Internet y ordenación jurídica. II. Internet y fiscalidad. III. Propuestas para afrontar la fiscalidad a través de Internet; OCDE y UE. IV. Internet como "duty free" o espacio libre de tributación. V. La propuesta del "bit-tax". VI. La fiscalidad de las operaciones a través de Internet y los conceptos tributarios clásicos. VI.1 Internet y la imposición directa. VI.1.1 Internet y puntos de conexión. La problemática del establecimiento permanente. VI.1.2 La calificación de determinados rendimientos. VI.1.3 Precios de transferencia. VI.2 La imposición indirecta. VII. Conclusión.

"La nueva interdependencia electrónica vuelve a crear el mundo a imagen de una aldea global" (Marshall McLuhan, 1962)

I. Sociedad de la información, Internet y ordenación jurídica

Los avances en el campo de la informática suponen la mayor revolución tecnológica de nuestros tiempos. Baste como muestra señalar que el primer ordenador conocido, que data del año 1955, ocupaba un edificio entero y precisaba de refrigeración constante porque cualquier alteración en la temperatura afectaba a su sistema. A mediados de 1970, los PC, que incorporaban el *chip* de minituarización, eran ya de un tamaño similar a los actuales y las prestaciones que ofrecían ponían de manifiesto un progreso impresionante, producido en tan solo quince años.[1] Si la informática ha sido el avance más importante en el mundo de la tecnología, Internet ha sido el avance más importante en el campo de la computación. Surgida en plena Guerra Fría, Internet nace como una red que interconectaba los ordenadores del Pentágono, pasando a generalizarse su uso con fines no militares a mediados de los noventa.

Hoy el desarrollo de Internet es sobrecogedor. Su implantación crece de modo exponencial, aunque de manera desigual; según Goolsbee (1998), el 50% de los norteamericanos mayores de 18 años acceden de forma ordinaria a la red, cifras éstas que son superadas por Estados europeos como los Países Bajos. Del trabajo de este autor

1. Villas Palasi, J. L, "Implicaciones jurídicas de Internet", *Anales de la Real Academia de Jurisprudencia y Legislación*, n. 28, Madrid, 1998, p. 493.

se desprende, también, que el acceso a la red es claramente desigual entre los distintos estratos sociales.[2] Este uso generalizado, aunque desigual de la red, constituye el emblema de lo que se ha dado en llamar la Sociedad de la Información, la cual se proyecta, especialmente, en el ámbito de las relaciones económicas.[3]

La posibilidad de concretar transacciones comerciales a través de la red, presenta una serie de ventajas inusitadas para los distintos operadores económicos. Cabría destacar lo que podríamos definir como *relativización del tamaño de los operadores económicos*. La red significa una gran oportunidad para las pequeñas y medianas empresas. En el ciberespacio se puede operar en contacto directo con el consumidor final, lo que supone una reducción de costes para todos los operadores económicos y, al mismo tiempo, unas mejores condiciones de competitividad para empresas de pequeño y mediano tamaños. Lo relevante en la red no es tanto la magnitud del operador económico, como otros factores a tener en cuenta, como el tipo de servicio que se presta, la innovación, la creatividad... Internet, como escenario de la actividad económica, es un factor de igualación, hasta el punto de que podríamos afirmar que las empresas son ingrávidas en el ciberespacio, por lo que su tamaño no es relevante. Además de la optimización de la gestión y de la reducción de costes, el comercio electrónico amplía los mercados y crea áreas de actividad totalmente orientadas hacia los productos intangibles, lo que deberá traducirse en una oportunidad inmejorable de crecimiento.[4]

Y todo ello por un dato que nos parece trascendental. En la red se puede generar un tipo de comercio que podríamos calificar de *inmaterial*. Como medio de comunicación a distancia, la red propicia el comercio sin presencia física de las partes. Pero también permite unas relaciones económicas sin estructura comercial, sin presencia física de bienes, lo que en sí mismo supone una auténtica revolución en lo que es el régimen tradicional de las transacciones económicas. Así, las principales innovaciones del comercio electrónico con relación a las formas tradicionales de tráfico de bienes y servicios, se resumirían en los siguientes puntos.

a) Deslocalización de la actividad económica. La red constituye un medio idóneo para concretar relaciones económicas a distancia. Aunque ello no suponga una novedad determinante en relación con otros medios de comunicación a distancia, lo cierto es que estamos ante un instrumento para las relaciones económicas respecto al que se presume el acceso masivo del consumidor medio — lo que, por otro lado, va a significar el acceso de consumidores residentes en regiones periféricas a mercados más amplios —, que abre enormes posibilidades respecto a la promoción o venta de determinados productos; especialmente productos en formato digital (música, libros, *software*, *videoclips*...), dentro de lo que se llaman transacciones *on-line o* comercio electrónico directo.[5] Todo ello hace de Internet un campo idóneo para la venta de productos susceptibles de ser objeto de digitalización. Ello queda reflejado en el espectacular crecimiento del comercio electrónico, mucho más acusado en Estados Unidos que en Europa.[6]

2. La media de usuarios de Internet, tendría dos años más de instrucción escolar por encima de los no usuarios y 22.000$ de renta familiar por encima de los no usuarios (Goolsbee, A., *In a World without Borders: The Impact of Taxes on Internet Commerce*, NBER Working Paper, 1998, p. 6.863).

3. Sobre las consecuencias de la Sociedad de la Información en todos los ámbitos, puede consultarse, en la propia red, Miller, T., *The US Information Society Update*, 1997, http:/europa/eu.int/comm/dg03/publicat/isco-op/year97/year 97.htm.abril.1999.

4. Como señala Lopez Diaz, A., "el comercio electrónico abre un campo nuevo para las pequeñas y medianas empresas" ("Fiscalidad del comercio electrónico: principios del Derecho Comunitario", *Informática y Derecho Tributario*, Tirant lo Blanch, Valencia, 2000, p. 247).

5. De Juan Ledesma, A., "Internet y nuevas tecnologías en telecomunicaciones: nuevos retos de la fiscalidad internacional", *Impuestos*, 1998, II, p. 1.192.

6. El Informe Josten, publicado en 1999, estima que en el año 1998, el volumen de transacciones

Esta posibilidad de generalizar un modo de relación comercial a distancia va a suponer una internacionalización del comercio. La territorialización de la actividad económica y las fronteras comerciales perderán importancia, con lo que ello va a tener de trascendental tanto para las empresas como para los consumidores. Para las primeras, lo fundamental es la posibilidad de vender productos en cualquier parte del mundo sin necesidad de presencia física. En el campo económico y comercial ello puede suponer la pérdida de importancia de la filial o la sucursal (*branch office*). La innecesariedad de una presencia material para operar en un determinado mercado, supone el no sometimiento a su regulación interna, tanto en el campo económico — licencias, controles de calidad, horarios comerciales... — como, sobre todo, en el aspecto fiscal. La consecuencia evidente es que el ejercicio de la soberanía económica, atribuida al Estado o a las organizaciones supranacionales, deviene inoperativa respecto a un sector de la actividad económica de creciente importancia. Ello favorece la deslocalización de actividades económicas, especialmente en lo relativo a la prestación de servicios que no requieran la presencia material del prestador; piénsese en servicios jurídicos o actividades bancarias *off-shore*. Todo ello puede abocar a que los operadores económicos abandonen sus emplazamientos tradicionales — normalmente en los Estados desarrollados, para situarse en Estados de conveniencia con mejores condiciones fiscales o laborales.

b) Desintermediación. Como señalan Hortala I Vallve, Roccatagliata y Valente, una de las grandes ventajas del comercio electrónico es la eliminación de intermediarios. Así, por ejemplo, un productor de *software*, de música o de otro producto *digitalizable*, operando a través de Internet, podrá vender y enviar sus productos directamente al consumidor final, que, incluso, podrá pagar sin contar con la colaboración de un banco u otra institución financiera.[7]

c) Desmaterialización de bienes y productos. La red no supone una gran novedad respecto a las transacciones de bienes materiales, más allá de significar un nuevo medio de comunicación, más rápido, global y accesible. Su importancia radica fundamentalmente en ser un instrumento apropiado para la transmisión de información, en permitir un flujo constante de bits, imágenes y textos en lenguaje binario. Respecto a los productos susceptibles de su prestación *on-line*, la red puede por tanto llevar a presumir, no sólo una mayor competitividad general, con la consiguiente ventaja del consumidor, sino también una progresiva tendencia a desmaterializar bienes tradicionalmente ofertados en el mercado en formato convencional. Si el comercio electrónico es especialmente favorable para las transacciones relativas a bienes en formato digital, ello provoca, en primer lugar, una discriminación a favor de los operadores que ofrecen *on-line* determinados productos — música o una obra literaria, por ejemplo —, frente a quienes los venden en formato libro o CD. Si las condiciones para esta venta son comparativamente mejores, es factible pensar que muchos empresarios acaben decidiendo vender la mayor parte de sus productos a través de Internet, convirtiendo los productos en intangibles, y, por tanto, procediendo a *desmaterializarlos*.[8]

La combinación de estos tres factores (deslocalización, desintermedición y desmaterialización) junto con otros de no menor importancia, como la descentralización del comercio, con la consiguiente ausencia de control, o la imposibilidad o dificultad

económicas en la red, ascendió a 7,8 billones de dólares, estimándose que esa cifra en el año 2003 puede acercarse a los 108 billones; véase Josten, R., *E-commerce Taxation: Issues in Search of Answers*, Executive Summary, septiembre, 1999.

7. Hortala I Vallve, J. Roccatagliata, F. Valente, P., *La Fiscalidad del Comercio Electrónico*, Ciss Valencia, 2000, p. 199.

8. Garbarini, C., "La disciplina fiscale del commercio elettronico: principi ispiratori, problematiche applicative e prospettive di siviluppo", *Diritto e Pratica Tributaria*, settembre-ottobre, Cedam, Padova, 2000, p. 1.206.

de determinar la identidad del operador económico, han colaborado a consolidar la idea de la red como un "espacio libre". Ello, sobre todo, teniendo en cuenta la circunstancia de que la red no se encuentra bajo la jurisdicción de ningún Estado.[9] La ausencia de un orden jurídico, propiciado por un poder institucional, genera un verdadero "vacío jurídico". El vacío jurídico en lo relativo a las operaciones a través de la red fue, en su momento, valorado en el sentido de considerar a Internet como una "Zona de no Derecho". La propuesta de entender el ciberespacio como ajeno a la ordenación jurídica parte de la obra de Kaplan, *Internet, Zone de non Droit*, publicada en 1995. Esta obra se inspira en diversos trabajos de la sociología jurídica, y en las aportaciones de Carbonnier, quien en 1972 publicó *L'Hypothese de non Droit*, basándose en las ideas de Hegel relativas al *Unrecht*.[10] Lo que se está auspiciando es considerar el ciberespacio como zona de no derecho, donde la mayoría de los conflictos podrían resolverse por métodos arbitrales. El "no derecho", desembocaría, como manifiesta Villar Palasi, en la tolerancia; las propuestas acerca de una actitud tolerante de los poderes públicos respecto a la actividad de los particulares, si bien no alcanza a actuaciones consideradas delictivas, sí ha tenido cierto predicamento, como veremos, en relación con la fiscalidad.[11]

Pero si esta falta de regulación puede ser interpretada como una ausencia de cortapisas, y ensalzada como expresión de la libertad en el ciberespacio, la misma también encierra la explicación de porqué el grado de expansión del comercio electrónico no es, sobre todo en Europa, todo lo extenso que sería deseable.[12] No es sólo el dato ya destacado de su implantación desigual tanto entre sectores económicos dentro de un mismo Estado, como entre Estados desarrollados y subdesarrollados, que está provocando un *gap* tecnológico,[13] lo que explica un cierto estancamiento del uso del comercio a través de Internet. Es sobre todo, por la gran incertidumbre generada por el vacío jurídico respecto a la red.

No es de extrañar que este vacío jurídico se intentase paliar, tanto a nivel internacional (Conferencia de Ottawa de la OCDE, en los días 7 a 9 de octubre de 1998 o la Declaración Ministerial sobre Comercio Electrónico Mundial de la OMC, de 20 de mayo de 1998, así como, respecto a la Unión Europea, la Directiva 2000/31/CE, de 8 de junio de 2000), como a través de la adopción de normas jurídicas por los pro-

9. En tanto que los ordenamientos jurídicos surgen siempre al socaire de la existencia de un Estado. Véase al respecto, Mortati, C., para quien el Estado es una especie del *genus* ordenamiento jurídico, con el carácter especial de su supremacía respecto a los demás ordenamientos jurídicos subsistentes (*Istituzioni di Diritto Pubblico*, Cedam, Padova, 1991, p. 22).

10. Frente al panjurismo de la sociología jurídica tradicional, Carbonnier reconoce que hay espacios "libres de Derecho", tal y como en su momento se manifestó Hegel distinguiendo entre *Nichrecht* y *Unrecht*. Véase al respecto Villar Palasi, J. L., "Implicaciones jurídicas de Internet", op. cit., pp. 506 a 508.

11. Según Villar Palasi, J. L., "la visión maximalista del no-derecho simplemente acepta esta hipótesis allí donde no se manifiesta un contencioso, no precisamente judicial, allí donde la vida común discurre sin sobresaltos de fuera, por reglas internas que son acatadas. Gran parte de los conflictos interbancarios o entre compañías aseguradoras no llegan a los Tribunales: se solucionan con arbitrios jurídicos propios" ("Implicaciones jurídicas de Internet", op. cit., p. 509).

12. Existe un frenazo en la generalización del comercio electrónico, especialmente en Europa en relación con Estados Unidos. El caso español es paradigmático al respecto. Según el *II Estudio sobre el Comercio Electrónico en España*, elaborado en 1999 por la Asociación Española de Comercio Electrónico (AECE), el comercio electrónico representaba a finales de 1999, sólo el 0,042% del total facturado por el comercio minorista, que había ascendido a 20 billones de pesetas.

13. MCI WorldCom, Inc, publicó una Estadística en mayo de 1999, recogida en *Informe sobre el Impacto del Comercio en la Fiscalidad Española*, elaborado por la Secretaría de Estado de Hacienda, IEF, Madrid, 2000. En esta Estadística se señala que mientras en Estadios Unidos y Canadá hay 90 millones de internautas, en Europa hay poco más de 40. Casi 27 millones en Asia y el Pacífico. Por el contrario, Latinoamérica cuenta con 5.290.000 y Africa sólo con 1.140.000.

pios Estados. En este sentido, destaca en el supuesto español, el Decreto-Ley 14/1999, de 17 de septiembre, sobre firma electrónica, y el Anteproyecto de Ley de Servicios de la Sociedad de la Información.

Todos estos caracteres referentes al comercio electrónico tienen especial incidencia en un campo concreto del mismo, como son sus consecuencias fiscales.

II. Internet y fiscalidad

En tanto instrumento de comunicación, la realidad de Internet puede incidir, en primer lugar, en las relaciones entre los contribuyentes y la Administración. Así, en lo referente a cuestiones como la mejora del cumplimiento voluntario de las obligaciones tributarias como consecuencia del uso de nuevas tecnologías — presentación telemática de declaraciones — o el empleo de las mismas como instrumentos de asistencia al sujeto pasivo.[14] El uso de la red puede afectar también a la disponibilidad de información tributaria por las Administraciones, a efectos de garantizar el cumplimiento de los deberes fiscales.[15] La OCDE, en su informe *Electronic commerce: Taxation Framework Conditions*, ha valorado muy positivamente la incorporación de nuevas tecnologías a la relación contribuyente-fisco, en lo que puede suponer de mejoría desde la perspectiva del acceso a la información de las Administraciones fiscales y de la rapidez de sus acciones destinadas a la asistencia a los contribuyentes.[16] También el *Informe sobre el Impacto del Comercio Electrónico en la Fiscalidad Española*, elaborado por la Comisión constituida al efecto en el seno de la Secretaría de Estado de Hacienda, concluye, en su Recomendación 177 que "deben aprovecharse la experiencia y grado de avance alcanzados por las Administración Tributaria española en la aplicación de técnicas electrónicas a la gestión tributaria, evitando estancamientos e incorporando sin interrupción técnicas y mejoras que incrementen la eficiencia del sistema en el nuevo entorno económico".[17]

Si bien es importante el impacto de Internet en el mundo de la tributación en lo que concierne a la comunicación entre contribuyente y Administración Tributaria, la gran cuestión es otra. Como ya hemos expuesto, la utilización de la red va a conllevar radicales innovaciones en la forma de llevar a cabo relaciones económicas, en especial en lo que puede suponer de deslocalización de la actividad económica y desmaterialización de los bienes. La red aparece así como un medio a través del cual determinados hechos imponibles tradicionalmente contemplados por las legislaciones tributarias de los Estados pueden realizarse en unas condiciones radicalmente distintas a como tienen lugar en el comercio *off-line*. Condiciones que dificultan enormemente el control tributario, y, por consiguiente, abren la puerta al fraude.

Y no solamente por lo que supone de novedad el comerciar con bienes inmaterializados, lo que puede plantear un problema que es recurrente en el Derecho Tributario moderno; la necesidad de adaptar

14. Véase al respecto Hortala I Vallve, J. Roccatagliata, F. Valente, P., *La Fiscalidad del Comercio Electrónico*, op. cit., pp. 196 y 197. También Elvira Benito, D., "El concepto de establecimiento permanente ante el comercio electrónico. Una revisión necesaria", *Impuestos*, n. 23, 2000, p. 9. Este último autor expone el ejemplo del *Internal Revenue Service* americano, como pionero.

15. Sobre la cuestión de la información tributaria en poder de la Administración, véase Arrieta Martinez de Pison, J., "Derecho tributario e Informática", *Informática y Derecho Tributario*, Tirant lo Blanch, Valencia, 2000, pp. 15 y 16. Sobre el uso de datos automatizados por parte de la Administración española, véase la Instrucción 6/2000, de 4 de diciembre de la Dirección General de la Agencia Estatal de Administración Tributaria, de ejercicio de los derechos de acceso, rectificación y cancelación de Ficheros Automatizados de la Agencia Estatal de Administración Tributaria.

16. OCDE — Comité de Asuntos Fiscales, *Electronic commerce: Taxation Framework Conditions*, Box 1, 8 de octubre de 1998 (Anexo 12).

17. El Informe de la Comisión, así como el correspondiente Resumen actualizado pueden consultarse en http://www.minhac.es/Comfisc/inicio.htm.

hechos o situaciones novedosas — en este caso, las transacciones a través de Internet — a las categorías acuñadas en algunas normas tributarias, las cuales están pensadas para situaciones de hecho distintas. Así, la desmaterialización de bienes plantea problemas respecto a la calificación de las operaciones de comercio *on-line*, en especial en el IVA, acerca de si las mismas deben calificarse como entregas de bienes o prestaciones de servicios. Aunque esto será algo que, normalmente, habrá de resolverse acudiendo a las técnicas interpretativas y calificadoras, teniendo en cuenta la necesidad de interpretar las normas atendiendo a la realidad social del tiempo en que han de ser aplicadas.[18] Son, más bien, los rasgos propios de la caracterología del comercio electrónico los que van a determinar las singularidades de su tratamiento fiscal.

Así, por un lado, el comercio electrónico supone la posibilidad de eliminar intermediarios entre los productores y los consumidores. La eliminación de intermediarios significa también la eliminación de sujetos que, bien por su calificación como sustitutos o responsables,[19] bien a través de sus eventuales obligaciones de colaboración con la Hacienda Pública, podrían ayudar a controlar fiscalmente los movimientos económicos en la red.[20] Por otro lado, las dificultades de identificación de los operadores económicos cuando actúan a través del ámbito difuso de la red, conducen a lo que Elvira Benito denomina "opacidad de las operaciones" a través de Internet.[21] Esta presumible opacidad adquiere tal relevancia que el Comité de Asuntos Fiscales de la OCDE (Conferencia de Turkú) propuso como cuestiones previas a cualquier pretensión de afrontar la fiscalidad del comercio electrónico, el determinar la identidad del operador económico, identificar el lugar en que el operador económico desarrolla efectivamente su actividad, asegurar a las autoridades fiscales el acceso a la información, encontrar alternativas válidas a la reducción de los intermediarios, y seguir de cerca el incremento de la actividad bancaria *off-shore*.

Pero sobre todo, es la deslocalización de la actividad económica que Internet faculta, el principal dato a tener en cuenta a la hora de afrontar la fiscalidad de las operaciones en la red. Internet *globaliza*, lo que, en suma, viene a significar que rompe los límites territoriales, relativizando uno de los principales elementos del ejercicio del poder del Estado, y, por ende, de la formación de órdenes jurídicos internos.

Ello vale también para el ordenamiento tributario, que en su acepción primaria es resultado del orden jurídico del Estado. Si el Derecho es sobre todo un fenómeno vinculado al poder del Estado, el Derecho tributario lo es también. Internet va a hacer *normales* las manifestaciones extraterritoriales de riqueza. Y si el Derecho

18. Sobre la técnica interpretativa y la función calificadora de hechos, véase Casado Ollero, G., "Legalidad tributaria y función calificadora de la Administración Fiscal", en *Los Negocios Anómalos ante el Derecho Tributario Español*, Boletín del Ilustre Colegio de Abogados de Madrid, n. 16, 2000, pp. 34 y 35.

19. Efectivamente, a través de la red tiene lugar, como hemos dicho, la realización de hechos imponibles relacionados con las transacciones económicas, que también pueden tener lugar por medios convencionales. Como en su momento señaló Jarach, D., *El Hecho Imponible*, Abeledo-Pierrot, Buenos Aires, 1971, pp. 177-178, es imprescindible que los sujetos pasivos no contribuyentes sostengan una relación con el hecho imponible. La proximidad con el hecho imponible permite definir sustitutos, y eso podría tener lugar también en los hechos imponibles consumados a través de la red. La desaparición de sujetos intermediarios impide la configuración de sustitutos.

20. Tal es así, que algunas de las propuestas más serias sobre la tributación de las ventas en Internet en la imposición indirecta proponen la colaboración de las entidades emisoras de tarjetas de crédito. Es el caso de la propuesta de Michel Leavitt, profesor de la Universidad de Utah, en *Streamlined sales tax system for the 21 century*, para quien las emisoras de tarjetas deberían recaudar los tributos indirectos sobre las ventas en Internet, siendo responsable de recibir de los vendedores la información necesaria sobre las ventas, y preparar un *software* para determinar el impuesto sobre el consumo a pagar por el comprador y después remitir el importe al Estado responsable del impuesto.

21. Elvira Benito, D., "El concepto de establecimiento permanente ante el comercio electrónico...", op. cit., p. 10.

tributario hace tiempo que se viene enfrentando a estas manifestaciones extraterritoriales, a través, sobre todo, de la extensión de la ley tributaria en el territorio y de los puntos de conexión (territorio, residencia...), el problema es si las categorías tradicionales sirven para la nueva realidad del comercio a través de la red.

La inmaterialidad de las transacciones que tienen lugar a través de Internet diluye la dimensión territorial de los hechos imponibles a ellas vinculados — obtención de renta, entregas de bienes, prestaciones de servicios. De ahí las dificultades de los modelos clásicos de imposición directa e indirecta para enfrentarse al comercio electrónico. Destaca la dificultad de la sujeción a gravamen de las rentas obtenidas como consecuencia de las transacciones *on-line*, respecto a las cuales se disipa la territorialidad en su acepción más elemental; la que entiende que el impuesto solamente se exige cuando hay una conexión del hecho imponible con el Estado que ha establecido tal impuesto. En el comercio electrónico directo no existe esa conexión territorial en lo concerniente a los rendimientos obtenidos por la venta de bienes, si la misma se realiza a través de un servidor. Internet permite a las compañías operar desde cualquier parte del mundo, y ofrecer sus productos desde territorios de baja tributación.[22] Como dice Falcon y Tella, "(...) el ciberespacio permite vender desde cualquier lugar, y por tanto, una editorial extranjera no necesitará ya comprar una filial en España, o abrir librerías, sino que podría vender sistemáticamente sus productos, en muchos casos a consumidores finales, desde paraísos fiscales, y a través de los terminales de los clientes que imprimirían las correspondientes obras literarias, científicas, musicales (...) cargándose la factura en una cuenta radicada en un banco *off-shore*".[23]

Las ventas a través de Internet constituyen, pues, una nueva forma de actuación de las empresas en más de una "jurisdicción fiscal". Y es un tipo de actuación que se caracteriza por las peculiaridades de las formas subjetivas de presencia en esas jurisdicciones, ya que, a diferencia de los modos tradicionales de actuar en otros países, en los supuestos en que se opere a través de la red, en principio, no será necesaria la articulación de la empresa en una pluralidad de centros de gestión, ni la adquisición de la residencia de terceros Estados.[24]

Conviene recordar, que respecto a rentas obtenidas "sobre bases internacionales", las normas internas "establecen los criterios de conexión de los elementos subjetivos o materiales con el ordenamiento o el territorio del Estado". Y también es sabido que la existencia de este tipo de normas responde a las necesidad de los Estados de disciplinar jurídicamente aquellos hechos que podemos calificar como "dotados de elementos de extranjería", para los que será necesario tener en cuenta las conexiones de naturaleza real (situación o localización del bien o fuente de la renta) o personal (residencia, domicilio o nacionalidad), con más de un territorio u ordenamiento jurídico.[25] Partiendo de estas base, los Estados pueden adoptar medidas legislativas unilaterales a la hora de modular la extensión de la norma en el territorio, o, lo que es lo mismo, a la hora de concretar los puntos de conexión.[26]

22. Agullo Agüero, A., "El marco internacional de la fiscalidad del comercio electrónico", *Actualidad Informática*, n. 33, 1999, p. 3.

23. Falcon y Tella, R., "Tributación e 'internet': aplicación de las reglas generales, con adaptaciones en su caso, como alternativa al 'bit-tax'", Editorial *Quincena Fiscal*, n. 10, 1998, p. 8. Resulta curioso como se ofrece en algunas páginas *web* — "con absoluto descaro", como dice el propio Falcon y Tella — la posibilidad de operar a través de Internet en paraísos fiscales. Así en mgfiscal@mgabogados.com, se señala que "la constitución de sociedades *off-shore* es, pues, una alternativa cada vez más común en una sociedad globalizada".

24. Véase Garbarino, C., "La tassazione dei redditi di impresa multinazionale", en Uckmar, V., *Corso di Diritto Tributario Internazionale*, Cedam, Padova, 1999, p. 183.

25. Torres, H., *Pluritributação Internacional sobre as Rendas de Empresas*, Ed. Revista dos Tribunais, Sao Paulo, 2001, p. 95.

26. Como señala Lopez Espadafor, C. M., en su acepción material, la territorialidad "se refiere a

Pero los puntos de conexión de carácter territorial se vuelven difícilmente operativos en el supuesto de rentas obtenidas como consecuencia de la venta de bienes *on-line*, si de lo que se trata es de garantizar una cierta recaudación a los estados de residencia de los compradores. Desde la perspectiva de la territorialidad como "criterio de política económica",[27] los Estados de residencia de los compradores, en los que operan las empresas que actúan a través de Internet, tendrían que acudir al criterio de la fuente — *source principle* —, que legitima la imposición en aquel Estado con cuyo territorio el hecho imponible presenta una conexión económica, lo cual resulta especialmente complicado en las transacciones de productos digitalizados, retribuidos a través de medios electrónicos de pago y a través de servicios bancarios *off-shore*. Tampoco el recurso unilateral al criterio de la renta mundial resulta útil. Y es que estos principios tradicionalmente aceptados en el marco de la tributación internacional están basados en la presencia física del contribuyente en una singular área territorial para desarrollar una actividad convencional, presencia física que se opone frontalmente a los procesos de inmaterialización, deslocalización y desintermediación a que aboca el comercio electrónico.[28]

Las cuestiones referentes a la fiscalidad del comercio electrónico difícilmente pueden afrontarse desde la perspectiva unilateral de cada Estado. Internet, como fenómeno mundial, ha puesto de relieve las carencias de los ordenamientos jurídicos nacionales para regular un comercio mundial que rebasa los estrechos márgenes de sus fronteras. No es de extrañar que las primeras propuestas para hacer frente al problema de la tributación de las operaciones a través de Internet, hayan partido de organismos internacionales o supranacionales. El propio Departamento del Tesoro americano, a finales de 1996, y ante las dificultades para aplicar al comercio electrónico los principios generales de la tributación internacional — recogidos en el *Internal Revenue Code* de 1986 — propuso el mayor consenso internacional para su adaptación a la nueva realidad del tráfico comercial a través de Internet.

III. Propuestas para afrontar la fiscalidad a través de Internet; OCDE y UE

Como se dijo, las proposiciones para afrontar fiscalmente la realidad del comercio electrónico parten, sobre todo, de instituciones internacionales.[29] Al margen de algunas propuestas provenientes del sector privado — como el Diálogo Empresarial Global o la Alianza para el Negocio Global — son instituciones públicas como la OCDE, o, en el ámbito europeo, la UE, quienes más se han distinguido en el estudio de la tributación de las manifestaciones de riqueza derivadas del uso de Internet.

Entre las propuestas más destacables para hacer frente, desde una perspectiva internacional, a la nueva realidad del comercio electrónico, destacan el Informe "The Emergence of Electronic Commerce", publicado por la OCDE el 1 de noviembre de 1997.[30] La OCDE se ha preocupado de estudiar la incidencia de la utilización de Internet en la fiscalidad de las rentas de las empresas, y en este Informe apunta ya su decidida apuesta por mantener los principios de la tributación internacional existen-

la delimitación de los puntos de conexión con el territorio del Estado impositor" (*Fiscalidad Internacional y Territorialidad del Tributo*, monografía, Ciencias Jurídicas, McGraw Hill, Madrid, 1995, p. 76).

27. Sacchetto, C., "Territorialità (diritto tributario)", *Enciclopedia del Diritto*, XLIV, 1992, p. 305.

28. Véase al respecto, las manifestaciones de Horner, F. M., Owens, J., "Tax and the *web*: new technology, old problems", *Bulletin, International Bureau of Fiscal Documentation*, noviembre-diciembre, 1996, p. 517.

29. Garbarini, C., "La disciplina fiscale del commercio elettronico...", op. cit., p. 1.207.

30. Se puede consultar en Internet, acudiendo a la siguientes dirección: http://www.oecd.org/subject/electronic_commerce/documents/taxation.htm.

tes hasta el momento, aunque sometidos a las revisiones que sean necesarias como consecuencia de las innovaciones que introduce la ausencia de presencia física y la desmaterialización de productos y medios de pago, características de las transacciones a través de la red. Principios como la tributación en la fuente, residencia, establecimiento permanente o precios de transferencia deben ser adaptados a la nueva realidad del comercio electrónico.

Los aspectos fiscales del comercio electrónico serían posteriormente estudiados con mucho mayor detenimiento por el Comité de Asuntos Fiscales de la OCDE, en las Conferencias de Turkú (1997) y Ottawa (1998). En la primera de éstas se propusieron los principios que, según la OCDE, deberían regir la ordenación de la fiscalidad a través de Internet, y que pueden resumirse en la neutralidad, la seguridad jurídica, la eficiencia en la prevención y combate del fraude y la evasión, así como la justicia tributaria — entendida, eso sí, desde el peculiar prisma de la "proporcionalidad del reparto de impuestos entre los distintos países", a lo que hay que unir la simplicidad, en el sentido de que las exigencias fiscales no pueden constituir una traba excesiva que dificulte la implantación generalizada del comercio electrónico.[31] También se propusieron medidas concretas, algunas de ellas ya mencionadas, de cara a garantizar el control de las operaciones a través de la red, como puede ser la fiscalización de los instrumentos de pago *off-shore*, o el acceso de las Administraciones a la información disponible sobre las transacciones electrónicas.

En la Conferencia de Ottawa de 1998, se aprobó el Informe sobre exigencias tributarias del comercio electrónico.[32] En este informe se vuelve a insistir en los principios ya expuestos, pero ya se hacen algunas propuestas concretas. Así, se propone someter a revisión determinados principios de la tributación internacional, contenidos en el Modelo OCDE de Convenio para evitar la Doble Imposición Internacional, como el punto de conexión *establecimiento permanente*, la calificación de determinadas rentas derivadas de la cesión de *software*, o los precios de transferencia. También se propone (y esto es muy importante) estudiar los supuestos de competencia fiscal perniciosa que pudieran derivarse del uso del comercio electrónico, desde la perspectiva del Informe OCDE sobre competencia fiscal perniciosa.[33] La OCDE ratificaría estas intenciones en el Foro de París, que daría lugar al Informe de 26 de noviembre de 1999.[34]

Y si la OCDE se ha preocupado de la fiscalidad sobre las rentas derivadas del comercio electrónico, en el ámbito europeo destacan los trabajos de la UE acerca de la incidencia de las transacciones a través de Internet en el IVA, impuesto que ha sido objeto de una mayor armonización. Como antecedentes, podemos situar la declaración resultado de la Conferencia Ministerial Europea de Bonn de julio de 1997, donde se propuso una fiscalidad no discriminatoria en lo relativo a las transacciones a través de la red y el trascendental Acuerdo, entre la Unión Europea y Estados Unidos, celebrado en Washington en 1997, en el cual se proponen cuatro características esenciales de la tributación indirecta de operaciones a través de Internet; claridad, consistencia, neutralidad y no discriminación.

Pero sin duda ha sido, en primer lugar, la Comunicación de la Comisión al Consejo, al Parlamento y al Comité Económico y Social "Comercio Electrónico y Fiscalidad Indirecta" (Com 98/374), de 17

31. Garbarini, C., resume estos principios en los de eficiencia, certidumbre y simplicidad, efectividad y flexibilidad ("La disciplina fiscale del commercio elettronico...", op. cit., pp. 1.211 a 1.214).

32. Se puede consultar en http://www.oecd.org/daf/fa/e_com/ottawa.htm.

33. Casero Barron, R., "El comercio electrónico y la tributación internacional", *Informática y Derecho Tributario*, op. cit., p. 74.

34. Se puede consultar en http://www.oecd.org/dsti/sti/it/ec/act/paris_ec/index.htm.

de junio de 1998[35] y en segundo lugar, la Propuesta de Directiva del Consejo por la que se modifica la Directiva 77/388/CEE (Sexta Directiva), respecto al régimen del impuesto sobre el valor añadido aplicable a algunos servicios prestados por vía electrónica — aprobada por el Parlamento Europeo en diciembre de 2000, pendiente de aprobación por el Consejo ECOFIN[36] — los documentos hasta ahora más importantes respecto a la imposición indirecta de las operaciones a través de Internet. En ellos, la UE dejó muy claros los principios de la tributación indirecta a través de Internet, principios que se asientan en una aceptación de muchas de las reglas propuestas por la OCDE en la Conferencia de Ottawa.[37] E insiste, también, en la necesidad de traducir esos principios a reglas jurídicas.

De ahí la propuesta de modificación de la Sexta Directiva, que gira en torno a tres reglas elementales; la imposición en relación con las transacciones en Internet no puede dar lugar a la creación de nuevos tributos — lo cual va a ser importante, a la hora de valorar propuestas, como por ejemplo, el *bit-tax*—, las entregas de productos en forma electrónica no deben considerarse mercancías, y en tercer lugar, solamente la prestación de estos servicios consumidos en Europa deberían gravarse en Europa, es decir debería optarse por aplicar el impuesto en el territorio en que se produce el consumo.

A partir de estos principios vamos a exponer las distintas soluciones que se han propuesto para afrontar la fiscalidad de las manifestaciones de riqueza llevadas a cabo a través de Internet.

IV. Internet como "duty free" o espacio libre de tributación

Se trata de la propuesta más extravagante, en el sentido de *fuera de lo común*, o si se quiere, *original o peculiar*. Y sin embargo no debería sorprender tanto, si tenemos en cuenta que se ha defendido la consideración de la red como una *zona de no Derecho*, por lo que esta concepción podría extenderse también al ejercicio del poder tributario, que se traduce en la formulación de un ordenamiento creador de obligaciones tributarias.

La idea de convertir la red en un *duty free* es una proposición de cuño norteamericano, y en un principio, limitada a la imposición indirecta. Para entender su génesis quizás haya que hacer referencia al sistema de imposición sobre las ventas que existe en USA, basado en un impuesto sobre las ventas, a favor de los Estados, que grava sólo la fase minorista — *sale tax* —, y que se basa en la idea de que el impuesto se exige en el lugar donde tenga lugar el consumo. El ordenamiento constitucional americano otorga a los Estados la facultad de regular el *sale tax*,[38] de manera que un Estado puede gravar libremente las compras efectuadas por residentes en ese Estado. Pero, como explica McLure, el Tribunal Supremo americano viene estableciendo límites en cuanto al gravamen por un Estado de las compras efectuadas a empresas residentes en otros Estados, no establecidas en el Estado del consumo.[39] Es el problema de los límites fiscales a las ventas por catálogo, límites que podrían colisionar con las competencias federales exclusivas en materia de comercio — principio del *Interstate commerce* o *cláusula de comercio.*[40] Ello

35. Se puede consultar en http:/europa.eu.int/comm/dgs/taxation customs.

36. La aprobación de la Propuesta en el Parlamento Europeo tuvo lugar por 331 votos a favor, 102 en contra y 99 abstenciones. El texto de la Propuesta de Directiva se puede consultar en http://europa.eu.int/eur-lex/es/com/dat/2000/es_500PC0349_02.html.

37. Así lo puso de relieve el Consejo ECOFIN, de 6 de julio de 1998.

38. Véase al respecto Peñuelas i Rexach, L., *Poder Financiero y Federalismo en los EEUU*, Madrid, IEF, 1989, pp. 150 y ss.

39. McLURE, C., *Electronic Commerce, State Sales and Intergovernamental Fiscal Relations*, National Tax Journal, 1997, pp. 20 y ss.

40. Garcia Llovet, E., señala que "la finalidad de la cláusula de comercio parece evidente: garantizar la libre circulación de mercancías, bienes y servicios,

puede provocar, y de hecho así está ocurriendo, pérdidas de recaudación a los Estados respecto a los consumos de productos adquiridos vía Internet, que algunos han intentado paliar creando tasas de acceso a la red (es el caso, por ejemplo de Arizona, Nevada o Texas). Ante estos problemas, entre las muchas propuestas que se han barajado, tenemos la del Congresista por Ohio, John Kasich, que defiende la exención de la tributación de todas las ventas *on-line*, o la del profesor de Berkeley, Hal Varian, quien propone la anulación de los impuestos sobre las ventas y el aumento de los impuestos estatales sobre la renta, o, incluso, la aplicación de un nuevo "impuesto único sobre el consumo" basado en la renta anual individual menos el ahorro.[41] Estas propuestas han tenido cierto éxito en algunos Estados; así, en Massachussets, desde el 1 de septiembre de 1990, las ventas a través de Internet están exoneradas de tributación.

Pero no es la solución de un problema puntual relativo a la recaudación de un impuesto monofásico estatal sobre las ventas el argumento primordial para la defensa de la no tributación de las ventas a través de Internet. Los razones que se esgrimen son fundamentalmente, las relativas a "facilitar" o "no obstaculizar" la implantación y generalización de las relaciones económicas a través de la red, y por ende, las de estimular el desarrollo de la Sociedad de la Información. Las propuestas de exención total de las operaciones a través de la red se deben a las presiones de grupos económicos, en la línea de un sistema fiscal como el americano, donde las exenciones y no sujeciones — gráficamente denominadas *loopholes* o agujeros fiscales — lejos de responder a motivaciones de interés general o capacidad económica, como en el modelo continental europeo, son normalmente fruto del *lobby* político y económico.[42] Como consecuencia de ello, se ha conseguido que el Congreso Americano aprobase, con fecha 21 de octubre de 1998, la *Internet Tax Freedom Act*, que prohíbe, durante el trienio 1999-2001 la creación de nuevos impuestos que graven las operaciones en la red. No se trata de una declaración terminante sobre la inaplicación de impuestos indirectos sobre la tributación en Internet, por lo que no podemos entender que supone una victoria definitiva de los partidarios del no gravamen de las operaciones *on-line*, si no más bien de una moratoria, hasta que una Comisión gubernamental elabore una serie de recomendaciones respecto al comercio electrónico.

El argumento fundamental para negar el gravamen de las operaciones en Internet, es, como se dijo, favorecer la implantación del comercio electrónico. Esta puede ser una postura que tenga cierto arraigo en Estados Unidos, sobre todo para resolver un problema que afecta al poder tributario de los distintos Estados y a la competencia fiscal desleal que se puede generar, estimulando al mismo tiempo el uso de la red para operaciones comerciales, algo en el que la realidad norteamericana lleva un notorio adelanto sobre la experiencia europea.[43] Por eso una propuesta de este estilo sólo podría prosperar en la realidad interna norteamericana. Es prácticamente imposible que a nivel internacional tuviese éxito una propuesta de exención, ni siquiera temporal, del comercio electrónico. Fundamen-

el libre comercio, en el interior de un mercado dado" ("La doble cláusula de comercio en el ordenamiento español. Su proyección sobre el sistema competencial", *XVI Jornadas de Estudio de la Dirección General del Servicio Jurídico del Estado*, v. II, 1995, Centro de Publicaciones, Secretaría General Técnica, p. 1.317).

41. Varian, H., en la obra colectiva *Establishing a Framework to Evaluate E-commerce Tax Policy Options*, Deloite & Touche, 1999.

42. Para Hortala I Vallve, J. Roccatagliata, F. Valente, P., *La Fiscalidad del Comercio Electrónico*, Ciss Valencia, 2000, pp. 257 y 258, "en contra del sometimiento a imposición de las operaciones comerciales realizadas en la red se han manifestado las grandes sociedades multinacionales, que operan en el ámbito de la venta de productos por correspondencia o a través de televisión".

43. Véase el *White Paper*, aprobado por el Departamento del Tesoro, el 1 de julio de 1997.

talmente porque sería claramente contradictoria con la mayoría de los principios que se han venido exponiendo; en especial con el principio de neutralidad, formulado por la OCDE, en las Conferencias de Turkú (1997) y Ottawa (1998), por el Acuerdo entre la Unión Europea y Estados Unidos, celebrado en Washington en 1997, y por la Comunicación de la Comisión europea al Consejo, al Parlamento y al Comité Económico y Social "Comercio Electrónico y Fiscalidad Indirecta" (Com 98/374), de 17 de junio de 1998.[44] El sistema fiscal no debe interferir en la competencia y consolidar una situación como la que en la actualidad se apunta, y en la que, al amparo de un evidente vacío normativo, vender a través de Internet determinados productos en formato digital, es fiscalmente más *rentable* que hacerlo en formato tradicional y por los canales convencionales. Como señala Casero Barron, el principio de neutralidad, basilar en el régimen futuro de la fiscalidad del comercio electrónico, significa que "las decisiones empresariales deben descansar más en factores económicos que en factores de índole tributaria".[45] Es decir, si no se gravan las operaciones a través de Internet se generaría una competencia desleal hacia otras formas de comercio y de prestación de servicios, que van a coexistir con las que se ofrecen a través de la red.[46]

Dado el carácter global de Internet, sería sencillamente impensable adoptar una decisión de exención verdaderamente operativa. La decisión de fijar una exención es algo íntimamente vinculado al ejercicio del poder tributario por una entidad territorial. Y es una decisión, que en la cultura jurídica europea, sólo tiene razón de ser si está apoyada en motivaciones de índole constitucional. La dispensa del pago del tributo es aparentemente contraria a las exigencias de la justicia tributaria, y, como en su momento manifestó Sainz de Bujanda, estos menoscabos a los principios de justicia tributaria sólo podrían admitirse en atención a otros fines que pueda cubrir el tributo, expresivos siempre de un interés público y con suficiente respaldo constitucional.[47] Y, a nuestro juicio, una declaración de exención para todos los empresarios que obtienen rendimientos como consecuencia de realizar una actividad económica a través de Internet, o para la totalidad de los consumidores que adquieren productos en la red, sin diferenciar si se trata de productos materiales o digitalizados, no parece tener una justificación convincente, ni siquiera al amparo de una genérica invocación al fomento de la *sociedad de la información*, pues ello, en todo caso, facultaría a habilitar algún *incentivo a la inversión*,[48] pero no a *desfiscalizar*, ni siquiera temporalmente, todo un sector de la actividad económica. No creemos, por tanto, que sea necesario perder más tiempo rechazando la configuración de Internet como un espacio libre de tributación.

V. La propuesta del "bit-tax"

La propuesta de establecer un gravamen sobre las transacciones a través de red adquirió especial fuerza a partir de las aportaciones del economista canadiense Arthur Cordell, quien en 1994, y en una reunión del Club de Roma celebrada en Buenos Aires, sentó las bases de lo que posteriormente sería su propuesta sobre *bit-tax*. Cordell, que tituló sus aportaciones *The New Wealth of Nations*, entendió que el sistema

44. Se puede consultar en http:/europa.eu.int/comm/dgs/taxation customs.

45. Casero Barron, R., "El comercio electrónico y la tributación internacional", op. cit., p. 72.

46. Para Hortala I Vallve, J. Roccatagliata, F. Valente, P., *La Fiscalidad del Comercio Electrónico*, op. cit., p. 246, "si un libro 'real', puede ser, y con razón, considerado como un bien sustitutivo de un libro 'electrónico' (*ciber*-libro), no parece aceptable que tales bienes sean sometidos a regímenes impositivos distintos. En otro caso, nos hallaríamos ante una evidente distorsión del mercado producida por el sistema tributario".

47. Sainz de Bujanda, F., "Teoría jurídica de la exención", *XI Semana de Estudios de Derecho Financiero*, Madrid, 1964, p. 415.

48. Sobre la cuestión, Soler Roch, M. T., *Incentivos a la Inversión y Justicia Tributaria*, Civitas, Madrid, 1983, en especial, pp. 128-129 y 139.

fiscal internacional debería plantearse la necesidad de gravar la principal expresión de riqueza de nuestro tiempo; los millones de informaciones que en secuencia digital circulan por la red.[49] En concreto, el *bit-tax* se exigiría por los Estados de residencia de los compradores de bienes y servicios ofrecidos en la red, a través de un formato digitalizado. Su base imponible, sería un típico ejemplo de "base no monetaria" y vendría constituida por el número de *bits* de los ficheros descargados desde la red, sobre la cual se aplicaría un tipo de gravamen específico.[50] La cantidad a pagar estaría en función del tamaño de los archivos *bajados* de la red.

Esta propuesta es de formulación muy simple, y está amparada por la intención de asegurar a los Estados de residencia de los compradores un cierto nivel de recaudación, ante la previsible reducción que puede suponer que un número importante de empresas sustituyan su actividad comercial tradicional por ventas a través de la red.

Sin embargo, entendemos que el *bit-tax*, tal y como se formuló por Cordell, Soete, Kamp y otros autores no resulta admisible. Como señala Falcon y Tella, autor que ha sido especialmente crítico con esta nueva forma de gravar las transacciones a través de la red, el *bit-tax*, supone, en el fondo "que el Estado en que está situado el comprador opte por gravar a éste al margen de cualquier índice directo o indirecto de capacidad contributiva, con la sola finalidad de asegurarse el mantenimiento de la recaudación, y renunciando a cualquier pretensión de gravar la renta del vendedor".[51]

Si la no tributación de las operaciones a través de Internet nos parecía contraria a los principios de neutralidad y justicia tributaria, tampoco podemos admitir la propuesta del *bit-tax*. Respecto a la misma, asumimos plenamente la crítica de Falcon y Tella, quien la califica como contrario al principio de capacidad económica. Para este autor resultaría inconstitucional, desde la perspectiva interna del derecho español, un tributo como el *bit-tax*, basado en el número de *bits*, tiempo de conexión o criterios similares, ajenos tanto a los índices directos de capacidad contributiva, como al valor del consumo. Un impuesto basado en el tamaño de los ficheros descargados resultaría "profundamente injusto", porque "(...) haría pagar más por enviar un *video-clip* a un amigo, sin valor comercial alguno, que por descargar una base de datos u obtener un informe, a través de un fichero comprimido con alto valor comercial, pero con relativamente pocos *bits*".[52]

A ello hay que añadir otras posturas críticas, como la de Miselli, para quien, la exigencia de un *bit-tax* respecto a las adquisiciones de bienes y servicios a través de la red, supondría una sobreimposición, en el sentido de que, tanto la adquisición de ordenadores y *modems*, como la factura telefónica — la conexión a la red se realiza a través de la red telefónica —, ya están gravados por IVA.[53] Y también, opiniones como la de Hortala I Vallve, J.-Roccatagliata, F.-Valente, P., para quienes el *bit-tax* atentaría contra las reglas de la neutralidad a la hora de afrontar la tributación en Internet, especialmente la indirecta. Y sería una violación de la neutralidad, en este caso, en detrimento de las transacciones a través de la red; "una nueva forma de imposición para una incipiente tecnología productiva, tal y como puede considerarse el uso de Internet, correría el riesgo de provocar una importante distorsión en la asignación de recursos: la aplicación de un *bit-tax* provocaría un au-

49. Las tesis de Arthur Cordell, bajo el epígrafe *New Taxes for a New Economy*, puede consultarse en http:www.usak.ca/library/gic/v2n4/cordell/cordell.html.

50. En concreto, Cordell, A., proponía 0,000001 centavos de dólar por *bit* descargado.

51. Falcon y Tella, R., "Tributación e 'internet': aplicación de las reglas generales, con adaptaciones en su caso, como alternativa al 'bit'", *Quincena Fiscal*, n. 10, 1998, p. 5.

52. Falcon y Tella, R., "Tributación e Internet...", op. cit., p. 6.

53. Véase Miselli, R., "The *bit-tax*: economia della miseria o miseri degli economisti?", 1998, en http:/www.hescomputer.com/ivm/spazio/bictax.html.

mento, por reducido que este sea, de los precios para los usuarios de la red que podría disuadirles de utilizar esta tecnología (...)".[54]

Por todo ello, la Comisión europea, a través de la Comunicación "Comercio Electrónico y Fiscalidad Indirecta", de 17 de junio de 1998, señaló que la forma más idónea de afrontar la fiscalidad indirecta de los productos vendidos a través de Internet, es por medio de la "(...) clarificación, simplificación y adaptación del sistema fiscal actual, excluyendo cualquier forma impositiva novedosa y alternativa sobre las prestaciones de servicios, incluidos los que se lleven a cabo a través de Internet".

VI. La fiscalidad de las operaciones a través de Internet y los conceptos tributarios clásicos

De lo expuesto hasta el momento, podemos sacar la conclusión de que ni la exención generalizada, ni la adopción de nuevas figuras tributarias es la vía más idónea para afrontar la fiscalidad de las operaciones en la red. Lo más adecuado será el respeto a las categorías y figuras existentes, las cuales deben ser sometidas a las necesarias adaptaciones para su aplicación a las manifestaciones de riqueza producidas por medio de Internet. Vamos a examinarlas diferenciando entre imposición directa e indirecta.

VI.1 Internet y la imposición directa

A la hora de abordar la incidencia de la fiscalidad directa respecto a las operaciones en Internet, la cuestión a tratar es la del gravamen de las rentas percibidas como consecuencia de esas operaciones, especialmente rentas obtenidas por sujetos, sean personas físicas o jurídicas, que desarrollan a través de la red una actividad de carácter empresarial o profesional. El problema se plantea cuando los sujetos que intervienen en una operación llevada a cabo a través de la red residen en Estados diferentes. El Derecho Tributario Internacional clásico, especialmente a través de los Convenios de Doble Imposición, ha venido proponiendo soluciones. La cuestión es si esas mismas soluciones son aplicables, en la forma y manera en que tradicionalmente han venido siendo acuñadas, a una realidad nueva como es el comercio electrónico. Vamos a verlo en relación con tres cuestiones concretas; los puntos de conexión y la categoría de establecimiento permanente, la calificación de los pagos por cesiones de *software* y el tratamiento de los precios de transferencia.

VI.1.1 Internet y puntos de conexión. La problemática del establecimiento permanente

Como ya hemos apuntado, la fiscalidad de las rentas generadas a través de Internet plantea un problema de tributación internacional, para cuya resolución resulta imprescindible referirnos a los puntos de conexión. Sean estos puntos de conexión de base material, como el criterio de la fuente efectiva de renta — *sourcing income ruling*. O criterios de base subjetiva en conexión con el Estado de permanencia, como el criterio de residencia. Es este criterio de residencia, como ha explicado Adonnino, el que juega un papel fundamental en la determinación de la sujeción al poder tributario de un Estado, sobre todo en la determinación de si se ha de aplicar un régimen de territorialidad pura, que se referirá normalmente a los no residentes, o de renta universal, que se reserva para los residentes.[55]

54. Hortala I Vallve, J. Roccatagliata, F. Valente, P., *La Fiscalidad del Comercio Electrónico*, op. cit., p. 251.

55. Adonnino, P., "La residenza queale strumento di attribuzione della soggettività passiva tributaria in relazione a diversi ordinamenti giuridici", *Estudios en Memoria de Ramón Valdés Costa*, Montevideo, Fundación de Cultura Universitaria, 10/1999, v. II, pp. 636 a 654. Afirma Torres, H., por su parte, que "el concepto de residencia funciona como un criterio de conexión personal, al lado del criterio de conexión material, que debe estar siempre vinculado con el concepto de materialidad de la hipótesis

En relación con las empresas que actúan bajo forma societaria, los Modelos ONU y, sobre todo, el Modelo OCDE de Convenio de Doble Imposición (art. 4, 3), optan por el criterio de entender que una sociedad es residente donde se sitúa la "dirección efectiva" o "sede de administración" de la misma, criterio éste que en opinión de Torres, otorga más certeza y seguridad a las relaciones jurídicas, pues atiende al lugar donde está situada la sede efectiva y real de la sociedad.[56]

La aplicación de estos puntos de conexión tradicionales a las rentas obtenidas por empresas que ofertan sus productos y servicios a través de la red es una de las grandes dificultades con que nos podemos encontrar. Respecto a una sociedad que vende a través de Internet puede ser muy difícil determinar la sede efectiva de su dirección; no es de extrañar, como expone De Juan Ledesma, que en estas empresas los directivos tengan su domicilio real en diversos Estados, el Consejo de Administración se reúna por videoconferencia y sus discusiones se lleven a cabo a través del correo electrónico. Que la mayoría de sus activos se reduzcan a unos *bits* almacenados en un servidor. Que la Junta de Accionistas tome sus decisiones a través de Internet y que los libros de contabilidad se conserven en formato digital. Ante este cúmulo de circunstancias se han propuesto diversas soluciones para adaptar los clásicos puntos de conexión a la nueva realidad de las rentas generadas por actividades en Internet.[57]

Así, se ha propuesto crear nuevos criterios de residencia para las sociedades, como el de la legislación bajo la cual se ha constituido la sociedad[58] o el de la residencia del *autor intellectualis*, que supone que la tributación de los rendimientos obtenidos a través de una empresa virtual tenga lugar exclusivamente en el lugar de residencia del autor de la idea. Aunque es evidente que este criterio no supone ninguna novedad, pues significa acudir al principio de residencia, y bastará que el autor de la idea cambie de residencia. Inclusive se ha propuesto que sea la propia empresa que opera a través de Internet la que señale una sede principal, lo que no soluciona el problema, puesto que es de imaginar que se busquen las soluciones de conveniencia de los paraísos fiscales.

Si complicado resulta aplicar los criterios tradicionales de conexión territorio-residencia con relación a las rentas generadas por actividades desarrolladas en la red, más difícil supone reconocer la aplicación de una figura como el "establecimiento permanente", asumida en el ámbito internacional como parte integrante y decisiva de los Convenios de Doble Imposición.

Desde el punto de vista institucional, podemos decir que el establecimiento permanente constituye un criterio subjetivo de conexión, que tiene como finalidad vincular a la persona no residente con el territorio del Estado donde la misma tenga una instalación. Desde el punto de vista socioeconómico, el establecimiento permanente permite a los Estados en los que operan las empresas transnacionales, gravarlas en condiciones de relativa igualdad respecto a los Estados de residencia de las mismas.

La técnica jurídica de la que se valen las normas, y, en especial, los Convenios de Doble Imposición, para articular el funcionamiento de los establecimientos permanentes, consiste en tomar en consideración esa realidad fáctica constituida por las instalaciones que el residente de un Estado

de incidencia de los tributos" (*Pluritributação Internacional sobre as Rendas de Empresas*, op. cit., p. 129).

56. Torres, H., *Pluritributação Internacional sobre as Rendas de Empresas*, op. cit., p. 152.

57. De Juan Ledesma, A., "Internet y nuevas tecnologías...", op. cit., p. 1.203.

58. Se propone, incluso, que ese Estado sea el de la "sede de la dirección" de la sociedad que vende a través de la red. Para ello se toma como referente lejano, el art. 8 del Modelo de Convenio OCDE, según el cual las actividades relacionadas con la explotación de buques o aeronaves se someterán a tributación en el Estado donde se halle ubicada la sede de dirección (Elvira Benito, D., "El concepto de establecimiento permanente el comercio electrónico: una revisión necesaria", op. cit., p. 28).

puede tener en el territorio de otro Estado, para "prolongar la personalidad de la entidad extranjera actuante".[59] De ahí, que el art. 7 del Modelo de Convenio de OCDE, establezca como regla general para el gravamen de la imposición de los rendimientos de las empresas, que los rendimientos percibidos en uno de los Estados contratantes se gravará exclusivamente en ese Estado. Tales rendimientos sólo se gravarán en el otro Estado contratante en la medida en que se vinculen a una "organización estable".[60] La única excepción, aunque prevista para rendimientos de artistas y deportistas, es la establecida en el art. 17, que dispone que las rentas obtenidas por estos sujetos pueden someterse a tributación en los países donde realicen sus actuaciones sin necesidad de que exista un establecimiento permanente.

Desde el punto de vista del Derecho Internacional Tributario, los establecimientos permanentes, en la línea de lo que es el objeto de este tipo de normas, tienen como función limitar la soberanía fiscal y distribuir el poder tributario. Como señala Garcia Prats, el concepto de establecimiento permanente "(...) responde al deseo de limitar la jurisdicción fiscal del Estado de generación de los rendimientos empresariales, justificado por la conveniente expansión del comercio y las relaciones económicas y empresariales internacionales".[61] Es lo que se conoce como la "función negativa" de los establecimientos permanentes; estamos ante una forma de limitación de la competencia fiscal del Estado de residencia respecto a los rendimientos obtenidos por un residente en otro Estado, pero que tiene en el de la fuente una instalación fija.[62]

59. De la Villa Gil, J. M., "Convenios de Doble Imposición", en *Comentarios a las Leyes Financieras y Tributarias*, v. XIV, Madrid, Edersak, 1983, p. 102.

60. De Juan Ledesma, A., "Internet y nuevas tecnologías en telecomunicaciones...", op. cit., p. 1.199.

61. Garcia Prats, A., *El Establecimiento Permanente. Análisis Jurídico-Internacional de la Imposición Societaria*, Tecnos, Madrid, 1996, p. 397.

62. Torres, H., *Pluritributação Internacional sobre as Rendas de Empresas*, op. cit., p. 217.

Tanto en su regulación actual, como en su evolución histórica,[63] la noción de establecimiento permanente aparece indefectiblemente unida a la idea de instalación fija, que habrá que entender, como viene señalando Garcia Prats, en el sentido de "vínculo geográfico" entre la actividad desarrollada y el establecimiento permanente, a los efectos de poner de manifiesto una conexión cualificada entre dicho establecimiento y el territorio del Estado.[64] Por tanto, la idea de establecimiento conlleva una exigencia de presencia física.[65] Así ha ocurrido respecto al Modelo de Convenio propuesto por la OCDE. El art. 5 del Modelo de Convenio de Doble Imposición de la OCDE, en su versión de 1992, define el establecimiento permanente asumiendo la teoría de la pertenencia económica, según la cual es establecimiento permanente cualquier instalación permanente que se integre en la economía del país.[66] La "fijeza" del establecimiento,

63. Señala Hurtado Gonzalez, J. F., "La aplicación del concepto de establecimiento permanente a la tributación del comercio electrónico", op. cit., pp. 381-382, que el criterio de "fijeza" ya se encuentra en los Modelos de Convenios promovidos desde principios de siglo por la Sociedad de Naciones, en concreto, desde el año 1923, y a través de su Comité de Asuntos Fiscales. Ya en la versión de 1928 se hablaba de "lugar fijo de actividad que tenga carácter productivo...". Sobre el tema, Torres, H., *Pluritributação Internacional sobre as Rendas de Empresas*, op. cit., p. 494.

64. Garcia Prats, A., *El Establecimiento Permanente...*, op. cit., p. 112.

65. Así, el origen histórico remoto del instituto se sitúa en el concepto, reflejado en el Código Mercantil Prusiano, de "actividad estable" — *stehendes Gewerbe* — y de instalación fija — *Betriebstätte.* Véase Garbarini, C., "La disciplina fiscale del commercio elettronico...", op. cit., pp. 1.238-1.239. También Skaar, A., *Permanent Establishment*, Kluwer, Deventer, 1992, pp. 71 y ss.

66. La doctrina señala que a la hora de definir qué es un establecimiento permanente pueden plantearse dos opciones; la teoría de la realización, según la cual constituye un establecimiento permanente cualquier instalación que permita la realización de un beneficio, y la teoría de la pertenencia económica, según la cual es establecimiento permanente cualquier instalación permanente que se integre en la economía del país. Carbajo Vasco, D., "El concepto de 'establecimiento permanente' en el Modelo de

como signo distintivo característico de su "organización estable", ha sido uno de los rasgos de esta categoría que ha generado una mayor conflictividad[67] y así se recoge en el Modelo de Convenio OCDE, con la casi exclusiva salvedad del art. 5, 5 que considera establecimiento permanente a un agente, persona física o jurídica, dependiente de una empresa, que actúa por cuenta de ésta y contrata en su nombre y de forma habitual en un Estado distinto al de su residencia.[68] En esa línea de centrar la definición del establecimiento permanente se han situado las legislaciones nacionales; es por ejemplo, el caso español del art. 12 de la Ley 41/1998, de 9 de diciembre, sobre la Renta de No Residentes.

Fuera del diseño de este concepto que ha llevado a cabo el Modelo de Convenio de la OCDE, en Estados Unidos han sido los tribunales los que, interpretando las normas 871, *b*) y 882, del *Internal Revenue Code*, han acuñado el requisito de "suficiente presencia" de una empresa, para que se pudieran sujetar sus ingresos a tributación en Estados Unidos, siendo al efecto muy conocida y clásica la sentencia *Piedras Negras Broadcasting Co. Versus Commissioner.*[69]

La cuestión será, pues, la de si las características del establecimiento permanente, como categoría destinada a garantizar un nivel de recaudación al Estado donde se obtienen unos rendimientos por medio de unos vínculos geográficos, puede aplicarse a la nueva realidad del comercio electrónico. Y especialmente a si es posible acomodar el concepto de "establecimiento permanente" a la actuación de una empresa que ofrece bienes y servicios *on-line* en un Estado distinto al de su residencia, a través de un servidor y de una página *web*. Conviene recordar que un servidor (*Internet Service Provider*) permite a los usuarios acceder a la red, y puede estar situado en cualquier lugar, incluso carecer de localización fija al vincularse a un ordenador personal. La página *web*, que es el instrumento a través del que la empresa ofrece sus productos al cliente, "(...) y éste formaliza el contrato y da la orden de pago por la compra realizada",[70] no es más que una combinación de *software* y datos electrónicos fácilmente modificables y *transportables* de un servidor a otro. Aparentemente ninguno de los caracteres que tradicionalmente se han asignado para definir el instituto del establecimiento permanente — estabilidad de la instalación, disponibilidad no meramente temporal, conexión de la instalación con el ejercicio normal de la empresa... — concurren en el supuesto en que una empresa tenga una *web-site* memorizada en un servidor como único lugar de *presencia* en el Estado de la fuente. La *web* no es una instalación fija. A través de la misma se dispensa una información y su contenido puede ser modificado sin ninguna dificultad. Tampoco un servidor constituye una organización estable en los términos del art. 5 del Modelo OCDE. Cabría plantearse en este último caso, sin embargo, si en tanto un servidor, propiedad de una empresa Proveedor de Internet, realiza la actividad de *web-site-hosting* para una pluralidad de empresas, desarrollando a través de programas informáticos funciones de "mediación" en la contratación, no podría equipararse a

Convenio de la OCDE: consideraciones y crítica", *Crónica Tributaria*, n. 52, 1985, p. 43.

67. Véase al respecto, Baker, P., *Double Taxation Conventions and International Tax Law*, Sweet & Maxwell, London, 1994, p. 140: "the words *permanent establishment* postulate the existence of a substantial element of an enduring or permanent nature of a foreign enterprise in another country which can be attributed to a fixed place of business in that country...".

68. Hurtado Gonzalez, J. F., "La aplicación del concepto de establecimiento permanente a la tributación del comercio electrónico", *Civitas REDF*, n. 107, 2000, p. 386.

69. El Caso *Piedras Negras*, contemplaba el supuesto de una emisora que operaba en Estados Unidos desde territorio fronterizo mexicano, a pesar de lo cual se entendió que la emisora no tenía "suficiente presencia" en USA, como para poder ser sujetada a tributación.

70. Hurtado Gonzalez, J. F., "La aplicación del concepto de establecimiento permanente a la tributación del comercio electrónico", op. cit., p. 394.

un agente independiente, y por tanto, reconducirse a uno de los supuestos que permitirían calificarlo como establecimiento permanente. Sin embargo — y como ya recordó el Comité de Asuntos Fiscales de la OCSE, en las Conclusiones presentadas a la Conferencia de Ottawa de 1998 — la carencia de entidad personal, tanto en la *web-site*, como en el servidor, lleva a que no puedan equipararse, bajo ningún concepto, a un agente. Parece que la contratación a través de la red resulta claramente contradictoria con la figura del *agente*, pues en Internet los contratos tienen lugar de modo directo entre la empresa y el cliente.

El establecimiento permanente es, en suma, un instituto que surge en una época caracterizada por una economía "fija y corporal" y su aplicación conceptual resulta inapropiada cuando se actúa a través de una página *web*.[71]

Teniendo en cuenta esto, las soluciones serían sólo dos. O el criterio del establecimiento permanente no sirve para afrontar la fiscalidad internacional de las rentas obtenidas a través de Internet o hay que conservar este concepto, sometiéndolo a las pertinentes modificaciones. Modificaciones que podrían ser de tal entidad que supusieran la acuñación de un nuevo término de *establecimiento permanente* para las operaciones de comercio electrónico.

Si admitidos que la idea de establecimiento permanente no resulta operativa para enfrentarse a la problemática de la tributación en Internet, habremos perdido un eficaz arma para reconocer a los Estados de la fuente capacidad para gravar las rentas obtenidas en su territorio por las empresas multinacionales que operan a través de la red. De ahí las posturas interesadas en promover un abandono del concepto de *establecimiento permanente* con vistas a la tributación de las rentas generadas a través de Internet. Ello supondría que el Estado de residencia del cliente se abstendría de gravar dicha transacción en lo relativo a las rentas obtenidas en su territorio por la empresa vendedora, rentas que se gravarían sólo en el país de residencia. Y este sería un Estado *exportador* de bienes y servicios a través de la red — *net-exporter* —, siendo los Estados Unidos el principal exponente. Por eso no es de extrañar que el Departamento americano del Tesoro, en su *Selected Tax Policy Implications of Global Electronic Commerce*, haya defendido que los criterios de territorialidad resultan obsoletos para su aplicación en la red, debiendo limitarse la tributación a la del Estado de residencia.[72] De esa manera, la provisión de bienes y servicios por empresas americanas a través de Internet no se gravarían en los Estados donde esas empresas operan. A lo que hay que unir la corriente doctrinal existente en Norteamérica, tendente a mitigar, cuando no a suprimir, el gravamen de las operaciones a través de la red, y que, incluso, al amparo de la sentencia *Piedras Negras*, defiende que en los operadores económicos que actúan a través de la red no concurre el requisito de la "suficiente presencia" de la empresa.

Este posicionamiento resulta claramente rechazable. La solución, a nuestro juicio, no pasa por desechar la aplicabilidad de un instrumento tan eficaz como la categoría del *establecimiento permanente*, sino, en primer lugar, por combinar su aplicación con otros criterios, como por ejemplo que el proveedor de servicio a través de Internet sea gravado aplicando el art. 8 del Modelo OCDE, es decir, como si se tratase de un establecimiento permanente y los POP o conexiones en otros paises siguiendo el criterio del art. 17, el cual, como vimos, no exige para artistas y deportistas un estable-

71. Elvira Benito, D., "El concepto de establecimiento permanente ante el comercio electrónico", op. cit., p. 19.

72. "(...) in the world of cyberspace, it is often difficult, if not impossible, to apply traditional source concepts to link an item of income with a specific geographical location. Therefore, source based taxation could lose its rationale and rendered obsolete by electronic commerce (...) as traditional source principles lose their significance, residence-based taxation can step in and take their place (...)".

cimiento permanente. Y, en segundo lugar, se debe redefinir la categoría del establecimiento permanente para hacer frente al nuevo reto de la fiscalidad a través de Internet. Redefinición que puede exigir crear un concepto de establecimiento *ad hoc* para el comercio electrónico. Esta es la postura por la que se ha inclinado la OCDE en su documento DAFFE/CFA/WP (98) 12/REV1, sobre organización del seguimiento del Grupo de Trabajo n. 1. La adaptación del concepto *establecimiento permanente* no se llevaría a cabo a través de una revisión completa del mismo, sino añadiendo unos párrafos al art. 5 del Modelo de Convenio.[73]

Para promover una revisión del concepto, y como ejemplo del esfuerzo de adaptar la categoría a la realidad, se suele poner como ejemplo la sentencia del *Bundesfinanzhof*, de 30 de octubre de 1996 — sentencia *Pipeline* —, que ha considerado "establecimiento permanente" en Alemania a un complejo integrado por un oleoducto de una empresa holandesa que discurre por territorio alemán, aunque se maneja desde Holanda a través de un sistema informático. En realidad esto es posible, si tenemos en cuenta que el art. 5, 10 del Modelo de Convenio OCDE acepta con carácter excepcional, la posibilidad de que exista un establecimiento permanente cuando las actividades empresariales se ejerzan mediante un equipo automático, limitándose el personal de la empresa al montaje, funcionamiento, control y entrega de dicho equipo.[74] Por el contrario, y en el ámbito estrictamente comunitario, la sentencia del TJCE, *Gunther Berkholz c/ Finanzamt Hamburg-Mitte-Atstadt*, As. 168/1984, de 4 de julio de 1985, no considera establecimiento un conjunto de máquinas recreativas instaladas en un ferry que cubre la ruta entre un puerto alemán y otro danés.[75] Y la razón estriba en que no estaríamos ante una "reunión permanente de medios humanos y técnicos", imprescindible, según el TJCE, para que se pueda hablar de establecimiento permanente.

Resoluciones como éstas, que no fueron seguidas, por ejemplo en España,[76] sirven para defender la ductilidad del concepto *establecimiento permanente*, y para promover la adaptación de éste a la nueva realidad.[77]

A nuestro juicio, un replanteamiento del concepto de establecimiento permanente debe partir de un cambio de filosofía de la institución. Si queremos aplicar esta figura a las nuevas formas de hacer negocio, habrá que adaptarla a la realidad. Si basar la idea de "establecimiento permanente" en un vínculo físico tenía sentido en el marco de una economía fundada en el intercambio de bienes materiales, la progresiva *desma-*

73. Se trata del primer borrador elaborado por la OCDE, con la finalidad de modificar los comentarios al art. 5 del Modelo de Convenio que, sin embargo, no contiene su punto de vista oficial.

74. De todas formas, existen serias discrepancias en orden a considerar que puede haber un establecimiento permanente sin la intervención de personas físicas. En este sentido hay que decir que efectivamente, tal intervención debe existir, aunque bastará que tenga lugar donde radique la empresa matriz; véase *Informe sobre el Impacto del Comercio Electrónico en la Fiscalidad Española*, op. cit., p. 423. El Borrador de la OCDE sobre Comercio Electrónico de 1999 ya defendía explícitamente la irrelevancia, a efectos de determinar la existencia de establecimiento permanente en el ámbito del comercio electrónico, de que tenga lugar o no tal intervención humana.

75. Sobre la sentencia, Herrero de la Escosura, P., *El IVA en la Jurisprudencia del Tribunal de Justicia de las Comunidades Europeas*, Servicio de Publicaciones de la Universidad de Oviedo-Marcial Pons, Madrid, 1996, pp. 319. También, Martinez Lafuente, A., "El lugar de prestación de servicios en el Impuesto sobre el Valor Añadido. El concepto de establecimiento permanente", *Noticias CEE*, n. 9, 1985, pp. 63-65.

76. No encontramos otros pronunciamientos partidarios de una línea tan extensiva, pues en España el TEAC, en resolución de 28 de noviembre de 1988, se ha limitado a decir que se puede hablar de establecimiento permanente incluso cuando se dispone de un simple "emplazamiento" que no constituye local para el ejercicio de la actividad.

77. En este sentido se manifiesta Hurtado Gonzalez, J. F., para quien "el concepto de establecimiento permanente es dinámico..." ("La aplicación del concepto de establecimiento permanente a la tributación del comercio electrónico", op. cit., p. 405).

terialización de la economía a partir de la generalización del uso de la red impone, no tanto tener en cuenta la presencia física, sino fijarse más bien el grado de implantación de una empresa que actúa en un Estado distinto al de residencia.

Si el dato clave para entender que nos hallamos ante un establecimiento permanente es la presencia física, nunca podríamos considerar como tal a una página *web*. La mera disponibilidad de una página *web* no sería un establecimiento permanente, ya que la misma, como recuerda la OCDE, no es más que un conjunto de datos electrónicos manejados por un servidor, faltando las mínimas condiciones materiales para que se pudiera hablar de un establecimiento permanente.[78] Sin embargo, si atendemos al criterio de la presencia económica en el mercado de otro Estado, resulta también evidente que la página *web* es un conjunto de datos, que manejados por un navegador de *Internet*, se convierten en imágenes y texto que permiten poner en contacto a quien oferta unos productos y a quien desea adquirirlos. Quien vende productos en otro Estado a través de Internet es evidente que tiene una presencia económica continuada, aunque no sea un presencia física.

Más fácil resulta, en principio, considerar como establecimiento permanente el servidor.[79] Cierto es que un servidor constituye un mero soporte técnico de *software* y de datos, y que la actividad vinculada al mismo puede no tener la entidad suficiente para constituir un lugar de negocios. Pero la propiedad de un *server* en un Estado distinto al de la residencia tiene las características mínimas que se han venido atribuyendo a la categoría del establecimiento permanente, entendida en un sentido amplio. La actuación en otro Estado mediante un *server* puede equipararse a situaciones como las actividades empresariales ejercidas mediante equipos automáticos.

Sin embargo, la calificación de un servidor como establecimiento permanente no soluciona la cuestión clave, que no es otra que facilitar la tributación de las empresas que operan por medio de Internet en el Estado donde realizan sus ventas. Así, no se evitaría, como señala Elvira Benito, "(...) la masiva ubicación de *servers* en Estados de baja tributación", puesto que, como hemos visto, el *server* puede ser cambiado de ubicación con relativa facilidad.

Por otro lado, se plantea la cuestión de si sólo debemos considerar que existe establecimiento permanente en el lugar donde se encuentra el servidor, o, en cambio, en los lugares en los que, a través de la *web-site* se puede acceder a los bienes y servicios que la empresa ofrece y que es dónde realmente la empresa que vende a través de Internet tiene presencia económica. Ello llevaría, como reconoce el *Informe sobre el Impacto del Comercio Electrónico en la Fiscalidad Española*, a la "dificultad de tener establecimientos permanentes en prácticamente cualquier lugar del mundo".[80] Ante un resultado aparentemente tan desproporcionado, se ha propuesto limitar esa "presencia económica" atendiendo a un elemento cuantitativo. Se entiende que, tratándose de bienes y servicios vendidos a través de Internet sólo será posible evaluar ese grado de implantación en función de criterios cuantitativos. Así, se propone establecer un volumen mínimo de operaciones durante un año, recurriendo a una técnica que ya se utiliza, por

78. Elvira Benito, D., "El concepto de establecimiento permanente ante el comercio electrónico...", op. cit., p. 20.

79. El servidor, como equipo informático que es podría tener, *a priori*, la condición de establecimiento permanente, salvo que el mismo, y de acuerdo con lo establecido en el art. 5, 4 del Modelo de Convenio OCDE, llevara a cabo simples labores preparatorias de las allí enumeradas. Esta exclusión de las actividades preparatorias no se da, por cierto, respecto a la Ley española 41/1998, sobre el Impuesto de la Renta de No Residentes. Véase Checa Gonzalez, C., *Ley del Impuesto sobre la Renta de No Residentes*, op. cit., p. 68.

80. *Informe sobre el Impacto del Comercio Electrónico en la Fiscalidad Española*, op. cit., pp. 420-421.

ejemplo en el IVA, para fijar la tributación de las ventas a distancia en origen o en destino y que, como veremos, se quiere implantar también respecto a la fiscalidad indirecta de las ventas a través de Internet de empresarios no establecidos en la Unión Europea. A partir de una determinada cuantía de ventas en un Estado debe entenderse que existe implantación económica, y admitir el gravamen por parte de ese Estado.

Pero esta solución tampoco está exenta de dificultades muy serias. Ni la determinación de ese volumen mínimo de operaciones es fácil — existen multitud de factores que relativizarían la cuantía del mismo atendiendo a las especificidades del mercado, el tipo de bien o servicio... —, ni la verificación de que se ha sobrepasado ese umbral mínimo sería posible sin unos exhaustivos controles, muy difíciles de llevar a cabo cuando de transacciones electrónicas se trata.

Para ello sería necesario delimitar las ventas de un sitio *web* por territorios, lo que conlleva la dificultad de averiguar desde qué terminal se ha producido la adquisición del bien o producto digital. Así, Hurtado Gonzalez, propone como primera medida la elaboración de un "censo de empresas que sin ser residentes en nuestro territorio o poseer un establecimiento permanente en sentido tradicional operen ofreciendo sus productos a través de una página *web*",[81] al estilo de lo que se propone, respecto al IVA, para empresas radicadas fuera de la Unión Europea. Para elaborar ese censo, en función de un volumen de ventas, hay que verificar esas ventas, para lo cual sería necesario controlar los pagos de los bienes y servicios efectuados por quienes adquieren productos en el Estado de la fuente. A las exigencias de emisión de facturas y justificantes que pueden hacerse por sistemas telemáticos — en España, Orden de 22 de marzo de 1996 —, habría que unir los controles destinados a verificar los pagos *off-shore*. Para ello se han propuesto distintas soluciones, algunas de muy complicada realización práctica, como la de obligar a que todos los ingresos obtenidos por la actividad de una empresa que opera en otro Estado, se verifiquen a través de unas cuentas autorizadas al efecto, que deberían estar abiertas en una entidad financiera radicada en el Estado donde se realiza la venta. Por su parte, el Comité de Asuntos Fiscales de la OCDE, propuso centrar el control sobre las entidades de emisión de medios de pago electrónico, e incluso, llegar en el futuro a configurarlas como responsables y obligarlas a practicar una retención o *withholding tax*, posibilidad ésta absolutamente rechazada por las entidades financieras y el sector crediticio y bancario en general.

En suma, por todo lo que se ha expuesto se puede entender que el concepto de *establecimiento permanente* tal y como se define actualmente en el Modelo de Convenio OCDE, resulta claramente inoperativo para garantizar que las empresas que actúan a través de Internet en el territorio de otro Estado, sean gravadas en ese Estado. Dentro de las enormes dificultades que la fiscalidad de este tipo de operaciones conlleva, la idea de "establecimiento" que debemos utilizar, aun manteniendo el re-

81. Hurtado Gonzalez, J. F., "La aplicación del concepto de establecimiento permanente...", op. cit., p. 408. El control de las páginas *web* podría establecerse a partir de la información del ICANN (Internet Corporation for Assigned Names and Numbers), organismo autorreglamentario internacional privado sin ánimo de lucro, responsable de la administración y gestión, en el ámbito mundial, de los nombres y direcciones numéricas de Internet. A pesar de lo cual, resulta evidente que se trata de un control imperfecto puesto que el sistema actual de atribución de nombres de dominio no siempre consiste en individualizar a la empresa que opera. Con relación a la utilización del sistema de asignación de nombres de dominio como vía de control fiscal, destaca al respecto la Comunicación de la Comisión al Consejo y al Parlamento Europeo sobre la organización y gestión de Internet — Aspectos de política internacional y europea 1998-2000, que resalta la necesidad de definir y localizar las operaciones comerciales en la red. Para ello se pretende implicar al ICANN, a través de la recogida y puesta a disposición de informaciones suficientes para identificar de manera segura a los titulares y explotadores de nombres de ámbitos.

quisito de la *permanencia*, debe desprenderse del sustrato físico que tradicionalmente viene caracterizando a esta institución. Si la presencia física deja de ser fundamental, para definir la idea de establecimiento permanente a favor de la idea de "presencia económica relevante", será más fácil, en el plano teórico, poder considerar a una página *web* como establecimiento permanente. Por tanto, frente al vínculo geográfico que tradicionalmente caracterizó al establecimiento permanente, debe prevalecer la idea de "presencia económica relevante" o *actively targeted market*, consiste en una actividad comercial intencionalmente dirigida a un mercado determinado.

El criterio de una presencia económica relevante en un Estado, en la medida en que la empresa que vende a través de Internet dirija preferentemente su actividad hacia ese Estado va a imponer un análisis *in casu* de cada situación individual y va a exigir tener en cuenta una combinación de circunstancias que, en su conjunto, permitirán deducir la presencia de una empresa en el mercado de un determinado país. Alguno de estos datos relevantes han sido propuestos, a nuestro juicio, con acierto, por el *Informe sobre el Impacto del Comercio Electrónico en la Fiscalidad Española*. Así, la verificación de si la publicidad está específicamente dirigida a un mercado o mercados determinados, la cuestión de en qué Estado radican los servicios *post-venta*, a través de qué entidades se efectúa el pago, la sumisión a órganos jurisdiccionales o arbitrales de un determinado país, la vinculación estable con empresas de transporte o mensajería de un Estado, la existencia de depósitos o almacenes en cierto Estado o Estados... Estos elementos a tener en cuenta no excluyen otros criterios ya mencionados, como un determinado volumen de operaciones en ese Estado, o la existencia de un agente o intermediario.

Una propuesta de estas características conlleva numerosas dificultades técnicas, como la imputación y distribución de rentas y la de los gastos generados por el sitio *web*, cuya evaluación se complica al tratarse de *establecimientos permanentes* que se basan en una penetración económica y no en una presencia física. Se plantea también la necesidad de conceder un crédito de impuesto por lo pagado en el Estado de consumo a computar en el Estado de residencia, para evitar que se generen situaciones de doble imposición internacional. Y, previendo que en el país de residencia la cuantía del tributo a satisfacer por las rentas obtenidas a través de la red sea escasa o nula, cabría plantearse si sería conveniente limitar a una alícuota relativamente baja el gravamen en el Estado del consumo.[82]

A todo ello hay que unir las resistencias que generaría una redefinición del concepto de establecimiento permanente en el sentido expuesto, en tanto sería preciso un amplio consenso internacional, siendo predecible la oposición de los Estados *net-exporter*, y en particular, de los Estados Unidos.

Además, desde el punto de vista estrictamente jurídico-dogmático, una redefinición en estos términos supone erosionar la esencia del establecimiento permanente. Basar la idea de establecimiento permanente en la realización de actividades, en lugar de en una presencia continuada, supone abrir paso a la posibilidad de que una empresa tenga establecimiento en otro Estado sin consolidarse materialmente en su territorio, como por otra parte ya venía ocurriendo con los contradictorios "establecimiento permanentes de actividad esporádica".[83] Y supone un paso atrás en el empeño del propio Modelo OCDE, de diferenciar entre los supuestos en que simplemente se

82. Garbarini, C., "La disciplina fiscale del commercio elettronico...", op. cit., p. 1.257, propone un porcentaje del 10%.

83. Requisito que Garcia Prats, A., considera fundamental, al definirlo como "elemento intrínseco a toda existencia de un establecimiento permanente", y que no se aprecia en los llamados "establecimientos permanentes de actividad esporádica" (*El Establecimiento Permanente*, op. cit., pp. 75 y 76). También Gonzalez Poveda, V., *Tributación de no Residentes*, Ed. La Ley, Madrid, 1989, p. 120.

realiza una actividad, que no constituiría por sí sola establecimiento permanente (ventas por comisionistas e intermediarios) de los casos en los que hay verdadera vinculación con la soberanía fiscal del Estado donde se vende, para la cual, el propio Modelo exige, de modo prioritario, la presencia física.

VI.1.2 La calificación de determinados rendimientos

Un segundo problema, de no menor trascendencia que el anterior, es el relativo a cómo se califican determinados rendimientos que se pueden generar como consecuencia de la actividad de las empresas a través de Internet. Siendo el problema de la fiscalidad de las rentas obtenidas a través de Internet una cuestión de fiscalidad internacional, que ha de resolverse también al amparo de los Convenios de Doble Imposición, la doctrina viene destacando que tales convenios, como normas jurídico-tributarias que son, plantean problemas desde la perspectiva de su aplicación. Y entre esos problemas destaca, como ocurre con todas las normas jurídico-tributarias, las cuestiones relativas a la interpretación de normas y la calificación de hechos.[84]

La calificación de rentas es un problema muy importante en la operatividad de los tratados de doble imposición, sobre todo en lo relativo a la necesidad de que las Partes Contratantes califiquen de manera similar el rendimiento, a efectos de evitar lo que Calderon Carrero llama "disfunción de todo el sistema previsto en el convenio", que puede llevar a que no se elimine la doble imposición. Y los principales problemas relativos a la calificación de rentas se dan, precisamente, en las transferencias de tecnología. Sobre los mismos cabe la calificación como rendimientos de actividades empresariales, al amparo del art. 7 del Modelo OCDE, que sólo pueden someterse a imposición en el país de residencia salvo que concurra establecimiento permanente en el otro país. O la calificación como cánones, aplicando el art. 12 del Modelo, por lo que se podrían gravar a un tipo reducido en la fuente.[85] Señalemos que, con relación a los cánones, el art. 12 del Modelo de Convenio OCDE dispone, para rendimientos de este tipo satisfechos entre residentes de Estados contratantes, la tributación en el Estado de residencia del perceptor, en una posición claramente favorecedora de los Estados exportadores de tecnología, y que contrasta con el Modelo *Pacto Andino*, que sigue el "Criterio ONU", fijando la tributación por royalties en el Estado de la fuente. Por eso, los Estados de la OCDE, en los Convenios bilaterales — es el caso de España[86] — han introducido un sistema de tributación compartida, disponiendo el gravamen limitado en la fuente, de forma muy similar a lo que ocurre con dividendos e intereses.[87]

La cuestión de si los pagos por determinadas cesiones de tecnología, y en concreto, de productos informáticos, deben calificarse como rendimientos de actividades económicas independientes o como *royalties* es, por tanto, una *vexata quaestio* en el ámbito del derecho fiscal internacional. Desde un punto de vista estrictamente jurídico, la respuesta que en cada caso se

84. Sobre la distinción entre las funciones calificadoras y de interpretación, Casado Ollero, G., "Legalidad tributaria y función calificadora de la Administración fiscal", *Boletín del Ilustre Colegio de Abogados de Madrid*, n. 16, 2000, p. 48. En concreto, Xabier, A., "El problema de la calificación en el Derecho Tributario Internacional", *RDFHP*, ns. 225-226, 1993, p. 669.

85. Calderon Carrero, J. M., *La Doble Imposición Internacional en los Convenios de Doble Imposición y en la Unión Europea*, Aranzadi Editorial, Pamplona, 1997, p. 83.

86. Véase al respecto, Vazquez del Rey, A., "Convenios de Doble Imposición y rentas derivadas de programas de ordenador", *Derecho Tributario e Informática*, Tirant Lo Blanch, Valencia, 2000, pp. 98 y 99.

87. Véase Tovillas Moran, J. M., *Estudio del Modelo de Convenio sobre Renta y Patrimonio de la OCDE de 1992*, Marcial Pons, Madrid, 1996, pp. 150-151. También Torres, H., *Pluritributação Internacional sobre as Rendas de Empresas*, op. cit., p. 551.

adopte, como explica Casero Barron, dependerá "de la naturaleza de los derechos que el cesionario adquiere, de acuerdo con las cláusulas contractuales concretas relativas al uso y explotación del programa informático".[88] Cuando se dice que se adquiere *software*, normalmente se hace referencia tanto al programa, que incorpora un *copyright* o derecho de propiedad intelectual, como al soporte material.[89] Aunque el objeto de un contrato sea el *software*, habrá que fijarse en las concretas cláusulas contractuales, ya que la adquisición de un programa puede suponer la compra de todos los derechos de propiedad intelectual del programa, pudiendo utilizar esa información digitalizada cuantas veces se quiera — será lo que se conoce como *software* personalizado —, o puede suponer la adquisición de un producto — *software standard*. En el primer caso, parece que se pagará por el uso o concesión de uso de un derecho de propiedad intelectual, tratándose de un *royalty* o regalía.[90] En el segundo, se está pagando un precio por la adquisición de un producto, que para la empresa que lo vende será un beneficio empresarial.

Ahora bien, esta polémica acerca de la posible clasificación de un ingreso como rendimiento empresarial o regalía se acentúa en lo concerniente a bienes transferidos por vía telemática, y, en concreto, cedidos en formato digital. La doctrina se ha encargado de exponer muy gráficamente los problemas que al respecto se pueden generar; el "bajar" un programa informático de la red a cambio de un precio, ontológicamente es la misma transacción que la compra de dicho programa en el soporte físico tradicional. Pero téngase en cuenta que la adquisición de ese programa a través de Internet supone el derecho a copiar el producto en el disco duro del ordenador del adquirente, lo que puede significar un uso de *copyright*, aun cuando esta copia suponga una parte incidental en la transacción, no relevante a efectos de calificación de la misma.[91] No obstante, el objeto económico de la transacción es, en este caso y sin lugar a dudas, el derecho a utilizar de modo pleno y exclusivo un producto digital, y no el derecho a utilizar el *copyright* del producto. Esto se ve de manera más clara en lo relativo a la adquisición de productos diferentes a los programas informáticos en sentido estricto, pero que pueden ser suministrados en formato digital, como películas, música u obras literarias. Parece que el hecho de que se adquieran *on-line* no debe suponer que nos encontremos ante la adquisición de bienes inmateriales; como dice De Juan Ledesma, "un libro digitalizado, no es ni más ni menos que el sustituto de dicho libro". Ahora bien, esta evidencia tampoco puede esconder la necesidad de una readaptación del concepto de "canon", teniendo en cuenta que la cesión de productos en formato digital permite alterar y manipular la información recibida.[92]

La incertidumbre que esta situación generaba hacía necesario clarificar el contenido real del término "canon". Lo que estaba realmente en juego era aclarar qué supuestos de adquisición de productos digitalizados a través de la red podían caber en ese concepto, y por tanto, en qué casos el

88. Casero Barron, R., "El comercio electrónico y la tributación internacional...", op. cit., p. 79.

89. Se trata de una vieja distinción acuñada por la doctrina mercantilista. Por ejemplo, Ascarelli, T., *Teoría de la Concurrencia y de los Bienes Inmateriales*, trad. de E. Verdera y L. Suárez-Llanos, ed. Bosch, Barcelona, 1978, pp. 319 y 320, que diferencia en todos los bienes inmateriales una entidad protegida por el Derecho — *corpus mysticum* — y un soporte material físico — *corpus mechanicum*.

90. Vazquez del Rey, A., "Convenios de Doble Imposición y rentas derivadas de programas de ordenador", op. cit., pp. 113-114.

91. Garbarini, C., "La disciplina fiscale del commercio elettronico...", op. cit., p. 1.217. Por su parte, señala Vazquez del Rey, A., "de cualquier forma, con independencia de su origen legal o contractual, resulta evidente que la reproducción del programa en el disco duro o en la memoria RAM, constituye un requisito esencial para la utilización del programa" ("Convenios de Doble Imposición y rentas derivadas de programas de ordenador", op. cit., p. 107).

92. De Juan Ledesma, A., "*Internet* y nuevas tecnologías en telecomunicaciones: nuevos retos de la fiscalidad internacional", op. cit., p. 1.206.

Estado de la fuente, a través del oportuno convenio, podría gravar la renta obtenida por esas adquisiciones. Todo esto llevó a que la OCDE propusiese modificar la definición de "canon" en los Convenios de Doble Imposición para incluir los programas de ordenador y la información y productos en general suministrados en formato electrónico. En relación con ello, su Comité de Asuntos Fiscales elaboró con ocasión de la Conferencia de Ottawa, un *dossier*, cuya finalidad era realizar propuestas para modificar los parágrafos 12 a 17 de los Comentarios al artículo 12 del Modelo de Convenio OCDE, relativo a los *royalties*.[93] Estas propuestas se hicieron realidad en febrero de 2000, para introducir un nuevo parágrafo 12, 2, en el que se aclara el criterio a seguir para concretar la tipología de las rentas derivadas de las cesiones de *software*.[94]

A partir de esta modificación de los comentarios al Modelo de Convenio OCDE, se introduce una diferenciación aparentemente clara; estaremos ante "cánones" cuando la adquisición del programa suponga obtener el derecho a *usar* los derechos de propiedad intelectual de carácter económico, manteniendo el cedente su propiedad, en los términos similares a los que también se manifiesta la Propuesta de Directiva del Consejo CEE relativa a un régimen fiscal común aplicable a los intereses y cánones efectuados entre sociedades asociadas de diferentes Estados miembros,[95] según la cual los pagos relativos a la cesión de *software* son cánones si se transfiere cualquier cosa, "menos la plena propiedad del *software*".[96] Así, en el supuesto en que se adquiera el derecho (licencia) a reproducir y distribuir *software* que incorpore el programa protegido o a "modificar y exhibir públicamente el programa",[97] se estará pagando por usar derechos de propiedad intelectual, esto es, por facultades que de no haber mediado cesión, sólo podría utilizar el titular del derecho de propiedad intelectual.

También estaremos ante cánones, cuando lo que se transmita al comprador sea información sobre lenguajes de programación, que pueda equipararse al *know-how*, puesto que lo que se está retribuyendo realmente es el derecho a utilizar "información (fórmulas, algoritmos, técnicas, procesos ...) relativa a experiencias de carácter industrial, comercial o científico". El *know-how*, definido en los Comentarios al Modelo de Convenio OCDE, como "conjunto no divulgado de informaciones técnicas (...) necesarias para la reproducción industrial", tiene un tratamiento similar a la transferencia de tecnología y los ingresos derivados del mismo se califican como "cánones".[98]

93. Giuliani, F. M., "L'interpretazione delle convenzioni internazionali contro le doppie imposizioni sui redditi", en *Corso di Diritto Tributario Internazionale*, coord. Uckmar, V., *Corso di Diritto Tributario Internazionale*, Cedam, Padova, 1999, 296-299. Para este autor, la decisión de intervenir sobre los Comentarios al Modelo vino impulsada por la necesidad de lograr la inmediata aplicabilidad de tales modificaciones en todos los Tratados de Doble Imposición vigentes.

94. El texto original de este nuevo parágrafo es el siguiente: "The character of payments received in transactions involving the transfer of computer software depends on the nature of the rights that the transferee acquires under the particular arrangement regarding the use and exploration of the program (...)".

95. Presentada a la Comisión el 6 de marzo de 1998; COM (1998)67 final- 98/0087 (CNS). Se puede consultar en http://europa.eu.int/eur-lex/es/com/dat/1998/es_598PC0067.html.

96. Estamos ante el llamado *software house*. La Ley española de Propiedad Intelectual, aprobada por R.D.Leg. 1/1996, de 12 de abril, incluye entre las obras objeto de protección, "los programas de ordenador" — art. 10, 1). La Sección 2ª del Capítulo III de la Ley, al referirse al contenido de del derecho a la propiedad intelectual, incluye los derechos de explotación que abarcan los derechos de participación económica y remuneración por copia privada. Lo obtenido por estas retribuciones es un "canon", en opinión que en España ha ratificado la DGT en Consulta de 22 de julio de 1998. Los rendimientos catalogables como "cánones", que tributan en España según las reglas de los arts. 23, 24 y 25 de la Ley del IRPF de no Residentes, incluyen lo obtenido por la cesión del uso del programa, pero no los rendimientos de la venta de aplicaciones que incorporan el *software*.

97. Casero Barron, R., "El comercio electrónico y la tributación internacional", op. cit., p. 80.

98. Véase en el ordenamiento interno español, la Ley 41/1998, del Impuesto sobre la Renta de los no Residentes, que en sus arts. 23, 24 y 25 sujeta a la

Por el contrario, se tratará de una mera compra, que para el vendedor reportará ingresos ordinarios referidos a su actividad económica, cuando el objeto de la cesión sea el uso personal de un determinado *software*, lo que tendrá lugar a través de una mera adquisición de una copia del mismo. Incluso cuando la adquisición del *software* o cualquier otro producto digital lo sea por un determinado período de tiempo, transcurrido el cual todas las copias del producto devengan inutilizables.[99]

Esta será la situación más normal en el supuesto de adquisición de programas a través de la red; el usuario copia el programa en el disco duro de su ordenador siendo a estos efectos irrelevante que tal uso sea haya adquirido por vía electrónica o que el producto incorporado al *hardware* del adquirente pueda ser reproducido o modificado. Esta última circunstancia no es más que una peculiaridad vinculada al modo de adquisición del producto informático, pero no supone que se esté haciendo uso de ningún derecho de propiedad intelectual. Estas copias, que normalmente se contemplan en los contratos de cesión de este tipo de productos informáticos ("licencias de sitio") tendrán como única finalidad hacer operativo el programa en el marco de la actividad del adquirente, por lo que las rentas obtenidas por el suministrador de *software* serán de una actividad comercial y se gravarán en el Estado donde éste resida.

También se estará retribuyendo una actividad económica (en este caso, una prestación de servicios) en aquellos casos en los cuales el suministrador de *software*, titular de unos conocimientos que podrían calificarse como *know-how*, elabora un producto informático adecuado a las necesidades del cliente, quien a través de la red le encarga tal elaboración. En este caso se aplicará el mismo criterio de localización que en el caso anterior.

Otros supuestos más polémicos han generado cierto debate como la prestación *on-line* de servicios accesorios de actualización que se suministran a todos los adquirentes de un determinado producto informático. El Grupo de Trabajo denominado *Technical Advisory Group on Treaty Characterization of Electronic Commerce Payments*, que ha elaborado un informe en el año 2000 por encargo del Comité de Asuntos Fiscales de la OCDE,[100] calificaba estos rendimientos como *royalties*, aunque la opinión prevalente en la doctrina es que en este caso se trata de rendimientos de actividades empresariales, pues prestar los servicios auxiliares de actualización vía *on-line* a todos los adquirentes de *software* forma parte de la actividad de las empresas que venden en la red estos productos informáticos.[101]

También deben considerarse prestaciones de servicios, que quedarían sometidas a los principios reflejados en el art. 7 del Modelo OCDE — y, por tanto, tributarían en el Estado de residencia del prestador, salvo que se aprecie la existencia de un establecimiento permanente o una "presencia relevante" en el Estado donde venden sus bienes o prestan sus servicios — diversos servicios que pueden prestarse *on-line*. Destacamos, someramente, los servicios de asistencia técnica *on-line* prestados a clientes o suscriptores, a través de los cuales se envía a través de Internet documentación técnica o se ponen los medios para hacer frente a diversas contingencias sobre el funcionamiento de estos productos previamente vendidos, sin que estos servicios puedan considerarse *know-how*. También los

asistencia técnica que abarca transferencia de tecnología, al régimen de los cánones, y, por tanto, a la tributación ordinaria de las rentas obtenidas sin mediación de establecimiento permanente. Vazquez del Rey, A., "Convenios de Doble Imposición y rentas derivadas de programas de ordenador", op. cit., p. 108.

99. Véase al respecto de la polémica en este caso, Garbarini, C., "La disciplina fiscale del commercio elettronico...", op. cit., p. 1.223.

100. "Treaty characterisation issues arising from electronic commerce", de 1 de septiembre de 2000.

101. Garbarini, C., "La disciplina fiscale del commercio elettronico...", op. cit., p. 1.221.

rendimientos *application hosting*, en los cuales el cliente adquiere el derecho a acceder a uno o más programas de *software house*, siendo el objeto del contrato la obtención de una clave o trámite de acceso. Los contratos *application service provider*, en el cual se pone a disposición del cliente el acceso a un *software* memorizado, que no tiene autorización a copiar ni a usar para finalidades distintas a las estipuladas en el contrato. O, por último, los contratos de servicio *web-site-hosting*, en los que el proveedor ofrece espacio para que el cliente puede fijar su *web*, cuyos ingresos son siempre rendimientos empresariales del proveedor. Lo mismo cabría decir con relación a los servicios *data warehousing* (el proveedor facilita al cliente espacio en un servidor para memorizar información) o *data retrieval* (se pone a disposición del cliente un banco de datos). Tampoco en el supuesto de servicios de *data retrieval* o puesta a disposición de bancos de datos, aun en el caso de que los datos ofrecidos fuesen de un valor elevado, cabría entender que nos encontramos ante un supuesto de *know-how* equiparable a los cánones. Los datos ofertados difícilmente encajarían en las características que los conocimientos deben tener para equivaler a un verdadero *know-how*.

Si no cabe ninguna vacilación respecto a que en estos casos nos encontramos ante retribuciones de actividades empresariales, la sombra de la duda la ha sembrado el art. 12, 2 del Modelo de Convenio OCDE en su redacción de 1977 con su definición amplísima de "canon", que todavía subsiste en Convenios bilaterales de Doble Imposición y también en la Propuesta de Directiva del Consejo CEE sobre régimen fiscal de intereses y cánones. Esta definición de "canon" incluye las remuneraciones por la cesión de derechos de uso de "equipos industriales, comerciales o científicos". Y cabría la posibilidad de que alguno de los contratos expuestos pudieran incluirse en esta dicción de la norma. La modificación que tiene lugar en el año 1992 lleva a entender que los ingresos por estas cesiones tienen la condición de beneficios empresariales, subsumibles en las reglas del art. 7 del Modelo de Convenio OCDE, ya que estos ingresos se obtienen habitualmente en el marco de una actividad empresarial, lo cual tendrá gran importancia cuando los Estados compartan el derecho a gravar los cánones y permitan, vía convenio internacional, hacerlo al Estado de la fuente.[102]

Por último, diversos ingresos derivados de servicios ofertados por empresas que operan en la red, en cuanto tales servicios (publicidad en la red, servicios de consulta *on-line*, accesos a portales comerciales o de entretenimiento, transmisión de radiotelevisión en tiempo real...) generan, sin lugar a dudas, rendimientos de actividades empresariales para el perceptor.

VI.1.3 Precios de transferencia

Las ventas de bienes y prestaciones de servicios a través de la red, y en general, el uso de las nuevas tecnologías en las transacciones comerciales, conlleva también novedades sustanciales respecto a otras cuestiones. Es el caso, por ejemplo, de la transparencia fiscal internacional (*Controlled Foreign Corporation*), que deberá ser objeto de una profunda reforma.[103] Y también, como ha manifestado OWENS, presidente del Comité de Asuntos Fiscales de la OCDE, pueden llegar a ponerse en duda los sistemas o métodos tradicionales de determinación de los precios de transferencia.[104]

102. Véase Farre Español, J. M., *La Doble Imposición, Modelo OCDE 1992*, Barcelona, Einia, 1994, p. 224.

103. El mecanismo habitual de diferir impuestos y trasladar la base imponible, mediante la interposición de sociedades en territorios de baja tributación, que se afronta con la solución — recogida en el art. 75 de la Ley 40/1998 reguladora del IRPF — de imputar las rentas de la sociedad no residente en el impuesto personal sobre la renta de la persona física socio mayoritario de la misma, podrá eludirse con la realización de la actividad comercial de la sociedad a través de servidores localizados en paraísos fiscales. Ello obligará a un profundo replanteamiento de la transparencia fiscal internacional.

104. Véase al respecto, Casero Barron, R., "El comercio electrónico y la tributación internacional...", op. cit., p. 83. La opinión de Owens, J., puede

En efecto, en el tratamiento que hemos dispensado hasta ahora a la espinosa cuestión relativa a los establecimientos permanentes hemos simplemente apuntado uno de los problemas de mayor calado que los mismos plantean, que es el de la imputación de rentas a tales establecimientos, problema que se reproduce cuando se quiere configurar como tal *establecimiento permanente* a un servidor o a un sitio *web*. En lo relativo a esta cuestión, uno de los temas más controvertidos es, sin lugar a dudas, el de los precios de transferencia, pues esta imputación de rendimientos debe llevarse a cabo, atendiendo a los criterios relativos a los mismos. Así se pronuncia el art. 9 del Modelo de Convenio OCDE, fijando como pauta para establecer los precios de transferencia el principio de libre concurrencia (*arm's length*), según el cual en las transacciones entre empresas debe regir un precio que sería el que tendría lugar entre entidades independientes y para transacciones idénticas o similares, efectuadas en un mercado de libre concurrencia. Los métodos de valoración propuestos por la OCDE, en su Informe de julio de 1995, que actualiza la Guía sobre Precios de Transferencia[105] (que son los que, sustancialmente, se recogen en el art. 16, 3 de la Ley española 43/1995, del Impuesto sobre Sociedades[106]) son fundamentalmente los de "precio comparable" de mercado — *comparable uncontrolled price method*. Este es el método preferido por la OCDE, puesto que es el que mejor encarna el principio de libre concurrencia, aunque la propia organización internacional reconoce sus dificultades, especialmente a la hora de llevar a cabo las comparaciones. De ahí, la necesidad de precisar y mejorar el método de comparación, y, de tener en cuenta las diferencias entre las empresas comparadas que puedan afectar al precio final — como el posicionamiento en el mercado y la eficiencia en general — para, de esta manera, practicar los ajustes correspondientes. Como consecuencia de ello, la posición de la OCDE puede ser calificada como de "compromiso". Junto el método comparable, que preserva mejor que ningún otro la regla de la libre concurrencia, se abre la posibilidad de acudir a otros métodos, como el coste incrementado (*cost plus method*) o el precio de venta (*resale price method*), que deberían aplicarse de modo subsidiario y respetando la regla de la libre concurrencia.

Junto a estos métodos que descansan en las transacciones, la OCDE ha introducido los métodos de distribución de beneficio (*profit split method*). Estos últimos son resultado del recurso a los métodos de distribución del beneficio, impulsado por Estados Unidos y del convencimiento acerca de la insuficiencia de los otros métodos para tratar todos los casos posibles que en la realidad pueden darse, "porque, los mismos, descansan de un modo sustancial sobre la similitud de las transacciones".[107] En cualquier caso, la OCDE rechaza aquellos métodos basados "en fórmulas de distribución de los beneficios entre sociedades del grupo en función de reglas preestablecidas" (regla de "asignaciones formularias" o *global formulary apportionment*). Y ello porque son métodos que, en la práctica, no tienen en cuenta el régimen del valor normal de mercado y, por tanto, se alejan del principio de libre concurrencia.[108]

verse reflejada en "La tributación de las empresas multinacionales", *Cuadernos de Formación*, Escuela de Hacienda Pública, n. 30, 1995. También, Owens, J., Horner, F. M., "Tax and the web: new technology, old problems", *IBFD Bulletin*, noviembre-diciembre 1996.

105. Cavestany Manzanedo, M. A., "Los precios de transferencia en la nueva Ley del Impuesto sobre Sociedades, desde las perspectiva de las directrices de la OCDE de julio de 1995", *Carta Tributaria*, n. 245, 1996, p. 3.

106. Así, Moreno Fernandez, J. I, *La Tributación de las Operaciones Vinculadas*, Aranzadi, Editorial, Pamplona, 1999, p. 67.

107. Casero Barron, R., "El comercio electrónico y la tributación internacional...", op. cit., p. 84.

108. Cavestany Manzanedo, M. A., "Los precios de transferencia en la nueva Ley del Impuesto sobre Sociedades...", op. cit., p. 3. De hecho, y como recuerda Casero Barron, R., "los métodos basados en el beneficio han sido ampliamente criticados en un contexto donde rige el principio de libre concur-

Planteadas así las cosas, la aparición de operaciones vinculadas a través de Internet, especialmente como consecuencia del uso creciente de las *intranets* o redes privadas entre las sociedades del mismo grupo[109] para el traslado de beneficios en empresas multinacionales y los consiguientes trasvases de valor por medio de las mismas. Las *intranets*, como reconoce el *Informe sobre el Impacto del Comercio Electrónico en la Fiscalidad Española*,[110] producen una confusión entre las operaciones realizadas, la titularidad de los medios utilizados para realizarla y los gastos en que se haya incurrido.

Pero el gran problema de la determinación del valor en las operaciones vinculadas es la dificultad creciente de implementar análisis de comparación fiables.[111] Si la fijación de un precio de mercado, con el que poder comparar el posible precio de transferencia, es complicada, por no existir, respecto a determinadas transacciones, un mercado claramente definido, este problema se agudiza extraordinariamente en relación con las operaciones que tienen lugar a través de la red. Por un lado, estas operaciones consisten en productos altamente especializados, bienes inmateriales de carácter exclusivo o servicios personalizados que hacen muy difícil, por no decir imposible, encontrar una transacción llevada a cabo por terceras personas de la que exista suficiente información disponible, con el fin de compararla con la realizada por medios electrónicos. Además, como recuerda Casero Barron, si las transacciones tienen lugar en el marco de redes privadas, son además difíciles de perseguir e identificar.[112]

Por ello, el futuro de los precios de transferencia plantea, con la irrupción de Internet, una serie de interrogantes, que, podemos pronosticar, permanecerán abiertas largo tiempo. Por un lado, se abrirá la brecha que está llevando a cuestionar los métodos basados en la transacción y en la comparación, que constituyen la esencia del principio de libre concurrencia. Por ello, es de esperar que de la mano de la aparición de precios de transferencia como consecuencia de operaciones en la red se aviven las propuestas favorables a los métodos de distribución de beneficio, e, incluso a fórmulas fundadas en reglas preestablecidas. Solución que tiene muchos detractores, por lo que supone de superación del principio de libre concurrencia y por la dificultad práctica de evaluar cuestiones como los datos de filiales cuando carezcan de un sistema contable común o de ajustar los gastos a la operación correspondiente.

Como alternativa a los métodos basados en la transacción aislada, y dada la dificultad de individualizar las transacciones por medio de la red por su velocidad y composición, cabría la agregación de transacciones "íntimamente conectadas o que suponen una solución de continuidad", atendiendo a las reglas de agregación del Capítulo I de las Directrices de la OCDE de 1995.[113]

rencia", añadiendo que "los oponentes han alegado que los Estados que usan estos métodos pueden llegar a reclamar una proporción excesiva de la base imponible correspondiente a las operaciones fronterizas" ("El comercio electrónico y la tributación internacional", op. cit. p. 85).

109. Cuya utilización generalizada en el seno de empresas multinacionales es calificada por De Juan Ledesma, A., como "solapada y silenciosa revolución" ("*Internet* y nuevas tecnologías en telecomunicaciones", op. cit., p. 1.025).

110. *Informe sobre el Impacto del Comercio Electrónico en la Fiscalidad Española*, op. cit., p. 432.

111. Situación ésta, reconocida en España, por el TEAC, en Resolución del 25 de octubre de 1995 (*JT* 1995, 1584), donde se dice "que la fijación de un precio de mercado, con el que poder comparar el posible precio de transferencia es difícil dado que, a veces, las transacciones entre sociedades vinculadas son tan peculiares que no existe un mercado claramente definido de las mismas en el ámbito de las empresas independientes (...)".

112. Casero Barron, R., "El comercio electrónico y la tributación internacional...", op. cit., p. 87.

113. De Juan Ledesma, A., "*Internet* y nuevas tecnologías en telecomunicaciones...", op. cit., p. 1.206. Sin olvidar las propuestas de un "sistema de tributación único con un solo punto de sujeción a imposición que sería el país de residencia del vendedor".

Por otro lado, es de esperar, como señala el *Informe sobre el Impacto del Comercio Electrónico en la Fiscalidad Española*,[114] una vigorización de los sistemas de acuerdos previos (*Advance Pricing Arrangements*) "que determinen cuál debe ser la distribución intragrupo de los beneficios, de forma que se establezca un volumen de base imponible razonable en función de la actividad realizada en cada territorio y el beneficio con ello obtenido, basándose en los precios que se hubieran practicado entre partes independientes".[115]

VI.2 La imposición indirecta

Al tratar la fiscalidad indirecta en relación con el comercio electrónico, es imprescindible referirse al régimen del IVA, tributo indirecto por naturaleza, y que, por su requisito de generalidad, recae sobre todas las entregas de bienes y prestaciones de servicios realizadas por empresarios o profesionales, que en la actualidad pueden, en buena medida, llevarse a cabo a través de la red.

Como ya hemos señalado, las transacciones a través de la red pueden referirse a bienes materiales, en cuyo caso Internet es un simple medio de comunicación para relacionar comercialmente a un empresario con otro sujeto, que puede ser un consumidor final. O puede tratarse de transacciones *on-line*, respecto a las cuales, la red no será solo una vía de comunicación sino el instrumento para que determinados bienes, ofertados tradicionalmente en formato convencional, pasen a ser vendidos en formato digital.

Frente a este tipo de transacciones, y, en especial, las que forman parte del comercio *on-line*, la norma armonizadora del IVA vigente en la actualidad, la Directiva 77/388/CEE de 17 de mayo de 1977 (Sexta Directiva), se revela claramente inadecuada. Téngase en cuenta, además, que el IVA se encuentra en la actualidad en una fase de clara evolución, como consecuencia del denominado "régimen transitorio", que se implantó a través de la Directiva 91/680/CEE, del Consejo, de 16 de diciembre de 1991, régimen transitorio que estaba destinado a aplicarse entre el 1 de enero de 1993 hasta el 31 de diciembre de 1996.[116] El incumplimiento de los plazos para la entrada en vigor del sistema definitivo — que, en sustancia, consistiría en la tributación en "origen" —, dio lugar a la presentación del Programa para el Mercado Único, COM 96 (328), denominado Programa Monti, presentado por la Comisión el 22 de julio de 1996. Pues bien, el propio Programa Monti propone, para la tercera fase de su calendario, determinadas vías de modernización del impuesto. Algunas de estas líneas de modernización, como señala Calero Gallego, deben "dar respuesta a las nuevas condiciones en que pueden desenvolver su actividad los operadores económicos como consecuencia de los avances tecnológicos",[117] poniéndose como ejemplo, la Decisión del Consejo de 17 de marzo de 1997, y la posterior Directiva de 17 de junio de 1999 (n. 1999/59/CE que modifica el art. 9 de la Sexta Directiva, para localizar los servicios de telecomunicaciones en la sede del destinatario cuando tales servicios se presten a un empresario ubicado en un Estado distinto al del prestador o a un empresario o consumidor final no comunitario.

Pero existen otras iniciativas de la CEE directamente destinadas a adaptar el

114. *Informe sobre el Impacto del Comercio Electrónico en la Fiscalidad Española*, op. cit., p. 432.

115. *Informe sobre el Impacto del Comercio Electrónico en la Fiscalidad Española*, op. cit., p. 432. Sobre los *Advance Pricing Arrangements*, véase Serrano Anton, F., *La Terminación Convencional de Procedimientos Tributarios y Otras Técnicas Transaccionales*, monografías AEDAF, 1996, p. 93.

116. Las modificaciones más importantes en materia de IVA, tienen su origen en el Libro Blanco de 1985, que preveía la eliminación de las fronteras fiscales el 1 de enero de 1993, fecha que se reflejó, sin eficacia vinculante, en el Acta Única de 1987.

117. Calero Gallego, J., "El Programa Monti", *A Fiscalidade na União Europeia. Presente e Futuro*, I Congresso Internacional de Direito Fiscal, Fundação Fernando Pessoa, Porto, 2000, p. 21.

IVA a las necesidades de la Sociedad de la Información, que ya hemos citado. Así la declaración resultado de la Conferencia Ministerial Europea de Bonn de julio de 1997, donde se propuso una fiscalidad no discriminatoria en lo relativo a las transacciones a través de la red y el Acuerdo, entre la Unión Europea y Estados Unidos, celebrado en Washington en 1997, que menciona los principios de la tributación indirecta de operaciones a través de Internet; claridad, consistencia, neutralidad y no discriminación.

Sin embargo, y como también hemos dicho, los textos más importantes son, en primer lugar, la Comunicación de la Comisión al Consejo, al Parlamento y al Comité Económico y Social, "Comercio Electrónico y Fiscalidad Indirecta" (Com 98/374), de 17 de junio de 1998[118] y en segundo lugar, la Propuesta de Directiva del Consejo por la que se modifica la Directiva 77/388/ CEE (Sexta Directiva), respecto al régimen del impuesto sobre el valor añadido aplicable a algunos servicios prestados por vía electrónica.

En la Comunicación, la Comisión define los principios de seguridad jurídica, simplicidad y neutralidad como claves para adaptar el IVA a la tributación de las operaciones en la red.[119] Y, en concreto, establece dos directrices fundamentales; la ausencia de nuevos impuestos y la consideración de las transmisiones electrónicas como prestaciones de servicios y no como entregas de bienes.

Respecto a la primera de estas Directrices, nos encontramos ante una concreción del principio de neutralidad. La neutralidad es uno de los principios informadores del IVA, que se traduce en la necesidad de que la regulación del impuesto no provoque distorsiones a la competencia. Por ello, las transmisiones de bienes o servicios a través de la red deben sujetarse a los mismos impuestos indirectos — en especial, el IVA — que los que se aplican a las entregas y servicios prestados por medios tradicionales, lo que supone no introducir un factor de discriminación a través de la implementación de impuestos específicos. De esta manera, la Comisión rechaza de plano la posibilidad de un tributo del tipo del *bit-tax*, al cual ya nos hemos referido, y respecto al cual ya hemos manifestado nuestra reprobación.

La opción europea por sujetar al IVA las ventas a través de Internet, permite hablar de un modelo europeo de fiscalidad indirecta de las operaciones en la red, opuesto al modelo norteamericano. Serían sus características la aplicación de un impuesto plurifásico que grava el consumo sobre la base del valor añadido (frente a la tributación monofásica norteamericana, lo que permite al modelo europeo aplicar alícuotas nominales más bajas) y la tributación de las operaciones de comercio electrónico a través de los mismos instrumentos fiscales que las ventas convencionales.

En segundo lugar, la Comisión ha partido de la premisa de considerar las entregas de productos digitalizados a través de la red como prestaciones de servicios. Ello significa que la atención, en lo relativo a la fiscalidad indirecta en la red, se va a centrar en las ventas *on-line*, esto es, productos y servicios distribuidos en formato digital a través de Internet, y sin que exista desplazamiento físico de bienes materiales.

Por tanto, cuando a través de Internet se concierten ventas *off-line* (el llamado comercio electrónico indirecto) de bienes con sustrato físico que posteriormente serán enviados y transportados por canales ordinarios como el correo o servicios de mensajería, en principio, la normativa vigente en relación con el IVA es perfectamente aplicable. Si la operación *off-line* se lleva a cabo entre residentes en el territorio de un Estado miembro, estaremos ante una entrega de bienes ordinaria. Si la operación concerta-

118. Se puede consultar en http:/europa.eu.int/ comm/dgs/taxation customs.

119. La "neutralidad" como característica del IVA ya había sido destacada por el TJCE, sentencia *Coffeeshop Siberie*, C-158/1998, de 29 de junio de 1999.

da a través de Internet da lugar a un envío realizado por un operador comunitario a un consumidor residente en otro Estado comunitario, será aplicable el régimen de ventas a distancia o por catálogo, regulado en el art. 68, 3 de la Ley española del IVA. Este régimen determina la tributación en origen hasta un volumen total de ventas efectuadas por el empresario vendedor en el Estado de destino — 4.550.000 ptas. — y la tributación en destino a partir de esa cantidad. Por tanto, tributarán en España las ventas a distancia por Internet a través de comercio electrónico indirecto, efectuadas por un empresario residente en otro Estado comunitario, cuando el volumen de las efectuadas en el año precedente, sobrepase las 4.550.000 ptas. El empresario residente en otro Estado de la Unión Europea tendrá la obligación de nombrar un representante en España, que atienda al cumplimiento de sus obligaciones tributarias. Al tiempo, las ventas *on-line*, efectuadas por un empresario desde España, sólo tributarán en origen en la medida en que durante el año precedente o a lo largo del año en curso no se sobrepase ese volumen de ventas. En este caso, el art. 68, 4 de la Ley del IVA, permite optar por la tributación en destino, debiendo en tal caso nombrar un representante. Por último, si la compra a través de Internet de un bien con soporte físico se efectúa a un vendedor radicado en un Estado no comunitario, nos encontraremos ante una importación realizada por un consumidor, tributando como tal en el país de destino. Respecto a todas estas operaciones, los instrumentos normativos que regulan en la actualidad el IVA son suficientes, debiendo, todo lo más, mejorar aspectos de la gestión, por ejemplo, en lo relativo a los servicios aduaneros, ante el previsible incremento de importaciones desde países no comunitarios por parte de consumidores finales.

Todo ello reduce el núcleo de las futuras adaptaciones del IVA para afrontar la fiscalidad del comercio electrónico a la tributación de las ventas de productos suministrados en formato digital, sobre todo aquellos que pueden ser ofertados alternativamente en soporte físico. Para la Comisión, y para el art. 6 de la Directiva de 1999, estas operaciones constituyen prestaciones de servicios, y no entregas de bienes, lo que va a suponer importantes consecuencias. Entre éstas, destacaremos las relativas al tipo de gravamen aplicable y a la localización del hecho imponible.

Respecto a los tipos de gravamen, el considerar la venta de un producto en formato digital como prestación de servicios, puede suponer introducir un factor de discriminación importante en cuanto a la alícuota a aplicar, en relación con ese el gravamen de ese mismo producto suministrado en formato tradicional. Y en especial cuando, en este último caso, se aplica el tipo reducido o superreducido. El ejemplo de los libros puede ser significativo; la Ley del IVA en su art. 91, Dos, 1.2, los sujeta al tipo superreducido del 4%. Si el suministro de obras literarias a través de Internet se considera una prestación de servicios, la regla será la aplicación del tipo normal de IVA por el Estado miembro en el cual está registrado el prestador de servicios. En el caso español la aplicación del tipo normal del IVA del 16% (art. 90, Uno Ley del IVA), supondría un factor de discriminación. Será, por tanto, importante, tener en cuenta en que medida va a afectar a la fiscalidad del comercio electrónico la política expresa de armonización de tipos impositivos en el IVA, promovida a partir de la Directiva 97/77/CEE del Consejo de 19 de octubre de 1992. La Propuesta de Modificación de la Sexta Directiva reconoce que "podría plantearse un problema respecto a las posibilidades de aplicar tipos diferentes a bienes y servicios claramente similares".

En cuanto a la localización del hecho imponible, la calificación de las entregas de bienes y productos digitalizados como "prestaciones de servicios" va a suponer aplicar la regla general del art. 9, 1 de la Sexta Directiva de 1977, con lo que el hecho imponible de las ventas *on-line* se localizará, en principio, en la sede del prestador. Ello va a significar que, si bien para las prestaciones a consumidores finales establecidos en la Comunidad, las empresas seguirán aplicando el IVA en el Estado miembro en que esté establecido el prestador del servicio, los problemas pueden surgir respecto a ventas *on-line* por empresas establecidas fuera de la Comunidad a consumidores finales radicados en el territorio de aplicación del IVA y, viceversa, con las ventas de empresas europeas fuera del territorio de la Unión Europea.

Recordemos que antes de la Decisión del Consejo de 17 de marzo de 1997, y la posterior Directiva de 17 de junio de 1999 (n. 1999/59/CE), que, modificó el art. 9, 2 de la Sexta Directiva, los "servicios de telecomunicaciones" planteaban similares problemas. A partir de este momento, los servicios prestados por proveedores de servicios de telecomunicaciones comunitarios, se localizan en la sede del prestador cuando estén destinados a consumidores comunitarios y cuando se destinen a empresarios comunitarios, en la sede del destinatario con *inversión del sujeto* pasivo. En el caso de servicios a consumidores finales no comunitarios, se localizarán donde se entiendan materialmente consumidos. Los servicios a empresarios no comunitarios no se gravan en la Comunidad. Pero estas reglas se aplican sólo a "servicios de telecomunicaciones" y no a servicios prestados a través de Internet. De ahí, que la iniciativa de la Comisión en torno a las ventas *on-line* se localicen en el lugar dónde el proveedor tenga su domicilio, puede suscitar los mismos problemas que, con anterioridad a la Directiva de 1999, planteaba la localización de los servicios de telecomunicaciones. Tales problemas se resumirían en el hecho de que, por un lado, cuando consumidores particulares residentes en la Unión reciban suministros de empresas radicadas fuera del ámbito comunitario, no existiría tributación en la Comunidad, mientras que esas mismas prestaciones o suministros llevados a cabo por empresas comunitarias se sujetan al IVA, incluso en el supuesto de que sus destinatarios sean consumidores en Estados no comunitarios. Situación que afectaría gravemente a la competitividad de las empresas europeas que venden en Internet, frente a las norteamericanas, donde además, la difusión del comercio electrónico es mucho mayor.

Se hacía necesario rectificar esta situación. Así, la Propuesta de modificación de la Sexta Directiva afirma en su Exposición de Motivos, que hay que garantizar que los prestadores de servicios establecidos en terceros países que vendan a consumidores establecidos en la Comunidad apliquen el IVA sobre las mismas bases que un operador de la Unión Europea cuando efectúe transacciones comerciales en la Comunidad, lo que debe significar que, en estos casos, tenga que aplicarse y declararse el IVA sobre las ventas a consumidores finales establecidos en la Unión Europea. De la misma manera, hay que conseguir eximir del IVA las ventas por vía electrónica a clientes establecidos fuera de la Unión Europea.

La Propuesta para modificar la Sexta Directiva prevé lo que su Exposición de Motivos denomina la "convergencia de las tecnologías", de manera que tanto las ventas *on-line* de bienes y servicios, como los servicios de televisión y radiodifusión, se sujeten, en concepto de "suministros efectuados por vía electrónica",[120] a las mismas reglas de localización.

Los servicios que abarca esta propuesta de Directiva, prestados a título oneroso y facilitados por vía electrónica, son las "actividades culturales, artísticas, deportivas, científicas, docentes o similares, incluidas las de los organizadores de las mismas, así como, llegado el caso, las prestaciones de los servicios accesorios propios de dichas actividades", lo que hace que se

120. Tales servicios son definidos como la transmisión enviada inicialmente y recibida en destino por medio de equipos de procesamiento (incluida la compresión numérica) y almacenamiento de datos, y enteramente transmitida, transportada y recibida por cable, radio, sistema óptico u otros medios electrónicos, incluida la difusión de televisión en el sentido de la Directiva 89/552/CEE (art. 1 de la Propuesta, que modifica el art. 9, 1 de la Sexta Directiva). Se excluyen expresamente las entregas en soporte físico (como CD o DVD) de contenido electrónico.

entiendan incluidas todas las formas de transmisión radiotelevisiva, *web*-TV, *pay-per-view*, TV digital, así como cualquier otro sonido o imagen transmitido por vía electrónica. Ello abarca también el *software*, como los juegos concebidos para ordenadores, todo tipo de servicio de tratamiento de datos — servicios *web-hosting* — y el suministro de información. Incluso cuando el *software* responda a las características de *software estandarizado*, que desde la perspectiva de la imposición directa da lugar a la venta de un bien y no a la prestación de un servicio.[121] Deben sujetarse a IVA también las *fórmulas prepago*, concertadas con una empresa que opera a través de la red, para obtener bienes o servicios exclusivos de esa empresa, como los abonos o los monederos electrónicos — *smart card* — cuya única finalidad es ser empleados para pagar bienes o servicios suministrados por la empresa que los vende.

Las reglas de localización a que se sujetan estos servicios son, en lo sustancial, idénticas a las que desde 1999 (a nivel interno en España, desde el Decreto-ley 14/1997, de 29 de agosto y la Ley 8/1998), rigen para los servicios de telecomunicaciones; lugar en que el adquirente haya establecido la sede de su actividad empresarial o en el que tenga un establecimiento permanente para el que se haya efectuado la prestación de servicios o, en su defecto, el lugar de su domicilio o residencia. La excepción será la prestación de servicios *on-line* a favor de consumidores finales radicados en el territorio de la Comunidad cuando el proveedor se encuentre también establecido en la Comunidad, en cuyo caso se aplica la regla general del art. 9, 1 de la Sexta Directiva; el hecho imponible se localiza en el lugar donde el prestador haya establecido la sede de su actividad económica o en el que tenga un establecimiento permanente.[122]

La aplicación de estos principios va a suponer exigir el IVA a los destinatarios de servicios *on-line*, llevados a cabo por proveedores establecidos en terceros países, lo que supondrá algunas dificultades importantes cuando tal destinatario sea un consumidor final.[123] Dificultades ligadas a los muchos problemas que plantea exigir el tributo en destino a un consumidor final cuando el prestador reside en otro Estado y no puede, por tanto, funcionar el mecanismo ordinario de la "repercusión" con el correspondiente ingreso del impuesto por el vendedor o prestador, ni la vía alternativa de la "autorrepercusión" o "inversión del sujeto pasivo". La Propuesta de Directiva pretende reforzar los mecanismos de responsabilidad de los operadores, previstos en el art. 21, 1, *a*) de la Sexta Directiva, al que se añade un nuevo párrafo. La finalidad de estas disposiciones es imponer un conjunto de obligaciones al prestador registrado, basadas en una obligación genérica de diligencia, y que, en suma, consisten en comprobar que el comprador es un sujeto pasivo establecido en la Comunidad, a través fundamentalmente de la verificación del número de identificación a efectos de IVA,[124] y de los datos que puedan suministrarle cualquier fuente independiente o las Administraciones Fiscales, que según la Propuesta de Modificación, vendrán obligadas a

121. Garbarini, C., "La disciplina fiscale del commercio elettronico...", op. cit., p. 1.273.

122. En este caso, la localización del servicio será en el Estado miembro donde el prestador esté localizado. Las disposiciones son las fijadas por los Estados de acuerdo con lo dispuesto en el art. 22, 1, *c*) de la Sexta Directiva. La Propuesta de modificación añade un nueva letra *f*) al art. 22, 1, para los prestadores de servicios establecidos fuera de la Comunidad.

123. Señala al respecto Lopez Diaz, A., que la Comisión parece inclinarse por un criterio de "territorialidad, que toma como punto de conexión para el gravamen de estas operaciones de comercio electrónico, al residencia del destinatario" ("Fiscalidad del comercio electrónico...", op. cit., p. 260).

124. En la actualidad, el actual artículo 6 del Reglamento CEE 218/1992 ya permite a los Estados miembros confirmar el número de identificación fiscal de personas específicas, pero sólo en el ámbito subjetivo de las entregas intracomunitarias de bienes, calificación que no se ha asignado, como vemos, a las ventas de bienes y servicios por medios electrónicos.

poner a disposición de los operadores los elementos necesarios para identificar el estatuto de sus clientes. Como señala la Exposición de Motivos de la Propuesta de Modificación, "cuando se cumplen estas condiciones, el prestador de servicios queda libre de responsabilidad fiscal respecto de la transacción en cuestión y la responsabilidad se transmite entonces al comprador".

En cualquier caso, la efectiva aplicación del IVA con relación a las operaciones a través de Internet, dependerá de la efectividad del control de tales operaciones en un medio, como la red, especialmente proclive a la ocultación de operaciones económicas a través del uso de técnicas de criptografía o la utilización de medios de pago electrónicos, lo que crea condiciones para el fraude fiscal. Para lograr la eficaz de aplicación del IVA respecto a estos servicios ofertados a través de Internet, se prevé el reforzamiento de los mecanismos de control, sobre los prestadores establecidos fuera de la Comunidad y que suministren sus servicios en el territorio de la Unión Europea. La modificación de la Directiva prevé unas obligaciones administrativas presididas por el principio de simplicidad, con la creación de un registro en el que se incluirán los operadores que destinen sus actividades a consumidores finales, pero sólo a partir de un determinado volumen de operaciones. Dicho volumen es fijado por el nuevo art. 24, 2, *bis*, introducido por la propuesta de modificación de la Sexta Directiva, en 100.000 euros anuales.[125] Las obligaciones de registro para los operadores con un volumen de operaciones superior a esta cantidad podrán llevarse a cabo ante la Administración Fiscal de un único Estado. De esta manera se podrá cumplir con todas las obligaciones en cuanto al IVA de la Unión Europea ante una única Administración fiscal. La idea — que será revisada por la Comisión a más tardar a finales del 2003 — es que la identificación a efectos del IVA en un Estado miembro tenga la consideración de "establecimiento permanente" a efectos del IVA en las ventas a través de Internet. Pero quizás sean necesarios mecanismos adicionales de control, como el que debe recaer sobre las entidades emisoras de medios de pago electrónicos — como ya había propuesto el Comité de Asuntos Fiscales de la OCDE en la Conferencia de Ottawa — y la profundización en el sistema de control a través de la emisión de facturas telemáticas, como hace la Ley española del IVA en su art. 88, Dos y en la OM de 22 de marzo de 1996.

Así, pues y concluyendo, las Propuestas de modificación de la Sexta Directiva del IVA llevan, en primer lugar, a un nuevo concepto de *establecimiento permanente*, sobre la base de un operador no establecido en el territorio de aplicación del impuesto, pero registrado en el mismo a efectos de ventas electrónicas. Se trata de una innovación fundamental, que revoluciona el concepto tradicional de *establecimiento permanente*, a los meros efectos del IVA, que hasta el momento alcanzaba una de sus máximas expresiones en la ya citada sentencia *Gunther Berkholz* de 1985. Este nuevo concepto de establecimiento permanente que se desprende completamente de la exigencia de presencia física, y que resulta absolutamente innovador respecto a los Convenios de Doble Imposición y de algunas normas comunitarias, como la Directiva 90/434/CEE,[126] de 23 de julio de 1990, sólo se tiene en cuenta respecto a los fines de la Directiva, como se encarga de aclara la propia Propuesta de modificación.

125. Esta exclusión, como señala la Exposición de Motivos de la Propuesta de modificación de la Directiva, no debe afectar a la neutralidad del IVA, ni debe tener una incidencia significativa sobre la recaudación, "(...) ya que la mayoría de los consumidores que compran en línea han demostrado una clara tendencia a tratar con operadores de alto nivel, que cuenten con un alto grado de credibilidad y confianza".

126. El art. 10, 1 de la Directiva 90/434/CEE, del Consejo, de 23 de julio de 1990, relativa al régimen fiscal común aplicable a las fusiones, escisiones, aportaciones de activos y canje de acciones, prevé la aportación de un "establecimiento permanente", sobre la base de que el mismo se encuentre situado en un territorio.

En segundo lugar, la implantación de un régimen de tributación en destino en función del Estado de registro, para las operaciones llevadas a cabo a través de Internet por empresarios radicados fuera de la Comunidad y a favor de consumidores establecidos en la Unión Europea, puede dar la sensación de una regresión en el objetivo del "IVA en origen", perfilado tanto Plan Cockfield de 7 de agosto de 1987, presentado a la Comisión en 1989, como en el Programa Monti de 22 de julio de 1996.[127] La Propuesta de modificación de la Directiva se preocupa de descartar esta regresión al decir que la consideración del registro en un Estado por parte de un empresario no establecido como una especie de *establecimiento permanente* y el gravamen de todas las operaciones de *business-to-consumer* aplicando el impuesto según la alícuota vigente en el Estado de registro, constituye una forma específica de tributación "en origen".[128] En realidad, la dialéctica entre "IVA en origen" e "IVA en destino" sólo puede referirse a operaciones entre sujetos establecidos en territorio de aplicación del impuesto. El "IVA en origen", consiste, en suma, en equiparar las operaciones entre empresarios situados en Estados miembros distintos con las realizadas en el interior del país y por eso en las operaciones de comercio electrónico directo entre sujetos establecidos en la Comunidad se aplica la regla de localización general para la prestación de servicios del art. 9, 1 de la Sexta Directiva, atendiendo a la sede del prestador. Las medidas que prevé la Propuesta de modificación de la Sexta Directiva pretenden, precisamente, corregir una discriminación que favorece a empresas establecidas fuera de la Comunidad, y por tanto, fuera del territorio de los Estados miembros, por lo que esfera de eficacia es diferente a aquélla la que se refiere el principio de "IVA en origen".

VII. Conclusión

Por lo visto hasta ahora, podemos llegar a la conclusión de que la nueva realidad económica que Internet anuncia, va a modificar el escenario en que surgían y se consumaban muchos de los hechos imponibles tradicionales, y va a hacerlo en una dimensión global. Los problemas que Internet genera en el ámbito de la tributación son una muestra más de la influencia de la globalización en la fiscalidad, que va a exigir una adecuación de los sistemas tributarios, para hacer frente a diversos retos. Retos que el representante brasileño en la XXXII Asamblea General de la CIAT, sobre *Tributación en un Contexto de Globalización Económica*, celebrada en Salvador, Bahia, en 1998, resumía de la siguiente manera: necesaria actualización tecnológica de las Administraciones fiscales, adaptación de las legislaciones tributarias, intercambio de información, lucha contra la competencia fiscal desleal y búsqueda de la armonización tributaria.[129]

Desde el punto de vista legislativo, ello va a suponer la necesidad de algunas reformas importantes, que ya vienen siendo impulsadas desde instancias supranacionales. Así, la modificación del concepto de establecimiento permanente parta basarlo, no tanto en la presencia física como en la implantación económica en el mercado de otro Estado. También, la necesidad de aclarar la calificación de las adquisiciones de *software* en la red, para, cuando no supongan cesión de derechos de propiedad intelectual, considerarlas una adquisición de bienes que genere para el vendedor rendimientos de

127. Lopez Diaz, A., señala que este régimen de tributación de las operaciones a través de Internet, "(...) resulta, en principio contrario al principio comunitario de instaurar un sistema definitivo de tributación en origen respecto a las entregas de bienes" ("Fiscalidad del comercio electrónico", op. cit., p. 261).

128. Garbarini, C., "La disciplina fiscale del commercio elettronico...", op. cit., p. 1.266.

129. Las Conclusiones de la XXXII Asamblea General de la CIAT, están publicadas por el Instituto de Estudios Fiscales, bajo el título *La Tributación en un Contexto de Globalización Económica*, Madrid, 2000, pp. 92 a 98.

actividades empresariales. O la implantación de los métodos de valoración de operaciones vinculadas que no se basen exclusivamente en la existencia de transacciones comparables. Por no referirnos, en el caso de España, a la futura transposición de la normativa comunitaria, como la reforma de la Sexta Directa que pretende adaptar el IVA a la realidad del comercio electrónico directo. La lentitud con que se están llevando a cabo estas reformas sólo se explica por la escasa y, por lo de ahora, tardía implantación del comercio electrónico en Europa en comparación con la situación en Estados Unidos. Lo que, sin embargo, debería llevar a los Estados europeos a preparar sus sistemas tributarios lo más rápidamente posible, para evitar que situaciones de vacío jurídico coloquen a las empresas europeas en situación de desventaja comparativa frente a las norteamericanas.

Afrontar la fiscalidad de las operaciones en Internet va a suponer un ejercicio de imaginación para lograr el adecuado equilibrio. Equilibrio, por un lado, entre la las fórmulas de control que son necesarias, en un contexto de por sí difícil de controlar como es la red, para lo que va a resultar imprescindible un consenso internacional que permita luchar contra el surgimiento de nuevas áreas de fiscalidad privilegiada, destinadas a acoger a empresas y profesionales que operen a través de Internet.[130] Y equilibrio, por otro lado, con la exigencia imperiosa de no entorpecer el desarrollo de la economía en la red con asfixiantes controles. Y también con el irrenunciable respeto a principios de justicia tributaria, que forma parten del patrimonio político-cultural de los modernos Estados de Derecho (lo que lleva a rechazar nuevas figuras tributarias, como el *bit-tax*, que niegan o menoscaban el principio de capacidad económica). Principios a los que no hay que renunciar, para consumar, lo que la Exposición de Motivos de la Propuesta de reforma de la Sexta Directiva denomina una revisión profunda del sistema tributario "a la vista del estado actual de desarrollo de Internet, y más concretamente, de la aparición de nuevos modelos empresariales y nuevos métodos de transacción comercial".

130. Forget, P., "La competencia tributaria", *La Tributación en un Contexto de Globalización Económica*, XXXII Asamblea General de la CIAT, Instituto de Estudios Fiscales, Madrid, 2000, pp. 102 a 104.

A CONSTITUIÇÃO FINANCEIRA COMO QUESTÃO CRUCIAL DO DIREITO CONSTITUCIONAL

RAYMUNDO JULIANO FEITOSA
Professor do Programa de Pós-Graduação em Direito da Universidade Federal de Pernambuco

1. Colocação do tema. 2. Institucionalização e normativização de processos políticos e financeiros. 3. Complexidade e dificuldades nos Estados federais. 4. Conclusões. 5. Bibliografia.

1. Colocação do tema

Nosso intento, neste trabalho, está dirigido, em uma primeira aproximação, a formular um conceito de Constituição Financeira, de acordo com o uso operativo que a doutrina, presentemente, faz do mesmo; posteriormente, procederemos a uma análise de seu conteúdo concreto, assim como do papel e funções que desenvolve ou pode desenvolver.

Em conseqüência, cabe esclarecer, na perspectiva metodológica assumida neste trabalho, que ao tema objeto de investigação atribuímos uma relevância especial. Primeiro, porque dele deverá emergir o marco teórico que permitirá tratar com profundidade a natureza mesma da questão central de tal estudo, estimando, desde logo, que este intento de síntese conduz, por sua vez, a busca de nossa própria formulação para este tema. Esta colocação é possivelmente distinta da que, com raríssimas exceções, se verifica na doutrina brasileira que estuda este assunto. Um aspecto que revela a provável novidade desta pesquisa, no relativo ao Brasil, consistirá em tratar a Fazenda Pública sob uma perspectiva unitária e total da atividade financeira do Estado, isto é, concebendo receita e gasto público como duas caras de uma única realidade e não só como um simples aspecto da "Constituição Financeira" ou, como é mais comum, estudar as duas partes mencionadas como fenômenos isolados.[1]

Pois bem, na medida em que consigamos integrar analiticamente de maneira coerente os distintos tópicos que constituem este texto, resultará uma delimitação precisa do que configuramos como atividade financeira do Estado, seu conteúdo essencial, sua inserção no complexo organizativo e normativo da Constituição e suas funções, potenciais ou efetivas, como viabilizadoras

1. Para uma síntese dos fundamentos teórico-metodológicos desde esta perspectiva de análise, vid. Álvaro Rodríguez Bereijo, *Introdución al Estudio de Derecho Financeiro: un ensayo sobre los fundamentos*, 1976, pp. 11-15 e 99-111.

e/ou garantidoras dos Direito Fundamentais, Econômicos e Sociais; isto é, que papel desempenha funcionando como simples reflexo da ordem econômico social (função-garantia, no dizer de Canotilho[2]), ou se pode operar como meio eficiente para a transformação desta mesma ordem ("função promocional", no dizer Bobbio[3]).

2. *Institucionalização e normativização de processos políticos e financeiros*

Como escreve Juan Asenjo, a presença direta do Estado na economia como empresário (empresas públicas) e como agente planificador geral é recente, isto é, se configura como manifestação estatal moderna. Por outro lado, a atividade financeira é tão antiga como o próprio Estado, uma vez que este surgiu para atender necessidades demandadas pelas pressões sociais.[4] Isto, sem dúvida, destaca a instrumentalidade e o caráter pecuniário desta atividade financeira.[5] Isto quer dizer que a Fazenda Pública é a instituição a quem está submetida a responsabilidade de arrecadar as receitas e realizar o financiamento dos gastos públicos, através do sistema fiscal definido no marco jurídico político de uma sociedade determinada. Daí ser compreensível o fato de que os temas financeiro-tributários ocupassem sempre um considerável espaço na longa história do Direito Constitucional.[6]

A tais efeitos, é sumamente interessante comprovar que este ponto de vista é compartido pelo professor Klaus Vogel, que vai ainda mais longe, quando estabelece um nexo entre o surgimento do Estado democrático constitucional e a inserção da matéria financeira nas constituições e atribui a luta pelo direito de elaborar a legislação tributária, o ponto de partida para formular outras exigências como as liberdades públicas. Ademais, como adverte Klaus Vogel, "(...) por este motivo las primeras Constituciones democráticas hacían referencia al Derecho de consentir los impuestos en lugar destacado, al tratar de las libertades públicas. (...) la *Declaración des Droits de l'Homme et du Citoyen*, de 1789, declaraba en su artículo 14: 'todos los ciudadanos

2. Na expressão de José Joaquim Gomes Canotilho, *Constituição Dirigente e Vinculação do Legislador (Contributo para a compreensão das normas constitucionais programáticas)*, Coimbra, Editora Coimbra, 1982, pp. 150-152, a "função garantia" é um dos pontos de partida para a compreensão do estatuto constitucional. Ademais, assinala que a consideração da Constituição como garantia do existente, é uma tarefa constitucional que a doutrina aceita sem consideráveis discrepâncias. Assim, pois, a ordenação normativa de limites e competências, formas e processos do exercício do poder constitui o marco garantidor do já existente. Reconhece o constitucionalista português que, ao lado deste ponto há outro, não menos importante, que é a Constituição como programa ou linha de direção para o futuro; quer dizer seu caráter promocional.

3. Segundo Norberto Bobbio, "La función promocional del Derecho", em *Contribución a la Teoría del Derecho*, edição a cargo de Alfonso Ruiz Miguel, Madrid, Editorial Debate, 1990, pp. 379-380, fica evidente a insuficiência das concepções tradicionais do Direito, ancoradas nos aspectos proteção e repressão, uma vez que se forma outra concepção na qual o ordenamento jurídico surge como função *promocional*, e acrescenta que nas Constituições pós-liberais, ao lado das funções de tutela ou de garantia cada vez mais vem estabelecida a função de *promover*.

4. Oscar Juan Asenjo, *La Constitución Económica Española*, Madrid, Centro de Estudios Constitucionales, 1984, p. 225.

5. Eugênio Simón Acosta, *El derecho financiero y la ciencia jurídica*, Bologna, publicação do Real Colegio de España, 1985, pp. 112 ss. Álvaro Rodríguez Bereijo (n. 1), p. 49-50 e J. J. Ferreiro Lapatza, *Curso de Derecho Financiero Español*, 14ª ed., Madrid, Marcial Pons, 1992, pp. 163-166.

6. Juan José Fernandez Cainzos, "Economía Constitucional y Constitución Económica", em *Hacienda Pública Española* n. 124-1/1993, Madrid, Ministério de Economía y Hacienda, pp. 147-148, onde afirma que: "Otro campo de creciente constitucionalización es el fiscal. En particular en los Estados Unidos, donde siempre ha habido una estrecha relación entre asuntos fiscales y movimiento constitucional, el proceso de constitucionalización de la Hacienda pública se ha centrado en dos puntos principales: uno, el referente a su federalismo fiscal y al equilibrio de poderes político-territoriales construido en torno a aquél, y dos, los debates acerca de la imposición sobre la renta, (...) También el campo tributario ha sido pródigo en el debate constitucional. La imposición sobre la renta ha ocupado un puesto de primera fila en el mismo".

tienen el Derecho de comprobar por sí mismos o a través de sus representantes la necesidad de que se establezcan contribuciones públicas así como el de aceptarlas libremente, controlar su utilización y determinar su cuantía, hecho imponible, recaudación y vigencia temporal'".[7]

Como se verifica, os antecedentes históricos da hoje denominada "Constituição Financeira" estão situados em períodos remotos. Sobretudo é necessário assinalar, que um antecedente ainda mais remoto que o referido antes, obviamente em contexto histórico e político extremamente distinto, é a Carta Magna de 1215, na Inglaterra, onde se estabeleceu a regra sobre o consentimento nos impostos.[8] O professor Vogel observa que "Seguramente fue una casualidad que el principio de la democracia representativa naciera de un postulado del Derecho constitucional financiero (...) *Que haya sido precisamente la Constitución financiera es, sin embargo, significativo de la importancia que tiene esta parte del Derecho constitucional para el orden interno en su conjunto y para la totalidad de actividades del Estado Moderno*"[9] (destaques nossos). Como conseqüência desta afirmação, fica claro, em primeiro lugar, que o caráter constitucional da normativa financeira não está referido, em concreto, as Constituições do século XIX e menos ainda a períodos posteriores ao Estado de bem-estar, como pretendem alguns, pois, como deixa fixado o mesmo Vogel, tal tema já se incluía nas primeiras Constituições.[10] Em segundo lugar, e com maiores significados para os dias presentes, está o fato de que hoje, muito mais que antes, tem importância a atividade financeira do Estado. Frente a este processo se desenvolve, evidentemente, a Constituição Financeira, refletindo o surgimento do Estado de bem-estar e as crescentes tarefas que este tem que realizar.

Um reforço a estas conclusões, formuladas por Vogel, vem fixado por Fernandez Cainzos, "La historia de la nación norteamericana, como tal, comienza realmente con la vieja cuestión tributaria. Su propio despegue está profundamente marcado por el impulso fiscal. (...) Por un lado, una serie convulsa de movimientos de contestación fiscal (rebeliones, revueltas, protestas); por otro, el importante papel desempeñado por la Constitución, como expresión fundamental del pacto social en la política de gastos e ingresos públicos".[11]

Resultado incontestável da evolução histórica dessa "Constituição Financeira" foi a necessidade que, por certo, sentiu a doutrina em precisar teoricamente o que vem a ser tal constituição, a delimitação de seu conteúdo, funções imputadas etc.[12]

7. Klaus Vogel, "La Hacienda Pública y el Derecho Constitucional", em *Hacienda Pública Española* n. 59, Madrid, Instituto de Estudios Fiscales, 1979, pp. 15-16.

8. Manuel García-Pelayo, *Derecho Constitucional comparado*, Madrid, Alianza Editorial, 1984, pp. 252–254; José Antonio González Casanova, *Teoría del Estado y Derecho Constitucional*, Barcelona, Editorial Vicens-Vives, 1989, 3ª ed., pp. 195-198.

9. Klaus Vogel (n. 7), p. 16.

10. Klaus Vogel (n. 7), p. 15, onde afirma que "En el Capítulo VI de la *Virginian Bill of Rights* se dice: La elección de miembros para actuar como representantes en Asamblea debería ser libre; y todas las personas que evidencien suficientemente un común interés y una vinculación estable con la comunidad tienen el derecho de sufragio y no pueden ser sometidas a impuestos o privadas de su propiedades para finalidades públicas sin su consentimiento o sin el consentimiento de sus representantes elegidos".

11. Juan José Fernández Cainzos (n. 6), p. XXIX.

12. A respeito deste assunto, não devemos perder de vista a pertinente observação de Eugênio Simón Costa, *El derecho financiero y la ciencia jurídica*, Bologna, publicação do Real Colegio de España, 1985, p. 62, onde chama nossa atenção para o seguinte fato: "Pero así como el Derecho en su conjunto es una realidad perfectamente diferenciada de las demás por su especial naturaleza, y no cabe confundir el Derecho con ningún otro fenómeno, *las divisiones que se producen en el interior del Derecho son todas convencionales, relativas y mudables y, por ello, no debe nunca perderse la perspectiva de la unidad del conjunto (...) ni se debe dogmatizar sobre las diferencias entre unas y otras porque todas las parcelas del Derecho tienen zonas fronterizas móviles (...) Otra evidencia del relativismo de esta*

No afã de oferecer respostas a estas interrogações, merece destacada menção a análise empreendida por Perfecto Yebra ao afirmar, como ponto de partida na busca por clarificar o conceito de Constituição Financeira, que devemos adotar a postura de considerá–la provisoriamente como "omnicomprensiva del conjunto de relaciones jurídico-financieras".[13]

A partir de tal idéia, passa este autor a assinalar que a expressão "Constituição Financeira" surge pela primeira vez no Direito alemão, inscrita na Lei de 23 de dezembro de 1953, que inclusive teria este mesmo nome. Esclarece depois que o uso do termo foi difundido, a partir de então, no marco do Direito e da Ciência Econômica, assumindo, portanto, grande significado, uma vez que o mesmo passou a nomear o eixo central do sistema financeiro. Segundo Yebra a expressão "Constituição Financeira" compreende, no marco jurídico alemão, um conceito no sentido estrito — para um suposto normal — que deve ser considerado basicamente como: "(...) reparto de las competencias federales, de las cargas e ingresos entre las distintas entidades públicas".[14] Pois bem, como é evidente, junto a um conceito estrito tem que existir outro que seja a expressão do conteúdo mais amplo do dito termo. Precisamente por isto, este autor observa que a atitude teórica de elaborar um conceito amplo de Constituição Financeira assume, como ponto de partida, o rechaço à idéia de que tal expressão estaria referida ao equilíbrio dos poderes financeiros e coloca, por sua vez, que esta Constituição vai mais além; isto é, inclui a economia do orçamento, a economia do patrimônio, a dívida pública, em particular o sistema tributário, porém compreende também o ordenamento do sistema monetário. Frente a isto se poderia assumir que "(...) Constitución financiera y Constitución económica aparecen como caras de la misma moneda. (...) Según esta concepción, el término Constitución financiera evidentemente adquiere un enfoque mucho más amplio que el supuesto anterior".[15]

Não faltaram intentos de aprofundar os estudos deste tema para conhecer a função e o conteúdo da "Constituição financeira". Uma evidência de tal preocupação e esforço está contida nas palavras deste mesmo autor que, acolhendo um estudo realizado por Schmölders, mostra que para este último "la Constitución financiera moderna determina el marco jurídico para la gestión total de la Hacienda de la mano pública, empezando por el presupuesto sobre ingresos y gastos, desde la administración del patrimonio estatal, de la deuda, hasta el equilibrio de los poderes financieros".[16]

Aportando uma contribuição ainda mais substantiva na busca de clarificar a compreensão da Constituição Financeira, Yebra expõe, em seguida, as idéias de Ulsenheimer,[17] que podem ser resumidas assim: em primeiro lugar o autor alemão afirma a distinção da expressão "Constituição Financeira" em duas vertentes: uma, que define como econômico-real, por estar dirigida a realidade mesma, e, outra, que denomina jurídico-normativa que, por sua vez, estaria dirigida a aplicação no mundo jurídico.[18] Em

cuestión se encuentra en que las ramas del Derecho que son aceptadas hoy día como tales, son más bien producto histórico que resultado de un proceso mental de sistematización" (destaque nosso).

13. Perfecto Yebra Martul-Ortega, *Poder financiero. Equilibrio entre los poderes financieros*, Madrid, Editorial de Derecho Financiero, 1977, p. 108.

14. Perfecto Yebra Martul-Ortega (n. 13), pp. 108-109.

15. Perfecto Yebra Martul-Ortega (n. 13), p. 109.

16. Perfecto Yebra Martul-Ortega (n. 13), p. 111.

17. Perfecto Yebra Martul-Ortega (n. 13), p. 111, nota 54. Cf. a obra de K. Ulsenheimer, *Untersuchungen zum Begriff "Finanzuerfassung"*, Stuttgart, G. Fischer, 1969, que contém as idéias aqui expressas e possui uma recensão realizada pelo próprio Yebra, publicada por *RDFHP* 109, 1974, pp. 282-287.

18. Perfecto Yebra Martul-Ortega (n. 13), p. 111, mostra a pontual distinção que formula Ulsenheimer entre estas duas vertentes, onde observa que na primeira destas a análise é realizada sob a perspectiva da economia e a segunda é estudada com instrumental estritamente jurídico.

seguida, introduz outra distinção, que consiste em estabelecer conteúdos materiais e formais; e que em suas próprias palavras, "La Constitución en sentido formal se refiere al texto constitucional escrito (...) En sentido material pueden existir normas en leyes ordinarias que, sin embargo, regulen una parte fundamental del ordenamiento del Estado en materia de Hacienda y no estén, por tanto, incluídas en la Constitución". Por último, Yebra assinala que o autor alemão "(...) aboga por un sentido amplio del término Constitución no basado exclusivamente en el rango constitucional de las normas, sino en el carácter fundamental o principal de los preceptos. (...) y llega a la conclusión final de que desde el punto de vista jurídico como parte del Derecho Financiero, serían aquellas normas fundamentales para la vida del Estado, reguladoras del equilibrio entre los poderes financieros, de la administración financiera, de la jurisprudencia financiera, del sistema presupuestario, de la contabilidad y del crédito público".[19] A partir destas considerações, Yebra expressou sua crítica aos argumentos de Ulsenheimer — ainda que julgue de forma bastante favorável o esforço do autor alemão — e assinala sua discordância, sobre aspectos específicos, com a teoria antes exposta. Estas críticas estão dirigidas a três aspectos bem precisos, a saber:

a) afirma, em primeiro lugar, que o conceito estrito de Constituição deve ficar referido somente a norma suprema, portanto, é questionável incluir leis ordinárias — por mais importantes que sejam — no marco da chamada Constituição material;

b) faz objeção, também, ao uso da expressão Constituição Financeira para designar aspectos das vertentes econômicas e jurídicas. Seria melhor falar de Fazenda Pública, na primeira hipótese, e Direito Financeiro constitucional, na segunda;

c) por fim, observa que o jurista alemão, ao elaborar seu conceito de "Constituição Financeira", reconhece primeiro a dificuldade do intento e depois a imensa dependência de critérios subjetivos, ao omitir-se princípios fundamentais para o Direito Financeiro e tributário que estão presentes em diversas constituições.

Depois destas considerações, e para que se tenha uma idéia do uso da expressão no contexto da doutrina espanhola, ainda que fazendo também referência explícita ao direito alemão, talvez seja necessário trazer ao debate a posição de Ramallo Massanet que, estudando o sistema financeiro das corporações locais no Direito alemão, trata como Constituição Financeira, em termos concretos, ao capítulo X, arts. 104-108 da Constituição alemã.[20] Para este autor, a Constituição Financeira — no caso particular de sua pesquisa — está referida a ordenação da Fazenda Pública, ou das finanças do Estado, no marco mesmo da Norma Fundamental.

Dentro uma visão geral, esta opinião expressa a mesma tese de Yebra, enquanto que ambos defendem um sentido mais restrito do termo "Constituição Financeira". Não obstante, a posição fixada por este autor em uma obra posterior,[21] ao discutir as relações entre Direito Constitucional e Direito Financeiro, mostra, em linhas gerais, que "La Constitución, además de establecer la organización del Estado en el sentido apuntado contiene también directrices materiales para la actuación legislativa, ad-

19. Perfecto Yebra Martul-Ortega (n. 13), p. 111.

20. Juan Ramallo Massanet, *El sistema financiero de las corporaciones locales en el Derecho Alemán*, Madrid, Instituto de Estudios de Administración Local, 1976, p. 57, sob a epígrafe "Constituição Financeira", afirma que "El capítulo X de la Ley Fundamental de Bonn tiene por objeto la regulación, a nivel constitucional, de las finanzas o Hacienda Pública de la Federación Alemana y, por tanto, en dicho capítulo se encuentran, con mayor o menor peso, el estado federal (*Bund*), los estados miembros (*Länder*) y los municipios y sus agrupaciones".

21. Juan Ramallo Massanet, "Derecho Constitucional y Derecho Financiero", em *Cuadernos de la Facultad de Derecho* n. 3, Palma de Mallorca, Universidad de Palma de Mallorca, 1982, pp. 49-77.

ministrativa y judicial del mismo. *Los principios constitucionales equivalen a un verdadero programa, cuya realización corresponderá a los órganos titulares de las diversas actividades estatales*".[22]

Em nossa opinião, as afirmações deste autor colocam em destaque um aspecto fundamental em relação com o tema que estamos desenvolvendo nesta seção, já que, ao aludir a questão dos princípios constitucionais, tem possibilitado o entendimento segundo o qual a "Constituição Financeira" está vinculada a estes princípios. Será possível alegar as dificuldades que introduziria no concretizar na prática constitucional tais afirmações. Porém, seguindo nesta linha teórica, Ramallo assinala que "(...) en efecto, la Constitución suele establecer una serie de principios en virtud de los cuales se debe regir la actividad financiera del Estado. (...) En esta relación hay que distinguir aquellos principios que se refieren estrictamente a la materia tributaria y que la Constitución ha recogido, es decir, principios tributarios constitucionalizados, de otros principios constitucionales que no haciendo referencia expresa o no siendo privativos de la materia financiera le son aplicables, es decir, principios constitucionales directamente relacionados con la materia financiera".[23] Com efeito, se concluímos, igualmente com Mortati, que os principios são "(...) idéias-fuerza capaces de recoger así toda la acción sucesiva del Estado", fica patente que os princípios constitucionais desde nossa perspectiva conformam e delimitam a atividade financeira do Estado, portanto, são também componentes da "Constituição Financeira".

Em relação ainda com esta questão, autores como Vogel destacam, não obstante, a existência dos mais elevados princípios do Direito Constitucional que encontram sua realização no âmbito da Constituição Financeira.[24]

Uma primeira conclusão do afirmado é que a Constituição Financeira não fica reduzida às disposições expressas sobre as finanças ou Fazenda pública, sim que vai mais longe, isto é, encerra também princípios básicos do ordenamento, que conformam tanto os direitos fundamentais, como as obrigações sociais do Estado.[25] Para realizar umas considerações finais à discussão dos princípios constitucionais nesta seção, é necessário obter algumas conclusões pertinentes, ainda que provisórias, acordes com o objetivo buscado neste capítulo. Assim, para nós, o problema seria: se queremos dar exatidão — ou seja, fixar concretamente o que é e o que contém a chamada "Constituição Financeira" —, temos que advertir neste sentido que "La Constitución vincula en su totalidad a las medidas de política tributaria que, por tanto, tienen que acomodarse al Derecho Constitucional".[26]

Apesar do aqui afirmado, devemos ter bem claro, como adverte Vogel, que "Una Constitución únicamente puede ser atendida como expresión política de carácter fundamental en una concreta situación histórica. Principios que se han ido formando a lo largo del tiempo, ni necesitan ser incluidos en ella ni precisan tampoco de especial garantía para mantener su validez. Tales constituciones tienen, pues, únicamente el va-

22. Juan Ramallo Massanet (n. 21), p. 50.

23. Juan Ramallo Massanet (n. 21), pp. 55-56.

24. Klaus Vogel (n. 7), pp. 16-20, enumera: a soberania do parlamento em matéria orçamentária, a questão da autonomia nos Estados compostos no relativo ao financiamento de suas partes, a proteção das liberdades públicas frente ao poder financeiro do Estado e as obrigações sociais do Estado e seu reflexo no Direito Financeiro.

25. Klaus Vogel (n. 7), p. 19, desenvolvendo estas idéias, indica que "Las obligaciones sociales del Estado tienen su reflejo en el Derecho financiero, tanto a través de su sistema tributario y sus tarifas como también por las prestaciones estatales que se garantizan, cuando éstas se instrumentan no como ayudas de fomento sino como medio para satisfacer necesidades vitales reconocidas".

26. Juan Ramallo Massanet (n. 20), p. 76, na mesma página, mais precisamente na nota 37, também afirma que "El factor político, al que tantas veces se alude como esencia de la actividad financiera del Estado, no podría estar alejado de la actvidad jurídico financiera" e acrescenta referencia bibliográfica em apoio a sua posição.

lor de poder ser invocadas, un carácter simbólico pero sin calidad jurídica".[27] Estas considerações, segundo este autor, surgem de um exame comparativo das distintas Constituições, que oferecem, assim, um amplo espectro de possibilidades, onde o exemplo anterior, como já verificamos, determinaria um extremo marcado pela forte caracterização simbólica e inexpressiva força jurídica. A outra face da moeda pressupõe seu oposto ou, melhor dito neste caso, seu ponto extremo. Nesta hipótese o argumento de Vogel é que "(...) podemos encontrar Constituciones que son el vértice de una pirámide jurídica, debidamente dotada de medidas previsoras para asegurar su validez durante mucho tiempo y protectoras frente a los cambios (...) Estas Constituciones tienen un marcado formalismo jurídico (...) *Cuanto menos formalista sea una Constitución seguramente será más flexible la legislación ordinaria, pudiéndose así adaptar con mayor vigor a las necesidades del momento*"[28] (destaque nosso).

Sob tais supostos, se compreende, em primeiro lugar, que mais além da força que adquirem por seu caráter normativo e organizador, as constituições possuem um valor simbólico; em segundo lugar, para afastar qualquer possibilidade de tratar as constituições como simples ficção, há que inseri-las, necessariamente, em sua historicidade; e, em terceiro lugar, fica fixada a concepção segundo a qual o excessivo formalismo impede um desenvolvimento normativo mais adequado às situações ou momentos históricos concretos.

A tais efeitos, é sumamente importante verificar que estes esclarecimentos não são tomados em conta por consideráveis setores da doutrina. Para ser mais exato, se nos determos na doutrina brasileira, com raras exceções, essas formulações possuem aceitação, certamente por múltiplos motivos que serão devidamente estudados em outro momento.

27. Klaus Vogel (n. 7), p. 21.
28. Klaus Vogel (n. 7), p. 21.

3. Complexidade e dificuldades nos Estados federais

Abordamos agora uma questão que estimamos não só como o necessário complemento do tópico anterior, sim que, também, a vemos intimamente vinculada ao tópico seguinte e, mais ainda, nos introduz diretamente em uma das questões básicas deste trabalho: o tema do federalismo.

Desde logo, nos parece indispensável assinalar que no tópico anterior buscamos fixar, em um marco mais geral, o que se entende por Constituição Financeira, suas características, conteúdo etc. Prosseguiremos com um exame do assunto e nosso intento, agora, é realizar uma análise que privilegie as complexidades e dificuldades que o tema da Constituição Financeira encerra quando está referido a Estados federais, como é o caso do Brasil.

Quiçá seja agora o momento de realizar a primeira aproximação ao eixo central do trabalho, ainda que a nível nitidamente teórico. Isto é, a questão do federalismo será abordada aqui de maneira indireta. Com isto desejamos assinalar que o objeto desta seção é desenvolver considerações sobre a centralidade da Constituição Financeira no Direito Constitucional, não mais em termos gerais, sim que o problema deverá ser investigado agora no marco de Estados federais, tendo como suposto que em tal contexto as dificuldades serão mais notáveis.

Nós pensamos que uma apresentação geral do tema é facilitada por Vogel — autor da frase que serve de epígrafe a esta parte da pesquisa — quando afirma que, o setor financeiro converteu-se em um aspecto não só importante sim que, decisivo do sistema constitucional de separação dos poderes e em reforço de sua tese adiciona uma citação de Jean Bodin na qual este salienta que as finanças "são os nervos do Estado" e comenta: "hoje mais que nunca esta citação reflete a verdade".[29] De acordo com o anterior, o professor alemão faz uma críti-

29. Klaus Vogel (n. 7), p. 18.

ca direta e categórica aos professores de Direito Constitucional quando observa que estes tampouco, de forma total ou parcial, enfrentam o estudo da chamada Constituição Financeira, abandonando este campo do Direito aos especialistas, com todos os perigos que, segundo ele, podem emergir destes e, como exemplo, faz referências a possibilidade de que o Direito Constitucional financeiro possa ser tratado não só como algo isolado da Constituição mesma, sim que desde esta ótica não é impossível que seja visto até como definitivamente contrário a ela ou, como fica refletido em suas palavras, "como una Constitución especial o incluso como una contraconstitución apócrifa (...) La misión fundamental del Derecho Constitucional, es decir, encauzar el ejercicio del poder por el Derecho y asegurar las libertades públicas de los ciudadanos contra el ejercicio incontrolado del poder, no se extiende menos en el terreno de la Hacienda Pública que a cualquier otro ámbito de la actividad estatal".[30]

Realizadas as anteriores definições, temos, pois, que assinalar a grandes traços os pontos de maiores complexidades que impõem imensas dificuldades às Constituições Financeiras no marco de sistemas federais. Entendemos que o ponto nodal da questão radica na repartição das competências. A este respeito, Peñuelas i Reixach afirma que "es imposible abordar el estudio de los poderes específicamente financieros que conforman el poder financiero (...) sin tener unas nociones básicas del conjunto del sistema de competencias. El valor y significado de otros poderes y preceptos, en último término, depende de la concepción global que se adopte del modelo o sistema de distribución".[31]

Aceitando estas afirmações e tomando-as como ponto de partida, é possível admitir que "En la medida que un Estado sea un Estado compuesto se plantea el problema de la financiación de sus partes. Esto afecta tanto a los municipios o agrupaciones de municipios, regiones autónomas y provincias como a los Estados miembros de una Federación".[32]

Estabelecidas estas idéias prévias, é imprescindível definir com precisão o papel desempenhado pelas autonomias, fixadas no texto constitucional, que em distintos graus, desfrutam as diversas entidades que integram a Federação. Sobre este aspecto, estamos de acordo com o professor Vogel quando diz que "la autonomía de tales partes del Estado no puede depender exclusivamente de un pronunciamiento constitucional o legislativo sino que esencialmente estriba en la disponibilidad de fuentes propias de financiación, esto se pone de manifiesto con claridad absoluta en el desarrollo constitucional alemán que (...) ha tenido que ir modificando el sistema de distribución de fuerzas entre los Estados miembros y el Estado central (...) *Esta distribución en función de figuras tributarias no es de todos modos ideal ya que origina innecesarios problemas de distribución y plantea dificultades a la hora de realizar una reforma tributaria*"[33] (destaque nosso).

Realizadas estas ponderações, desejamos, pois, fazer referências precisas a três pontos que, nos parecem, possuir significativa relevância, são estes:

1. que não é suficiente para delinear e dar substantividade à atividade financeira inseri-la em algumas disposições, com caráter constitucional, que concedam determinadas competências, uma vez que a con-

30. Klaus Vogel (n. 7), p. 16, faz outra referência específica aos professores de Direito Constitucional, esta vez observando que sua responsabilidade, no relativo ao Direito Financeiro constitucional, não se acaba, ainda que se omita.

31. Luis Peñuelas i Reixach, *Poder financiero y federalismo en los Estados Unidos*, Madrid, Instituto de Estudios Fiscales, 1989, p. 21.

32. Klaus Vogel (n. 7), p. 17.

33. Klaus Vogel (n. 7), pp. 18-19, esclarece que a solução para a repartição de competências na Lei Fundamental de Bonn é, verdadeiramente, o oposto à adotada nos Estados Unidos da América. Na primeira, a competência para legislar é essencialmente do Estado Federal; no segundo, a preeminência é dos Estados-membros.

creção vem dada pelas disponibilidades de fontes de financiamento;

2. que a própria dinâmica do desenvolvimento do Estado — a distribuição da força entre os diversos Estados-membros — põe em constantes confrontações as relações entre as distintas partes da Federação, o que obriga a acomodações e arranjos institucionais que, em conseqüência, demandam mudanças significativas;[34]

3. por último, fica evidente que a solução adotada, isto é, a distribuição em função de figuras impositivas — o modelo alemão — não é de todo satisfatória e revela principalmente um fator de dificuldade nos casos de reformas tributárias.

Este esquema que acabamos de descrever vai ter um significado fundamental na análise do modelo adotado pelo constitucionalismo brasileiro, com ênfase na Constituição de 1988. Vale dizer, que por sua transcendência, mais que em um ponto de partida, se constituirá no marco referencial, desta investigação.

Um primeiro aspecto a ter presente, quando tratamos da complexidade antes referida, é o tema da autonomia financeira dos distintos entes que compõem a Federação. Pelo que se refere a esta questão, Lozano Serrano, realizando uma análise da jurisprudência constitucional, no marco do regime das "Comunidades Autónomas", tal como são configuradas na Constituição Espanhola de 1978, observa que o Tribunal Constitucional, adotando implicitamente uma concepção compartilhada por autores como M. S. Giannini e D'Amati, insiste "en que la autonomía financiera no debe entenderse como atribución ilimitada de competencias y ni siquera como posición global del ente público dotado de aquélla (...) la autonomía presupone coordinación, siendo una técnica de relación entre diferentes ordenamientos, pero que presupone por eso la existencia de otras esferas con las que deberán articularse mecanismos de conexión".[35]

Se poderá argumentar que o problema proposto se apresenta inserido em um contexto determinado — "Comunidades Autônomas" — e, daí, não sujeito a ocorrer em outro marco institucional. Nos parece que há razões suficientes para rechaçar tal concepção; em primeiro lugar, e sem entrar no debate sobre a natureza do regime das autonomias, devemos observar que conclusivamente este não possui uma estrutura semelhante a de um Estado unitário. Com efeito, nos enfrentamos com um problema concreto: definir as autonomias dos distintos entes — e isto vale para qualquer tipo de organização de Estado não unitário.

Se poderia também objetar a existência de tais dificuldades, sob o argumento de que Estados federais como Alemanha e o próprio Brasil, possuem uma delimitação tão precisa e satisfatória das competências de seus distintos entes que seria um absurdo admitir a possibilidade de maiores dificuldades na configuração do sistema de financiamento deles. Frente a isto, é indispensável ressaltar que nos países citados, a repartição de competências constitui-se em um ponto de conflitos e constantes revisões.

4. Conclusões

Para encerrar estas páginas, resumamos agora as principais conclusões a que

34. Klaus Vogel (n. 7), p. 17, que, para reforçar estas idéias, deixa evidente o movimento "pendular" que registra o constitucionalismo alemão, pois, em 1871, o maior peso das receitas pertencia aos Estados-membros; por outro lado, em 1919, o pêndulo caminhou em sentido oposto, as receitas, em grande medida, foram concedidas ao Reich; já em 1949 a idéia básica foi dotar os distintos entes federados de receitas próprias. Para finalizar, esclarece que nem sequer esta última solução serviu para arranjar a situação e a prova definitiva é que os preceitos que tratam exatamente deste assunto hão sido substancialmente modificados em distintas ocasiões, sempre no intento de recuperar o poder perdido por um ou outro membro da Federação. Sobre as transformações na Constituição Financeira alemã, Juan Ramallo Massanet (n. 20), pp. 57-60.

35. Carmelo Lozano Serrano, *Consecuencias de la Jurisprudencia Constitucional sobre el Derecho Financiero y Tributario*, Madrid, Editorial Civitas, 1990, p. 50.

chegamos neste texto. De forma reiterada vimos afirmando que a atividade financeira do Estado se constitui em uma questão central na discussão mesma do próprio Estado. Intimamente vinculado a isto, a questão do conteúdo desta atividade pode ser, por um lado, considerada como uma parte da atividade econômica global e, por outro, em sua especificidade para a realização dos gastos públicos e obtenção dos meios indispensáveis a seu financiamento, é uma atividade substancialmente política. Evidentemente que seus fins, em certa medida, são aqueles delineados em um modelo de Estado definido na Constituição.

Fazendo um juízo global sobre as possibilidades de apreensão científica desta atividade pelos distintos ramos do conhecimento, terminantemente não se pode negar a legitimação do Direito para tê-la como objeto de conhecimento, pois este se impõe, pelo menos, como ordenação jurídica de tal atividade.

Há que reiterar, também, que em função do esquema que desenvolvemos até agora, a conexão receita-gasto público se coloca como o eixo central dessa atividade financeira e elemento fundamental para concretizar as opções políticas e sociais estabelecidas no ordenamento jurídico-político.

Deixamos claro que esta atividade é tão antiga como o Estado e tampouco se deve olvidar que a inserção da matéria financeira nas constituições vem, inclusive, conexa ao surgimento de próprio Estado democrático constitucional. Daí que a chamada Constituição Financeira se haja convertido na expressão básica do pacto político social sobre a configuração da receita e dos gastos públicos.[36]

5. *Bibliografia*

BOBBIO, Norberto. *Contribución a la teoría del derecho* (Edición a cargo de ALFONSO RUIZ, Miguel). Madrid: Editorial Debate, 1990.

CANOTILHO, José Joaquim Gomes. *Constituição dirigente e vinculação do legislador (contributo para a compreensão das normas constitucionais programáticas).* Coimbra: Coimbra Editora, 1982.

FERNANDEZ CAINZOS, Juan José. "Economía constitucional y Constitución económica". *Hacienda Pública Española* n. 124-1, Madrid: 1993, pp. 143-151.

———. "El Estado fiscal, las ideologías y la Hacienda Pública: consideraciones en torno a la obra de Louis Eisenstein", estudio preliminar a la obra de Louis Eisenstein: *Las ideologías de la imposición.* Madrid: Instituto de Estudios Fiscales, 1983, pp. XI-LXX.

FERREIRO LAPATZA, José Juan. *Curso de Derecho Financiero Español.* 14ª ed., Madrid: Marcial Pons, 1992.

GARCÍA-PELAYO, Manuel. *Derecho Constitucional Comparado.* Madrid: Editorial Alianza, 1991.

GONZALEZ CASANOVA, José Antonio. *Teoría del Estado y Derecho Constitucional.* 3ª ed., Barcelona: Editorial Vicens-Vives, 1989.

JUAN ASENJO, Oscar de. *La Constitución Económica Española (Iniciativa económica pública "versus" iniciativa económica privada en la Constitución española de 1978).* Madrid: Centro de Estudios Constitucionales, 1984.

LOZANO SERRANO, Carmelo. *Consecuencias de la jurisprudencia Constitucional sobre el Derecho Financiero-Tributario.* Madrid: Editorial Civitas, 1990.

PEÑUELAS i REIXACH, Lluis. *Poder financiero y federalismo en los Estados Unidos.* Madrid: Instituto de Estudios Fiscales, 1989.

RAMALLO MASSANET, Juan. "Derecho Constitucional y Derecho Financiero", en *Cuadernos de la Facultad de Derecho* n. 3. Palma de Mallorca: Universidad de Palma de Mallorca, 1982.

———. *El sistema financiero de las corporaciones locales en el Derecho alemán.* Madrid: Instituto de Estudios de Administración Local, 1976.

36. Juan José Fernandez Cainzos (n. 6), pp. 143-151.

RODRIGUEZ BEREIJO, Álvaro. *Introducción al estudio del derecho financiero: un ensayo sobre los fundamentos teóricos del derecho financiero*. Madrid: Instituto de Estudios Fiscales, 1976.

SIMON ACOSTA, Eugenio. *El derecho financiero y la ciencia jurídica*. Bologna: Publicación del Real Colegio de España, 1985.

VOGEL, Klaus. "La hacienda pública y el Derecho Constitucional", en *Hacienda Pública Española* n. 59. Madrid: Instituto de Estudios Fiscales, 1979.

YEBRA MARTUL-ORTEGA, Perfecto. *El poder financiero: equilibrio entre los poderes financieros*. Madrid: Editorial de Derecho Financiero, 1977.

CADERNOS DE DIREITO TRIBUTÁRIO

ASESORÍA FISCAL Y DERECHO A LA DEFENSA: NOTAS EN TORNO A LA RESPONSABILIDAD PENAL DEL ASESOR FISCAL

LUIS MANUEL ALONSO GONZÁLEZ
Catedrático de Derecho Financiero y Tributario
— Universidad Internacional de Cataluña

1. La asesoría fiscal en España

Existe un amplio consenso en considerar que el ejercicio de la asesoría fiscal no es patrimonio exclusivo de ninguna profesión. Tampoco es precisa la integración en ningún tipo de asociación o colegio profesional. La misma realidad evidencia que juristas y economistas, graduados sociales, gestores o expertos mercantiles y contables a menudo coinciden en dedicar sus esfuerzos profesionales a la asesoría de sus clientes en materia fiscal. La diferenciación entre unos y otros profesionales la lleva a cabo entonces el mercado en función, sobre todo, de su mayor o menor preparación y formación, habida cuenta que no se puede conceder un peso distintivo a la titulación que se posee.

La causa u origen de esta situación ha de situarse en la ausencia de una normativa reguladora de la asesoría fiscal. Se ha descubierto[1] una mención al asesor fiscal en la Ley de Reformas Tributarias de 26 de diciembre de 1957, desarrollada por dos Instrucciones Provisionales de 9 de febrero y 27 de enero de 1958 relativas al Impuesto Industrial y al Impuesto sobre rendimientos de trabajo personal, respectivamente. En ellas se hace referencia al asesor fiscal regulando su intervención en el régimen de estimación objetiva global de bases imponibles, concretándose los títulos académicos y dando indicaciones en relación a sus honorarios.

Hoy en día, a lo sumo, del ordenamiento vigente puede extraerse un concepto de asesor fiscal a partir del art. 37.5.e) del Reglamento General de la Inspección de los Tributos (RGIT, aprobado por el RD 939/1986, de 25 de abril). Dicho precepto, tras reconocer que el respeto al secreto profesional del asesor le faculta para oponerse a los requerimientos de información de la inspección, nos dice que "tendrán la consideración de asesores quienes, con arreglo a Derecho, desarrollen una actividad profesional reconocida que tenga por objeto la asistencia jurídica, económica o financiera". Sin embargo, este concepto adolece de una doble limitación: primeramente, se ubica en un

1. Por Magín Pont Mestres en "El asesor del contribuyente en el procedimiento de inspección tributaria", *Revista de Derecho Financiero y Hacienda Pública* n. 169, 1984, p. 74.

precepto dirigido a regular los requerimientos de información que hace la inspección de los tributos, luego no es el lugar más indicado para tratar este tema; y, en segundo lugar, en la medida en que subordina la consideración de asesor a otras normas jurídicas ("... *con arreglo a Derecho...*") no deja de ser una mera norma de remisión.

Lo cierto es que en el mundo actual el asesor fiscal constituye una pieza clave del tráfico jurídico y económico. Precisamente, en el auge de tales actividades junto con la progresiva complejidad de las normas aplicables así como la creciente presión fiscal reside el origen de la asesoría fiscal, cronológicamente ubicado en la primera posguerra del siglo XX. "Tras la primera guerra mundial se puso de manifiesto la conveniencia de que el sujeto pasivo fuera asistido por especialistas que le aconsejaran a cumplir sus deberes tributarios, en especial en la presentación de la declaración, y le representaran ante la Administración tributaria. La evolución del fenómeno tributario ha venido a corroborar aquellas primeras ideas".[2]

2. *El derecho a la defensa y el asesor fiscal*

En el preámbulo del RGIT se puede leer que "(...) se inicia un reconocimiento normativo del Estatuto de aquellos profesionales que tienen encomendada la defensa de los intereses de los administrados en el curso de las actuaciones inspectoras, actuando además, en su caso, como representantes. Tales profesionales desempeñan indudablemente una función importante en el curso de este procedimiento, debiendo asumir, pues, las correspondientes responsabilidades".

Al margen de que, según se irá viendo, el RGIT poco aporta a ese reconocimiento normativo al que alude, lo que ahora nos interesa resaltar es que se delimita claramente que una cosa es la labor de defensa, que corresponde al asesor, y otra distinta la de representación del administrado, que puede, "en su caso", corresponder también al asesor.

Sin ánimo de reiterar aquí el esquema de funciones que cumple desempeñar al asesor fiscal sí puede encontrarse un denominador común de las mismas. El asesor fiscal, sobre todo en el curso de un procedimiento en el que se encuentra incurso su cliente, desarrolla las actuaciones que son necesarias para hacer efectivo el derecho a la defensa que recoge el art. 24.2 de la Constitución española.[3]

Ese derecho a la defensa se encuentra mejor garantizado si el administrado concurre ante la administración pertrechado con las armas que proporciona el conocimiento de la materia fiscal por parte de un experto que es su asesor. De tal manera, diríase que se propende un cierto equilibrio de fuerzas entre la extraordinaria capacidad operativa que desde el prisma de los recursos materiales y humanos dispone la Administración tributaria y un asesoramiento específico y personalizado que puede contraponer el administrado.

Ese es el sentido que se desprende del art. 25.3 del RGIT: "Los sujetos pasivos y demás obligados tributarios podrán intervenir en las actuaciones inspectoras asistidos por un asesor, quien podrá aconsejar en todo momento a su cliente. Los asesores podrán actuar asimismo como representantes de sus clientes si éstos les otorgan el correspondiente poder".

2. José Ramón Ruiz García, en "El régimen jurídico de los asesores fiscales en Alemania", *Revista Española de Derecho Financiero* n. 38, 1983.

3. "Asimismo, todos tienen derecho al juez ordinario predeterminado por la ley, a la defensa y a la asistencia de letrado, a ser informados de la acusación formulada contra ellos, a un proceso público sin dilaciones indebidas y con todas las garantías, a utilizar los medios de prueba pertinentes para su defensa, a no declarar contra sí mismos, a no confesarse culpables y a la presunción de inocencia.

"La ley regulará los casos en que por razón de parentesco o de secreto profesional, no se estará obligado a declarar sobre hechos presuntamente delictivos."

3. *Distinción entre representante y asesor*

Tal y como se ha hecho notar, "asesor es quien tan sólo aconseja, quien con sus conocimientos especializados completa la formación del recto criterio ajeno, sin el más mínimo atributo de suplencia en la manifestación de la voluntad del asesorado".[4] Justamente con este razonamiento de origen el Tribunal Supremo decidió anular el siguiente inciso, que se situaba en el final de la primera frase del reproducido artículo: "(...) y cuyas manifestaciones, en presencia del obligado tributario, se considerarán formuladas por éste si no se opone a ellas de inmediato". Semejante manifestación implicaba la concesión implícita o tácita al asesor de la condición de representante y, como se dijo en la Sentencia de 22 de enero de 1993 (Fundamento Jurídico 10), constituía una "peculiar forma de mandato" contraria a la regulación general de la representación que se hace en el art. 43 de la Ley General Tributaria. El Tribunal, en definitiva, estimó que no se puede presuponer la concesión de un apoderamiento tácito de la mera presencia conjunta del obligado tributario y el asesor.

La Ley 30/1992, del régimen jurídico de las Administraciones Públicas y del procedimiento administrativo común, de 26 de noviembre, también se sitúa en la línea de diferenciar al asesor del representante. Así, su art. 85.2 prevé que "los interesados podrán, en todo caso, actuar asistidos de asesor cuando lo consideren conveniente en defensa de sus intereses". Este precepto ha motivado el siguiente comentario de González Pérez y González Navarro: "El asesor es, por lo pronto, un asistente del interesado elegido y 'traído' por éste al procedimiento cuando así convenga a la mejor defensa de sus intereses. El legislador ha tomado esta figura de la práctica, porque la experiencia demuestra que el interesado (que, por regla general, es un *uomo qualumque*, un hombre de la calle, sin una calificación ni siquiera elemental que le permita circular por los complicados vericuetos de la Administración), gusta de hacerse acompañar, cuando se ve en el trance de tener que acudir a una oficina administrativa, de alguien más entendido que él, aunque no necesariamente un profesional del derecho. Y esto, a pesar de que existen servicios de información administrativa — se regulan con carácter general a raíz de la entrada en vigor de la LPA de 1958 — y de que — hoy como antes — existen funcionarios verdaderamente ejemplares que, porque viven con vocación de servicio la tarea que tienen encomendada, ejercitan diariamente con paciencia franciscana la virtud evangélica de 'enseñar al que no sabe'. Convengamos, sin embargo, en que, incluso los que, por profesión, debiéramos estar ya hechos a todo, no llegamos a perder nunca ese *metus reverentialis* que inspira siempre el Poder público. Y el funcionario es — queramos o no —, en su esfera de tareas, por modestas que éstas sean, la encarnación de ese poder".[5]

La figura del asesor, empero, trasciende en su motivo último, al menos en los procedimientos tributarios, el mero deseo de mitigar la sensación de indefensión del particular ante la maquinaria administrativa. En muchos casos, tal sensación obedece a un hecho incontrovertible: cuando se inicia un procedimiento tributario de comprobación o de inspección en no pocos casos es difícil conocer de antemano el alcance de la actuación administrativa. Dicho más claramente: lo que hoy se inicia como expediente administrativo, si se dan las circunstancias pertinentes, puede desembocar en un procedimiento sancionador (cfr. art. 63 bis RGIT) e, incluso, en un proceso penal (art. 77.6 de la Ley 230/1963, General Tributaria, LGT). Ante este horizonte, que nunca puede descartarse por completo, no

4. Pedro Manuel Herrera Molina y Fernando Serrano Antón: "El estatuto del contribuyente en el reglamento de la inspección", en *Revista de Derecho Financiero y Hacienda Pública* n. 80, 1993, p. 725.

5. "Comentarios a la Ley de Régimen Jurídico de las Administraciones Públicas y Procedimiento Administrativo Común", II, 2ª ed., Civitas, Madrid, 1999. p. 2000.

es de extrañar que se haya reclamado por activa y por pasiva la necesidad de advertir al obligado tributario, al sujeto pasivo, de la conveniencia de que acuda ante la Administración acompañado de un asesor a fin de prevenir males mayores.

La cuestión de si la Inspección ha de estar o no obligada a informar al obligado tributario acerca de su derecho a estar asistido por un asesor — o abogado, si las repercusiones penales ya se atisban — fue debatida en la mencionada Sentencia de 22 de enero de 1993. En su Fundamento Jurídico 11º se dijo que "tal mandato no está contenido en ninguna de las leyes que desarrolla este Reglamento, y únicamente el artículo 17.3 de la Constitución dispone que se garantiza la asistencia de abogado al detenido en las diligencias policiales y judiciales, en los términos que la ley establezca, hipótesis que para nada se identifica con la de las actuaciones de la Inspección de los Tributos, en las que si bien es cierto que en casos de cualificada gravedad pueden descubrirse conductas merecedoras del reproche penal, será cuando ello ocurra, y no antes, el momento en que el precepto constitucional y su desarrollo entre en juego".

Tan exquisito formalismo choca con la realidad de las cosas. Piénsese que en el curso del procedimiento inspector, por citar un hecho trascendente para el tema, el inspeccionado será probablemente requerido para aportar diversas pruebas en relación con la materia investigada. Tales pruebas pueden pasar a integrar la base del expediente sancionador que pueda venir después en virtud de lo previsto en el art. 63 bis, 6 del RGIT cuando dispone que "a efectos de la documentación del expediente sancionador, se incorporarán formalmente al mismo mediante diligencia los datos, pruebas o circunstancias que obren o que hayan sido obtenidos en el expediente instruido con ocasión de las actuaciones de comprobación e investigación de la situación tributaria del presunto infractor". De este modo, las pruebas obtenidas durante el expediente de comprobación e investigación, y que pueden incriminar directamente al obligado — sobre todo si éste no hace uso de su derecho a alegar y la propuesta de sanción deviene firme en el curso de la tramitación abreviada —, son obtenidas del obligado sin el concurso de asesoramiento alguno. Incluso si nos ceñimos al supuesto concreto al que parece referirse la sentencia, la imputación al obligado de un delito fiscal, hay que recordar que la redacción del art. 77.6 LGT no impide que el tanto de culpa a la jurisdicción penal se pase cuando el procedimiento de comprobación o investigación se encuentre tan avanzado que las actuaciones ya desarrolladas aporten un caudal probatorio significativo a tener muy en cuenta en el proceso penal. En tal caso, de nuevo, las pruebas incriminatorias pueden haber sido también obtenidas del acusado sin que éste haya sido asesorado debidamente e informado de la trascendencia de su colaboración con los órganos de la Administración.

El Tribunal Supremo se ha mostrado hasta la fecha poco sensible con este tema. Veamos como lo ventila en el Fundamento Jurídico Tercero de la Sentencia de 10 de junio de 1994:

"Especial énfasis dedica el Consejo recurrente a la falta de exigencia de 'asistencia letrada' del contribuyente en las actuaciones inspectoras. Desde el plano constitucional resulta evidente que: 'Toda persona detenida debe ser informada de forma inmediata, y de modo que le sea comprensible, de sus derechos y de las razones de su detención, no pudiendo ser obligada a declarar. Se garantiza la asistencia de abogado al detenido en las diligencias policiales y judiciales, en los términos que la Ley establezca' (art. 17.3 CE). La dicción y claridad del precepto no deja lugar a la duda en cuanto que se refiere a los casos donde exista 'detención'; y mientras ésta no se produzca no puede hablarse del derecho constitucional de asistencia letrada. Corrobora lo que antecede el propio sentido del mencionado artículo 17, todo él dedicado a supuestos de 'privación de la libertad', donde podrá comprenderse (como hace la STC de 10 de julio de 1986, que cita el recurrente) la 'retención', pero no la comparecencia ante la Inspección de los Tributos, que, en todo caso, puede realizarse por sí o por medio de 'representante siempre que lo deseen' (art. 25.2 RGIT).

"En las actuaciones ante la Inspección de los Tributos nunca se produce la detención del contribuyente (cosa que puede suceder en las 'diligencias policiales') y, en consecuencia, ningún precepto constitucional se vulnera con la falta de asistencia letrada.

"En cierto que de tales actuaciones puede nacer la presunción de la existencia de ciertos delitos (especialmente, fraudes contra la Hacienda Pública), mas en tales casos la Inspección se limita a pasar 'el tanto de culpa al órgano judicial competente o remitirá las actuaciones al Ministerio Fiscal y se abstendrá de seguir el procedimiento (...)' (art. 66 RGIT). De esta forma, habrá de ser siempre el órgano judicial quien, en su caso, disponga la detención y ante él deberá prestarse la asistencia letrada, como, en realidad, sucede. Hay que concluir, por tanto, que la falta de asistencia letrada al contribuyente en las actuaciones ante la Inspección de los Tributos para nada conculca el artículo 17.3 de la Constitución Española.

"A mayor abundamiento el Reglamento impugnado no permite que se produzca esa pesquisa o inquisición secreta a que se refiere el actor, con ignorancia o a espaldas del sujeto pasivo investigado, desde el momento que el artículo 24.2 de aquél establece que: 'Todos estos obligados tributarios tendrán derecho a ser informados del alcance de la actuación que lleve a cabo la Inspección en cada caso (...)', y nada impide que si, a la vista del alcance de la actuación, el inspeccionado lo desea, pueda comparecer asistido de Letrado.

"Ha de rechazarse, por tanto, que el Reglamento impugnado vulnere el derecho de asistencia letrada al detenido que reconoce la vigente Constitución Española."

Al estar en desacuerdo con el sentido de la Sentencia, nos agregamos a quienes *de lege ferenda* postulan que el inspector actuario informe desde el inicio mismo de sus actuaciones de la conveniencia de dotarse de asesoramiento legal suficiente habida cuenta de la trascendencia que pueden tener las mencionadas actuaciones.[6]

En la actualidad, eso sí, en el inicio de la inspección y en cumplimiento del art. 7.2 RGIT, se entrega al inspeccionado un anexo informativo en el que sucintamente se relacionan sus principales derechos y obligaciones en el curso del procedimiento inspector. Así lo mandaba ya el art. 30.4 RGIT y ahora lo reiteran los arts. 3.n) y 27 de la Ley 1/1998, de 26 de febrero, de Derechos y Garantías del Contribuyente. Concretamente este último dispone que "los contribuyentes tienen derecho a ser informados, al inicio de las actuaciones de comprobación e investigación llevadas a cabo por la Inspección de los Tributos, acerca de la naturaleza y alcance de las mismas, así como de sus derechos y obligaciones en el curso de tales actuaciones".

Pues bien, de entre el elenco de derechos y deberes de los que se informa al sujeto inspeccionado actualmente por la Inspección sólo destaca la mención al derecho a actuar por sí mismo o mediante representante, lo que, como estamos poniendo de manifiesto, en ningún caso cabe considerar que supla el derecho a ser defendido por un asesor.

4. La responsabilidad del asesor fiscal por infracciones cometidas en el desarrollo de su actividad profesional

Desgraciadamente, en España la actualidad ha puesto de relieve como el ejercicio de la asesoría fiscal no está exento de riesgos. Los medios de comunicación expanden diversos supuestos en los que el asesor se encuentra implicado a la par que su cliente

6. Herrera Molina y Serrano Antón, op. cit., p. 718.

en infracciones fiscales de carácter delictivo. El efecto inmediato, desde luego indeseable, puede ser que la presión a la que encuentren sometidos los asesores fiscales redunde, de un lado, en una huida de la actividad, o, de otro lado, "que se conduzcan con exageradas cautelas ante los clientes, lo que haría disminuir la operatividad de la figura profesional".[7]

Tenemos que empezar este breve análisis haciendo una doble precisión. Primeramente, que partimos de la figura del asesor en cuanto consejero y técnico en una determinada parcela del saber, el derecho fiscal, en cuanto profesional que presta su apoyo experto al cliente de cara a la toma de determinadas decisiones o en relación con el cumplimiento de sus deberes y obligaciones tributarias. Conviene insistir en ello puesto que la figura del asesor, como ya se ha dicho, no coincide forzosamente con la del representante, sujeto cuya posición en el contexto de las actuaciones infractoras es distinta.[8] Y, en segundo lugar, debe quedar claro el objeto de nuestra preocupación: nos ocupamos de la trascendencia que para el derecho sancionador puede derivar de la actuación típica y característica del asesor, con la evidente puesta en peligro de los márgenes de libertad que han de presidir sus relaciones profesionales con el obligado tributario e, incluso, con riesgo del derecho a la defensa de este último. Descartamos considerar como asesor a quien participa materialmente en la comisión de una infracción realizando actividades que no son las propias del asesor fiscal y que, llegado el caso, su ejecución material puede hacerse recaer sobre otros sujetos distintos (manipulaciones documentales, falsificaciones de documentos, búsqueda y captación de testaferros, etc.).

Pues bien, anticipando ya un poco la conclusión de este análisis, asistiremos a la situación un tanto paradójica según la cual el asesor fiscal que se encuentra vinculado a la comisión de una infracción imputada a su cliente, sujeto pasivo del tributo, puede quedar impune en el marco de la normativa tributaria y, sin embargo, si esa infracción llegara a ventilarse en el ámbito penal sería muy posible que el mismo asesor, realizando la misma conducta — aunque ahora rebasándose la fatídica barrera de 15 millones de cuota defraudada (cfr. art. 305.1 Código Penal) —, terminara imputado por el correspondiente delito. Es más, si por la razón que fuera dicho asesor quedara impune penalmente porque los tribunales no apreciaran la existencia de delito, sobre la base de los hechos probados la Administración continuaría el expediente sancionador aunque ahora sólo frente al autor del delito, el contribuyente o el sujeto pasivo que fuera, pero no respecto del asesor fiscal, por más que de los mencionados hechos se desprendiera su participación en la comisión de la infracción en el plano penal.

Empezaremos por examinar el enfoque que recibe esta cuestión primero desde la normativa fiscal y en segundo lugar desde la penal.

4.1 La responsabilidad del asesor fiscal según las normas administrativas tributarias

Mientras las infracciones tributarias simples pueden ser cometidos tanto por los sujetos pasivos como por cualquier otros (cfr. art. 7 del RD 1930/1998, de 11 de septiembre, que desarrolla el régimen sancionador tributario), parece, a primera vista, que no sucede lo mismo con las infracciones graves. Su configuración en la LGT (art. 79) ya parece apuntar que sólo quien incumple el deber establecido comete la infracción. Así, quien deja de ingresar la deuda tributaria es quien estaba obligado a ello ya fuera como contribuyente o como sustituto (letra a) y quien disfruta indebidamente de una exención es la persona favorecida

7. Isaac Merino Jara y J. L. Serrano Gonzalez de Murillo, "El delito fiscal", *Cuadernos fiscales* n. 1, EDERSA, Madrid, 2000, p. 53.

8. Vid. por todos Jesús Rodríguez Márquez en "Consideraciones acerca de la coautoría y participación en infracciones tributarias", XIX Jornadas Latinoamericanas de Direito Tributário, Livro 2, Lisboa, 1998, pp. 251 y ss.

directamente en términos económicos, esto es el contribuyente del hecho imponible que no estaba realmente exento (letra c).[9] Y todo ello sin que, lógicamente la Administración ignore que en numerosas ocasiones ese contribuyente infractor ha contado con asesoría suficiente para decidir infringir la norma o al menos para conocer los riesgos que acarreaba cometer tal infracción. La Ley General Tributaria se pronuncia, así, por un elenco de sujetos infractores, que son los que se relacionan en el art. 77.3: los sujetos pasivos contribuyentes o sustitutos, los retenedores y obligados a ingresar a cuenta, la sociedad dominante en el régimen de declaración consolidada, las entidades transparentes, los obligados a colaborar en los términos del art. 111 y 112 de la misma ley,[10] y el representante legal.

¿Significa esto que nadie más que estos sujetos padecerán las consecuencias gravosas que debe llevar aparejado el cometer una infracción tributaria? La respuesta ha de ser, en principio, negativa.

Primeramente porque la enumeración que se hace en el art. 77.3 no puede estimarse limitativa, toda vez que se advierte que "serán sujetos infractores... en particular"; o sea, que no se puede descartar que existan otros distintos de los enumerados. Como viene a decir Herrera Molina, la LGT parece optar por un concepto restrictivo de autor, "semejante al que sostiene la teoría objetivo-formal de la doctrina penalista. De acuerdo con ella 'es autor quien realiza (total o parcialmente) la acción descrita en los tipos de la parte especial'. Esto nos obliga a definir al autor de las infracciones tributarias en relación con los tipos descritos en la Ley General Tributaria... Estas consideraciones nos llevan a pensar que la lista de infractores mencionados en el art. 77.3, sin ser taxativa, tiene mayor relevancia de lo que aparenta. Así, por ejemplo, los responsables tributarios — ausentes del art. 77 — difícilmente podrán ser autores de la infracción consistente en la falta de ingreso — art. 79.a LGT, modificado por la Ley 25/1995 —, pues en la generalidad de los casos la acción de cobro se dirigirá contra ellos una vez liquidada la deuda tributaria en el procedimiento seguido con el sujeto pasivo principal, lo que dará lugar a la ejecución en vía de apremio, pero no al pago de sanciones".[11]

En segundo lugar, deberán tenerse en cuenta otras normas distintas de las alojadas en el capítulo de infracciones y sanciones de la Ley General Tributaria. Debemos, por tanto, dirigirnos al art. 38 de la misma norma legal y en ese recorrido abordaremos la posibilidad de que sujetos distintos a los previstos en el art. 77.3 en su condición de autores de las posibles infracciones puedan también considerarse partícipes en las mismas.

4.1.1 El articulo 38.1 de la Ley General Tributaria. Analisis

El art. 38.1 LGT dispone que "responderán solidariamente de las obligaciones

9. "Constituyen infracciones graves las siguientes conductas:

"a) Dejar de ingresar dentro de los plazos reglamentariamente señalados la totalidad o parte de la deuda tributaria, salvo que se regularice con arreglo al artículo 61 de esta Ley o proceda la aplicación de lo previsto en el artículo 127 también de esta Ley.

"b) No presentar, presentar fuera de plazo previo requerimiento de la Administración tributaria o de forma incompleta o incorrecta las declaraciones o documentos necesarios para que la Administración tributaria pueda practicar la liquidación de aquellos tributos que no se exigen por el procedimiento de autoliquidación.

"c) Disfrutar u obtener indebidamente beneficios fiscales, exenciones, desgravaciones o devoluciones.

"d) Determinar o acreditar improcedentemente partidas positivas o negativas o créditos de impuesto, a deducir o compensar en la base o en la cuota de declaraciones futuras, propias o de terceros.

"e) Determinar bases imponibles o declarar cantidades a imputar a los socios, por las entidades sometidas al régimen de transparencia fiscal, que no se correspondan con la realidad."

10. Estos preceptos establecen sendos deberes y obligaciones de colaboración con la Administración Tributaria mediante el suministro de información con trascendencia tributaria.

11. "Coautoría y participación en las infracciones tributarias y responsabilidad tributaria por actos

tributarias todas las personas que sean causantes o colaboren en la realización de una infracción tributaria".

Tan corto precepto ha propiciado, sin embargo, un amplio debate en torno a su preciso significado. Obviaremos recorrer el sinfín de interpretaciones formuladas al respecto por la doctrina[12] para ceñirnos a aquella que más nos convence.

En nuestra opinión, el art. 38.1 LGT dispone un mecanismo de garantía del cobro de la deuda cuya más destacable peculiaridad radica en que el presupuesto de hecho que implica la asunción de la obligación tributaria por el responsable es precisamente la causación de una infracción tributaria o la colaboración en su realización.

El enfoque adoptado, por descontado, implica desestimar alguna otra de las posibilidades que se pueden barajar a la hora de analizar el precepto.

Así, rechazamos que el art. 38.1 configure una norma sancionadora toda vez que en su presupuesto de hecho descansaría la idea de solidaridad en la infracción; dicho de otro modo, se estaría exigiendo una concurrencia paritaria mínima entre los diversos infractores para poder darse el mencionado presupuesto de hecho: yo infrinjo la norma y el responsable del art. 38.1, si me ha ayudado, también responde de la infracción.

Semejante planteamiento rehuye, como mínimo, el principio de personalidad de la pena, dado que permite hacer recaer la pena sobre cualquiera de los sancionados al no poderse diferenciar los grados de implicación en la comisión de la infracción. En palabras de Garcia Novoa, "no olvidemos que la sanción tributaria, hasta que el RD 1930/1998, de 11 de septiembre, ha desarrollado la previsión de procedimientos separados del art. 34 de la Ley de Derechos y Garantías de los Contribuyentes, se exigía conjuntamente con el tributo (cuota tributaria) y que, como consecuencia de la previsión legal de garantías personales, el tributo se cobra muchas veces a sujetos que no han realizado el hecho imponible, sino otro presupuesto distinto, pero a los que la ley vincula la responsabilidad de satisfacer la deuda tributaria. Estos sujetos pueden responder del tributo no satisfecho por el obligado principal, pero nunca de las sanciones. Es la regla de la intransmisibilidad de las sanciones que, no sólo debe limitarse a los supuestos de muerte del sujeto infractor, sino a todos los casos en que pueda exigirse el tributo a sujetos distintos de los deudores originarios; éstos nunca deberán las sanciones tributarias que no vengan provocadas por su propia conducta. Hay que excluir lo que hemos llamado trasvase de principios, por lo que no cabrá aplicar nunca a las sanciones la automaticidad con que se exige el cobro de las deudas tributarias a los obligados tributarios distintos del contribuyente, y cuya responsabilidad no se mide con criterios de culpabilidad".[13]

Por lo mismo, este planteamiento no permite aplicar individualizadamente los criterios de graduación de la pena.

Y, por último, no hay que olvidar que en el ámbito de la responsabilidad cabe una típica acción de regreso desde el responsable al contribuyente o sustituto, acción de regreso que, en este caso, permitiría que el peso de la consecuencia a la que lleva la infracción recayera en quien ostenta la capacidad económica que debe ser gravada y que se ha evidenciado en la realización del hecho imponible. Con ello se desmiente su condición de sanción, pues semejante traslación es impensable en el campo de las penas, pese a lo que opina el Tribunal Constitucional.[14]

ilícitos", en *Sujetos Pasivos y Responsables Tributarios*, IEF-Marcial Pons, Madrid, 1997, p. 697.

12. Puede hallarse una síntesis de la polémica doctrinal en Rodriguez Marquez, op. cit., pp. 225 y ss.

13. "El principio de personalidad en el ordenamiento sancionador tributario", en *Temas de Derecho Penal Tributario*, Marcial Pons, Madrid, 2000, pp. 37 y 43 y ss.

14. Cfr. Sentencia 76/1990, de 26 de abril.

Además, en el art. 38, la pena en sí no es tal pena o sanción sino una consecuencia diversa: el pago de la deuda ocasionada por la obligación tributaria, concepto del que quedan excluidas en todo caso las sanciones por acción conjunta de los artículos 37.3 y 58 LGT.[15]

En definitiva, poco útil resulta este planteamiento si lo que se desea es graduar la intervención o participación de cada sujeto en la comisión de la infracción a fin de asignarle la penalidad correspondiente. En consecuencia, tal y como ha revelado el profesor Zornoza, se incumple el principio de proporcionalidad que debe regir a la hora de sancionar.[16]

De todo ello se desprende la inutilidad del art. 38.1 como mecanismo atributivo de responsabilidades infractoras distintas de la autoría. Luego, ¿significa esto que para el Derecho Tributario no existen las formas de participación en la comisión de la infracción que sí contempla el Código Penal? Pues bien, aunque parezca arriesgado, creemos que la respuesta debe tener el signo negativo. Pero, si es así es porque el legislador tributario así lo ha estimado conveniente. Muy posiblemente porque, primeramente, en esencia la normativa tributaria se encuentra orientada el cumplimiento de la finalidad propia de la disciplina: la erogación de recursos tributarios hacia los entes acreedores dentro del marco del mandato constitucional del art. 31 CE; y, en segundo lugar, porque un cierto atraso en su desarrollo ha llevado a la normativa tributaria de carácter penal a centrarse antes en el desarrollo de los tipos infractores y, más recientemente, a aproximarse al modelo del Derecho Penal en cuanto a las garantías que deben respetarse en favor del imputado, que a depurar un esquema de responsabilidades suficientemente desarrollado.

En cualquier caso, y retomando palabras de Rodriguez Marquez, "la impunidad estas formas de participación es un problema cuya resolución no compete al intérprete de la norma, sino que ha de ser afrontado por el legislador, mediante la reforma del régimen sancionador en materia tributaria".[17] O, como ya hizo notar Arias Abellán, "si el legislador hubiera querido imponer una sanción a la persona que colabora de manera directa y principal con el sujeto pasivo de una obligación tributaria, en la comisión de una infracción de defraudación lo hubiera hecho directamente sin necesidad de acudir al expediente técnico de la responsabilidad".[18]

Por tanto, lo que termina articulando el art. 38.1 LGT no es, desde luego, una responsabilidad penal para el causante o colaborador en la infracción.[19] Antes bien, se aprovecha la circunstancia en que consiste dicha conducta participativa para configurar un nuevo supuesto de responsabilidad personal cuyo efecto inmediato es ase-

15. Cfr. Herrera Molina, op. cit., p. 704.

El art. 37.3 LGT dispone que "la responsabilidad alcanzará a la totalidad de la deuda tributaria, con excepción de las sanciones"; por su parte, el art. 58 dice:

"1. La deuda tributaria estará constituida por la cuota a que se refiere el artículo 55 de esta Ley, por los pagos a cuenta o fraccionados, las cantidades retenidas o que se hubieran debido retener y los ingresos a cuenta.

"2. En su caso, también formarán parte de la deuda tributaria:

"a) Los recargos exigibles legalmente sobre las bases o las cuotas, ya sean a favor del tesoro o de otros entes públicos.

"b) Los recargos previstos en el apartado 3 del artículo 61 de esta Ley.

"c) El interés de demora que será el interés legal del dinero vigente a lo largo del período en el que aquél se devengue, incrementado en un 25 por 100, salvo que la Ley de Presupuestos Generales del Estado establezca otro diferente.

"d) El recargo de apremio, y

"e) Las sanciones pecuniarias."

16. Juan J. Zornoza Perez, *El sistema de infracciones y sanciones tributarias*, Civitas, Madrid, 1992, p. 113.

17. Op. cit., p. 229.

18. "El estatuto jurídico del responsable del tributo en el Derecho español", Civitas, *REDF* n. 42, 1984, p. 204.

19. Ni tampoco una responsabilidad civil si nos atenemos a las críticas que hace Rodriguez Marquez a esta postura, op. cit., pp. 232 y ss.

gurar la obligación tributaria, aunque sea a costa de aparentar la existencia de una sanción que recae sobre el responsable, tal es la mezcolanza de preceptos que se llega a producir. Como bien expone Rodriguez Marquez, "bien mirado, el fundamento de este supuesto de responsabilidad no puede ser más lógico: dado que el sujeto, con su actuación, ha contribuido a poner en riesgo el cobro de la deuda tributaria, se le obliga a que, con su patrimonio, garantice el pago de aquella".[20] Se ha hablado, incluso, de "una visión civil-resarcitoria de la responsabilidad por infracciones" antes que de la naturaleza sustancialmente penal que hay que predicar de los ilícitos y sanciones administrativas en materia tributaria.[21]

En conclusión, y de acuerdo con lo expresado hasta el momento, parece que el Derecho Tributario español sólo contempla como conducta sancionable la autoría en la comisión de la infracción tributaria puesto que la LGT no impone sanción al colaborador sino una consecuencia distinta en los términos del art. 38.1.

Pero, acerquémonos por un momento a la normativa penal.

Si por remisión al Código Penal (art. 28) tomamos como autores a los que realizan la infracción por sí mismos, conjuntamente con otros o por medio de otros, junto con los inductores y los cooperadores necesarios, ciertamente alguna de estas formas de autoría encajarían bastante bien con una asesoría torticera o malintencionada pensada para infringir la norma. Sin embargo, si se parte de la premisa de que el autor es quien realiza el hecho prohibido topamos con un art. 77.3 LGT que habla de "acciones u omisiones tipificadas como infracciones en las leyes", de modo que las formas más puras de la autoría son difícilmente imaginables en personas distintas del sujeto pasivo — contribuyente, sustituto — que asume dicha condición en base a la relación tributaria de naturaleza obligacional que se encuentra en el sustrato del tributo.[22] En definitiva, resultaría de todo ello que el art. 77.3 configura las infracciones graves como aquello que en Derecho Penal se denominan "delitos especiales", esto es, que sólo pueden ser cometidos por un tipo de sujetos determinados.

En cuanto a formas de autoría de carácter menos inmediato como puede ser la inducción, tal y como indica Rodriguez Marquez, carecen de la materialidad en la ejecución de la infracción que se desprende del art. 77.3.[23] A cambio, el inductor puede verse incurso en el presupuesto de hecho del art. 38.1 que hemos examinado. Pero la consecuencia ya no será una sanción sino, como se ha manifestado una y otra vez, el aseguramiento de la obligación tributaria al ampliarse el número de sujetos obligados a su satisfacción merced un peculiar sistema de garantía personal.

Similares dificultades surgen a la hora de intentar explicar cómo la LGT castiga a los cómplices en las infracciones tributarias. Nada dice de ellos la LGT y, por tanto, es más prudente abstenerse de castigar que intentar analógicamente aplicar las reglas propias del Código Penal, por respeto al art. 25.1 de la Constitución y al principio de *lex stricta* que rige en el ámbito sancionador.[24]

En definitiva, hay que ser muy cuidadoso al trasladar el esquema atributivo de responsabilidades propio del Código Penal al ámbito tributario. En el Código Penal las personas criminalmente responsables de los delitos y las faltas están reguladas en el Título II (arts. 27 a 31) del Libro I, lo que viene a ser su parte general. Mientras que los tipos infractores consumen todo el Libro II y las penas correspondientes el Libro III.

20. Op. cit., p. 238.

21. Zornoza, op. cit., pp. 64 y 65.

22. Así, aun en el marco del estudio de la prescripción del delito fiscal, se ha dicho por Clavijo y Sola que "solo podrá ser responsable del delito del art. 305 CP aquel sobre el que recae la obligación tributaria" ("Delito fiscal y prescripción tributaria", *Tribuna Fiscal*, p. 82).

23. Op. cit., p. 253.

24. Zornoza, op. cit., p. 99.

O sea, el abanico de sujetos que cometen las infracciones no viene dado por el precepto que configura el tipo del delito sino que hay remitirse a una norma previa, uno de los artículos que van desde el 7 al 31. La determinación de la autoría y de las formas de participación se hace así con una notable independencia entre la conducta sancionada y el sujeto que la ha realizado.

Al menos aparentemente, porque del art. 31 cabe extraer una regla que estimamos muy relevante.[25] El art. 31 al ocuparse de determinar la condición de autor de la infracción penal en la persona del representante para el representante (de hecho o de derecho de persona jurídica, y legal o voluntario), añade que tal sujeto "responderá personalmente, aunque no concurran en él las condiciones, cualidades o relaciones que la correspondiente figura de delito o falta requiera para poder ser sujeto activo del mismo". La misma existencia del entrecomillado revela que, en circunstancias normales, para poder ser sujeto activo de la infracción es preciso que en dicho sujeto concurran las condiciones, cualidades o relaciones que a partir de la configuración que recibe el delito o falta son precisas para poder ser sujeto activo del mismo. Dicho de otro modo, el Código Penal exigirá para ser autor, en cualquiera de sus formas, tener las condiciones o características suficientes para que sea materialmente posible cometer la conducta infractora. Sin perjuicio de que volvamos sobre este punto cuando nos refiramos al delito fiscal, el argumento parece suficientemente válido como para concluir que el asesor fiscal no puede ser autor de las infracciones tributarias graves porque materialmente no puede dejar de ingresar ni perfeccionar ninguna de las otras conductas relacionadas en el art. 79. Y, según lo dicho, tampoco puede imputársele cargo alguno de complicidad a causa de la imprevisión que de esta forma de participación adolece la normativa tributaria.

4.2 *La responsabilidad del asesor fiscal en el Derecho Penal*

Como adelantábamos al empezar este estudio el Derecho Penal no ha vacilado a la hora de imputar responsabilidad penal al asesor fiscal en un campo tan conflictivo como es el de los delitos contra la Hacienda Pública.

También es cierto que, admitida por una doctrina mayoritaria la naturaleza de delito especial del delito fiscal, y puesto este dato en conexión con lo dicho en el último párrafo del epígrafe precedente, el delito fiscal tiende a imputarse al asesor fiscal únicamente a título de partícipe. El asesor no puede, pues, ser autor al no ser obligado tributario.[26]

Choclán Montalvo — quien parece inducir la calidad de representante como propia del asesor, apreciación, que de confirmarse estimamos errónea — dice: "el *extraneus* a pesar de no ser autor, sino sólo mero partícipe — (inductor, cómplice, necesario o no) —, en principio responde con la pena prevista en el tipo para aquel que infringe el deber. En este caso, puede venir en aplicación la doctrina sentada por el Tribunal Supremo, a partir de las ss. de 12 de febrero y 21 de marzo de 1992, 18 de enero y 2 de febrero de 1994, conforme a la cual, cuando los elementos personales especiales que fundamentan la punibilidad no concurren en el partícipe, debe procederse a una atenuación de la pena del *extraneus*, mediante la aplicación de la atenuante analógica del artículo 21.6 CP".[27]

25. Dicho precepto dispone que "el que actúe como administrador de hecho o de derecho de una persona jurídica, o en nombre o representación legal o voluntaria de otro, responderá personalmente, aunque no concurran en él las condiciones, cualidades o relaciones que la correspondiente figura de delito o falta requiera para poder ser sujeto activo del mismo, si tales circunstancias se dan en la entidad o persona en cuyo nombre o representación obre".

26. Cfr. Romeral Moraleda, "Sujeto activo del delito fiscal: obligados tributarios. Las personas jurídicas: responsabilidad y la crisis de la empresa como causa de justificación", en *El Delito Fiscal*, Terceras Jornadas sobre el Delito Fiscal, Gaceta Fiscal, Enero 2000, p. 105.

27. "Ultimas tendencias jurisprudenciales sobre el Delito Fiscal. Falsedad material versus ideoló-

El asesor podrá ser imputado como partícipe. "Partícipes — dice Romeral —, son los que toman parte en los hechos que realiza el autor: inductor, cooperador necesario y cómplice. En cualquiera de estas categorías debemos incluir a todas aquellas personas que, habiendo intervenido en la comisión de un delito fiscal, no tienen la condición de obligado tributario ni han actuado en su nombre. Esta postura, no aceptada unánimemente por la doctrina, es la mantenida por nuestro Tribunal Supremo que admite la participación de terceros *extraneus* en el delito del cualificado *intraneus*, en base a que 'la ley no impide la punibilidad del *extraneus* como partícipe del delito propio del *intraneus*' (STS 20.5. 1996, 12.2.1997)".[28]

La perspectiva que sostiene el Derecho Penal sorprenderá al lector si mínimamente le hemos convencido con nuestros anteriores razonamientos en los que, siempre desde un estricto prisma jurídico, hemos intentado explicar que nuestro Ordenamiento Tributario no permite atribuir responsabilidad por infracción al asesor fiscal.

4.2.1 El delito fiscal como norma penal en blanco. Trascendencia de esta consideración

El Derecho Penal contenido en el Código Penal es un cuerpo normativo mucho más desarrollado que las normas de derecho penal tributario que acoge la Ley General Tributaria y unas pocas normas más, ya sean leyes o reglamentos. El Derecho Penal desde antiguo diversifica la autoría en varias formas de actuar y a su vez admite formas distintas y menores de participación en el delito. Por lo dicho previamente, parece que la simple aplicación de los esquemas atributivos de responsabilidad establecidos en el Título II del Libro I del Código bastaría para que, con laudable automatismo, se determinarán responsabilidades penales allí donde no las había en el plano administrativo. No obstante, esta solución no nos convence y ello a causa de una premisa que estimamos fundamental y básica: los delitos contra la Hacienda Pública correspondientes a los arts. 305 y ss. del Código Penal son leyes penales en blanco que requieren de un complemento extrapenal para poder integrar el tipo infractor de un modo satisfactorio. Dicho de otra manera, la ley penal se ve obligada a acudir al derecho tributario para poder completarse y dibujar un auténtico tipo infractor.[29]

Hace 127 años, Binding, a quien se atribuye la paternidad de la expresión "ley penal en blanco", determinó que una de sus características distintivas era que fuera una autoridad distinta de la penal la que se encargara de escribir sobre ese "blanco". Nuestro Tribunal Supremo también ha estimado que "son leyes penales en blanco aquellas cuyo supuesto de hecho debe ser completado por otra norma producida por una fuente jurídica legítima" (Sentencia de 20 de septiembre de 1990). Y, por su parte, el Tribunal Constitucional ha admitido "la utilización y aplicación judicial de las leyes penales en blanco, siempre que se dé la suficiente concreción para la conducta calificada de delictiva y quede suficientemente precisada en el complemento indispensable de la norma a la que la ley penal se remite, resultando así salvaguardada la función de garantía del tipo con la posibilidad de conocimiento de la actuación penalmente conminada" (Sentencia 127/1990).

Dar entrada en la integración del tipo penal a normas contenidas en las leyes ordinarias o incluso en reglamentos, justifica, desde luego, la prudencia en el recurso a las leyes penales en blanco. Ahora bien, tal cautela no ha de traducirse en una automática restricción del cuerpo normativo referenciado. Dicho de otro modo, en el caso

gica. Delito contable", en *El Delito Fiscal*, Terceras Jornadas sobre el Delito Fiscal, Gaceta Fiscal, Enero 2000, p. 36.

28. Op. cit., p. 113.

29. Cfr. José Juan Ferreiro Lapatza, "Delito fiscal y prescripción tributaria", *Revista Técnica Tributaria* n. 43, 1998, p. 62.

del delito fiscal[30] cuando la ley penal remite a la norma tributaria no se remite con carácter exclusivo a un precepto concreto o a una parte de un precepto concreto. Las normas tributarias, el Derecho Tributario, conforman una rama del ordenamiento en la que se dan todas las características que doctrinalmente se han exigido para afirmar su identidad y su autonomía. Ergo, no es posible limitar la remisión, por ejemplo, a una parte de un precepto tributario con la excusa de evitar al máximo ingerencias extrañas a lo penal.

"El determinar si un hecho contraviene la normativa de remisión exigirá comprobar que carece de alguno de los requisitos para su conformidad a Derecho en el correspondiente sector en el que la actividad se halle regulada. Esto no supone verificar únicamente si tal hecho constituye un ilícito en dicho ámbito jurídico, sino si se trata de un hecho no conforme a lo establecido en él, lo que obliga a revisar si en su realización se dejaron de observar las exigencias que se establecen en el sector jurídico correspondiente."[31]

El debate se ha planteado con toda su crudeza en relación con los efectos que en el plano penal cabía atribuir a la reducción del plazo de prescripción en el ámbito tributario de cinco a cuatro años gracias a la Ley 1/1998, de Derechos y Garantías de los Contribuyentes. Sin penetrar mínimamente en la polémica sí hay que decir que buena parte de la doctrina tributaria ha apelado a la necesidad de que las normas penales en blanco consideren las normas de remisión del delito fiscal, las normas tributarias, en toda su dimensión. En especial, en ese supuesto concreto, su dimensión temporal.

Desde esa perspectiva, Clavijo y Sola han recordado que "como cualquier relación jurídica, la relación tributaria tiene un comienzo (que coincide con la realización del hecho imponible y el nacimiento de la obligación tributaria), pero también tiene un final que se corresponde en la mayoría de las ocasiones, con el momento en que el deudor entrega el dinero a título de tributo a la Hacienda Pública" o bien con el momento de la prescripción. "En cualquiera de estos supuestos — continúan diciendo —, la extinción de la obligación tributaria se produce porque ha desaparecido su dimensión temporal, que es lo que a nuestro juicio explica la prescripción tributaria: el transcurso de los cuatro años, sin efectividad de la obligación tributaria, lleva consigo la terminación o extinción de la misma pero no porque en esta relación haya habido, como dice la doctrina, una inactividad del acreedor respecto a su derecho frente al contribuyente, sino porque ha desaparecido el período temporal para hacerlo, y con él ha desaparecido también, como Guasp apunta, 'una dimensión necesaria para la permanencia del elemento activo de la relación', que es lo que determina, a fin de cuentas, la extinción de la obligación tributaria".[32]

Más claro aún lo han dicho Falcon y Tella[33] o Bacigalupo.[34]

Para el primero "la remisión a lo tributario abarca en realidad no sólo la cuantía de lo defraudado, sino también otros múltiples aspectos"; "todas las normas que definen la conducta 'exigible' al contribuyente tienen trascendencia penal, pues el tipo penal remite necesariamente al incumplimiento doloso de una 'exigencia' o mandato que la norma tributaria define no sólo en sus aspectos cuantitativos, sino también temporales y otros".

30. Otro caso notable es el del delito ecológico. Cfr. Mata Barranco, *Protección penal del medio ambiente y accesoriedad administrativa*, Cedecs, Barcelona, 1996.

31. Advierte Doval Pais en *Posibilidades y límites para la formulación de las normas penales. El caso de las leyes en blanco*, Tirant Lo Blanch, Valencia, 1999.

32. Op. cit., p. 80.

33. "El delito fiscal como ley penal en blanco: la necesidad de tener en cuenta todas las normas tributarias que afectan a la exigibilidad jurídica de una determinada conducta del contribuyente", *Quincena Fiscal* n. 10/1999, pp. 5 y 8.

34. *Curso de Derecho Penal Económico*, Marcial Pons, Madrid, 1998, p. 231.

Y, según Bacigalupo, "el art. 305 CP es una ley penal en blanco inclusive en la determinación del autor del delito", para añadir más tarde que "si el imputado no es realmente sujeto pasivo del impuesto estaríamos ante un delito putativo (impune) y su condición de autor no podría ser compensada por su simple creencia en la existencia de los elementos de la autoría".

Por tanto, urge valorar debidamente el elemento subjetivo del hecho imponible, elemento en el que se encuadran los sujetos deudores del tributo por haber realizado el hecho imponible.

Frente al elemento subjetivo hallaremos en elemento objetivo, entre cuyos aspectos destacan el cuantitativo y el temporal. El primero de estos dos es el que parece importar en mayor medida al Derecho Penal pues le permite, por un lado, integrar el tipo delictivo y, por otro lado, calcular la cuantía de la cuota de cara a cerciorarse de si la infracción cometida adquiere la categoría de delito o si, por el contrario, permanece como mera infracción administrativa. La importancia del aspecto temporal, por su parte, ha sido reivindicada por la doctrina tributarista en el contexto de la polémica del acortamiento del plazo de la prescripción tributaria. A nosotros nos interesa, en cambio, subrayar la relevancia del elemento subjetivo. "El elemento personal o subjetivo — indica Ferreiro — es el vínculo que une a una persona con el elemento objetivo, y que según lo dispuesto por el legislador en cada caso determina en esa persona la condición de sujeto pasivo de la obligación tributaria".[35] Y nosotros añadiríamos: el elemento subjetivo permite así — y de acuerdo con lo expuesto en páginas precedentes — determinar quien es el sujeto infractor en el plano del derecho tributario puesto que en Derecho Tributario las obligaciones sustanciales recaen sobre los sujetos pasivos y no sobre otros obligados tributarios.

Si se respetara una visión conjunta de ambos ordenamientos, penal y tributario, a buen seguro que el incongruente trato al que se puede someter al asesor fiscal por la normativa penal no se produciría. Se trata, en definitiva, de garantizar la efectividad del principio de unidad del ordenamiento: "El Derecho penal, en efecto, si bien es cierto que tiene importantes especificaciones que se conectan con sus funciones preventivas propias como *ultima ratio*, no es algo desconectado del resto del Ordenamiento jurídico. Ello, que cabe predicar de modo general del Derecho penal, debe afirmarse de modo cualificado a propósito del Derecho penal económico y, en lo que aquí interesa, del delito de defraudación tributaria. Se entiende que éste constituye una 'ley penal en blanco' o un tipo con elementos normativos, lo cierto es que se trata de un tipo 'abierto' (algunos de cuyos elementos, al menos, pertenecen a la categoría de los denominados 'elementos de valoración global del hecho'), y, que, por lo tanto, está precisando de integración con el *conjunto de obligaciones propias de la legislación tributaria.* Sentado esto, sería incorrecto pretender que las obligaciones que dicha legislación establece se hallan en la base del tipo y de la lesividad específica y, por el contrario, en el caso de que *la legislación tributaria haga decaer una determinada obligación*, entonces ello no ha de tener repercusión alguna en el Derecho penal".[36]

En el Auto de 2 de enero de 1999 del Juzgado de Instrucción n. 22 de Barcelona[37] se ha dicho:

35. *Curso de Derecho Financiero Español*, Marcial Pons, Madrid, 1999, 21ª ed., p. 362.

36. Silva Sanchez, Molins Amat y Melero Merino: "El delito fiscal ante el 'estatuto del contribuyente'", *Revista Técnica Tributaria* n. 44, 1999, p. 80; vid. también Ayala Gomez, *Consumación y prescripción del delito fiscal*, en Terceras Jornadas sobre el Delito Fiscal, op. cit., p. 99. En contra, entre otras, la Sentencia de 18 de marzo de 1999 de la Audiencia Provincial de Barcelona — caso KEPRO — donde se afirma que *"no existe una integración del Derecho Penal por el Derecho Tributario, fuera de la determinación de tal elemento"*, se refiere al elemento típico de la cuota defraudada.

37. En *Quincena Fiscal* n. 10/1999, p. 37.

"*Duodécimo.* La relación apuntada entre el tipo penal y la regularización de la situación tributaria, abre la cuestión, aquí examinada, a la complejidad del ordenamiento jurídico, que significa que éste solo puede ser entendido como una totalidad que comprende un conjunto de interrelación coherente, integrado, monolítico y armónico.

"*Decimotercero.* Proclamar que el ordenamiento jurídico es una totalidad compleja significa decir que ninguna regla jurídica, por sí sola, permite solucionar los problemas de relación con otras normas. La contradicción entre ellas debe ser siempre superada desde la coherencia y racionalidad. Una norma comporta el significado del acto jurídico, cuyo sentido debe ser revelado y mantenido en su aplicación, el sentido sólo se adquiere si la norma se sitúa en su relación compleja, lo que es contrario a la simplificación.

"*Decimocuarto.* Afirmar el ordenamiento jurídico en términos de complejidad significa aquí que, en todo caso, ha de estarse a la relación entre el tipo penal de delito fiscal y la normativa tributaria con el común objetivo de defensa de la Hacienda Pública.

"*Decimoquinto.* El injusto penal es un injusto especialmente intenso que comporta una nocividad social cualificada en relación con el injusto extrapenal, que se rige por los principios de aptitud, necesidad y proporcionalidad. El Derecho penal es garantizador y fragmentario, no es constitutivo, opera como *ultima ratio*.

"*Decimosexto.* Ello exige comprobar en cada caso si el injusto específico que puede aparecer de la integración del tipo penal no es neutralizado por consideraciones valorativas procedentes de un nivel más genérico."

En suma, y al igual que se ha puesto de relieve en otros tipos penales en blanco,[38] es innegable que la configuración del delito fiscal como norma penal en blanco no deja de acarrear importantes problemas en el ámbito de la seguridad jurídica. Al alud de conceptos de índole tributaria que importa el art. 305 del Código Penal hay que sumar la insegura adaptación del tipo penal al ordenamiento tributario en su conjunto, que es en cuyo ámbito general donde adquieren auténtico sentido y significación los mencionados conceptos. Entre tales conceptos no figura, desde luego, el de "asesor fiscal" pero, como se va viendo en el análisis que desarrollamos, no deja de ser chocante la diversa consideración que su actuación puede suponer desde la perspectiva tributaria y desde la perspectiva penal. Chocante e inseguro.

4.2.2 El obstáculo que supone la ausencia de prejudicialidad administrativa

Dejando a un lado el antecedente remoto de delito fiscal que supuso el art. 331 del Código Penal, así como su fiel trasunto en el Código de 1973 (art. 319), resulta como antecedente inmediato del actual art. 305 del Código Penal español la regulación efectuada por el art. 35 de la Ley 50/1977, de 14 de noviembre, de Medidas Urgentes de Reforma Fiscal. Dicha norma condicionaba la persecución penal de estas infracciones al agotamiento de la vía administrativa y a la necesidad de denuncia por parte de la Administración como requisito de procedibilidad[39] Así, su art. 37 decía:

"1. Los delitos fiscales sólo son perseguibles a instancia de la Administración, sin necesidad de querella.

"2. Una vez hayan adquirido firmeza las actuaciones administrativas y, en todo caso, cuando haya recaído resolución del Tribunal Económico-Administrativo Central, el Delegado de Hacienda de la provincia respectiva, previo informe del Subdelegado de la Inspección e Inspector Jefe, del

38. Cfr. el caso del delito ecológico en Mata Barranco, op. cit., p. 64.

39. Seoane Spiegelberg, "El delito de defraudación tributaria", en *Temas de Derecho Penal Tributario*, op. cit., p. 82.

Administrador de Tributos, Impuestos Inmobiliarios o de Aduanas, según el tributo de que se trate, y del Abogado del Estado, deberá poner en conocimiento del Ministerio Fiscal los hechos que se admiten constitutivos de delito fiscal cometidos en el ámbito de su jurisdicción. Si los hechos afectaren a varias provincias, la competencia vendrá determinada por razón del domicilio de la persona física o jurídica.

"3. En las defraudaciones de las Haciendas Locales compete a los alcaldes o al Presidente de la Diputación, según los casos, previo informe de sus Secciones de Hacienda y del Abogado de la Corporación perjudicada, poner en conocimiento del Ministerio Fiscal los hechos que se estimen constitutivos de delitos fiscales cometidos en el ámbito de sus respectivas jurisdicciones y en los tributos, arbitrios y tasas establecidos a su favor."

Este precepto deja de tener efecto con la reforma operada por la Ley Orgánica 2/1985, de 29 de abril.

Tampoco la más reciente reforma operada por la Ley Orgánica 6/1995 ha resucitado el esquema de la prejudicialidad administrativa, antes al contrario, y de acuerdo con el actual art. 77.6 LGT la previsión normativa es la opuesta: la Administración de abstiene de continuar el procedimiento administrativo cuando advierte indicios de infracciones que pueden ser constitutivas de delitos fiscales y pasa el tanto de culpa a la jurisdicción competente. Asimismo, está previsto que las actuaciones judiciales se inicien no sólo a instancia de la Administración sino también por propia iniciativa del Ministerio Fiscal o del Juez de Instrucción (cfr. art. 305.4 CP).

El planteamiento procesal vigente tiene como consecuencia para la materia que analizamos su contribución a que el análisis del ilícito en el plano penal se haga con tendencia a gozar de una mayor y creciente independencia de los razonamientos tributarios. Así, si es el propio Juez de Instrucción o el Fiscal quienes inician actuaciones en materia de delito fiscal, el perfil tributario de la infracción sólo será manifestado ante el Juez a través de la pericia que éste, en su caso, solicite, casi siempre a funcionarios de la Inspección de Hacienda[40] Es evidente que, ya sea por falta de profundos conocimientos en materia fiscal o por primar exacerbadamente un enfoque penalista sobre el ilícito que se analiza, en un supuesto como este no se tendrá en cuenta si el asesor, que puede resultar imputado por las mismas declaraciones del sujeto pasivo del tributo probablemente imputado como autor de la infracción, hubiera tenido o no alguna responsabilidad por la infracción si ésta se hubiera ventilado como paso previo, o de modo exclusivo, en el plano administrativo. Y, de un modo parecido, si los hechos siguen el camino trazado en el art. 77.6 LGT, es posible que cuando se paralice el procedimiento administrativo y se de traslado del mismo a la jurisdicción competente no se haya clarificado suficientemente el nivel de autoría o participación del sujeto pasivo y sus asesores.

En cambio, en un sistema basado en la prejudicialidad administrativa sí cabe entender que, al menos, los hechos que llegan a la jurisdicción penal lo hacen bajo el tamiz del examen efectuado bajo la perspectiva tributaria en la que se ha procedido a delimitar los hechos y las actuaciones trascendentes en el plano fiscal y, por derivación pero con posterioridad, en el plano penal. "En efecto, debe tenerse en cuenta que, abandonado por la legislación penal tributaria el sistema de prejudicialidad administrativa, los Tribunales penales ni se ven vinculados por la liquidación efectuada (o no efectuada) por la Administración ni, por supuesto, por los plazos de los que dispone la Administración para perseguir la correspondiente infracción".[41]

40. Cfr. Ferreiro Lapatza, "Política fiscal y delitos contra la Hacienda Pública", *Quincena Fiscal* n. 21/1999, p. 13.

41. Silva Sanchez, Molins Amat y Melero Merino, op. cit., p. 81.

4.2.3 Otros argumentos que contradicen la posibilidad de castigar penalmente al asesor fiscal como partícipe en el delito fiscal

A continuación apuntaremos algunos de los argumentos que de un modo genérico colisionan con la posibilidad de imputar penalmente al asesor fiscal por actos realizados en el ejercicio de su quehacer profesional.

a) La consideración del delito fiscal como delito especial reduce la posible imputación del asesor a las formas de participación en el delito

A fin de centrar el tema, conviene precisar que si se considera, como hace un amplio sector de doctrina y jurisprudencia, que el delito fiscal es un delito especial, sólo cabrá imputar como autor a aquel sujeto capaz de realizar la conducta en la que básicamente consiste el tipo: defraudar a la Hacienda Pública.[42] "En otras palabras — aclaran Merino Jara y Serrano Gonzalez de Murillo refiriéndose a esta tesis mayoritaria a la que ellos no se adhieren[43] —, la elusión del pago de tributos presupone la obligación de pagarlos. En suma, que no puede defraudar tributos el que quiere, sino el que puede, entendiendo ese 'poder' como un encontrarse en determinada posición jurídica, no en términos de situación fáctica. Todos los demás intervinientes en el hecho, ajenos a esa posición jurídica, aun encontrándose en la situación fáctica de ocasionar perjuicio a la Hacienda Pública, al no reunir en su persona el elemento personal de la autoría, sólo podrían intervenir en tanto que partícipes accesorios (cfr. Auto de la Audiencia Provincial de Barcelona de 15 de febrero de 1999), lo que presupone un autor idóneo de un hecho al menos antijurídico, al que referir la participación".[44]

42. Cfr. Romeral Moraleda, op. cit., p. 104.

43. Op. cit., pp. 37 y 38.

44. Vid. también Quintero Olivares, "El nuevo delito fiscal", *RDFHP* n. 137, p. 1.327, citado por Rodríguez Márquez en la nota 101 de su trabajo citado.

Y continúan diciendo Merino Jara y Serrano González de Murillo: "para quienes sostienen que se trata de un delito especial no cabe la posibilidad de hacerle responder por coautoría. Exponente de este punto de vista, en el ámbito del delito fiscal, es la STS de 26 de julio de 1999, que condena en concepto de autor al deudor tributario y en concepto de cooperador necesario a su asesor fiscal, pues su profesión le permitió aportar en la realización del delito unos conocimientos técnicos al alcance de pocas personas (teoría de los bienes escasos), de tal modo eficaces en la realización del hecho que sin ellos no habría sido posible su ejecución. Fue tan compleja la operación diseñada y realizada que no cabe pensar que se hubiera podido hacer sin su participación. La necesidad de la cooperación del asesor fiscal (art. 28.b) CP vigente) es evidente, señala el Tribunal". En resumen, "el asesor no representante, es decir, sólo consejero tributario, no puede ser autor directo (inmediato) único, porque fácticamente necesita además la intervención del obligado tributario, ya que por sí solo no puede presentar la autoliquidación declaración".[45]

Al respecto Seoane Spiegelberg anota: "Esta solución tiene una clara fundamentación normativa. El partícipe no infringe la norma que respalda el tipo penal de la parte especial, sino la prohibición contenida en las reglas de la participación que amplían el tipo penal (arts. 14.2 y 3 y 16 CP). Todas las explicaciones del fundamento de la participación conducen sin ninguna fricción a esta solución. Si este fundamento se ve en la participación en la ilicitud del autor, es evidente que la ilicitud del hecho del autor es el resultado de la conducta del partícipe, que en forma mediata ataca el mismo bien jurídico. Si el fundamento de la punibilidad del partícipe se viera en la causación del ilícito, la situación no sería en modo alguno diferente, pues el partícipe contribuye a la producción del acto ilícito. Por lo tanto, cualquiera sea el fundamento de la punibi-

45. Op. cit., pp. 57 y 58, y 63 y 64.

lidad del partícipe, la participación en los delitos especiales propios no es impune".[46]

Nada que objetar a tan impecables razonamientos formulados desde el punto de vista estrictamente penal. Sin embargo, como venimos sosteniendo, no cabe abstraer sin más de las especiales características del delito fiscal, de la naturaleza de norma penal en blanco del art. 305 CP y, en definitiva, de que este tipo delictivo trae su causa en una infracción administrativa cuya sede se encuentra en el Ordenamiento Tributario, cuya complitud no cabe desconocer en ningún caso.

b) El principio de intervención mínima del Derecho Penal

Sostiene Falcón y Tella, al defender la trascendencia en el orden penal del acortamiento del plazo de prescripción tributario, que "lo que realmente resulta absurdo, y radicalmente incompatible con el principio de *intervención mínima* propio del Derecho penal, el cual permite ciertamente que en vía administrativa se sancionen conductas no constitutivas de delito, pero en cambio no consiente que se sancione en vía penal la elusión de un tributo cuya falta de ingreso, cualquiera que fuera su cuantía, nunca constituiría infracción tributaria grave".[47] Por su parte, en el Auto del Juzgado n. 28 de Madrid, de 16 de diciembre de 1988, se le califica como "un derecho subsidiario, fragmentario y de intervención mínima".

Puede decirse, así, que el Derecho Penal es la última solución a la que acude el Estado de Derecho para imponer unas normas de convivencia.[48] Valgan aquí estas consideraciones formuladas en el marco del XII Congreso Internacional de Derecho Penal porque aunque están dirigidas al delito ecológico, otro llamativo y polémico supuesto de norma penal en blanco, nos parecen perfectamente predicables del delito fiscal: "el Derecho Penal ha de cumplir una función auxiliar y (...) la amenaza de sus sanciones sólo tiende a reforzar el cumplimiento de las normas administrativas que imponen deberes y obligan a determinadas omisiones, por lo que colocarle en primer plano supone una hipertrofia cualitativa y cuantitativa de esta rama del derecho y una perversión de su función, eminentemente secundaria en esta materia".[49]

Pues bien, a nuestro modo de ver, cuando, como puede ser el caso, el asesor fiscal, impune en plano administrativo-tributario, pasa a ser imputado, como partícipe o coautor, el Derecho Penal adquiere una fuerza expansiva impropia con el principio de intervención mínima que le caracteriza.

Hasta cierto punto de produce una situación similar a la que se ha dado en relación con el delito ecológico: comportamientos tolerados administrativamente resultan castigados por la norma penal. Se ha escrito al respecto que "aceptada la necesidad de intervención administrativa en la protección ambiental, con carácter preferente desde su perspectiva preventiva y de organización, el principio de unidad del ordenamiento jurídico y, de él derivado, el de ausencia de contradicción en el sistema jurídico, representa un límite a la amenaza penal de los comportamientos que explícitamente se toleran en dicho ámbito jurídico. El postulado jurídico de la claridad de normas exige que la legislación esté libre de contradicciones. De ahí que no pueda prohibirse penalmente lo que administrativamente está permitido por una norma, bien por una autorización que ejecute la ley o concrete el principio que fundamenta ésta (...). De lo contrario, la ponderación de intereses que se realiza en Derecho Administrativo perdería todo su sentido y se colocaría al ciudadano en la situación de tener no sólo que adecuar su comportamiento a la acti-

46. Op. cit., p. 85.

47. "El delito fiscal como norma penal en blanco...", op. cit., p. 7.

48. Cfr. Aparicio Perez, *El delito fiscal a través de la jurisprudencia*, Aranzadi, Pamplona, 1997, pp. 46 y 47.

49. Mata Barranco, op. cit., p. 34.

vidad administrativa, sino de tener que informarse además sobre la posible reacción penal".[50]

Claro está que partimos de que hay una relación de dependencia entre el tipo penal y el ordenamiento tributario en su globalidad, dependencia que encuentra su fundamento en la naturaleza de norma penal en blanco que no dudamos en atribuir al art. 305 CP. Para nosotros esa relación de dependencia, de "accesoriedad" se ha reconocido por algún tribunal,[51] tiene como consecuencia inmediata que el delito fiscal no puede abstraer del ordenamiento de referencia hasta el punto de ignorar deliberadamente que un asesor fiscal no resulta castigado si participa en una infracción administrativa, por lo que tampoco debería recibir castigo alguno por la misma conducta cuando el ilícito pasa a ser considerado delito en lugar de infracción administrativa. En tal caso, el Ordenamiento tributario ha renunciado a la adopción de medidas de autoprotección consistentes en castigar a un sujeto distinto del autor jurídico de la infracción, el sujeto pasivo.

Por último, no nos parece descabellado interpretar que en lugar de una intervención controlada de la norma penal se termina derivando en una ampliación solapada de las conductas incriminadas. Si permitimos que quien no es responsable por infracción tributaria sí lo sea por infracción penal — siendo la conducta incriminada esencialmente idéntica — estaremos consintiendo una ampliación de la conducta infractora, no por la banda de los actos sino por la banda de quienes los cometen. El argumento técnico que posibilita esta ampliación nos lo brinda la Sentencia del Tribunal Supremo de 20 de mayo de 1996 (caso Bertran de Caralt) cuando afirma que "el partícipe no infringe la norma que respalda el tipo penal de la parte especial, sino la prohibición contenida en las reglas de la participación que amplían el tipo penal". Visto así resultaría que la conducta infractora en el plano penal se ensancharía de modo que quien no infringió la norma tributaria sin embargo sí infringiría la norma penal, conclusión que entendemos debe ser revisada cuando ante una norma penal en blanco nos hallamos.

c) Identidad del bien jurídico protegido por el delito fiscal y la infracción tributaria

Escribe Ferreiro que "la precisa delimitación legal del bien jurídico protegido — el objeto del delito — cumple una función similar a la que cumple en Derecho Tributario la precisa descripción legal del objeto del tributo: posibilita una más clara tipificación de la conducta merecedora de castigo y hace ver de forma más clara la proporción o desproporción de la pena impuesta".[52] Y añade que para él el bien jurídico protegido es el dinero público al que van unidas todas las ideas de lealtad y solidaridad que muchos han indicado como bien jurídico protegido.[53]

Dando por bueno este concepto, y renunciando en consecuencia a confrontar su opinión con la de otros autores, lo que conviene dejar claro es que el bien jurídico protegido es el mismo en la infracción tributaria grave que en el delito fiscal, categoría que se alcanza al franquear la barrera de los 15 millones de pesetas de cuota defraudada sin que sea preciso alterar en nada la conducta típica que está en la base de este ilícito genéricamente contemplado. Abundando en esta idea, Lopez Díaz afirma: "se puede afirmar, pues que las sanciones tributarias, en la medida en que no pueden considerarse sanciones de autopro-

50. Ibidem, pp. 69 y 70.

51. Así el Acuerdo de la Audiencia Nacional de 10 de noviembre de 1999 (en <u>Quincena Fiscal</u> n. 21/1999, p. 29; vid. también Silva Sanchez, Molins Amat y Melero Merino, op. cit., p. 82).

52. *Política fiscal y delitos contra la Hacienda Pública*, op. cit., p. 13.

53. *Delito fiscal y prescripción tributaria*, op. cit., p. 70; vid. también Cordoba Roda, "El 'estatuto del contribuyente' y la prescripción de los delitos contra la Hacienda Pública: un debate actual", *Revista Jurídica de Cataluña* n. 4/1999, p. 991.

tección, presentan una identidad sustancial con la sanción penal mediando entre ambas diferencias casi exclusivamente formales, ligadas generalmente al órgano o autoridad que procede a la imposición de la sanción".[54]

Así, no parece razonable que una peseta de diferencia, la que va de una cuota defraudada de quince millones de pesetas a una cuota de quince millones una pesetas, baste para cambiar radicalmente las reglas del juego. Máxime cuando, como parece claro, el delito surge cuando la defraudación alcanza un importe determinado y no en función de otros elementos que permitan suponer una variación mínimamente sustancial en la comisión de la conducta defraudadora y en las circunstancias que la rodean.

Por derivación, cabría incluso denunciar que, de admitirse esa variación en las reglas del juego que se menciona en el párrafo precedente, se propicia un estado de inseguridad jurídica consistente en que el asesor fiscal cuyo consejo determina o permite al sujeto pasivo cometer el ilícito que se eleva a la categoría de delito no sabe en qué medida su actuación puede acarrearle consecuencias penales. Más aún cuando en el presente las fronteras entre economía de opción, fraude de ley y simulación son tenues en la teoría y fácilmente transgredibles en la práctica.[55]

d) Aplicación del principio de ley penal más favorable

El profesor Silva Sanchez ha estudiado en profundidad la cuestión de la aplicación retroactiva de las modificaciones favorables al reo de las normas extrapenales que complementan a las leyes penales en blanco.[56] Afirma este profesor que "dado que la normativa penal, por su peculiar naturaleza, no se presta a ser sometida a continuas reformas, el legislador penal procede a dejar en manos de otras esferas competentes *ratione materiae* (p. ej., ciertas autoridades administrativas) la determinación del ámbito concreto de su incidencia, remitiendo a normativas extrapenales de complemento que integran y precisan el supuesto de hecho de la ley penal". Cuando tales normas extrapenales varían y llegan a despenalizar un hecho antes delictivo surge el debate de si, como consecuencia de ello, y con carácter retroactivo, se produce la despenalización de ese hecho en el plano penal. Se viene a considerar, fruto de la interrelación que se establece entre norma penal y norma extrapenal de remisión, que surge una nueva norma penal, más favorable para el reo, y que debe aplicarse retroactivamente.[57]

Pues bien, imaginemos que se dicta una norma tributaria que impone la despenalización explícita del asesor fiscal si su actuación ha discurrido a través de una interpretación razonable de la norma — como ahora ya dispone, en general, el art. 77.4.d) LGT. El efecto inmediato sería la despenalización en el ámbito tributario de la conducta del asesor fiscal y, por extensión, también su despenalización penal.

Es curioso que una maniobra semejante pueda garantizar lo que a día de hoy y con las normas tributarias vigentes ya debería reconocerse: si para el ordenamiento tributario el asesor es impune también debe serlo en el ámbito penal cuando es este ordenamiento el que llama a las normas tri-

54. Cfr. "El derecho a no autoinculparse y a no declarar contra sí mismo en el procedimiento sancionador en materia tributaria", en *Temas de Derecho Penal Tributario*, op. cit., p. 55. Vid. también Rodolfo Spisso: "Criminalización de las infracciones tributarias", en XIX Jornadas Latino-Americanas de Direito Tributario, op. cit., p. 69, y Ferreiro Lapatza, *Curso de Derecho Financiero Español*, op. cit., pp. 444-445.

55. Cfr. la aguda crítica de Antonio Velasco Garrido en "Análisis práctico de la utilización abusiva por parte de la Administración de las diferentes figuras jurídicas", *RTT* n. 44, 1999.

56. "Legislación penal socioeconómica y retroactividad de disposiciones favorables: el caso de las 'leyes en blanco'", *Revista Jurídica de Cataluña* n. 1/1994, pp. 87 y ss.

57. Vid. también Fernando Perez Royo: "La aplicación retroactiva de la ley penal más favorable en los casos de modificaciones en la normativa tributaria", *RTT* n. 43, 1998, p. 80 y ss.

butarias, en su conjunto, para la correcta integración de sus tipos delictivos.

e) La ausencia del dominio del hecho por parte del asesor y los problemas probatorios que se pueden desencadenar

Sintéticamente, la teoría del dominio del hecho consiste en que "autor del delito es la persona que consciente y dolosamente controla el desarrollo del hecho, que tiene el dominio o señorío sobre el curso del mismo, dominio que se manifiesta en lo subjetivo porque lo orienta a la lesión de un bien jurídico y, en lo objetivo, porque goza del poder de interrumpir en cuanto quiera el desarrollo del hecho".[58]

¿Hasta qué punto el asesor fiscal — que no el representante — es responsable último de la acción infractora? Hay jurisprudencia que parece negarlo.

La Sentencia de la Audiencia Provincial de Barcelona de 23 de abril de 1993 descarta que el asesor fuera cooperador necesario porque aún probándose que había recibido el encargo de llevar la contabilidad de la empresa, "no puede admitirse que una persona en su condición de asesor fiscal y contable asuma como obligación personal la responsabilidad de que todo lo que él refleja en los libros y declaraciones efectuadas para las empresas en las que presta sus servicios sean fiel reflejo de la realidad económica de la empresa, al no disponer directamente de la información necesaria para realizarlo", añadiendo que "toda su actuación depende de la supervisión y conformidad de la persona a la que presta sus servicios y finalmente debe resaltarse que carece del dominio del acto que realiza, salvo en los supuestos de extralimitación o incumplimiento de las funciones encomendadas, únicos casos en que puede existir una responsabilidad personal frente a su cliente".

58. Quintero Olivares, Morales Prats y Prats Canut, *Curso de Derecho Penal*, Cedecs, Barcelona, 1996, p. 478.

En la Sentencia del Juzgado de Instrucción n. 4 de Plasencia, de 3 de octubre de 1996, se afirmará que "el asesor tan sólo se limitaba a aconsejar en este campo a la entidad del inculpado, pero lógicamente y como así corresponde a su función, no le correspondían labores de decisión y gestión, que indudablemente asumía el acusado, como no podía ser de otro modo".[59]

La propia Sentencia del Caso Filesa[60] remacha la importancia que tiene poder decidir si las declaraciones tributarias falsas son presentadas o no ante Hacienda: "son autores responsables aquellos que tenían facultades ineludibles en las sociedades para asumir, directa o indirectamente, tal deber fiscal", facultad decisoria que no es característica de quien únicamente asesora o aconseja para que sobre la base de los conocimientos expuestos otros decidan.

Por último, se ha resaltado de modo especial la importancia que tendrá la prueba en todas estas cuestiones: "formalmente las actuaciones directas ante la Hacienda Pública las lleva a cabo el propio deudor tributario, mientras que aquél — el asesor — interviene simplemente entre bastidores: circunstancia que dificultad en gran medida la adecuada determinación de su responsabilidad".[61]

4.2.4 Algunas propuestas de reforma

Terminaremos apuntando algunas vías susceptibles de explotación que, en nuestra modesta opinión, redundarían en una clarificación de la regulación del delito fiscal a la vez que supondrían una magnífica ocasión para determinar hasta qué punto el asesor fiscal puede ser castigado y en qué medida por las normas penales.

59. Ambas Sentencias son transcritas por Merino Jara y Serrano González de Murillo, op. cit., pp. 54 y 55, y 59 y 60.

60. Sentencia del Tribunal Supremo de 28 de octubre de 1997.

61. Merino Jara y Serrano González de Murillo, op. cit., p. 59.

a) Regulación del delito fiscal por una ley especial

Tímidamente, desde la doctrina penal, se ha alzado alguna voz en la dirección de proponer que el delito fiscal sea objeto de regulación en una ley especial,[62] fuera del Código Penal, como sucede, por ejemplo, con los delitos relativos al control de cambios.[63] Las normas extrapenales de remisión en este último caso se encuentran sometidas a constante variación al albur de las condiciones de la economía del país, elementos que, ciertamente, son comunes con al delito fiscal, por lo que a nadie debería extrañar que en un futuro pudiera ser regulado extramuros del Código Penal. De hecho, la regulación vigente en la materia fue aprobada primeramente por la Ley Orgánica 6/1995, de 29 de junio, anticipándose a la aprobación del Código Penal por la Ley Orgánica 10/1995, de 23 de diciembre.

b) Reforma del tipo infractor teniendo presente el tipo del art. 331 del Código Penal de 1870

El art. 331 del Código Penal de 1870 disponía que "el que requerido por el competente funcionario administrativo ocultare el todo o parte de sus bienes, el oficio o la industria que ejerciese con el propósito de eludir el pago de los impuestos que por aquellos o por ésta debiera satisfacer, incurrirá en una multa del tanto al quíntuplo del importe de los impuestos que debiera haber satisfecho, sin que en ningún caso pueda bajar de 125 ptas."

El profesor Ayala Gómez señala que la tipicidad del art. 331 se asentaba "en el desvalor que representaba la desobediencia frente al requerimiento efectuado".[64]

Por su parte, con la vista puesta en el Código de 1870, el profesor Ferreiro apunta hacia un nuevo tipo infractor que podría ser el siguiente: "comete el delito fiscal quien estando obligado a hacerlo, no declare, en todo o en parte, los hechos que determinen la obligación de pagar un tributo o declare hechos no realizados que disminuyan o anulen esta obligación, cuando la suma que se haya dejado de ingresar supere los 15 millones. A los efectos de este artículo, la obligación de utilizar efectos timbrados se equipara a la obligación de declarar".

El profesor de la Universidad de Barcelona recuerda que el propio Tribunal Supremo, en una copiosa jurisprudencia, ha defendido que el suministro de datos para la práctica de la liquidación elimina cualquier propósito de ocultación o de evasión y que en tales casos la conducta no puede ser calificada como contravención alguna.

Además, una solución de este tenor recuperaría para la política fiscal y la política penal el debido realismo en el que han de inspirarse: "si el bien jurídico protegido es el dinero público — apunta Ferreiro —, ¿no debiera, quizás, preverse en la ley penal una reducción significativa de la pena, o la eliminación de la pena de cárcel o, incluso, la transformación del delito en infracción administrativa grave, para quien regularizase su situación en un plazo determinado, aun después de iniciada la inspección? (...) Si el bien jurídico protegido es la recaudación ¿no multiplicaría por 100 la recaudación y la eficacia de la Inspección

62. Cfr. Calderón Cerezo: *Efectos penales de la regularización tributaria*, en Terceras Jornadas sobre Delito Fiscal, op. cit., p. 65.

63. La propia Exposición de Motivos del Código Penal asume que subsistan estas leyes especiales: "Pues, si una pretensión relativa de universalidad es inherente a la idea de Código, también lo son las de estabilidad y fijeza, y existen ámbitos en que, por la especial situación del resto del ordenamiento, o por la naturaleza misma de las cosas, esa estabilidad y fijeza son imposibles. Tal es, por ejemplo, el caso de los delitos relativos al control de cambios. En ellos, la modificación constante de las condiciones económicas y del contexto normativo, en el que, quiérase o no, se integran tales delitos, aconseja situar las normas penales en dicho contexto y dejarlas fuera del Código: por lo demás, esa es nuestra tradición, y no faltan, en los países de nuestro entorno, ejemplos caracterizados de un proceder semejante".

64. *Consumación y prescripción del delito fiscal*, en Terceras Jornadas sobre el Delito Fiscal, op. cit., p. 83.

una norma de este tipo? ¿no sería ésta una de las formas de proteger una política fiscal que no esté sólo en las leyes sino que sea, además, realidad?".[65]

En cualquier caso, el retorno a un tipo dibujado con contornos similares a los del art. 331 eliminaría la problemática en torno a la posible incriminación penal del asesor fiscal puesto que su función, en cuanto asesor, quedaría extramuros del tipo infractor, de la desobediencia del sujeto pasivo ante el requerimiento del funcionario. Si colaborara, en fin, en la ocultación de bienes y actividades, evidentemente, semejante actuación material nada tendría que ver con las funciones típicas y características de un asesor, y, por consiguiente, esa conducta podría ser conceptuada como una forma de cooperación necesaria o como complicidad sin contradecirse con la labor eminentemente consejera propia del asesor en materia fiscal.

Esta solución entrañaría, en definitiva, una disminución del recurso a la norma penal en blanco.

c) Resurgimiento de la prejudicialidad administrativa

Una de las situaciones más polémicas a las que conduce la actual regulación del delito fiscal es que el juez busque apoyo en los funcionarios de Hacienda a fin de ilustrarse sobre las cuestiones fiscales que se encuentran en la base de los delitos contra la Hacienda Pública. Deben determinarse en primer lugar esa índole de cuestiones para proceder, en su caso y posteriormente, a integrar el tipo penal. Dadas las lagunas en materia fiscal que evidencian los jueces (y los fiscales y abogados del Estado en muchas ocasiones) éstos terminan por apoyarse en la opinión de los servidores de la Hacienda Pública, a la sazón parte perjudicada en todo delito fiscal y, por ello mismo, interesada en la resolución del pleito en un sentido concreto. Tal y como indica Ferreiro, si se volviera a un esquema de prejudicialidad administrativa de la cual derivara la calificación que a efectos fiscales merece un determinado hecho o conducta, se evitaría la situación presente. El profesor Ferreiro aporta un ejemplo nada dudoso: la Ordenanza Tributaria alemana. El definitiva, el juez penal, caso de volverse al esquema de prejudicialidad administrativa, contaría con un "acto administrativo dictado con todas las garantías del procedimiento que lleva a él" y no con una pericia de parte como en la actualidad sucede.[66]

65. "Política fiscal y delitos contra la Hacienda Pública", op. cit., pp. 16 y 17.

66. Ibidem.

CADERNOS DE DIREITO TRIBUTÁRIO

PRAZO PARA RESTITUIÇÃO DE TRIBUTO RECOLHIDO COM BASE EM NORMA DECLARADA INCONSTITUCIONAL

JOSÉ HENRIQUE LONGO
Mestre em Direito Tributário, PUC/SP — Membro do Conselho de Contribuintes — Advogado

Tem sido constante para os tribunais administrativos e judiciais a tarefa de enfrentar a questão de como ser aplicada a norma prevista no *caput* do art. 168 do Código Tributário Nacional — que estabelece que *o direito de pleitear a restituição extingue-se com o decurso do prazo de 5 anos* — em face de pedidos de restituição fundamentados em declarações de inconstitucionalidade da norma que suportou o recolhimento indevido.[1]

Em razão da relevância do tema e também da situação de haver diversas normas tributárias declaradas inconstitucionais,[2] a questão vem sendo abordada por órgãos do governo federal, a saber: Coordenação-Geral do Sistema de Tributação (Parecer COSIT 58/98), Procuradoria da Fazenda Nacional (Parecer PGFN/CAT 1.538/99), Secretaria da Receita Federal (Ato Declaratório SRF 96/99). Dentre tais atos, menciona-se o Parecer PGFN 1.538/99 que afirma deva ser aplicada, para início do prazo do art. 168 do CTN, uma das hipóteses do art. 165, pelo simples motivo de que o art. 150, III, *b*, da Constituição Federal, determina que prazo de prescrição e decadência é matéria de lei complementar.

Ultimamente, diante dos pedidos administrativos de restituição já apreciados por Delegacias de Julgamento, o Conselho de Contribuintes do Ministério da Fazenda tem se debruçado sobre o assunto, levando em conta tais atos, e obviamente sem se esquecer da jurisprudência do Superior Tribunal de Justiça.[3] Merecem destaque o acórdão 107-05.962[4] (relator Conselheiro Natanael Martins), o acórdão 108-06.283[5] (relator Conselheiro José Henrique Longo), cujas ementas abaixo se transcrevem, bem como os acórdãos 202-10.883 (relatora Conselheira Maria Teresa Martinez López) e 108-05.791 (relator Conselheiro José Antonio Minatel).

1. A Câmara Superior de Recursos Fiscais do Conselho de Contribuintes do Ministério da Fazenda está para apreciar em breve a questão.

2. Por exemplo, as relativas à Contribuição Social sobre o Lucro no ano de 1988, ao PIS com base nos Decretos-leis 2.445 e 2.449/88.

3. *V.g.*, embargos de divergência em REsp 43.995-5-RS, rel. Ministro César Asfor Rocha.

4. Sessão de 10.5.2000, 7ª Câmara do 1º Conselho de Contribuintes.

5. Sessão de 8.11.2000, 8ª Câmara do 1º Conselho de Contribuintes.

Acórdão 107-05.962:

"*Contribuição social. Exercício de 1989/período base de 1988. Inconstitucionalidade. Restituição. Parecer PGFN/CAT 1.538/99 e AD SRF 96/99. Decadência. Indeferimento. Improcedência. Cabimento da restituição.* Em matéria de tributos declarados inconstitucionais, o termo inicial de contagem da decadência não coincide com o dos pagamentos realizados, devendo-se tomá-lo, no caso concreto, a partir da Resolução 11, de 4 de abril de 1995, do Senado Federal, que deu efeitos *erga omnes* à declaração de inconstitucionalidade dada pela Suprema Corte no controle difuso de constitucionalidade."

Acórdão 108-06.283:

"*Decadência. Restituição do indébito. Norma suspensa por Resolução do Senado Federal. CSL do ano de 1988. Resolução 11/95.* Nos casos de declaração de inconstitucionalidade pelo Supremo Tribunal Federal, ocorre a decadência do direito à repetição do indébito depois de 5 anos da data de trânsito em julgado da decisão proferida em ação direta ou da publicação da Resolução do Senado Federal que suspendeu a lei com base em decisão proferida no controle difuso de constitucionalidade. Somente a partir desses eventos é que o valor recolhido torna-se indevido, gerando direito ao contribuinte de pedir sua restituição. Assim, no caso da CSL do ano de 1988, cuja norma legal foi suspensa pela Resolução 11/95, o prazo extintivo do direito tem início na data de sua publicação, 4 de abril de 1995."

A importância dos institutos da prescrição e da decadência é apresentada com clareza por Luciano Amaro, amparado pelos relevantes princípios constitucionais da certeza e da segurança do direito:[6]

"A certeza e a segurança do direito não se compadecem com a permanência, no tempo, da possibilidade de litígios instauráveis pelo suposto titular de um direito que tardiamente venha reclamá-lo. *Dormientibus non sucurrit jus.* O direito positivo não socorre a quem permanece inerte, durante largo espaço de tempo, sem exercitar seus direitos. Por isso, esgotado certo prazo, assinalado em lei, prestigiam-se a certeza e a segurança, e sacrifica-se o eventual direito daquele que se manteve inativo no que respeita à atuação ou defesa desse direito."[7]

Porém, esse prazo assinalado em lei deve ter início a contar de determinadas situações, e o art. 168 do CTN procura abrangê-las:

"Art. 168. O direito de pleitear a restituição extingui-se com o decurso do prazo de 5 (cinco) anos, contados:

"I — nas hipóteses dos incisos I e II do art. 165,[8] da data da extinção do crédito tributário.

"II — na hipótese do inciso III do art. 165,[9] da data em que se tornar definitiva a decisão ou passar em julgado a decisão judicial que tenha reformado, anulado, revogado ou rescindido a decisão condenatória."

Todavia, os incisos do mencionado dispositivo do CTN (nem no art. 165 ao qual o art. 168 se remete) tratam apenas de situações de cobrança ou pagamento espon-

6. Paulo de Barros Carvalho denomina o princípio da certeza do direito como sobreprincípio, como valor imprescindível do ordenamento, cujo sentido de previsibilidade dá aos destinatários dos comandos jurídicos possibilidade de organizar suas condutas. O sentimento de certeza (previsibilidade) tranqüiliza os cidadãos, "abrindo espaço para o planejamento de ações futuras, cuja disciplina jurídica conhecem, confiantes que estão no modo pelo qual a aplicação das normas do direito se realiza" (*Curso de Direito Tributário*, Saraiva, 7ª ed., pp. 107-108).

7. *Direito Tributário Brasileiro*, Saraiva, 1997, p. 370.

8. "I — cobrança ou pagamento espontâneo de tributo indevido ou maior que o devido em face da legislação tributária aplicável, ou de natureza ou circunstâncias materiais do fato gerador efetivamente ocorrido; II — erro na edificação do sujeito passivo, na determinação da alíquota aplicável, no cálculo do montante do débito ou na elaboração ou conferência de qualquer documento relativo ao pagamento".

9. "III — reforma, anulação, revogação ou rescisão de decisão condenatória".

tâneo indevido em face da legislação, de erro de algum elemento da obrigação tributária, de reforma, anulação, revogação ou rescisão de decisão condenatória, tendo sido (ao contrário do entendimento exarado no Parecer PGFN 1.538/99) deixada à margem a hipótese em testilha. No voto de Natanael, com suporte na doutrina atual,[10] restou bem demonstrado que o CTN não contemplou a hipótese em que o STF — Supremo Tribunal Federal — declara a inconstitucionalidade de uma norma jurídica, ou então em que o Senado Federal suspende norma jurídica, excluindo-a do ordenamento jurídico.

A essas situações merece ser aplicada analogia de modo que, para aquele que não promoveu medida judicial, o prazo qüinqüenal para pleitear a restituição do indébito com fundamento na inconstitucionalidade estabelecida pelo Supremo Tribunal Federal tem início: (a) nos casos de controle concentrado de constitucionalidade (com efeito *erga omnes*), a contar da publicação da decisão do STF; e (b) nos casos de controle difuso de constitucionalidade (com efeito *inter pars*), a contar da publicação da resolução do Senado Federal que excluir do ordenamento jurídico a norma declarada inconstitucional pelo STF.

O Código Tributário Nacional estabelece prazo para a restituição do indébito com fundamento em que o pagamento indevido se opera quando alguém, posto na condição de sujeito passivo, recolhe uma suposta dívida tributária, tal qual o art. 964 do Código Civil (*todo aquele que recebeu o que lhe não era devido fica obrigado a restituir*). Portanto, na restituição de indébito relativa às hipóteses previstas nos incisos dos arts. 165 e 168 do CTN, não se cuida de tributo, mas de valor recolhido indevidamente a esse título. Então, por ocasião do pagamento (indevido), não existia obrigação tributária, e, de igual modo, inexistia sujeito ativo, sujeito passivo, nem tributo devido;[11] é a "situação fática não litigiosa" mencionada por Minatel como as hipóteses enumeradas nos incisos I e II do art. 165 do CTN, que se voltam para as constatações de erros, para cujas restituições não há qualquer óbice ou entrave, de modo que o prazo para o exercício do direito à restituição flui imediatamente.[12]

Essas hipóteses (incisos I e II do art. 165) são diferentes da aqui tratada, pois aquelas são relativas a caso em que não se discute a validade da norma jurídica que suportou a exigência fiscal. Veja trecho do voto de José Antonio Minatel no mesmo voto do julgamento acima mencionado:

"O mesmo não se pode dizer quando o indébito é exteriorizado no contexto de solução jurídica conflituosa, uma vez que o direito de repetir o valor indevidamente pago só nasce para o sujeito passivo com a decisão definitiva daquele conflito."

Luciano Amaro adverte sobre a falta de regulamentação pelo CTN de outras situações de restituibilidade, com crítica de que o Código perde-se em descrever casuisticamente situações de cabimento do pedido de restituição do indébito tributário no seu art. 165.[13]

É uma das hipóteses de falta de regulamentação a situação de declaração de inconstitucionalidade de uma norma jurídica pelo Supremo Tribunal Federal, em que, até então, existiam sujeito ativo, sujeito passivo, relação jurídica e crédito tributário. Somente com a publicação da inconstitucionalidade (por decisão do STF ou por Resolução do Senado Federal), e, por conseqüência, com o novo *status* de invalidade da norma jurídica que ensejou o

10. Alberto Xavier (*Do Lançamento — Teoria Geral do Ato do Procedimento e do Processo Tributário*); José Artur Lima Gonçalves e Márcio Severo Marques (*Repetição do Indébito e Compensação no Direito Tributário*); Ives Gandra da Silva Martins (*Repetição do Indébito e Compensação no Direito Tributário*); Antonio Carlos Sampaio Dória (*apud* Aroldo Gomes de Mattos, *Repetição do Indébito e Compensação no Direito Tributário*).

11. Luciano Amaro, ob. cit., p. 391.

12. Acórdão 1ª CC 108-05.791, sessão de 13.7.1999.

13. Pp. 394 e 396.

recolhimento do valor indevido, é que nasce o direito dos contribuintes — que recolheram — de pleitear a sua restituição.

E é a partir desse nascimento do direito à repetição é que se inicia o prazo de decadência, pois só pode ser sujeito à decadência o direito que existe. Ricardo Lobo Torres, em sua respeitável obra *Restituição de Tributos*, aborda o assunto com precisão, entrando inclusive no âmago do termo inicial dos efeitos da decisão do STF:

"A regra geral, no direito brasileiro, é a da eficácia *ex tunc* [da declaração de inconstitucionalidade pelo STF], com a nulidade *ab initio* da cobrança de tributos com base na lei maculada de inconstitucionalidade. Se a norma que instituiu o *imposto* é declarada inconstitucional, por vício da forma ou de fundo, nenhuma validade teve o pagamento, já que nenhum efeito se pode ter produzido no passado que mereça respeito agora; sendo o imposto uma quantia que tem por finalidade fornecer recursos para as atividades gerais do Estado, sem qualquer conotação de natureza contraprestacional, inexistiu benefício no passado do qual se tenha locupletado o cidadão."[14]

Paulo de Barros Carvalho confirma o que aqui se expõe, se considerada a declaração da inconstitucionalidade da norma da qual resultou o recolhimento indevido de tributo como certificação de que o ente tributante não possuía o direito correspondente:

"Certificado que o ente tributante não era portador de direito subjetivo à percepção do gravame, há de devolver o valor (...), pois não tem título jurídico que justifique a incorporação daqueles valores ao seu patrimônio."[15]

Como decorrência da certificação da falta do direito à percepção do gravame, nasce o direito de quem efetuou pagamento ao ente tributante. Aliás, convém lembrar que, em ação judicial de repetição de indébito por vício da norma, é condição a prévia declaração de que a norma padece de vício de validade (por ferir — na forma ou no conteúdo — norma hierarquicamente superior) e, portanto, que o tributo exigido é indevido, para então proceder à condenação à restituição. Ou seja, a restituição só tem início (execução, restituição administrativa ou compensação) após a declaração da invalidade da norma.

Ricardo Lobo Torres socorre novamente:

"Vimos que a restituição do imposto originariamente devido postula um ato ou procedimento prévio que transforme aquele pagamento devido em ilegal ou injusto. Só a partir da data daquele ato intermediário, conseguintemente, é que ocorrerá o prazo da decadência. Diz o citado Decreto 20.910/32 [que regula a prescrição das dívidas passivas da União, Estados e Municípios] que o termo inicial é 'a data do ato ou fato do qual se originaram as dívidas'."[16]

Assim, nos casos de inconstitucionalidade declarada *erga omnes*, somente com a pecha fixada pelo Supremo Tribunal Federal ou com a exclusão do ordenamento jurídico pelo Senado Federal de uma determinada norma que exigia tributo, exsurge no cenário jurídico como indevido o pagamento.[17] Foi nesse sentido o entendimento do Supremo Tribunal Federal no julgamento do RE 141.331-0 (rel. Min. Francisco Rezek):

14. *Restituição de Tributos*, Forense, 1983, p. 97

15. Ob. cit., p. 308.

16. P. 169.

17. "Na declaração de ineficácia do negócio jurídico o termo inicial da decadência, a nosso ver, será o do trânsito em julgado da decisão judicial. Antes daquela data o contribuinte não poderia exercitar o seu direito à restituição, pela inexistência do reconhecimento da ineficácia do ato e pela incompetência da Administração para investigar sobre aqueles pressupostos no bojo do processo de restituição (...).

"Na declaração de inconstitucionalidade da lei a decadência ocorre depois de cinco anos da data do trânsito em julgado da decisão do STF proferida em ação direta ou da publicação da Resolução do Senado que suspendeu a lei com base em decisão proferida *incidenter tantum* pelo STF" (Ricardo Lobo Torres, ob. cit., p. 169).

"Declarada a inconstitucionalidade das normas instituidoras do empréstimo compulsório incidente na aquisição de automóveis (RE 121.136), *surge para o contribuinte o direito à repetição do indébito*, independentemente do exercício financeiro em que se deu o pagamento indevido."[18]

Antes disso, em função da presunção de validade da norma, o valor recolhido era considerado como cumprimento da relação jurídico-tributária devidamente constituída, e não havia motivo para sua repetição nem prazo estabelecido para tanto no CTN, uma vez que a situação anterior não se subsumia a nenhuma das hipóteses dos arts. 165 ou 168.

Quanto a isso, merecem destaque

(a) *o trecho do Parecer COSIT 58/98*:

"Assim, antes de a lei ser declarada inconstitucional não há que se falar em pagamento indevido, pois, até então, por presunção, eram a lei constitucional e os pagamentos efetuados efetivamente devidos."

(b) *a mansa jurisprudência do Superior Tribunal de Justiça*:

REsp 209.374-BA, rel. Min. Garcia Vieira; REsp 233.090-RS, rel. Min. Garcia Vieira; REsp 104.053-SP, rel. Min. José Delgado; REsp 43.995-RS, rel. Min. César Asfor Rocha; REsp 209.365/BA, rel. Milton Luiz Pereira; REsp 216.244/SP, rel. Min. Francisco Peçanha Martins.

Enfim, o prazo de 5 anos previsto no *caput* do art. 168 do CTN é válido para a situação aqui analisada e deve ser aplicado. O que não encontra guarida no Código (mais precisamente nos incisos dos arts. 165 e 168) é o termo inicial do prazo para a hipótese tratada, que, como demonstrado acima, extrai-se do sistema jurídico tributário como a publicação da Resolução do Senado ou da declaração *erga omnes* pelo STF de inconstitucionalidade relativa a determinada norma jurídica que embasou o recolhimento indevido. Desse modo, *data venia*, o parecer PGFN 1.538/99 está equivocado ao afirmar que deve ser aplicada uma das hipóteses do art. 165, já que o art. 150, III, *b*, da Constituição Federal, determina que prazo de prescrição e decadência é matéria de lei complementar.

18. Conforme citação no Ac. 108-05.791, rel. José Antonio Minatel (o grifo não é do original).

CADERNOS DE DIREITO TRIBUTÁRIO

NORMAS TRIBUTARIAS PARA LA PREVENCIÓN DE LA ELUSIÓN INTERNACIONAL *CONTROLLED FOREIGN CORPORATIONS* — CFC (TRANSPARENCIA FISCAL INTERNACIONAL)[1]

ALEJANDRO C. ALTAMIRANO

Director de la Carrera de Especialización en Derecho Tributario
de la Facultad de Derecho de la Universidad Austral —
Profesor del Master en Derecho de la Empresa de la Universidad Austral — Abogado

I — Consideraciones previas a las respuestas de las cuestiones. Estructura de la ponencia. II — Aproximación al concepto de "Controlled Foreign Corporations" y su "ratio legis": 1. Concepto; 2. Fundamentación jurídica de la incorporación de las normas CFC al sistema jurídico tributario; 3. Características del régimen. III — Breve referencia al Derecho fiscal de EEUU: Subpart "F" del "Internal Revenue Code" (IRC). IV — Referencia al aporte de la OCDE. V — Los principios recogidos en el Modelo de Convenio OCDE y las normas CFC. VI — Las normas aplicables en Argentina. VII — Las notas distintivas de aplicación al régimen argentino: a) Presupuestos determinantes de la aplicación del régimen en punto al control societario; b) Naturaleza de las rentas imputables. Sistema cedular o subjetivo; c) Determinación de la renta positiva imputable; d) Período fiscal impositivo de inclusión de la renta obtenida por la entidad no residente; e) Régimen tributario de los dividendos y de la renta derivada de la transmisión de las acciones de la entidad no residente; f) Deducción por doble imposición internacional por las rentas incluidas en la base imponible; g) Información que se debe facilitar junto con la declaración del impuesto; h) La constitución de las entidades instrumentales residentes en paraísos fiscales. VIII — Cuestión 1 y respuesta. IX. Cuestión 2 y respuesta. X. Cuestión 3 y respuesta.

I — Consideraciones previas a las respuestas de las cuestiones. Estructura de la ponencia

El tema que nos ocupa se concentra en determinadas normas antielusivas, encastradas en el Derecho Tributario Internacional de reciente recepción en el ordenamiento tributario argentino. Se trata de las normas conocidas como *Controlled Foreign Corporations* — CFC — en su versión inglesa y también como Transparencia Fiscal Internacional — TFC — en versión castellana. Cuando tales temas fueron seleccionados y compulsados con los asistentes

1. II Coloquio Internacional de Derecho Tributario, Tema II.

al I Coloquio no se había introducido aún la reforma tributaria a la Ley del Impuesto a las Ganancias en la República Argentina a través de la Ley 25.239 que tradujo, en versión argentina, algunos aspectos de esta modalidad de capturar con el impuesto argentino a ciertas inversiones efectuadas en el exterior, puntualmente en paraísos fiscales, y que por imperio del planeamiento fiscal se difería la declaración de tales rentas en el impuesto local.

Esta ponencia se funda en bibliografía diversa[2] y se estructura sobre la base de cuatro bloques claramente diferenciados. El primero refiere a la presentación general del tema, el segundo releva algunas normas extranjeras, el tercero enfoca la legislación argentina y el cuarto responde las cuestiones, objeto del Tema II del presente Coloquio.

Para abreviar los términos, en esta ponencia nos referiremos a "normas CFC".

II — Aproximación al concepto de "Controlled Foreign Corporations" y su "ratio legis"

1. Concepto

En un contexto de economías donde las empresas tienen sus casas matrices en un determinado país, y sus centros de distribución, compañías *holding*, servicios financieros *offshore* y también sus aseguradoras en otros, sumado al avance de la tecnología, las comunicaciones y demás condicionantes de la economía actual hacen que ciertos países ofrezcan incentivos financieros en orden a atraer inversiones. En esta atmósfera, desde los años 1970, varios de los países miembros de la OCDE comenzaron a controlar o intentar limitar la planificación que utilizaba, básicamente, los países de baja imposición para la inversión. Así se fueron introduciendo en las diferentes legislaciones normas que se dirigían específicamente a gravar las ganancias de las compañías controladas.

2. Joaquín de Arespacochaga, *Planificación Fiscal Internacional*, Marcial Pons, Madrid, 1996; Jon E. Bischel y Robert Feinschreiber, *Fundamentals of International Taxation*, Practising Law Institute, Nueva York, 1977, pp. 66 y ss.; Boris I. Bittker y Lawrence Lokken, *Fundamentals of International Taxation. US Taxations of Foreign Income and Foreign Taxpayers*, Warren, Gorham & Lamont, Boston, 1991; Otto Buhler, *Principios de Derecho Internacional Tributario*, Madrid, 1968; Francisco Clavijo Hernández, en AAVV, José Juan Ferreiro Lapatza y otros, *Curso de Derecho Tributario. Parte Especial. Sistema Tributario: los Tributos en Particular*, Marcial Pons, 1998, 14ª ed. revisada y puesta al día; Ignacio Cruz Padial, *Transparencia Fiscal Internacional*, Tirant lo Blanch, Valencia, 2000; Alexander Easson y Victor Thuronyi, *Fiscal Transparency*, en AAVV, editor Victor Thuronyi, *Tax Law Design and Drafting*, International Monetary Fund, Washington, 1998, v. 2, pp. 925 y ss.; Marco Aurelio Greco, *Planejamento Fiscal e Interpretação da Lei Tributária*, Dialética, San Pablo, 1998; Peter A. Harris, *Corporate Shareholder Income Taxation and Allocating Taxing Rights between Countries*, IBFD Publications, Amsterdam, 1996; Joseph Isenbergh, *International Taxation. US Taxation of Foreign Taxpayers and Foreign Income*, Little, Brown & Co., Canadá, 1990, v. II, pp. 15 y ss.; William G. Kuiper, material entregado en el Course of Principles of International Taxation, relativo a *Controlled Foreign Company Legislation*, IBFD, Amsterdam, 1997; Carlos M. López Espadafor, *Fiscalidad Internacional y Territorialidad del Tributo*, McGraw Hill, Madrid, 1995; Rafael M. Manóvil, *Grupos de Sociedades en el Derecho Comparado*, Abeledo Perrot, Buenos Aires, 1998; OCDE, *Controlled Foreign Company Legislation*, Paris, 1996, p. 10; OCDE, *Towards Global Tax Cooperation. Progress in Identifying and Eliminating Harmful Tax Practices*, report to the 2000 Ministerial Council Meeting and Recommendations by the Committee on Fiscal Affaires, 16.6.2000; Carlos A. Raimondi y Adolfo Atchabahián, *El Impuesto a las Ganancias*, Depalma, Buenos Aires, 3ª ed.; Tulio Rosembuj, *Fiscalidad Internacional*, Marcial Pons, Madrid, 1998, pp. 57 y ss.; Daniel Sandler, *Tax Treaties and Controlled Foreign Company Legislation. Pushing the Boundaries*, Kluwer Law International, Reino Unido, 1998, 2ª ed.; Eduardo Sanz Gadea, *Transparencia Fiscal Internacional*, Centro de Estudios Financieros, Madrid, 1996; Jonathan Schwarz, "Controlled Foreign Companies and Tax Treaties", *Bulletin for International Fiscal Documentation*, v. 51, n. 12, diciembre de 1997, pp. 553 a 559; Heleno Taveira Torres, *Pluritributação Internacional sobre as Rendas de Empresas*, Ed. RT, San Pablo, 1997, pp. 188 y ss.; José María Tovillas Morán, *Estudio del Modelo de Convenio sobre Renta y Patrimonio de la OCDE de 1992*, Marcial Pons, Madrid, 1996; Alberto Xavier, *Direito Tributário Internacional*, Almedina, Coimbra, 1997, p. 313.

El crecimiento de la utilización de intermediarios internacionales y el desarrollo de regímenes de incentivos fiscales condujeron rápidamente a los países a dictar normas para reducir el riesgo de pérdida de bases imponibles con motivo de las inversiones internacionales de las empresas constituidas en tales países. La razón básica de la sanción de normas CFC y otras medidas internas antielusivas radica en que todos los países miembros de OCDE prevén en sus ordenamientos el principio *arm's length* y el de contabilidad fiscal separada.[3] Estos dos principios reconocen a cada sociedad como entidades separadas. En consecuencia, sería muy simple para las dichas sociedades, si no existieran normas CFC eludir los impuestos locales en relación con sus rentas de fuente extranjera, simplemente bastaría interponer una compañía extranjera en un territorio de baja tributación a efectos de que ésta sociedad reciba la utilidad y no la sociedad ubicada en el país cuya legislación fiscal se trata de eludir.[4]

La finalidad de las normas CFC radica en gravar, en la sede de las personas o entidades residentes en el territorio de un determinado país, ciertas rentas obtenidas por entidades constituídas en otro país en el cual disfrutan de un régimen fiscal privilegiado, pero que son controladas por aquellas.

El procedimiento aplicado para llegar a tal propósito radica en imputar como propia la renta de la entidad no residente al socio o titular residente, para su gravamen. La imputación directa al socio o titular importa la obligación de incluir en su base imponible, determinadas rentas positivas que se produjeron o cuya fuente es el territorio de otro Estado y mediante un sujeto distinto.[5] En palabras de Clavijo Hernández,

3. Ley del Impuesto a las Ganancias, art. 14.

4. OCDE, *Controlled Foreign Company Legislation*, Paris, 1996, p. 10; Tulio Rosembuj, *Fiscalidad Internacional*, Marcial Pons, p. 57; Ignacio Cruz Padial, *Transparencia Fiscal Internacional*, Tirant lo Blanch, Valencia, 2000; Francisco Clavijo Hernández, en AAVV, José Juan Ferreiro Lapatza y otros, *Curso de Derecho Tributario. Parte Especial. Sistema Tributario: los Tributos en Particular*, Marcial Pons, 1998, 14ª ed. revisada y puesta al día; OECD, *Towards Global Tax Cooperation. Progress in Identifying and Eliminating Harmful Tax Practices*, report to the 2000 Ministerial Council Meeting and Recommendations by the Committee on Fiscal Affaires, 16.6.2000; Otto Buhler, *Principios de Derecho Internacional Tributario*, Madrid, 1968.

5. Boris I. Bittker y Lawrence Lokken, *Fundamentals of International Taxation. US Taxations of Foreign Income and Foreign Taxpayers*, Warren, Gorham & Lamont, Boston, 1991 pp. 68-25 señala que, el usualmente conocido como Subpart "F" afecta al accionista norteamericano que controla una sociedad radicada en el exterior al obligar a aquel a incorporar directamente la porción de renta obtenida en la compañía extranjera aún si esta compañía extranjera no distribuye tales utilidades. Tulio Rosembuj, *Fiscalidad Internacional*, Marcial Pons, p. 57: "Bajo la denominación de transparencia fiscal internacional se aplica el impuesto sobre Sociedades (art. 121) a sujetos pasivos por obligación personal que sean socios o controlen entidades no residentes, mediante la inclusión en las respectivas bases imponibles de determinadas rentas positivas, obtenidas fuera del territorio, y que hubieran soportado una tributación inferior a la propia del Estado de residencia... España se suma, de este modo, al modelo inaugurado en EEUU con las disposiciones *Subpart F income* (IRC, 951), con un doble propósito: evitar el desplazamiento y acumulación de beneficios de sus residentes en otros Estados de baja presión fiscal relativa, al amparo de sociedades aparentes, y el diferimiento del impuesto a pagar en el Estado de residencia de los socios o titulares, mediante el aparcamiento de los rendimientos conseguidos en otro Estado". Ignacio Cruz Padial, *Transparencia Fiscal Internacional*, Tirant lo Blanch, Valencia, 2000, p. 27, opina que "La transparencia trata de impedir que mediante la interposición de sociedades se aminore la carga tributaria, constituyendo una elusión legítima o una evasión legal, lo que nos lleva a la consideración de que la creación de sociedades interpuestas no es un supuesto de fraude a la ley tributaria, ya que en nuestra opinión, lo que tiene lugar es que el contribuyente se limita a esquivar el texto legal, pero sin violarlo, encontrando fisuras en la estructura tributaria que no conllevan infracción tributaria, ya que invariablemente suelen darse varias opciones o medios legales para llegar al mismo resultado, teniendo siempre el sujeto la libertad de escoger aquel que le origine la cuantía de prestaciones menos elevadas... en el contexto internacional y solo en él, se asiste a fenómenos que sólo de forma indirecta producen o provocan la elusión o evasión fiscal, por cuanto el contribuyente tiene como finalidad desplazar del propio país de residencia a otro, la ubicación o localización de las propias rentas y como fin indirecto el obtener la ocultación, simulación o reducción de la carga impositiva".

transparencia fiscal es el régimen tributario que tiene por objeto someter a imposición — en el país de constitución de las entidades o de residencia de las personas cuando concurran las circunstancias establecidas a tal efecto — ciertas rentas obtenidas en el extranjero a través de sociedades instrumentales controladas, con el objeto de igualar la tributación de las rentas percibidas directamente respecto de las rentas acumuladas en tales sociedades instrumentales, evitando que la no distribución de resultados pueda dar lugar a un diferimiento de tributación.[6]

La sociedad que no es residente en la cual participa o ejerce el control el residente argentino, se encuentra en un país de baja tributación, por lo que se beneficia de tal régimen se somete a las normas CFC en los casos en que su renta sea calificada como pasiva, es decir, derivada de meras inversiones cuyo propósito central sería una finalidad fiscal traducida en invertir en un país con sistema tributario ostensiblemente ventajoso.

Son las sociedades controladas u otros entes, tales como los *trusts*, quienes principalmente se radican en países de baja tributación. La característica común de los regímenes CFC radica en la aplicación del impuesto a la renta en el país de residencia del accionista por lo menos en la porción de ganancias no distribuidas por la compañía controlada. En el Informe OCDE (1987) relativo a la utilización de compañías de base se señaló que la legislación fiscal reduce los efectos de la elusión ordenando tributar sobre las rentas generadas por las compañías base que aquellas sociedades controlan. La compañía base en general no se le aplican impuestos en el país de radicación, por ello se eligen tales jurisdicciones. La tributación de los accionistas de tales sociedades se produce por asumir alguna de las siguientes alternativas: a) por considerar distribuido el dividendo; b) por considerarse recibida por el accionista la utilidad (descorrimiento del velo societario) o c) por considerarse que el accionista se encuentra en mejor situación para tributar toda vez que economicamente la renta se encuentra a su disposición. En la práctica esta legislación se exhibía pragmática en comparación con otros criterios rígidos o teóricos.[7]

2. *Fundamentación jurídica de la incorporación de las normas CFC al sistema jurídico tributario*

El objetivo central de las normas CFC es el de evitar el diferimiento fiscal (*tax deferral*) pues dicho mecanismo como técnica de planificación fiscal ofrece ventajas tributarias indudables para la sociedad no residente toda vez que la puede llevar al mínimo del impacto tributario o, directamente puede llegar a eliminarlo, según cada caso concreto. Asimismo se encontró en estas normas un claro mecanismo tendiente a evitar la evasión y elusión fiscal internacional.

Ahora bien, ¿cuáles son las fundamentaciones jurídicas que se han esgrimido para neturalizar el diferimiento y, en su caso, la evasión fiscal internacional? Básicamente enuncio las tres posibles causales de justificación que se dirigen a aquel propósito. La primera es la que encuentra la justificación en la gravabilidad de un dividendo ficticio. La segunda pone el acento en la teoría del levantamiento del velo de la sociedad y la neutralización del abuso de las formas. Finalmente la tercera hace hincapié en que lo que se grava es una manifestación de la capacidad contributiva.

En relación con la tesis conforme a la cual se considera que se *grava un dividendo ficticio* de manera de aplicar los impuestos en el país de residencia del controlante por la utilidad generada en otra jurisdicción

6. Francisco Clavijo Hernández, en AAVV, José Juan Ferreiro Lapatza y otros, *Curso de Derecho Tributario. Parte Especial. Sistema Tributario: los Tributos en Particular*, Marcial Pons, 1998, 14ª ed. revisada y puesta al día, p. 419.

7. OCDE, *Controlled Foreign Company Legislation*, Paris, 1996, p. 20.

desarticulando el diferimiento que implica tributar en los términos de la renta percibida y no devengada.

La segunda argumentación radica en el *levantamiento del velo societario y la neutralización del abuso de las formas jurídicas*. Esta corriente observa una reacción del ordenamiento tributario a través de un sistema de presunciones legales relativas que tienden a recuperar base imponible que se trasladó a otra jurisdicción mediante la imputación directa a los accionistas o socios principales residentes. Ello reconoce, en la existencia de una sociedad aparente titular de renta pasiva supuestamente evadida. Claro que si se prueba que dicha renta es fruto del ejercicio de una actividad empresaria, las normas CFC no se aplican.

El *disregard of legal entity*, que apoya esta tesitura, surgió de manera que desarticular el intento dirigido a defraudar a los acreedores varios (particulares y el propio Fisco) a través de sociedades interpuestas. Este criterio demanda un equilibrio entre la eficacia de la persona jurídica y evitar el abuso o fraude de ley, de manera de compatibilizar los valores de seguridad jurídica y justicia, pues de lo contrario la sociedad anónima podría convertirse en un asilo intangible que impediría la plena vigencia y efectividad de los principios fundamentales del Derecho.[8] Rosembuj directamente considera que "el presupuesto del régimen TFI es el diferimiento de impuesto fundado en simulación o abuso de formas jurídicas, al amparo de otra jurisdicción tributaria". La inexistencia de actividad empresaria en la sociedad controlada implica que aquella es una sociedad defectuosa, toda vez que su actividad no está dirigida a la producción. "La no empresarialidad propia porta como consecuencia que la sociedad aparente sirva como elemento de intestación de bienes o derechos autónomamente productivos. En suma, el presupuesto del régimen TFI es el diferimiento de impuesto fundado en simulación o abuso de formas jurídicas, al amparo de otra jurisdicción tributaria".[9]

Finalmente, la tercera considera que las normas CFC se fundan la *gravabilidad de una manifestación de la capacidad contributiva* determinada. Sanz Gadea señala que las normas CFC son una "energica reacción del legislador contra la utilización abusiva de la técnica de la personalidad jurídica determinante del quebrantamiento del principio de gravamen sobre la renta total que constituye la expresión más depuerada del principio de la capacidad económica".[10]

En conclusión, considero que todas las teorías enunciadas aportan sustrato jurídico para fundamentar las normas CFC. Desde la perspectiva exclusivamente de la legislación argentina, opino que nuestra legislación es incipiente y demandará ajustes para su aplicación. Nuestro ordenamiento ha recogido normas de naturaleza CFC sin perjuicio de que algunos de los objetivos que persiguen la legislación comparada más avanzada en la materia se intenta abarcar con la legislación local. Observo que el de-

8. Ignacio Cruz Padial, *Transparencia Fiscal Internacional*, Tirant lo Blanch, Valencia, 2000, pp. 33 y 35: "Esta doctrina prescinde de la independencia y alteridad que la sociedad otorga a sus miembros y privilegia la realidad de las personas físicas que se amparan tras la figura societaria. Se excluyen los hechos aparentes y no deseados, teniendo en cuenta los realmente queridos. Esta teoría se identirfica con la figura del fraude de ley o del negocio simulado cuyo propósito es defraudar al Fisco, abusando de la personalidad jurídica".

9. Tulio Rosembuj, *Fiscalidad Internacional*, Marcial Pons, Madrid, 1998, pp. 72 y 75: "La sociedad aparente es una sociedad imperfecta, por lo que la imputación de renta a sus accionistas principales y la responsabilidad por la deuda tributaria presupone descalificar su carácter de sociedad mercantil, precisamente por defecto de uno de sus atributos constitutivos, cual es la actividad económica en común de sus socios con dirección al mercado... La conmixtión simulación-fraude es el argumento básico de la doctrina tributaria clásica que no concibe fraude sin abuso ni abuso sin fraude: el efecto de la combinación se traduce en la ejecución de la ley eludida — régimen TFI — sin sanciones".

10. Eduardo Sanz Gadea, *Transparencia Fiscal Internacional*, Centro de Estudios Financieros, Madrid, 1996, p. 9.

bate parlamentario de la Ley 25.239. Por ello estimo que desprolijamente y más como aspiración de deseos que con efectividad propia se obliga a los residentes argentinos a tributar por las rentas pasivas que indica la ley y su reglamentación — dejando así una textura abierta inadmisible en la ley — por determinadas rentas pasivas generadas en el exterior.

El ordenamiento tributario argentino actúa por efecto de los hechos económicos, es decir, por diversas razones empresas y sujetos deciden invertir en el exterior, quizá por una mayor sensación de seguridad jurídica o simplemente por mejores oportunidades comerciales. Ante ese panorama nuestra legislación — como la de la mayoría de los países miembros de OCDE — que ya había adoptado el criterio de renta mundial en su impuesto a las ganancias, se encamina a obligar a los residentes a tributar en Argentina aún cuando los beneficios no les hubieren sido remesados ni acreditados en sus cuentas.

3. *Características del régimen*

Las características que aquí se esbozan son analizadas, desde la perspectiva de la legislación argentina, en el capítulo VII. Sanz Gadea[11] enumera tres elementos determinantes para captar con impuestos estas estructuras: a) control — por parte de la sociedad residente en un país A — de una sociedad radicada en un país B — siendo éste de baja tributación; b) obtención, por parte de la sociedad radicada en un país B de un determinado tipo de rentas y c) disfrute, por parte de la sociedad radicada en un país B de un régimen fiscal de excepción, privilegiado. Clavijo Hernández[12] distingue, además, otras notas distintivas que nos servirán para sistematizar nuestro enfoque, y son: a) los presupuestos determinantes de la aplicación del régimen; b) la naturaleza de las rentas imputables; c) la determinación de la renta positiva imputable; d) el período fiscal impositivo de inclusión de la renta obtenida por la entidad no residente; e) el régimen tributario de los dividendos y de la renta derivada de la transmisión de las acciones de la entidad no residente; f) la deducción por doble imposición internacional por las rentas incluidas en la base imponible; g) la información que se debe facilitar junto con la declaración del impuesto; h) la constitución de las entidades instrumentales residentes en paraísos fiscales.

III — Breve referencia al Derecho fiscal de EEUU: Subpart "F" del "Internal Revenue Code" (IRC)

Fue EEUU el primer país en sancionar legislación CFC, en 1962, aún cuando ya en 1937 contaba con el concepto *incorporated pocketbooks*. La legislación de 1962 obedeció al compromiso del Presidente Kennedy en relación con la propuesta de elmininación del diferimiento respecto de

11. Eduardo Sanz Gadea, *Transparencia Fiscal Internacional*, Centro de Estudios Financieros, Madrid, 1996, p. 12. T. Rosembuj, en *op. cit.*, pp. 67 y ss., individualiza tres factores de los cuales depende la aplicación del régimen de transparencia fiscal internacional en España: a) La *participación del residente en la sociedad no residente*, cuyo porcentaje de control se efectúa en función del capital fondos propios, resultados y derechos a voto, no obstante, la renta se imputa a la sociedad residente, primero, en razón a su derecho de participación en el resultado de la no residente y, en su defecto, en la proporción que ostente de capital, fondos propios o derechos de voto. b) La *naturaleza de la renta* que se incorpora en su base imponible, pues solo deben incorporarse cierta clase de rentas por parte de la no residente, en modo cedular o analítico y el criterio para seleccionar las rentas imputables al residente puede obedecer a la carencia de poder de decisión y de gestión de la empresa por parte de la sociedad no residente y la obtención de rentas con finalidad fiscal exclusiva. c) El *nivel de gravamen soportado en el exterior*, el importe satisfecho por la sociedad no residente por razón de gravamen de naturaleza análoga al impuesto — en el caso en comentario español.

12. Francisco Clavijo Hernández, en AAVV, José Juan Ferreiro Lapatza y otros, *Curso de Derecho Tributario. Parte Especial. Sistema Tributario: los Tributos en Particular*, Marcial Pons, 1998, 14ª ed. revisada y puesta al día, pp. 420 y ss.

las ganancias obtenidas por sociedades americanas de sus controladas del exterior.

Entre los arts. 951 a 964 — cuya transcripción efectuamos en este trabajo como Anexo a esta ponencia — usualmente referenciado como *Subpart F* del *Internal Revenue Code* de los EEUU se encuentra regulada la figura objeto de la ponencia. En primer lugar el art. 951 define el caracter subjetivo de la entidad o del sujeto residente y se asienta en la calificación previa de la sociedad como *Controlled Foreign Corporation*, para de esta manera aplicar directamente el gravamen a sus accionistas con relación a determinada clase de rentas obtenida por aquélla. El fenónemo que se produce es considerar a la entidad como transparente o *pass-through entity*. Las categorías de las utilidades generadas por las CFC directamente alcanzadas sobre los accionistas son las que el Congreso de los EEUU consideró sujetas a manipulación a través de países de baja tributación, concretamente *tax havens* incluyendo las derivadas de la cobertura de riesgos en el exterior sobre bienes radicados en EEUU, rentas pasivas, compraventas con partes relacionadas al sujeto involucrado, rentas derivadas de prestaciones de servicios brindados o efectuados en nombre de personas relacionadas, algunas utilidades generadas por transporte internacional y ganancias derivadas de procesamiento, transporte y distribución de gas.[13]

El accionista que participa en la sociedad del exterior debe incluir en la base imponible las rentas generadas en aquella sociedad pero no distribuidos, de manera de impedir que se dilate la aplicación del gravamen directo sobre tales beneficios, llegandose así al efecto de capturar con el gravamen la porción de beneficios que se hubiera distribuido como dividendo.

Es evidente que el CFC persigue las rentas pasivas, no las activas pues tales rentas son generadas, usualmente, en países de baja tributación. Se incluyen en las primeras los dividendos, intereses, beneficios en general. Entre las segundas se incluyen las derivadas de la actividad económica de producción de la sociedad.[14]

El Comité del Finanzas del Senado, en relación al proyecto de 1962 por el cual la *Subpart F* fue promulgada, sostuvo lo siguiente: "En virtud de (antes de 1962) la Ley de Sociedades Extranjeras, aunque las mismas puedan estar controladas por el gobierno norteamericano, no están sujetas a las leyes impositivas norteamericanas sobre las ganancias de origen extranjero. Como resultado no se aplica ningún impuesto norteamericano sobre las ganancias de origen extranjero de esas sociedades... hasta que sus compañías matrices o sus otros accionistas norteamericanos reciban los dividendos percibidos por las sociedades extranjeras. En ese momento se aplica el impuesto sobre el accionista norteamericano con respecto al dividendo de las ganancias percibido, y en el caso de que este accionista fuera una sociedad está autorizado para obtener un crédito impositivo extranjero con respecto a los impuestos percibido por la subsidiaria extranjera... esto significa que los impuestos a las ganancias extranjeros se pagan actualmente, hasta el

13. Boris I. Bittker y Lawrence Lokken, *Fundamentals of International Taxation. US Taxations of Foreign Income and Foreign Taxpayers*, Warren, Gorham & Lamont, Boston, 1991, pp. 68-25.

14. Haciendo referencia al informe de la OCDE "L'Évasion et la Fraude Fiscales Internationales" (Paris, 1987, pp. 30 y ss.) que señala que "La principal función de una sociedad aparente es la de recibir beneficios que sin su existencia serían percibidos directamente por el contribuyente y colocarlos a cubierto de la imposición en su país de residencia". Rosembuj opina que "la sociedad no residente — *base company* — aparece como depositaria de beneficios en Estados de baja presión fiscal, para evitar su tributación en el Estado de residencia del accionista... los beneficios, o ciertos de ellos, pueden quedar a cubierto, si se pospone o retrasa su repatriación hacia el Estado de residencia de la sociedad matriz. Los beneficios de la sociedad filial en el exterior no resultan gravados sino cuando son distribuidos como dividendos a la sociedad matriz. No hay sujeción al impuesto en el Estado de residencia hasta que los beneficios de la sociedad no residente son distribuidos a su accionista matriz" (T. Rosembuj, *op. cit.*, p. 59).

alcance del impuesto a las ganancias aplicable, y no hasta que se realicen las distribuciones se aplicará un impuesto norteamericano adicional, hasta que la tasa norteamericana sea superior a la aplicable en el país extranjero. Este efecto impositivo se lo denomina "diferimiento impositiva"... El proyecto de la Cámara... no solía eliminar el impuesto diferido, sino que en cambio se preocupaba principalmente por lo que había sido denominado como dispositivo *tax haven*. En cumplimiento con este resultado el proyecto de Cámara en general intentaba ponerle un fin al diferimiento impositivo respecto de las ganancias derivadas de sociedades controladas por sociedades americanas que aseguran los riesgos norteamericanos en el exterior; para ciertas ganancias de inversiones extranjeras de estas sociedades; para los ingresos por las ventas de sus subsidiarias extranjeras las cuales están constituidas en forma separada de las operaciones de manufacturación; y... rendimiento... devueltos indirectamente a los Estados Unidos de Norteamérica sin el pago total del impuesto norteamericano.[15]

Sin menoscabo de esta defensa de las normas CFC, las fuertes críticas también existieron en la génesis de la legislación del primer país que incorporó estas normas.[16]

Transcurrieron los años y con motivo de la reforma fiscal de EEUU de 1986, el *Staff of the Joint Committee on Taxation* — después de veinticuatro años de vigencia de las normas CFC, *Subpart F*, resumió esta política tributaria de la siguiente manera: "Durante mucho tiempo la política de los Estados Unidos ha sido imponer el impuesto actual cuando un propósito significativo de los ingresos gananciales a través de una sociedad extranjera es evitar el impuesto. Dicha política sirve para restringir el papel que las consideraciones impositivas juegan en la estructuración de las operaciones y las inversiones de las personas norteamericanas. Porque la ganancia percibida a través de una sociedad extranjera puede moverse y frecuentemente podría ser percibida a través de una sociedad local, el Congreso consideró que la mayor motivación de los norteamericanos en obtener dicho ingreso a través de vehículos corporativos extranjeros, radicaba en el beneficio impositivo que se esperaba obtener a través de ellos. El Congreso consideró que generalmente era apropiado imponer el impuesto norteamericano actual sobre dichos ingresos

15. Boris I. Bittker y Lawrence Lokken, *Fundamentals of International Taxation. US Taxations of Foreign Income and Foreign Taxpayers*, Warren, Gorham & Lamont, Boston, 1991, pp. 68-26, citando S. Rep. n. 1.881, 87th Cong., 2d Sess., reprinted at 1962-3 CB 703, 784 85.

16. Destacan Bittker y Lokken — *op. cit*., pp. 68-26 y 68-27 — (recurriendo a la misma fuente) también las opiniones adversas cuando se instauró el sistema CFC citando los argumentos esgrimidos por el Senador Eugene J. McCarthy quien objetó el CFC sosteniendo que: "construye una barrera para el logro de objetivos nacionales vitales, por ejemplo para la expansión del comercio y el mejoramiento en nuestra posición en el equilibrio de pagos. No podemos promover ninguno de estos objetivos a través de una política restrictiva que, con la esperanza de corregir abusos impositivos, disminuya con una espada extranjera las subsidiarias extranjeras de Norteamérica... Existen sociedades controladas que primitivamente se establecieron en países extranjeros, con el objetivo de evitar impuestos aquí en los Estados Unidos. También es real que algunas de estas subsidiarias probablemente no están al servicio verdadero en lo que a los intereses de los Estados Unidos se refiere. No deberíamos *sacar al bebé de la bañera* sino que deberíamos reconsiderar los medios a través de los cuales nos comprometemos a corregir los abusos. El enfoque [refiriéndose a la Subparte "F"] con respecto a los ingresos extranjeros es demasiado complejo en su administración, demasiado selectivo en su aplicación, y demasiado incierto en sus resultado". En igual sentido crítico los Senadores Carlson, Bennett, Butler, Curtis, y Morton definieron a la Subparte "F" como "verdaderamente admirable" y adelantaron que "las relaciones comerciales normales se verán seriamente perturbadas". También los Senadores Douglas y Gore esgrimieron que: "la mejor y definitivamente la única forma de lograr una equidad substancial, guardar de la debilidad desfavorable de la industria norteamericana y ayudar en la solución del problema del equilibrio de pagos a través de la carga impositiva es gravar anualmente los ingresos y ganancias obtenidas en cualquier lugar del mundo de los contribuyentes norteamericanos... La totalidad de esta cláusula [del proyecto que contiene la Subparte "F"], incluyendo el enfoque del *tax haven*, debería se borrada y sustituida por la supresión del privilegio de diferimiento fiscal".

percibidos a través de una sociedad extranjera controlada, ya que probablemente existía una razón económica restringida para el uso de una sociedad extranjera de una persona norteamericana. El Congreso consideró que al eliminar los beneficios impositivos norteamericanos de dichas operaciones, los Estados Unidos y las opciones de inversión extranjeras serían colocadas en una base más imparcial, de esta manera fomentando los usos más eficientes de capital (en lugar de los favorablemente impositivos)".[17]

Quizá nunca mejor recordado a Holmes[18] quien resume con enorme elocuencia su concepción del Derecho en la célebre frase "la vida del Derecho no ha sido lógica sino experiencia".

IV — Referencia al aporte de la OCDE

La creciente capacidad del residente de un país para transferir capitales a otro ha incrementado la capacidad para diferir o directamente eludir el pago del impuesto a la renta en el país de residencia del referido sujeto. Esto es el resultado de dos factores: a) por la legislación interna de cada país, que eleva a la categoría de contribuyentes tanto al accionista como a la sociedad, separadamente y en tales países se establece que la compañía no residente no es sujeto del impuesto de manera que las ganancias que esta distribuya solo estaran sujetas al gravamen en oportunidad de la remisión de los dividendos; y b) en algunos países las sociedades estan sujetas a impuestos muy bajos o directamente libres de impuestos (países de baja tributación).[19]

Con el Reporte de 1998 del Comité de Asuntos Fiscales de la OCDE (Organización para la Cooperación y Desarrollo Económico) — en el cual se preveían los parámetros para considerar a una jurisdicción como de baja tributación — en el marco de tales estándares se individualizaron a los siguientes y también se los invitó a desarticular las normas directamente relacionadas con la competencia fiscal dañosa (*harmful tax competition*): Andorra, Anguilla (Gran Bretaña), Antigua y Barbuda, Aruba (Holanda), Commonwealth de Bahamas, Bahrain, Barbados, Belize, British Virgin Islands (Gran Bretaña), Cook Islands (Nueva Zelandia), The Commonwealth of Dominica, Gibraltar, Grenada, Guernsey/Sark/Alderney, Isla de Man, Jersey, Liberia, Liechtenstein, República de Maldivas, la República de las Islas Marshall, el Principado de Monaco, Montserrat (Gran Bretaña), la República dc Nauru (Antillas Holandesas), Niue (Nueva Zelandia), Panama, Samoa, la República de Seychelles, St. Lucia, la Federación de St. Christopher & Nevis, St. Vincent and the Grenadines, Tonga, Turks & Caicos (Gran Bretaña), US Virgin Islands, y la República de Vanuatu.[20]

Los factores que identifican a un régimen como fiscalmente dañoso son: 1) la inexistencia de impuesto a la renta o existiendo este es irrelevante puntualmente con relación a servicios financieros; 2) la inexistencia de intercambio de información con respecto a sus regímenes de inversión; 3) la carencia de transparencia en el régimen fiscal que se evidencia con la inadecuada regulación de supervisión del sistema financiero y 4) la facilidad para el establecimiento de compañías extranjeras sin nece-

17. Boris I. Bittker y Lawrence Lokken, *Fundamentals of International Taxation. US Taxations of Foreign Income and Foreign Taxpayers*, Warren, Gorham & Lamont, Boston, 1991, pp. 68-26, citando *Staff of Joint Committee on Taxation*, en el 99th Cong., 2d Sess., *General Explanation of the Tax Reform Act of 1986 at 964-65 (Comm. Print 1987)*, denominado *Libro Azul de 1986*.

18. Juez de la Corte Suprema de Justicia de los Estados Unidos de Norteamérica, Oliver Wendell Holmes (1841-1935) es autor, entre otras de la obra *Common Law* (1881) de enorme influencia y traducida al español por F. N. Barrancos y Vedia, Buenos Aires, 1964. Más influyente aún es *The Path of the Law* (*La senda del Derecho*), conferencia dictada en la Universidad de Boston, 1987, publicada en español por Abeledo Perrot, 1975.

19. OCDE, *Controlled Foreign Company Legislation*, Paris, 1996, p. 15.

20. Cfr. www.oecd.org (visitado en abril de 2000).

sidad de presencia física o representación en el lugar y prohibiendo, además, que tal presencia influya o impacte en la economía local.[21]

El Informe de 16 de junio de 2000 enfatiza la necesidad de desarticular las prácticas fiscales dañosas y traza una serie de cursos de acción a seguir tales como: intercambio de información, creación de un marco multilateral de asistencia y consulta entre las distintas jurisdicciones y programas de cooperación para el mejoramiento de la adminsitración tributaria.[22]

V — Los principios recogidos en el Modelo de Convenio OCDE y las normas CFC

La motivación de las normas CFC no se encuentran, en nuestra opinión, en la teoría del abuso de la personalidad societaria.

Las normas CFC jaquean ciertos principios del Derecho tributario internacional, pues — como ya hemos expresado — obliga a incorporar a la renta del sujeto ciertas rentas alcanzadas o no en la jurisdicción del país de la fuente. El Modelo de Convenio OCDE no adopta tal parámetro de imposición.

"El régimen legal TFI desmonta la heterogeneidad subjetiva entre la sociedad no residente y sus socios, en base a determinadas circunstancias, sin construir un perfil propio de la sociedad como tal respecto a toda su renta, provocando que la homogeneidad sociedad no residente-socio controlante o titular conduzca a la imputación única del resultado obtenido en el exterior".[23]

Las normas CFC del Subpart "F" de EEUU se proyecta sobre el Derecho internacional tributario en forma fuerte, es decir, influyendo sin duda en la mayor parte de los países industrializados y bien señala Buhler y también Rosembuj que esta clase de disposicones llega a la frontera de la inseguridad jurídica en el plano internacional toda vez que los límites que el principio de soberanía tributaria permite sobre sociedades de otros países son trasbasados debido a que se aproveha en su favor al proceder contra el accionista del país, los beneficios obtenidos en el extranjero como un resultado económico final semejante al que más o menos produce la teoría del órgano.[24]

21. OECD, *Towards Global Tax Cooperation. Progress in Identifying and Eliminating Harmful Tax Practices*, report to the 2000 Ministerial Council Meeting and Recommendations by the Committee on Fiscal Affaires, 16.6.2000, p. 10.

22. OECD, *Towards Global Tax Cooperation...*, pp. 20-21.

23. T. Rosembuj, *op. cit.*, pp. 63 y 64. Señala también que "La transformación de la filial en sucursal por el ordenamiento interno del Estado entra inevitablemente en contradicción con el criterio que la sociedad filial, a propósito de la imposición, constituye una entidad legal independiente (Modelo OCDE, art. 5.7). O sea, la llamada cláusula antiórgano... No es ilógica la conclusión, puesto que en evitación del diferimiento o desviación de rentas, el legislador describe aquellas situaciones en las que la sociedad o algunas de sus rentas son actuaciones de sucursal, puesto que en esa hipótesis habrá un único sujeto pasivo de impuesto y un único beneficio sometido: si una sociedad opera en el exterior mediante sucursal su beneficio se incluye en el conjunto del resultado gravado en la sede de la sociedad matriz... Por otro, como surge de alguna doctrina, porque lo impediría, salvo cláusula de reserva, al art. 7.1 del Modelo OCDE, asumido normalmente en los tratados bilaterales, según el cual una empresa de un Estado no puede ser gravado en el otro Estado contratante a menos que ella no ejerza en ese Estado una actividad por medio de un establecimiento permanente allí situado".

24. Otto Buhler, *Principios de Derecho Internacional Tributario*, Madrid, 1968, p. 157; Tulio Rosembuj, *op. cit.*, quien en p. 65 expresa: "El sistema *Subpart F* no tuvo otros propósitos, en sus orígenes, que el de establecer barreras a la utilización de territorios calificados como paraísos fiscales mediante la constitución de sociedades aparentes apropiadas para la acumulación de beneficios exentos o escasamente gravados y el diferimiento del impuesto correspondiente en el Estado de residencia de la sociedad matriz o accionista principal. La caracterización subjetiva de la entidad sometida al régimen *Subpart F* pretendía circunscribir su aplicación a los socios sobre la base de presupuestos de hecho que descartaban cualquier otra finalidad que la meramente fiscal. Pero la posterior apertura del régimen a cada vez más supuestos apareja, en la actualidad, una situación de incertidumbre jurídica y complejidad difícilmente justificable".

VI — Las normas aplicables en Argentina

Las notas distintivas de la aplicación del régimen pueden resumirse en las que se esbozan a continuación y que son analizadas en el capítulo que sigue:

a) Los presupuestos determinantes de la aplicación del régimen, es decir, el control de la entidad no residente por la persona o entidad residente en Argentina; la calificación o clase de rentas imputables y régimen fiscal privilegiado es decir, país considerado de baja tributación;

b) Naturaleza de las rentas imputables y si se trata de un sistema cedular o subjetivo, es decir, conceptualizar a las rentas pasivas, su definición y precisión de estas;

c) Determinación de la renta positiva imputable;

d) Período fiscal impositivo de inclusión de la renta obtenida por la entidad no residente;

e) Régimen tributario de los dividendos y de la renta derivada de la transmisión de las acciones de la entidad no residente;

f) Deducción por doble imposición internacional por las rentas incluidas en la base imponible;

g) Información que se debe facilitar junto con la declaración del impuesto; y

h) La constitución de las entidades instrumentales residentes en paraísos fiscales.

Con tal propósito individualizo las normas de nuestro ordenamiento para prefigurar el tema en análisis.

Respecto del concepto de control, el art. 130 de la ley textualmente dispone:

"Art. 130. Las transacciones realizadas por residentes en el país o por sus establecimientos estables instalados en el exterior, con personas u otro tipo de entidades domiciliadas, constituidas o ubicadas en el extranjero con las que los primeros estén vinculados, se considerarán a todos los efectos como celebradas entre partes independientes, cuando sus contraprestaciones y condiciones se ajusten a las prácticas normales del mercado entre entes independientes.

"Si no se diera cumplimiento al requisito establecido precedentemente para que las transacciones se consideren celebrados entre partes independientes, las diferencias en exceso y en defecto que, respectivamente, se registren en las contraprestaciones a cargo de las personas controlantes y en las de sus establecimientos estables instalados en el exterior, o en las a cargo de la sociedad controlada, respecto de las que hubieran correspondido según las prácticas normales de mercado entre entes independientes, se incluirán, según proceda, en las ganancias de fuente argentina de los residentes en el país controlante o en las de fuente extranjera atribuibles a sus establecimientos estables instalados en el exterior. A los fines de la determinación de los precios serán de aplicación las normas previstas en el Artículo 15, así como también las relativas a las transacciones con países de baja o nula tributación establecidas en el mismo.

"A los fines de este artículo, constituyen sociedades controladas constituidas en el exterior, aquellas en las cuales personas de existencia visible o ideal residentes en el país o, en su caso, sucesiones indivisas que revistan la misma condición, sean propietarias, directa o indirectamente, de más del *cincuenta por ciento* (50%) de su capital o cuenten, directa o indirectamente, con la cantidad de votos necesarios para prevalecer en las asambleas de accionistas o reuniones de socios. A esos efectos se tomará también en consideración lo previsto en el artículo incorporado a continuación del artículo 15."

Por remisión se indica el artículo incorporado a continuación del artículo 15 que expresamente dispone:

Art. 15 continuación: "A los fines previstos en esta ley, la vinculación quedará configurada cuando una sociedad comprendida en los incisos a) y b) del primer párrafo del artículo 49, un fideicomiso previsto en el inciso agregado a continuación del inciso

d) de dicho párrafo del citado artículo o un establecimiento contemplado en el inciso b) del primer párrafo del artículo 69 y personas u otro tipo de entidades o establecimientos, domiciliados, constituidos o ubicados en el exterior, con quienes aquéllos realicen transacciones, estén sujetos de manera directa o indirecta a la dirección o control de las mismas personas físicas o jurídicas o éstas, sea por su participación en el capital, su grado de acreencias, sus influencias funcionales o de cualquier otra índole, contractuales o no, tengan poder de decisión para orientar o definir la o las actividades de las mencionadas sociedades, establecimientos u otro tipo de entidades".

En relación con la imputación de ganancias y gastos generados en el exterior por residentes argentinos, la Ley del Impuesto a las Ganancias dispone:

"Art. 133. La imputación de ganancias y gastos comprendidos en este Título, se efectuará de acuerdo con las disposiciones contenidas en el artículo 18 que les resulten aplicables, con las adecuaciones que se establecen a continuación:

"a) Los resultados impositivos de los establecimientos estables definidos en el artículo 128 se imputarán al ejercicio anual de sus titulares residentes en el país comprendidos en los incisos d) y e) del artículo 119, en el que finalice el correspondiente ejercicio anual de los primeros o, cuando sus titulares sean personas físicas o sucesiones indivisas residentes, al año fiscal en que se produzca dicho hecho. Idéntica imputación procederá para los accionistas residentes en el país respecto de los resultados impositivos de las sociedades por acciones, constituidas o ubicadas en países de baja o nula tributación por las ganancias originadas en intereses, dividendos, regalías, alquileres u otras ganancias pasivas similares que indique la reglamentación. La reglamentación establecerá la forma en que los dividendos originados en ganancias imputadas a ejercicios o años fiscales precedentes, por los residentes que revisten la calidad de accionistas de dichas sociedades, serán excluidos de la base imponible.

"b) Las ganancias atribuibles a los establecimientos estables y a las sociedades por acciones indicados en el inciso anterior se imputarán de acuerdo a lo establecido en el artículo 18, según lo dispuesto en el cuarto párrafo del inciso a) de su segundo párrafo y en su cuarto párrafo.

"c) Las ganancias de los residentes en el país incluidos en los incisos d), e) y f) del artículo 119, no atribuibles a los establecimientos estables citados precedentemente, se imputarán al año fiscal en la forma establecida en el artículo 18, en función de lo dispuesto, según corresponda, en los *tres* (3) primeros párrafos del inciso a) de su segundo párrafo, considerándose ganancias del ejercicio anual las que resulten imputables al mismo según lo establecido en dicho inciso y en el cuarto párrafo del referido artículo. No obstante lo dispuesto precedentemente, las ganancias que tributen en el exterior por vía de retención en la fuente con carácter de pago único y definitivo en el momento de su acreditación o pago, podrán imputarse considerando ese momento, siempre que no provengan de operaciones realizadas por los titulares residentes en el país de establecimientos estables comprendidos en el inciso a) precedente con dichos establecimientos o se trate de beneficios remesados o acreditados por los últimos a los primeros. Cuando se adopte esta opción, la misma deberá aplicarse a todas las ganancias sujetas a la modalidad de pago que la autoriza y deberá mantenerse como mínimo, durante un período que abarque *cinco* (5) ejercicios anuales.

"d) Las ganancias obtenidas por residentes en el país en su carácter de socios de sociedades constituidas o ubicadas en el exterior, excepto los accionistas indicados en el inciso a), se imputarán al ejercicio anual de tales residentes en el que finalice el ejercicio de la sociedad o el año fiscal en que tenga lugar ese hecho, si el carácter de socio correspondiera a una persona física o sucesión indivisa residente en el país.

"e) Los honorarios obtenidos por residentes en el país en su carácter de directores, síndicos o miembros de consejos de vigilancia o de órganos directivos similares de sociedades constituidas en el exterior, se imputarán al año fiscal en el que se perciban.

"f) Los beneficios derivados del cumplimiento de los requisitos de planes de seguro de retiro privado administrados por entidades constituidas en el exterior o por establecimientos estables instalados en el extranjero de entidades residentes en el país sujetas al control de la *Superintendencia de Seguros de la Nación*, dependiente de la *Subsecretaria de Bancos y Seguros* de la *Secretaria de Política Económica* del *Ministerio de Economía y Obras y Servicios Públicos*, así como los rescates por retiro al asegurado de esos planes, se imputarán al año fiscal en el que se perciban.

"g) La imputación prevista en el último párrafo del artículo 18, se aplicará a las erogaciones efectuadas por titulares residentes en el país comprendidos en los incisos d) y e) del artículo 119 de los establecimientos estables a que se refiere el inciso a) de este artículo, cuando tales erogaciones configuren ganancias de fuente argentina atribuibles a los últimos, así como a las que efectúen residentes en el país y revistan el mismo carácter para sociedades constituidas en el exterior que dichos residentes controlen directa o indirectamente."

Respecto de la individualización de las ganancias de la tercera categoría, el art. 146 considera como rentas comprendidas a las siguientes:

"Art. 146. Las ganancias de fuente extranjera obtenidas por los responsables a los que se refiere el inciso a) del artículo 49, las derivadas de las sociedades y empresas o explotaciones unipersonales comprendidas en el inciso b) y en el último párrafo del mismo artículo y aquellas por las que resulten responsables los sujetos comprendidos en el inciso f) del artículo 119, incluyen, cuando así corresponda.

"a) Las atribuibles a los establecimientos estables definidos en el artículo 128.

"b) Las que les resulten atribuibles en su carácter de accionistas o socios de sociedades constituidas en el exterior, sin que sea aplicable en relación con los dividendos lo establecido en el primer párrafo del artículo 64: 'Las obtenidas en el carácter de beneficiarios de fideicomisos o figuras jurídicas equivalentes constituidas en el extranjero, incluida la parte que no responda a los beneficios considerados en el inciso b), segundo párrafo del artículo 140 o que exceda de los mismos, salvo cuando revistan el carácter de fiduciante o figura equivalente';

"c) Las originadas por el ejercicio de la opción de compra en el caso de bienes exportados desde el país a raíz de contratos de locación con opción de compra celebrados con locatarios del exterior;

"d) Las utilidades distribuidas por los fondos comunes de inversión o entidades con otra denominación que cumplan la misma función, constituidos en el exterior.

"También constituyen ganancias de fuente extranjera de la tercera categoría, las atribuibles a establecimientos estables definidos en el artículo 128, cuyos titulares sean personas físicas o sucesiones indivisas residentes en el país, así como las que resulten atribuibles a esos residentes en su carácter de socios de sociedades constituidas o ubicadas en el extranjero.

"Cuando proceda el cómputo de las compensaciones contempladas por el segundo párrafo del artículo 49 a raíz de actividades incluidas en el mismo desarrolladas en el exterior, se considerará ganancia de la tercera categoría a la totalidad de las mismas, sin perjuicio de la deducción de los gastos necesarios reembolsados a través de ella o efectuados para obtenerlas, siempre que se encuentren respaldados por documentación fehaciente."

En relación con la atribución de los resultados, la Ley del Impuesto a las Ganancias en el art. 148 y 149 textualmente dispone:

"Art. 148. Los titulares residentes en el país de los establecimientos estables definidos en el artículo 128, se asignarán los resultados impositivos de fuente extranjera de los mismos, aun cuando los beneficios no les hubieran sido remesados ni acreditados en sus cuentas. Idéntico criterio aplicarán los accionistas residentes en el país de sociedades por acciones constituidas o ubicadas en el exterior.

"La asignación dispuesta en el párrafo anterior no regirá respecto de los quebrantos de fuente extranjera atribuibles a dichos establecimientos y originados por la enajenación de acciones, cuotas o participaciones sociales — incluidas las cuotas parte de los fondos comunes de inversión o instituciones que cumplan la misma función — los que, expresados en la moneda del país en el que se encuentran instalados, serán compensados en la forma dispuesta en el artículo 135."

"Art. 149. Los socios residentes en el país de sociedades constituidas en el exterior, se atribuirán la proporción que les corresponda en el resultado impositivo de la sociedad, determinado de acuerdo con las disposiciones de las leyes de los impuestos análogos que rijan en los países de constitución o ubicación de las referidas sociedades, aún cuando los beneficios no les hubieran sido distribuidos o acreditados en sus cuentas particulares.

"Si los países de constitución o ubicación de las aludidas sociedades no aplicaran impuestos análogos al de esta ley, que exijan la determinación del resultado impositivo al que se refiere el párrafo anterior, la atribución indicada en el mismo se referirá al resultado contable de la sociedad.

"La participación determinada según lo dispuesto en este artículo, se incrementará en el monto de los retiros que por cualquier concepto se hubieran efectuado a cuenta de utilidades en el ejercicio fiscal o, en su caso, contable de la sociedad al que corresponda dicha participación."

En cuanto a la definición de establecimiento estable, el artículo148 remite al art. 128 que textualmente dispone:

"Art. 128. Las ganancias atribuibles a establecimientos estables instalados en el exterior de titulares residentes en el país, constituyen para estos últimos ganancias de fuente extranjera, excepto cuando las mismas, según las disposiciones de esta ley, deban considerarse de fuente argentina, en cuyo caso los establecimientos estables que las obtengan continuarán revistiendo el carácter de beneficiarios del exterior y sujetos al tratamiento que este texto legal establece para los mismos.

"Los establecimientos comprendidos en el párrafo anterior son los organizados en forma de empresa estable para el desarrollo de actividades comerciales, industriales, agropecuarias, extractivas o de cualquier tipo, que originen para sus titulares residentes en la República Argentina ganancias de la tercera categoría. La definición precedente incluye a las construcciones, reconstrucciones, reparaciones y montajes cuya ejecución en el exterior demande un lapso superior a seis (6) meses, así como los loteos con fines de urbanización y la edificación y enajenación de inmuebles bajo regímenes similares al establecido por la Ley 13.512, realizados en países extranjeros."

El Decreto Reglamentario de la ley del Impuesto a las Ganancias, modificado por el Decreto PEN 290/00, condicionó el alcance del artículo 148 de la ley citado en el párrafo anterior, estableciendo lo siguiente art. VI.1 incorporado a continuación del art. 165: "Lo dispuesto en el primer párrafo *in fine* del artículo 148 de la ley, será de aplicación cuando las sociedades por acciones constituidas o ubicadas en el exterior se encuentren radicadas en países de baja o nula tributación".

VII — Las notas distintivas de aplicación al régimen argentino

a) Presupuestos determinantes de la aplicación del régimen en punto al control societario

El art. 130 *in fine* de la Ley del Impuesto a las Ganancias otorga una pauta orientativa para arribar al concepto de control, en términos más precisos, vinculación, si bien es una norma específicamente destinada a la problemática de los precios de transferencias. En efecto, la norma establece "a los fines de este artículo..." para lo cual concede un triple *test*:

a) Constituyen sociedades controladas en el exterior cuando un individuo o una sociedad residente en Argentina sea propietario — directa o indirectamente — del más del 50% de su capital.

b) Cuando un individuo o una sociedad residente en Argentina tenga la cantidad de votos necesarios para prevalecer en las asambleas de accionistas o reuniones de socios.

c) Cuando las sociedad local, o un establecimiento estable, o un fideicomiso realizan transacciones con sujetos del exterior respecto de los cuales los primeros ejercer directa o indirectamente la dirección o control del sujeto del exterior, sea por su participación en el capital, su grado de acreencias, sus influencias funcionales o de cualquier otra índole, contractuales o no de manera que tengan poder de decisión para orientar o definir la o las actividades de las mencionadas sociedades, establecimientos u otro tipo de entidades (arg. art. 15 continuación de la ley).

En otros términos, si se consiente en superar esa anomalía extrapolando el concepto de vinculación a la cuestión en análisis debe indicarse que la vinculación societaria aparece cuando una sociedad local o un fideicomiso o un establecimiento estable perteneciente a sujetos del exterior queda sujeta de manera directa o indirecta a la dirección o control de personas físicas o jurídicas ubicadas en el exterior. Tal dirección o control puede devenir de diversas circunstancias: participación en el capital, grado de acreencias, influencias funcionales, influencias de cualquier otra índole como contractuales o no, cuando se tenga poder de decisión para orientar o definir la o las actividades de la sociedad.

Ahora bien, la ley argentina no exige control alguno para exigir que declare, la sociedad o persona residente en Argentina, las utilidades obtenidas a través de vehículos societarios radicados en el exterior. En efecto, el art. 133 no refiere al concepto control ni ninguna de las normas del título IX de la ley (Ganancias de Fuente Extranjera Obtenidas por Residentes en el País). El art. 148, sobre atribución de resultados, por parte de los residentes en Argentina, de las rentas generadas por establecimientos estables ubicados en el exterior, ordena que el sujeto local titular los declare "aún cuando los beneficios no les hubieran sido remesados ni acreditados en sus cuentas. Idéntico criterio aplicarán los accionistas residentes en el país de sociedades por acciones constituídas en el exterior" aclarando el Decreto reglamentario en su art. VI.1 incorporado a continuación del art. 165 que ello "... será de aplicación cuando las sociedades por acciones constituidas o ubicadas en el exterior se encuentren radicadas en países de baja o nula tributación".

La terminología "influencia funcional" del referido art. incorporado a continuación del art. 15 recoge el mismo concepto de las normas OCDE que, puntualmente refieren a "influencia substancial" entendiendose por tal al ejercicio del control claramente identificado con la mayoría de las acciones de una sociedad sin perjuicio de que en cada país que cuenta con normas CFC el concepto difiere en punto a la aplicación práctica.[25]

En suma, no se exige ningún grado de control en la ley nacional sino simplemente se establece la obligación de incorporar determinadas rentas — como se enuncia en el acápite que sigue — por el sistema del devengado y no del percibido, neutralizandose de esta forma el diferimiento al que apunta, centralmente, toda norma CFC. Por ello esta primera nota distintiva de las normas CFC en nuestro ordenamiento falta.

25. OCDE, *Controlled Foreign Company Legislation*, Paris, 1996, p. 32.

b) Naturaleza de las rentas imputables. Sistema cedular o subjetivo

La segunda de las notas diferenciales radica en el carácter de las rentas pasivas comprendidas en las normas CFC. La legislación argentina adopta el concepto de rentas pasivas. Sin perjuicio de que no estas definidas en la ley, el art. 133 de la Ley del Impuesto a las Ganancias, relativo a imputación de ganancias y gastos al ejercicio anual de los titulares, las individualiza al establecer que "... idéntica imputación procederá para los accionistas residentes en el país respecto de los resultados impositivos de las sociedades por acciones, constituidas o ubicadas en países de baja o nula tributación por las ganancias originadas en intereses, dividendos, regalías, alquileres u otras ganancias pasivas similares que indique la reglamentación".

Puede observarse que la enumeración no es taxativa dado el amplio margen que puede acordarse a la expresión "u otras ganancias pasivas similares", y además la reglamentación puede ampliar los tipos de rentas pasivas sujetos a este tratamiento.

Ahora bien, ¿nos encontramos ante un sistema subjetivo o cedular? El sistema subjetivo conlleva la imputación de la renta de la entidad en la que participa el socio. El tipo fiscal subjetivo propone unos efectos jurídicos determinados que no pueden ser evitados, como, por ejemplo, en el régimen interno de transparencia fiscal.[26] El sistema cedular implica predeterminar clases de renta positiva de la entidad en que participa el socio para que, dadas ciertas circunstancias, deben incluirse en la renta del accionista.

Señala Rosembuj que "la perspectiva de ambos métodos cuestiona la actividad de la sociedad no residente en términos excluyentes: no hay actos de la persona jurídica sino de los socios o miembros que la componen, y la renta obtenida no la tiene como titular del dominio, sino que ab initio pertenece jurídicamente a éstos".[27]

Indudablemente, estamos ante un sistema cedular, toda vez que la ley en la norma precitada individualiza ciertas clases de rentas, previendo la ley las ganancias de cada una de las categorías: primera,[28] segunda,[29] tercera[30] y cuarta[31] categoría.

26. T. Rosembuj, *op. cit.*, p. 60: "El perfil de la CFC utiliza el *partnership approach*: '*to tax each partner as though he were directly conducting his proportionate share of the partnership business*' (American Law Institute), referencia que se hace explícita en las últimas propuestas de modificación del *Internal Revenue Code* tendentes a la eliminación del *tax deferral*, mediante el desconocimiento de la sociedad no residente como entidad fiscal distinta de sus socios y la consideración de éstos como miembros de una asociación sin personalidad jurídica. La consecuencia es que no hay clase de renta, sino renta global obtenida por determinado tipo de sociedades en el exterior, que se imputan a la sociedad matriz".

27. T. Rosembuj, *op. cit.*, p. 60.

28. El art. 139 indica las rentas de primera categoría: "Se encuentran incluidas en el inciso f) del artículo 41, los inmuebles situados en el exterior que sus propietarios residentes en el país destinen a vivienda permanente, manteniéndolas habilitadas para brindarles alojamiento en todo tiempo y de manera continuada. A efectos de la aplicación de los incisos f) y g) del artículo citado en el párrafo anterior, respecto de inmuebles situados fuera del territorio nacional, se presume, sin admitir prueba en contrario, que el valor locativo o arrendamiento presunto atribuible a los mismos, no es inferior al alquiler o arrendamiento que obtendría el propietario si alquilase o arrendase el bien o la parte del mismo que ocupa o cede gratuitamente o a un precio no determinado".

29. El art. 140 contempla las rentas de segunda categoría: "Constituyen ganancias de fuente extranjera incluidas en el artículo 45, las enunciadas en el mismo que generen fuentes ubicadas en el exterior — excluida la comprendida en el inciso i) —, con los agregados que se detallan seguidamente: a) Los dividendos distribuidos por sociedades por acciones constituidas en el exterior, sin que resulte aplicable a su respecto lo dispuesto en el primer párrafo del artículo 46; b) Las ganancias provenientes del exterior obtenidas en el carácter de beneficiario de un fideicomiso o figuras jurídicas equivalentes. A los fines de este inciso, se considerarán ganancias todas las distribuciones que realice el fideicomiso o figura equivalente, salvo prueba en contrario que demuestre fehacientemente que los mismos no obtuvieron beneficios y no poseen utilidades acumuladas generadas en períodos anteriores al último cumplido, incluidas en ambos casos las ganancias de capital y otros enriquecimientos. Si el contribuyente probase en la forma señalada que la dis-

c) Determinación de la renta positiva imputable

Dispone el art. 127 de la Ley del Impuesto a las Ganancias que: "Son ganancias de fuente extranjera las comprendidas en el artículo 2º, que provengan de bienes situados, colocados o utilizados económicamente en el exterior, de la realización en el extranjero de cualquier acto o actividad susceptible de producir un beneficio o de hechos ocurridos fuera del territorio nacional, excepto los tipificados expresamente como de fuente argentina y las originadas por la venta en el exterior de bienes exportados en forma definitiva del país para ser enajenados en el extranjero, que constituyen ganancias de la última fuente mencionada".

El ya citado art. 133 al que remitimos, establece la renta positiva imputable.

d) Período fiscal impositivo de inclusión de la renta obtenida por la entidad no residente

La ley argentina, en su art. 133, en punto a la imputación de ganancias y gastos de las utilidades de fuente extranjera obtenidas por residentes en el país remite al artículo 18 con determinadas adecuaciones *ad hoc.*

Como ya se indicó, los resultados impositivos de los establecimientos estables

tribución excede los beneficios antes indicados, sólo se considerará ganancia la proporción de la distribución que corresponda a estos últimos; c) Los beneficios netos de aportes, provenientes del cumplimiento de planes de seguro de retiro privados administrados por entidades constituidas en el exterior o por establecimientos estables instalados en el extranjero de entidades residentes en el país sujetas al control de la Superintendencia de Seguros de la Nación, dependiente de la Subsecretaría de Bancos y Seguros de la Secretaría de Política Económica del Ministerio de Economía y Obras y Servicios Públicos; d) Los rescates netos de aportes, originados en el desistimiento de los planes de seguro de retiro privados indicados en el inciso anterior; e) Las utilidades distribuidas por los fondos comunes de inversión o figuras equivalentes que cumplan la misma función constituidas en el exterior; f) Se consideran incluidas en el inciso b) las ganancias generadas por la locación de bienes exportados desde el país a raíz de un contrato de locación con opción de compra celebrado con un locatario del exterior".

30. El art. 146 enumera las ganancias de tercera categoría: "Las ganancias de fuente extranjera obtenidas por los responsables a los que se refiere el inciso a) del artículo 49, las derivadas de las sociedades y empresas o explotaciones unipersonales comprendidas en el inciso b) y en el último párrafo del mismo artículo y aquellas por las que resulten responsables los sujetos comprendidos en el inciso f) del artículo 119, incluyen, cuando así corresponda: a) Las atribuibles a los establecimientos estables definidos en el artículo 128; b) Las que les resulten atribuibles en su carácter de accionistas o socios de sociedades constituidas en el exterior, sin que sea aplicable en relación con los dividendos lo establecido en el primer párrafo del artículo 64. Las obtenidas en el carácter de beneficiarios de fideicomisos o figuras jurídicas equivalentes constituidas en el extranjero, incluida la parte que no responda a los beneficios considerados en el inciso b), segundo párrafo del artículo 140 o que exceda de los mismos, salvo cuando revistan el carácter de fiduciante o figura equivalente; c) Las originadas por el ejercicio de la opción de compra en el caso de bienes exportados desde el país a raíz de contratos de locación con opción de compra celebrados con locatarios del exterior; d) Las utilidades distribuidas por los fondos comunes de inversión o entidades con otra denominación que cumplan la misma función, constituidos en el exterior. También constituyen ganancias de fuente extranjera de la tercera categoría, las atribuibles a establecimientos estables definidos en el artículo 128, cuyos titulares sean personas físicas o sucesiones indivisas residentes en el país, así como las que resulten atribuibles a esos residentes en su carácter de socios de sociedades constituidas o ubicadas en el extranjero. Cuando proceda el cómputo de las compensaciones contempladas por el segundo párrafo del artículo 49 a raíz de actividades incluidas en el mismo desarrolladas en el exterior, se considerará ganancia de la tercera categoría a la totalidad de las mismas, sin perjuicio de la deducción de los gastos necesarios reembolsados a través de ella o efectuados para obtenerlas, siempre que se encuentren respaldados por documentación fehaciente".

31. El art. 160 enumera las ganancias de cuarta categoría: "Se encuentran comprendidos en el artículo 79, los beneficios netos de los aportes efectuados por el asegurado, que deriven de planes de seguro de retiro privados administrados por entidades constituidas en el exterior o por establecimientos estables instalados en el extranjero de entidades residentes en el país sujetas al control de la Superintendencia de Seguros de la Nación, dependiente de la Subsecretaría de Bancos y Seguros de la Secretaría de Política Económica del Ministerio de Economía y Obras y Servicios Públicos, en cuanto tengan su origen en el trabajo personal, debiendo determinarse la ganancia en la forma dispuesta en el artículo 143".

se imputarán al ejercicio anual de sus titulares residentes en el país en el que finalice el correspondiente ejercicio anual de los primeros o, si sus titulares sean personas físicas o sucesiones indivisas residentes, al año fiscal en que se produzca dicho hecho.

De la misma forma imputan sus ganancias los accionistas residentes en el país respecto de los resultados impositivos de las sociedades por acciones, constituidas o ubicadas en países de baja o nula tributación por las ganancias originadas en intereses, dividendos, regalías, alquileres u otras ganancias pasivas similares que indique la reglamentación.

Las ganancias atribuibles a los establecimientos estables y a las sociedades por acciones indicados en el inciso anterior se imputarán de acuerdo a lo establecido en el artículo 18.

Las ganancias de las sociedades, empresas o explotaciones unipersonales y los fideicomisos, todos residentes en el país, no atribuibles a los establecimientos estables, se imputarán al año fiscal en la forma establecida en el artículo 18.

Las ganancias obtenidas por residentes en el país en su carácter de socios de sociedades constituidas o ubicadas en el exterior, excepto los accionistas indicados en del inciso a del art. 133, se imputarán al ejercicio anual de tales residentes en el que finalice el ejercicio de la sociedad o el año fiscal en que tenga lugar ese hecho, si el carácter de socio correspondiera a una persona física o sucesión indivisa residente en el país.

Los honorarios obtenidos por residentes en el país en su carácter de directores, síndicos o miembros de consejos de vigilancia o de órganos directivos similares de sociedades constituidas en el exterior, se imputan al año fiscal en el que se perciban.

Los beneficios derivados del cumplimiento de los requisitos de planes de seguro de retiro privado administrados por entidades constituidas en el exterior o por establecimientos estables instalados en el extranjero de entidades residentes en el país, así como los rescates por retiro al asegurado de esos planes, se imputarán al año fiscal en el que se perciban.

e) Régimen tributario de los dividendos y de la renta derivada de la transmisión de las acciones de la entidad no residente

De conformidad con la norma del art. 140 son ganancia de fuente extranjera los dividendos distribuidos por sociedades por acciones del exterior. También — en relación con las ganancias de tercera categoría — el art. 146 dispone que son ganancias de fuente extranjera las obtenidas por sociedades locales las que les resulten atribuibles en su carácter de accionistas o socios de sociedades constituidas en el exterior (no rige en este caso la norma del art. 64 que en relación con los dividendos distribuidos por sociedades locales autoriza a no computarlos para la determinación de la ganancia neta).

Asimismo, la renta derivada de la transmisión de acciones de una entidad no residente con ganancias de fuente extranjera gravada (arg. art. 142).

f) Deducción por doble imposición internacional por las rentas incluidas en la base imponible

La Ley del Impuesto a las Ganancias preve en el capítulo IX el sistema de crédito por impuestos análogos efectivamente pagados en el exterior (arts. 168 a 179).

Puntualmente cito el art. 168 que textualmente establece: "Del impuesto de esta ley correspondiente a las ganancias de fuente extranjera, los residentes en el país comprendidos en el artículo 119 deducirán, hasta el límite determinado por el monto de ese impuesto, un crédito por los gravámenes nacionales análogos efectivamente pagados en los países en los que se obtuvieren tales ganancias, calculado según lo establecido en este Capítulo".

Asimismo el art. 169 dispone que: "Se consideran impuestos análogos al de esta ley, los que impongan las ganancias comprendidas en el artículo 2º, en tanto graven la renta neta o acuerden deducciones que permitan la recuperación de los costos y gastos significativos computables para determinarla. Quedan comprendidas en la expresión impuestos análogos, las retenciones que, con carácter de pago único y definitivo, practiquen los países de origen de la ganancia en cabeza de los beneficiarios residentes en el país, siempre que se trate de impuestos que encuadren en la referida expresión, de acuerdo con lo que al respecto se considera en este artículo".

g) Información que se debe facilitar junto con la declaración del impuesto

Para el cómputo de los impuestos análogos, referidos en el punto anterior, el contribuyente debe acreditar que efectivamente ingresó en el otro país el gravamen. Para ello debe contar con los respaldos documentales que son los respectivos comprobantes de ingreso de los anticipos y retenciones (cfr. art. 170). La misma norma citada dispone que, salvo norma en contrario, los impuestos análogos se deben convertir a la moneda argentina al tipo de cambio comprador, conforme la cotización del Banco de la Nación Argentina al cierre del día en que se produzca su efectivo pago.

h) La constitución de las entidades instrumentales residentes en paraísos fiscales

En las normas que estamos analizando, el art. 133 se refiere a países de baja tributación y también el art VI.1 incorporado a continuación del art. 165 del Decreto reglamentario.

Poner Trebas, Navarrine, Atchabahián.

VIII — Cuestión 1 y respuesta

Lesiona algún principio o norma constitucional la ley del País X, en el que tiene su sede la Controlante, que: (i) Presuma como "disponible" por parte de la Controlante (y por tanto computable en su resultado y sujeto a imposición en el País X), el resultado positivo de su Controlada, establecida en el País Y, ya calculado y mantenido en la cuenta de ganancias acumuladas, o (ii) Que fije un plazo para que la Controlada de alguna forma (distribución de ganancias, aumento de capital, etc.) considere disponibles los resultados a favor de la Controlante, siendo que, si se tornaren disponibles después del vencimiento del referido plazo, el impuesto correspondiente a dichos resultados, pagado en el País Y, ya no podrá ser compensado con lo debido en el País X.

De conformidad con el tratamiento que la Ley del Impuesto a las Ganancias de la República Argentina asigna a las rentas de fuente extranjera, no vislumbramos la afectación o compromiso de las garantías constitucionales que amparan al contribuyente en relación con el interrogante (i) pero esta norma es injusta. Considero que, en tanto los extremos de aplicación de la norma se encuentren claramente definidos en la norma, no podrá argumentarse la violación del principio de legalidad. Es este el mecanismo por el cual el Estado neutraliza el diferimiento de la aplicación de los impuestos vigentes en su respectivo país. Desde luego que ello debe encontrarse claramente definido en la norma, limitados todos los extremos que puedan inducir al contribuyente a obrar con falta de certeza.

Sin embargo debe mencionarse que aún en el contexto en que nos situamos, es decir, la norma expresa que ordena atribuir las utilidades no distribuidas, resulta injusto[32] que el accionista deba declarar como ganancia una utilidad que aún no recibió por no encontrarse distribuida, alterandose el criterio de lo percibido por el del devengado.

Respecto del interrogante (ii) el fraccionamiento que exhibe dicha cuestión po-

32. En igual sentido cfr. OCDE, *Controlled Foreign Company Legislation*, Paris, 1996, p. 33.

dría colocar en punto de tensión al principio de capacidad económica el cual podría ser afectado por el procedimiento de imputación en análisis. En otros términos, la vida de una sociedad y las actividades de un contribuyente individual exceden, en términos generales el eventual plazo que podría estar previsto en la ley (considero, en forma analógica para concluir en esta interpretación el plazo de 5 años previsto en la Ley del Impuesto a las Ganancias para el cómputo de quebrantos).

IX — Cuestión 2 y respuesta

Lesiona algún principio o norma constitucional la ley del País X, en el que tiene su sede la Controlante, que determine el computo en el resultado de ésta y su sujeción a tributación local, de los resultados positivos obtenidos por su Controlada establecida en el País Y, pero que, al mismo tiempo, no permita el computo de los resultados negativos (pérdidas) eventualmente obtenidos por la Controlada?

Opino que se afectaría el principio de capacidad contributiva, además del de reciprocidad y coherencia, en clara referencia a la que debe imperar en todo tributo pues no es admisible que se ordene incorporar a la declaración jurada de una sociedad constituída en la Argentina la renta obtenida por su controlada en otro país y al mismo tiempo se impida a la sociedad constituída en Argentina deducir los quebrantos que pudieren haberse generado en la sociedad que controla y constituída en el otro país.

Precedentemente transcribí el art. 133 sobre imputación de ganancias y gastos. A estos — y aquí los cito por estar más relacionado con la cuestión en responde — se les suma los arts. 131 y 132 relativos al concepto de ganancia neta y ganancia neta sujeta a impuesto y también los arts. 134 sobre quebrantos y el art. 136 general para todos los gastos.

"Art. 131. La determinación de la ganancia neta de fuente extranjera se efectuará de acuerdo con lo dispuesto en el artículo 17 y las restantes disposiciones contenidas en los títulos II y III, en tanto su alcance permita relacionarlas con las ganancias de esa fuente, con las modificaciones y adecuaciones previstas en este título. La reglamentación establecerá las disposiciones legales que no resultan de aplicación para determinar la mencionada ganancia neta. Para determinar la ganancia neta sujeta a impuesto de fuente extranjera, las personas físicas y sucesiones indivisas residentes en el país, restarán de la ganancia neta definida en el párrafo anterior, las deducciones comprendidas en los incisos a) y b) del artículo 23, en la medida que excedan a la ganancia neta de fuente argentina correspondiente al mismo año fiscal.

"Art. 132. El resultado impositivo de fuente extranjera de los establecimientos estables definidos en el artículo 128, se determinará en la moneda del país en el que se encuentren instalados, aplicando, en su caso, las reglas de conversión que para los mismos se establecen en este título. Sus titulares residentes en el país, convertirán esos resultados a moneda argentina, considerando el tipo de cambio previsto en el primer párrafo del artículo 158 correspondiente al día de cierre del ejercicio anual del establecimiento, computando el tipo de cambio comprador o vendedor, según que el resultado impositivo expresara un beneficio o una pérdida, respectivamente. Tratándose de ganancias de fuente extranjera no atribuibles a los referidos establecimientos, la ganancia neta se determinará en moneda argentina. A ese efecto, salvo en los casos especialmente previstos en este título, las ganancias y deducciones se convertirán considerando las fechas y tipos de cambio que determine la reglamentación, de acuerdo con las normas de conversión dispuestas para las ganancias de fuente extranjera comprendidas en la tercera categoría o con las de imputación que resulten aplicables."

"Art. 134. Para establecer la ganancia neta de fuente extranjera, se compensarán los resultados obtenidos dentro de cada una y entre las distintas categorías, considerando a tal efecto los resultados provenientes de todas las fuentes ubicadas en el extranjero y los provenientes de los establecimientos estables indicados en el artículo 128.

"Cuando la compensación dispuesta precedentemente diera como resultado una pérdida, ésta, actualizada en la forma establecida en el cuarto párrafo del artículo 19, podrá deducirse de las ganancias netas de fuente extranjera que se obtengan en los cinco (5) años inmediatos siguientes. Transcurrido el último de esos años, el quebranto que aún reste no podrá ser objeto de compensación alguna.

"Si de la referida compensación, o después de la deducción, previstas en los párrafos anteriores, surgiera una ganancia neta, se imputarán contra la misma las pérdidas de fuente argentina — en su caso, debidamente actualizadas — que resulten deducibles de acuerdo con el segundo párrafo del citado artículo 19, cuya imputación a la ganancia neta de fuente argentina del mismo año fiscal no hubiese resultado posible.

"Art. 135. No obstante lo dispuesto en el artículo anterior, los residentes en el país comprendidos en los incisos d), e) y f) del artículo 119, los establecimientos estables a que se refiere el artículo 128 y las sociedades por acciones constituidas o ubicadas en países de baja o nula tributación cuyas ganancias tengan origen, principalmente, en intereses, dividendos, regalías, alquileres u otras ganancias pasivas similares, sólo podrán imputar los quebrantos de fuente extranjera provenientes de la enajenación de acciones, cuotas o participaciones sociales — incluidas las cuotas partes de los fondos comunes de inversión o entidades de otra denominación que cumplan iguales funciones —, contra las utilidades netas de la misma fuente que provengan de igual tipo de operaciones. En el caso de las sociedades por acciones antes citadas, los accionistas residentes no podrán computar otros quebrantos de fuente extranjera a los fines de esta ley.

"Cuando la imputación prevista precedentemente no pudiera efectuarse en el mismo ejercicio en el que se experimentó el quebranto, o éste no pudiera compensarse totalmente, el importe no compensado podrá deducirse de las ganancias que se obtengan a raíz del mismo tipo de operaciones en los *cinco* (5) años inmediatos siguientes.

"Salvo en el caso de los experimentados por los aludidos establecimientos estables, a los fines de la deducción los quebrantos se actualizarán de acuerdo con lo dispuesto en el último párrafo del artículo 19.

"Los quebrantos de fuente argentina provenientes de la enajenación de acciones, cuotas o participaciones sociales — incluidas las cuotas partes de los fondos comunes de inversión —, no podrán imputarse contra ganancias netas de fuente extranjera provenientes de la enajenación del mismo tipo de bienes ni ser objeto de la deducción dispuesta en el tercer párrafo del artículo 134.

"Art. 136. A los fines de la compensación prevista en los artículos anteriores, no se considerarán pérdidas los importes que autoriza a deducir el segundo párrafo del artículo 131."

X — Cuestión 3 y respuesta

¿Puede la ley del País X, en el que tiene su sede la Controlante, imponer criterios de determinación del resultado obtenido por la Controlada en el País Y, a los fines de la tributación en el País X, o los resultados obtenidos en el País Y solamente pueden ser sometidos a imposición en el país X exactamente en la forma como lo determina la legislación del País Y?

Nota a los autores:

a) Cada autor puede responder las preguntas considerando "País X" aquel en el que se encuentra: Argentina o Brasil. Los autores de otros países podrán considerar como "País X" al de su residencia, y como "País Y" a Argentina o Brasil.

b) Deben considerar la Constitución y la legislación actualmente en vigor.

c) En las respuestas consideren dos situaciones: que se encuentre en vigor o no se encuentre en vigor un Acuerdo para Evitar la Doble Imposición de la Renta entre los "Países X" e "Y".

d) Es conveniente evaluar si las normas sobre CFC encuentran justificación únicamente en la prevención del fraude fiscal, si impactan en los "Países X" e "Y" las normas sobre CFC establecidas en países exportadores de capital, la relación existente entre las normas legales sobre CFC con las disposiciones de Convenios para Evitar la Doble Imposición, en particular, las relativas a la no discriminación; cómo se relacionan la utilización de balances contables o impositivos para determinar los resultados acumulados gravables con las decisiones de política legislativa del país de residencia de la sociedad controlada.

e) También resultará de analizar el conflicto existente entre las normas de imputación para paraísos fiscales con las normas de atribución de resultados para rentas de sociedades. Soluciones en la legislación comparada, organismos internacionales (ONU, OCDE), Modelo de Convenio de la OCDE y en las reglas del *Harmful Tax Competition*. Si la legislación de los *trusts* favorece este tipo de manobras y si la utilización de estas sociedades puede tener solo fines elusivos.

CADERNOS DE DIREITO TRIBUTÁRIO

INCONSTITUCIONALIDADE DA COBRANÇA DAS CONTRIBUIÇÕES ADMINISTRADAS PELO INSS ANTES DO FATO JURÍDICO TRIBUTÁRIO

EDUARDO MARCIAL FERREIRA JARDIM
Doutor pela PUC/SP – Professor Titular da Universidade Mackenzie – Advogado

1. Comentos introdutórios. 2. Descompasso entre a legislação vigente e a craveira constitucional. 3. Desconcerto entre a legislação a viger e o Código Tributário Nacional. 4. Doutrina. 5. Precedente específico do Tribunal Regional Federal da 4ª Região. 6. Inaplicabilidade das premissas atinentes ao fato gerador presumido. 7. Conclusões.

1. Comentos introdutórios

Ao consoar do quanto estampa o título adotado, o presente estudo se destina a demonstrar que a contribuição previdenciária incidente sobre a folha de salário, bem assim as demais contribuições administradas pelo Instituto Nacional do Seguro Social, a exemplo do Seguro de Acidentes do Trabalho, do salário-educação, Sesc, Senat, Sest, Senac, Senai, Sebrae, Senar, Incra e outras, as quais são cobradas antes da ocorrência do fato jurídico tributário.

Como sabido e ressabido, a lei orgânica da seguridade social encontra-se consubstanciada no Diploma 8.212, de 24 de julho de 1991, com as respectivas alterações posteriores.

Ao cuidar das contribuições sociais, o texto primevo estabeleceu que a instalação do vínculo obrigacional e conseqüencial pagamento do tributo dar-se-ia ao ensejo da efetivação do pagamento aos empregados. Nem antes, nem depois, mas simultaneamente. Vejamos a redação original contida no art. 30, inciso I, alínea *b*: "a empresa é obrigada a recolher o produto arrecadado na forma da alínea anterior, assim como as contribuições a seu cargo incidentes sobre as remunerações pagas ou creditadas aos segurados empregados, empresários, trabalhadores avulsos e autônomos a seu serviço, na mesma data prevista pela legislação trabalhista para o pagamento de salário e de contribuições incidentes sobre a folha de salários (...)".

Como se vê, conquanto aquele preceito não aludisse expressamente ao momento da instauração do liame, restava claro que o dever de promover o recolhimento do gravame coincidia com o marco temporal de sua instalação, premissa, diga-se de passo, consentânea com o arquétipo constitucional.

Por outro lado, o referido comando foi objeto de nova redação estatuída pela Lei

9.036, de 14 de junho de 1995, que assim dispôs: "a empresa é obrigada a recolher o produto arrecadado na forma da alínea anterior, assim como as contribuições a seu cargo incidentes sobre as remunerações pagas ou creditadas, a qualquer título, inclusive adiantamentos, aos segurados empregados, empresários, trabalhadores avulsos a seu serviço, no dia 2 do mês seguinte ao da competência, prorrogado o prazo para o primeiro dia útil subseqüente se o vencimento cair em dia em que não haja expediente bancário".

Como se vê, o substrato do novo texto firmou outra data para o recolhimento, qual seja, o dia 2 (dois) do mês subseqüente ao período da competência. É dizer, no mês de dezembro, por exemplo, ao pagar o salário de novembro, o contribuinte deve efetuar o pagamento das contribuições no dia 2 (dois) de dezembro, ainda que data de pagamento do salário seja no dia 5 (cinco) do mês de dezembro, porquanto a letra da lei quer que o recolhimento das contribuições seja promovido no dia 2 (dois), ou seja, antes daquele acontecimento.

Com efeito, as colocações trazidas à baila se destinam a demarcar o objeto deste estudo, o qual consiste em demostrar que as contribuições *in casu* são indevidamente exigidas antes da realização do fato jurídico tributário.

2. Descompasso entre a legislação vigente e a craveira constitucional

Ao contrário do quanto ocorre na seara dos tributos em geral, a lei orgânica da seguridade social não discrimina explicitamente a hipótese de incidência tributária (fato gerador), tanto que no caso vertente o diploma competente cuida do assunto de forma implícita, o que, a bem da verdade, em nada compromete a legitimidade do texto.

Assim, nas dobras da Lei 8.212/91 é lídimo dessumir que a hipótese de incidência relativa às contribuições sociais repousava na conduta de promover o pagamento de salários. Esse comportamento haveria de produzir os efeitos jurídicos correspondentes no tocante àquelas contribuições no exato momento em que o salário se tornasse devido.

Entrementes, consoante prefalado em tópico precedente, a Lei 9.063/95 prescreveu que as contribuições seriam devidas no dia 2 (dois) do mês seguinte ao da competência em relação ao salário, circunstância que, sobre atritar uma série de primados constitucionais, profana, desde logo, o critério temporal da norma matriz submersa no Texto Excelso.

Deveras, o art. 195, inciso I, letra *a*, do Diploma Magno qualifica a folha de salários como o pressuposto de incidência do referido gravame. Logo, ressalta à evidência que o dever jurídico atinente aos aludidos gravames somente poderia instalar-se a partir da instauração da obrigação trabalhista de conteúdo salarial, jamais antes, sob pena de tratar-se de obrigação sem causa.

Cravado esse ante-suposto, cumpre reconhecer que a legislação específica se entreliga interliga com a trabalhista, na medida em que a esta cabe determinar a data de pagamento do salário.

A propósito, a Consolidação das Leis do Trabalho, de seu turno, atremou que o salário torna-se devido a partir do quinto dia do mês subseqüente ao vencido, nos exatos falares do § 1º, do art. 459, daquele Estatuto.

Posto isto, impõe-se admitir que o nascimento das obrigações *sub examen* opera-se no quinto dia do mês seguinte ao do vencimento do salário. Outrossim, somente na hipótese de o pagamento do salário ser antecipado para data anterior ao quinto dia de cada mês é que, *ad argumentandum tantum*, seria admissível a cobrança das contribuições na mesma data, jamais antes daquele evento.

Ademais, convém frisar alto e bom som que o pagamento em si representa um componente exógeno em relação ao fato jurídico tributário, motivo por que o presente estudo reafirma que o aspecto temporal da norma matriz, cujo substrato produz o nascimento da obrigação, consiste no momento em que o pagamento do salário se torna devido. Dessarte, a legislação poderia fixar qualquer data para efeito de recolhimento das contribuições, desde que posterior aquele suporte fático.

De todo o modo e qualquer óptica seja, seria inconcebível admitir o nascimento da obrigação tributária de matiz social antes do pagamento do salário tornar-se devido, pois tal hipótese configuraria flagrante violação ao figurino constitucional.

Por conseguinte, uma vez assente que o fato jurídico tributário concernente às contribuições sociais somente se perfaz após a constituição do dever jurídico salarial, é forçoso reconhecer que a cobrança antecipada estatuída pela Lei 9.063/95 depara-se inconstitucional, pois ao versar sobre o Sistema Tributário a Constituição consagra a ocorrência daquele fato como o pressuposto de incidência de qualquer tributo, sem contar que aquela absurdez opugna também o princípio da tipicidade e, por via de conseqüência, o arquiprincípio da segurança jurídica.

No tocante ao fato jurídico tributário ou fato gerador, importa ressaltar que o Estatuto Supremo o consagrara como pressuposto de tributação, seja por imperativo lógico, seja por segurança jurídica, máxime porque faleceria de sentido colocar alguém em dever jurídico unilateralmente ao sabor do acaso ou por comportamento futuro.

Em abono ao asserto retrocitado, basta lembrar que a conduta passível de tributação e o fato respectivo são contemplados nas entrelinhas de todo o Sistema Constitucional Tributário, ganhando explicitude em alguns tópicos, a exemplo dos arts. 146, inciso III, letra *a*, 150, inciso III, alínea *a* e 154, inciso I, o que demonstra de modo eloqüente a necessidade da concretude de um fato jurídico como única forma de render ensanchas ao nascimento de qualquer obrigação tributária, inclusive, por óbvio, as contribuições sociais tematizadas.

Ao lado da impropriedade apontada, exsurge uma decorrência lógica, equipole dizer, em havendo uma cobrança de tributo à míngua de fato jurídico concretizado em sua plenitude, verifica-se também uma manifesta afronta ao postulado da tipicidade. Sim, a obrigação de jaez tributário se submete ao princípio da rigorosa adequação da norma ao fato, o que não se dá no problema perlustrado, até porque inexiste o fato, donde, nos termos da legislação a viger, a cobrança configura manifesta ofensa ao primado da tipicidade, circunstância que insularmente considerada já bastaria para comprometer a exigibilidade das prestações em apreço.

À derradeira, o desconcerto mencionado agride também o arquiprincípio da segurança jurídica, cuja quintessência consiste em possibilitar ao destinatário da norma o condão de prever toda a sorte de conseqüências que a sua conduta poderá desencadear. Equivale a dizer, ao realizar um dado comportamento o agente deve conhecer as regras do jogo as quais devem ser cumpridas, sob pena de deflagrar insegurança e instabilidade, a exemplo do caso vertente em que o contribuinte se vê instado a pagar determinados tributos antes da instalação da relação jurídica tributária. *Quid júris*?

Em face da inconstitucionalidade da data de recolhimento interserta no art. 30, inciso I, letra *b*, da legislação de regência, as contribuições sociais assujeitar-se-iam ao prazo de trinta dias após o fato jurídico tributário, em obséquio ao quanto dispõe o art. 160 do Código Tributário Nacional.

3. *Desconcerto entre a legislação a viger e o Código Tributário Nacional*

Preambularmente cumpre frisar que a incompaginabilidade entre a data de pagamento das contribuições sociais e o pressuposto fático contido na Constituição já teria o apanágio de afastar a exigência nos termos previstos na legislação ordinária da seguridade social.

De outra parte, urge seja efetuado um contraste entre aquela legislação e o Código Tributário Nacional, tudo com o desígnio de mostrar que também por esta aresta a data questionada não se escoima de vitandas inexatidões.

Preliminarmente, impende assinalar que ao cuidar do regime jurídico das espécies tributárias, bem assim dos impostos em geral, o Código Tributário Nacional em seu Livro Primeiro privilegia o fato jurídico tributário como ante-suposto inexorável para o surgimento dos tributos no universo do direito.

De par com essa generalidade, o Código versejou o tema de modo particular, na medida em que os arts. 114 a 118 positivaram o assunto adotando a expressão *fato gerador* ao revés de *fato jurídico tributário.*

Cumpre obtemperar que este estudo passará ao largo das testilhas acerca da imprecisão terminológica embutida na dicção fato gerador, pois, o legislador comete a equivocidade de utilizá-la tanto para aludir à descrição abstrata de uma conduta susceptível de tributação como para identificar o próprio fato verificado no plano fenomênico.

Por considerar que o objeto destas reflexões consiste em demonstrar que a cobrança das contribuições sociais administradas pelo INSS se dá antes da ocorrência do fato jurídico tributário ou fato gerador, as sutis nuances que contradistinguem o patamar abstrato do concreto não guardam especial relevo para o deslinde da controvérsia proposta.

Retomando o plano do Código, no tocante ao fato gerador, o art. 113, § 1º, é enfático ao dizer que a obrigação tributária surge com o fato gerador, ou seja, após a concretização da conduta passível de incidência e não antes ou mesmo durante a sua formação.

Nessa trilha decidiu o Tribunal Regional Federal da 1ª Região, ao apreciar um pleito que tinha por objeto a cobrança antecipada da contribuição social sobre o lucro de pessoa jurídica. Vejamos a sua ementa: "*Tributário — Imposto de Renda de Pessoa Jurídica (IRPJ) — Contribuição social — Antecipação do recolhimento — Ilegalidade — CTN, art. 113, § 1º*. 1. Antes da apuração do lucro, antes, pois, da ocorrência do fato gerador que faz surgir a obrigação principal, não pode a Receita Federal exigir o recolhimento do Imposto de Renda da Pessoa Jurídica e da Contribuição Social. 2. Remessa improvida" (TRF, 1ª Região, 3ª Turma, REO 9613-91, Rel. Juiz Tourinho Neto, *DJU* 10.5.1993, p. 16.943).

No mesmo compasso se manifestou a Corte Federal da 5ª Região ao dar acolhida a um agravo interposto em mandado de segurança, tudo sobre fundamento da invalidade da cobrança do imposto sobre a renda e da contribuição social antes de ocorrido o respectivo fato gerador (TRF, 5ª Região, 2ª Turma, AG 1775-92-AL, Rel. Juiz Lázaro Guimarães, *DJU* 4.5.1992, p. 11.096).

Embora os julgamentos explanados tenham por objeto outra modalidade de gravame, o seu substrato diz de perto com o tema examinado, enquanto repousa na indevida cobrança de tributo antes da configuração do fato gerador.

Sobremais, o Código esmiudou a normação acerca do assunto, por meio do inciso I do art. 116 e, nesse rumo, exarou que, em se tratando de situação de fato, a teor do tema em questão, a obrigação somente se instaura após a materialização do fato sujeito à incidência. Exemplifica o comando situações do timbre de *industrializar produtos, realizar operações sobre a circulação de mercadorias e auferir rendas*, dentre outras, afora *a conduta consubstanciada no dever jurídico de pagar salários*, esta, ante-suposto da incidência da contribuição escrutada.

Outrossim, merece remeditada a cláusula preambular do *caput* do art. 116, a qual admitiu a possibilidade de a lei dispor em sentido contrário ao quanto retrocitado. Em veras, essa disposição haverá de significar que, por via de regra, configura-se realizado o fato gerador quando materializado, facultado ao legislador escolher um átimo posterior para a sua caracterização ao lume do direito e conseqüente produção do efeito jurídico, no caso a instalação da obrigação tributária. Por certo, seria inaceitável supor que o Código pudesse atribuir um cheque em branco em prol do legislador ordinário para que este estipulasse incidência sobre fatos fictos ou futuros, pois, além de acutilar a *Lex Legum*, simbolizaria uma construção kafkiana.

Ao parecer, é de clareza solar a incompatibilidade entre a data do recolhimento ditada pela legislação da seguridade e o Código Tributário Nacional, este com a preeminência de diploma dotado de eficácia complementar, donde, as linhas mestras nele contidas, jamais poderiam ser infirmadas por lei ordinária, a exemplo do caso versado.

4. Doutrina

A tese propugnada encontra ressonância na doutrina, quer entre nós, quer alhures. Aliás, em apreço ao postulado da razoabilidade tão bem prelecionada por Recaséns Siches, senão também por amor aos primados de hermenêutica, não se poderia esperar outra postura da comunidade científica que não sobraçar integralmente o ponto de vista segundo o qual o nascimento da obrigação tributária se condiciona a conjugação do binômio composto pela hipótese de incidência e fato jurídico, este comumente denominado de fato gerador.

Aquele cifrado numa prévia descrição legislativa tendente a qualificar uma determinada conduta como passível de incidência tributária, já este caracterizado pelo próprio fato verificado no plano físico. É dizer, antes da consumação do fato jurídico tributário não há falar-se em obrigação tributária, sob coima de cometimento de grave transgressão aos princípios cardeais da teoria geral do direito.

Na doutrina pátria, Gilberto de Ulhôa Canto, por exemplo, é incisivo ao focalizar o assunto. São suas palavras: "A obrigação tributária só existe em função de norma de lei, e deverá estender-se rigorosamente nos termos em que enunciada nessa norma. Por outro lado, a lei apenas formula os elementos abstratamente considerados, cuja ocorrência é necessária a que surja em cada caso concreto a obrigação tributária individual. Para que se materialize o dever de um contribuinte para com a Fazenda Pública é preciso que, havendo a lei que defina os dados componentes da obrigação tributária (sujeito ativo, sujeito passivo, fato gerador, objeto, este compreendendo a base de cálculo e a alíquota), em relação a ele esses dados se configurem. Portanto, antes de se verificar o fato gerador que a lei define, a Fazenda não tem o direito algum contra qualquer contribuinte, senão e apenas uma simples expectativa que se materializará e tomará contornos próprios e definidos quando, e se, a hipótese de incidência conceituada vier a existir" ("Elisão e evasão fiscal", in *Caderno de Pesquisas Tributárias*, São Paulo, Ed. RT, v. 13, 1980, pp. 41-42).

Bernardo Ribeiro de Moraes, com sua proverbial mestria, encampa a opinião ora sustentada e nesse sentido veementiza que dois elementos dão vida à obrigação tributária: a lei tributária e a ocorrência do pressuposto de fato da respectiva obrigação. O renomado professor menciona uma plêiade de tratadistas que compartilham do mesmo ponto de vista, a exemplo de Albert Hensel, Blumenstein, Achile Donato Giannini, Giorgio Tesoro, Mario Pugliesi, Ezio Vanoni, Benedecto Coccivera, Renato Alessi, Dino Jarach, Giulliani Fonrouge, Rubens Gomes de Souza, Amílcar de Araújo Falcão, Ruy Barbosa Nogueira e Paulo de Barros Carvalho, dentre outros (*Compêndio de Direito Tributário*, 2º v., Forense, Rio de Janeiro, 1994, pp. 322 e ss.).

Num excerto de sua obra, o autor precitado reafirma que somente com a realização dos fatos previstos antecipadamente em lei é que a obrigação tributária nasce, porquanto a lei por si só não cria essa relação jurídica. Aduz, outrossim, que todos os elementos constitutivos do fato gerador são imprescindíveis para a produção do efeito jurídico pretendido, qual seja, ensejar o nascimento da obrigação (*opus cit.*, p. 339).

Aliomar Baleeiro, com sua inegável autoridade, observa que mesmo diante dos chamados fatos geradores continuados ou complexos, porquanto composto de fatos sucessivos, a sua ocorrência somente se consuma pela realização de todos esses elementos integrativos (*Direito Tributário Brasileiro*, Forense, Rio de Janeiro, 1972, p. 406).

Decididamente seria interminável a enumeração de doutrinadores de tomo que sufragam do posicionamento ora sustentado, uma vez essa postura depara-se unânime na comunidade científica, razão por que seria tedioso e porque não dizer desnecessário trazer outros nomes à baila.

5. *Precedente específico do Tribunal Regional Federal da 4ª Região*

Em despeito de tratar-se de tema pouco freqüentado pela doutrina, senão também raras vezes levado ao crivo do Judiciário, já no anos noventas, quando foi intentado um *writ* na Justiça Federal do Rio Grande do Sul, tendo por objeto a acoimada antecipação da cobrança da contribuição previdenciária.

Naquele *mandamus* o impetrante postulou fosse editada a competente norma individual tendente a afastar a cobrança do gravame antes da ocorrência do fato gerador.

Dessarte, malgrado o fugaz insucesso verificado na primeira instância, a Corte *ad quem* houve por bem deferir o pleito ao apreciar a competente apelação de n. 96.04.14606-8-RS, a qual teve por Relator o Juiz Amir José Finochiaro Sarti.

A ementa reveste inegável concisão e eloqüência, ao averbar que "o fato gerador da obrigação de recolher a contribuição previdenciária ocorre com o efetivo pagamento do salário e não com a simples confecção da folha".

O acórdão, de seu turno, apresenta-se vazado nos seguintes termos: "Vistos e relatados estes autos em que são partes as acima indicadas, decide a egrégia 1ª Turma do Tribunal Regional da 4ª Região, por unanimidade, dar provimento ao recurso, na forma do relatório, votos e notas taquigráficas que ficam fazendo parte integrante do presente julgado" (5.10.1999, *DJ* 2 215, 10.11.1999, p. 353).

Como se vê, aquele precedente afigura-se sobremodo importante, na dimensão em que uma Corte Federal repudia a cobrança de tributo antes do fato gerador, o que, por sem dúvida, exprime um brado em prol da segurança jurídica.

A latitude do mencionado julgamento transcende ao ponto de vista ora defendido, pois afirma que o pagamento da contribuição seria devido com o efetivo pagamento, quando o entendimento deste estudo proclama que a contribuição torna-se exigível a contar da instalação do dever jurídico salarial, independentemente de o pagamento ser concretizado ou não.

De todo o modo, tirante aquela sutil nuance, a decisão do Tribunal Regional Federal da 4ª Região encampa integralmente a tese ora sobraçada, a qual, não demasia dizer, afigura-se benemérita de acolheita.

6. *Inaplicabilidade das premissas atinentes ao fato gerador presumido*

Em primeiro lugar, força é esclarecer que a cobrança das contribuições antes da ocorrência do fato jurídico não se confunde com o chamado fato gerador presumido.

Segundo entendimento corrente, essa estrambótica criação formulada pela Emenda Constitucional 3/93 autorizaria o legislador a estabelecer a cobrança do tributo em virtude de fato futuro.

Embora aquela disposição não diga respeito ao problema examinado, não se pode olvidar que se trata de uma excrecência nefanda inserta em norma constitucional. Seu ilogismo contraria primados pétreos erigidos pelo poder constituinte originário, a exemplo da segurança jurídica, da certeza do direito, do direito de propriedade, do loclupetamento ilícito e do próprio substrato do fato gerador que precede cronologicamente o nascimento da obrigação.

Em que pese à absurdidade daquela figura e por incredível que possa parecer, há decisões dos tribunais que reconhecem a sua legitimidade!

De qualquer maneira, o que se quer neste entrecho é apenas firmar um divisor de águas entre o apontado fato gerador presumido e a situação objeto deste estudo.

Naquele, apesar de suas vicissitudes, o legislador estabelece a cobrança do tributo ao ensejo da verificação de um dado fato jurídico, o qual precede a ocorrência de outros fatos que normalmente sobrevirão, por exemplo, na seqüência de etapas que uma mercadoria, entre a fonte primeira e o consumidor.

Neste, inexiste fato objeto de incidência. Ora, se o fato gerador presumido já simboliza um rematado dislate, que dirá a cobrança da contribuição antes do fato de consumar!

Não é demasiado extremar as duas situações, porquanto na primeira ocorre indiscutivelmente um fato jurídico (fato gerador), enquanto na segunda não ocorre fato algum.

É oportuno pontuar as diferenças, uma vez que a exigência da contribuição antes do fato aloja um grau tão extremo de intempestividade que haverá de merecer o mais contundente repúdio da comunidade jurídica e, em particular, do Poder Judiciário.

7. *Conclusões*

7.1 Por considerar que a legislação questionada estabelece a cobrança das contribuições sociais antes da ocorrência do fato jurídico tributário, antolham-se elas indevidas, por inconstitucionais.

7.2 Ante a inconstitucionalidade da cobrança antecipada e dada a inexistência de outro diploma ordinário que estabeleça uma data para o recolhimento daquelas contribuições após a concretização do fato jurídico, torna-se aplicável o prazo de trinta dias estatuído no art. 160 do Código Tributário Nacional.

7.3 Os contribuintes podem postular o competente provimento jurisdicional que lhes assegure a postergação do pagamento para o mês subseqüente ao do pagamento do salário, observado o prazo preceituado no art. 160 do Código Tributário Nacional, facultado, outrossim, pleitear o ressarcimento do juro decorrente das antecipações efetuadas no período não prescrito, o mesmo ocorrendo com eventual variação monetária incidente sobre aqueles valores.

CADERNOS DE DIREITO TRIBUTÁRIO

PRINCIPIOS CONSTITUCIONALES DEL DERECHO TRIBUTARIO SANCIONADOR

ÁLVARO RODRIGUEZ BEREIJO
Presidente Emérito del Tribunal Constitucional de España —
Catedrático de Derecho Financiero y Tributario de la Universidad Autónoma de Madrid

1. Introducción

La variedad de cuestiones relativas tanto al orden penal-criminal como al orden administrativo sancionador cuando se proyectan sobre la materia tributaria, aconseja comenzar con algunas reflexiones previas que permitan delimitar el tipo de sanciones a que hemos de hacer referencia, clarificando así el ámbito a que ha de referirse nuestra exposición. En efecto, para la exposición del derecho español en la materia, resulta imprescindible establecer una primeira diferenciación entre las sanciones (penales o administrativas) propiamente dichas y otros institutos que, por dirigirse a constreñir al sujeto a la realización del comportamiento omitido, a suplir su incumplimiento neutralizando el daño causado, o a resarcir o indemnizar el perjuicio ocasionado, no merecen esa calificación en su sentido técnico, pese a que en un sentido amplio supongan la reacción del ordenamiento tributario frente a un incumplimiento de sus mandatos.

Y dicha diferenciación resulta imprescindible porque sólo identificando correctamente las medidas que pueden considerarse en sentido propio como sanciones (o penas), podremos luego abordar el tratamiento de los principios fundamentales aplicables en este ámbito, tal y como se recogen en la Constitución española de 1978 (CE en lo sucesivo) y han sido interpretados por la jurisprudencia de nuestros Tribunales y, fundamentalmente, del Tribunal Constitucional (TC en lo sucessivo); prestando una particular atención al principio de legalidad en sus diversas vertientes o manifestaciones.

Principios que, a su vez, conviene tener siempre presentes, sobre todo en su interpretación por la jurisprudencia constitucional, para la correcta conprensión de la regulación hoy vigente en España, tanto de los delitos tributarios tipificados en el Código Penal (CP en lo sucesivo), como de las infracciones y sanciones recogidas fundamentalmente en la Ley General Tributaria (LGT en lo sucesivo). Regulación cuyas características habrán de ser sumariamente expuestas con el fin de hacer referencia al conjunto de problemas cuyo análisis se pretende.

2. Sanciones en sentido técnico y otras reacciones frente al incumplimiento de las normas tributarias

Conveniene pues comenzar señalando que, pese a que el concepto de sanción ha sido empleado en ocasiones por la doctrina en un sentido muy amplio, comprensivo de qualquier clase de reacción prevista en el ordenamiento tributario frente al incumplimiento de sus normas, incluso de aquellas de carácter resarcitorio o indemnizatorio, es preciso diferenciar desde el primer momento las medidas que pueden ser calificadas como sanciones en sentido técnico de aquellas otras que, por no merecer esa consideración, están sujetas a un régimen jurídico radicalmente diverso.

Dicha distinción resulta relativamente sencilla en lo que se refiere a las sanciones penales, a las penas propias del Derecho penal-criminal, que en el caso de los delitos de defraudación tributaria y contables pueden consistir, según los arts. 305 a 310 del Código Penal, en la privación de libertad (prisión de uno a cuatro años y arrestos de siete a quince fines de semana, respectivamente) o en multas que, aún de forma subsidiaria, también pueden acarretar la privación de libertad (art. 53 del Código Penal); lo que nunca puede suceder en el caso de infracciones administrativas, ya que el art. 25.3 de la CE establece rotundamente que la Administración "no podrá imponer sanciones que, directa o subsidiariamente, impliquen privación de libertad".

Por contra, la distinción suscita mayores dudas en lo relativo a las multas pecuniarias que son típicas del Derecho Tributario sancionador, porque en la regulación de las sanciones tributarias y, en especial, de las multas pecuniarias como su especie más característica, se encuentran con frecuencia presentes — en España y en otros sistemas comparados — elementos ajenos a la función preventivo-represiva que es propia de las sanciones en sentido técnico y que, por contra, las asemeja a las sanciones civiles o indemnizatorias. En efecto, por hacer referencia al caso español, la responsabilidad solidaria frente a la única sanción que se impone a cuantos causen o colaboren en una infracción tributaria (art. 38.1 de la LGT), la corresponsabilidad frente a las sanciones impuestas a las personas jurídicas de sus administradores (art. 40.1 LGT), la posibilidad de su ejecución forzosa contra el patrimonio del infractor y, en general, la regulación de sus formas de extinción (art. 89 LGT) son aspectos que aproximan las sanciones tributarias a las impropiamente denominadas sanciones civiles. Y si a ello se le suma que determinadas figuras que tradicionalmente han cumplido funciones puramente indemnizatorias o resarcitorias, como los interese de demora o los recargos de prórroga, se aplican también en supuestos en que están poco justificados desde la finalidad que se les atribuye, alcanzando además cuantías significativas, se endenderá que se hayan planteado dudas respecto a su carácter sancionador, o no.

Dudas a las que, al menos en dos ocasiones, se ha enfrentado ya nuestro TC, que en su Sentencia (STC en lo sucesivo) 76/1990, de 26 de abril, ha afirmado que el interés de demora, contemplado como uno de los posibles conponentes de la deuda tributaria en el art. 58.2 de la LGT, "no tiene naturaleza sancionadora, sino exclusivamente compensatoria o reparadora del perjuicio causado por el retraso en el pago" (F.J. 9º-B); mientras que en las más recientes SSTC 164/1995, de 13 de noviembre, 171/1995, de 21 de noviembre y 198/1995, de 21 de diciembre, examinando el recargo por declaraciones-liquidaciones extemporáneas, sin requerimiento previo, establecido por vez primeira en la Ley 46/1985, ha rechazado que tenga naturaleza sancionadora, ya que "carece de la finalidad represiva, retributiva o de castigo que, (...), ha destacado este Tribunal como específica de las sanciones en la STC 239/1988" (STC 164/1995, F.J. 5º). Y es que nuestra jurisprudencia constitucional, ante la que estas cuestiones se han suscitado no sólo en materia tributaria, ha considerado de forma reiterada que si bien las sanciones tienen, entre otras, una finalidad disuasoria, no toda medida que tenga esa finalidad ha de considerarse como sanción en sentido técnico; por lo que no serían sanciones las denominadas multas coercitivas, ni los impuestos con fines extrafiscales ni, en fin, otras medidas que, aún cumpliendo — junto a otras — una función eminentemente disuasoria, no pueden reconducirse al campo de las sanciones "dada la ausencia de finalidad represiva".

De ese modo, frente a los elementos que pudieran dotar a las figuras consideradas de un cierto aspecto o carácter sancionador, el TC ha hecho prevalecer como argumento fundamental el de su finalidad, que no es la de sancionar conductas ilícitas, sino la meramente resarcitoria o incluso la disuasoria, lo que conduce a negarles su condición de sanciones en sentido técnico, por no cumplir la función preventivo-represiva que es propia de estas últimas. Lo decisivo es pues, para el TC, que la finalidad de aquellas figuras es fundamentalmente la de resarcir a la Hacienda acreedora por el daño experimentado por una prestación morosa o un cumplimiento tardío, en el marco de una relación jurídico-tributaria concreta, o disuadir del incumplimiento; a diferencia de las sanciones en sentido técnico, que a través del castigo del infractor pretenden intimidar al contribuyente — tanto al infractor actual, como a cualquier outro potencial — para que la conducta contraria al ordenamiento no se reitere o no llegue a producirse. Porque en función de esas distintas finalidades, los principios inspiradores de su régimen jurídico serán distintos, ya que los principios constitucionales del Derecho sancionador "no pueden extenderse a ámbitos que no sean los específicos del ilícito penal o administrativo, siendo improcedente su aplicación extensiva o analógica (...), a supuestos distintos o a actos por su mera condición de ser restrictivos de derechos, si no representan el ejercicio efectivo del *ius puniendi* del Estado o no tienen un verdadero sentido sancionador" (STC 239/1988, de 14 de diciembre).

Esa función preventivo-represiva que se asigna a las sanciones administrativas en cuanto manisfestaciones del *ius puniendi* del Estado, se confirma en el ámbito tributario por las normas que consagran el principio de culpabilidad (art. 77.1 LGT), las que prevén circunstancias excluyentes de la responsabilidad (art. 77.4 LGT), las que atribuyen una innegable relevancia a la personalidad del autor a efectos de la determinación de las sanciones (art. 82 LGT) o, finalmente las que establecen la intransmisibilidad de las sanciones (art. 89.3 LGT); constituyendo para nuestra jurisprudencia constitucional el criterio decisivo para su diferenciación de otras medidas de distinto carácter que, pese a constituir la reacción del ordenamiento tributario frente al incumplimiento de sus mandatos, no pueden calificarse como sanciones en sentido técnico ni, en consecuencia, obedecen a los mismo principios en cuanto a su regulación.

3. *La potesdad sancionadora de la Administración*

La potestad sancionadora de la Administración está constitucionalmente prevista en España por el artículo 25 de la Constitución — C.E. — ("Nadie puede ser condenado o sancionado por acciones u omisiones que, en el momento de producirse no constituyan delito, falta o infracción administrativa, según la legislación vigente en aquel momento"), que consagra tal potestad con carácter general comprendiendo, pues, tanto las llamadas sanciones de protección del orden general como las de autoprotección. Que la potestad sancionadora de la Administración no se agota en su autodefensa es algo que después de la Constitución no se discute, aunque sí es objeto de críticas.

El respaldo constitucional a la potestad sancionadora de la Administración ha sido recibido por la doctrina con dos clases de actidudes. Ha sido bien acogido, curiosamente, en el campo de los tratadistas de Derecho Penal en nombre del principio de *ultima ratio*, de intervención mínima o de selectividad, que supone que "el Derecho penal debe reservar su intervención para cuando no quepa otro remedio jurídico posible", lo que tiene, entre otras, la consecuencia de la reducción de conductas incriminadas (Quintero Olivares), especialmente, en el ámbito de las faltas penales, con tendencia a transformar éstas en ilícitos administrativos.

Las tesis despenalizadoras han sido adoptadas por diversos organismos internacionales. El Comité restringido de expertos sobre procedimientos simplificados y sumarios en materia penal, del Comité Europeo sobre Problemas Criminales (CDPC) del Consejo de Europa constata cómo la descriminalización para atribuir competencia sancionadora a la Administración es ya una técnica común. Por su parte, el Tribunal Europeo de Derechos Hunanos en la Sentencia recaída en el asunto Azturk declaró:

"El legislador que sustrae determinados comportamientos de la categoría de las infracciones penales del Derecho interno puede servir a la vez al interés del individuo y a los imperativos de una buena administración de justicia, singularmente en la medida que descarga a las Autoridades judiciales de la persecución y represión de infracciones numerosas pero poco importantes, de las reglas de la circulación por carretera. La convención no es contraria a las tendencias despenalizadoras que existen — bajo formas muy diversas — en los Estados miembros del Consejo de Europa".

El principio de intervención mínima suele justificarse en la especial naturaleza aflictiva de los efectos de las penas e, incluso, del proceso penal, aunque luego éste termine en una absolución. Con esta justificación cabe pensar en que existen diferencias cualitativas entre las sanciones penales y las administrativas, o, al menos, entre los efectos de unas y otras.

Tal diferenciación conceptual es negada, sin embargo, incluso por algunos defensores de la intervención mínima y, desde luego, por los administrativistas, autores más bien críticos con la potestad sancionadora de la Administración y partidarios de una interpretación restictiva de su ámbito. García de Enterría considera, por ejemplo, que no es razón suficiente para justificar tal potestad la alegada inadecuación del sistema penal común, por su lentitud, por su rigidez, quizás por la benignidad de sus sanciones o, inversamente, por su posible excesivo rigor o contenido socialmente infamante.

En cuaquier caso, el Tribunal Constitucional español ha explicitado la justificación de la existencia de la potestad sancionadora en manos de la Administración:

"No cabe duda que en un sistema en que rigiera de manera estricta y sin fisuras la división de los poderes del Estado, la potestad sancionadora debería constituir un monopolio judicial y no podría estar nunca en manos de la Administración, pero un sistema semejante no ha funcionado nunca históricamente y es lícito dudar que fuera incluso viable, por razones que no es ahora momento de exponer con detalle, entre las que se pueden citar la conveniencia de no recargar con exceso las actividades de la Administración de Justicia como consecuencia de ilícitos de gravedad menor, la conveniencia de dotar una mayor eficacia al aparato represivo en relación con este tipo de ilícitos y la conveniencia de una mayor inmediación de la autoridad sancionadora respecto de los hechos sancionados. Siguiendo esta línea, nuestra Constitución no ha excluido la existencia de una potestad sancionadora de la Administración, sino que lejos de ello, la ha admitido en el artículo 25, apartado tercero, aunque, como es obvio, sometiéndole a las necesarias cautelas que preserven y garanticen los derechos de los ciudadanos" (STC 77/1983, de 3 de octubre).

El Tribunal Constitucional parece inclinarse en el fundamento transcrito por una frontera simplemente cuantitativa entre infracción penal e infracción administrativa. Sin embargo, ello no es así; ya en la STC 18/1981, de 8 de junio, se dejó claramente sentado que "un mismo bien jurídico puede ser protegido con técnicas administrativas o penales", pues tanto el Derecho administrativo sancionador como el Derecho penal "son manifestaciones del ordenamiento punitivo del Estado", de modo que "los principios inspiradores del orden penal son de aplicación, con ciertos matices, al derecho administrativo sancionador".

La creciente extensión del poder sancionador de la Administración se ha debido, en España, más a la desconfianza en el funcionamiento del sitema judicial penal que criterios o principios como el de intervención mínima; la elección legislativa de la sanción administrativa en lugar de la pena implica, al menos, en algunos aspectos, y en muchas ocasiones consecuencias más graves para el infractor. En el caso concreto de los ilícitos tributarios, en el *Informe sobre la reforma de la imposición personal sobre la renta y el patrimonio*, preparado en 1990 por los servicios del Ministerio de Ecomomía y Hacienda se llegó a decir que en aquellos momentos "la vía del delito fiscal presenta, para los casos más graves del ilícito tributario, una vía de impunidad más efectiva que su sanción por la vía administrativa".

La labor del Tribunal Constitucional español en relación con las infracciones y sanciones administrativas tributarias se ha movido en diversos niveles. En primer lugar, el Tribunal Constitucional ha procedido a identificar el régimen de las infracciones y sanciones administrativas de figuras más o menos próximas. Efectuada esa labor, la jurisprudencia constitucional ha procedido a fijar el régimen constitucional de la potestad administativa en general y en materia tributaria en particular, para finalmente elaborar un sistema de garantías.

4. Delimitación de la figura

Las sanciones administrativas infligen al infractor un sacrificio con finalidad correctora, represiva e intimidatoria idéntica a la que se atribuye a la pena. El poder punitivo de la Administración tiene las dos finalidades — prevención general y prevención especial — del Derecho penal. Sin embargo, en el Derecho español hay distinción clara entre potestad punitiva y potestad coactiva. Mientras las medidas de ejecución tienden a constreñir al sujeto a realizar el comportamiento omitido o al resarcimiento del perjuicio ocasionado, las sanciones se orientan a la consecución de finalidades preventivo-represivas.

De la separación de lo sancionador del ejercicio de otras potestades se ha ocupado ya en más de una ocasión la jurisprudencia contitucional. La STC 239/1988 tuvo que pronunciarse sobre el instituto de la multa coercitiva y allí el Tribunal Constitucional declaró que *en dicha clase de multas (...) no se impone una obligación de pago con un fin represivo o retributivo por la realización de una conducta que se considera administrativamente ilícita, cuya adecuada previsión normativa desde las exigencias constitucionales del derecho a la legalidad en materia sancionadora puede cuestionarse, sino que consiste en una medida de constreñimiento económico, adoptada previo el oportuno requerimiento, reiterada en lapsos de tiempo y tendente a obtener la acomodación de un comportamiento obstativo del destinatario del acto a lo dispuesto en la decisión administrativa previa. No se inscriben, por tanto, estas multas en el ejercicio de la potestad administrativa sancionadora, sino en el de la autotutela ejecutiva de la Administración.*

En el ámbito tributario la distinción ha tenido que establecerse con respecto a los intereses de demora y a los recargos. La STC 76/1990, de 26 de abril, declaró que "los intereses de demora no tienen naturaleza sancionadora, sino exclusivamente conpensatoria o reparadora del perjuicio causado por el retraso en el pago de la deuda tributaria (...) Más que una penalización en sentido estricto son una especie de conpensación específica con arreglo a un módulo objetivo, del coste financiero que para la Administración tributaria supone dejar de disponer a tiempo de cantidades dinerarias que le son legalmente debidas" (F.J. 9º).

La STC 164/1995, de 13 de diciembre, también excluyó la naturaleza sancionadora del recargo por ingresos correspondientes a autoliquidaciones presentadas fuera de plazo.

5. *La identidad de naturaleza con las sanciones penales*

Se ha sostenido que los ilícitos penales son delitos naturales "per se" o de Derecho natural, mientras que los administrativos son delitos "artificiales" que no lesionan o ponen en peligro bienes jurídicos sino sólo un interés de la Administración. La sanción administrativa tendería a conminar al ciudadano para conseguir su colaboración con la Administración.

Residuos de esta dirección se encuentran entre quienes en el ámbito administrativo distinguen entre sanciones de autoprotección, entre las que se sitúan las tributarias, y sanciones de protección de orden general; (García de Enterría, Albiñana, Sainz Moreno). La distinción ha servido para afirmar que las sanciones de autoprotección se diferencian cualitativamente y por sus fines de la potestad punitiva penal, de cuyos principios y garantías se alejan. El criterio que permite identificar las sanciones de autoprotección sería el de su indiferencia ético-social, o sea la carencia de bien jurídico protegido. Criterio criticable, pues la Administración realiza tareas de configuración social, cuya tutela no es indiferente desde el punto de vista ético-social, y que constituyen un bien jurídico protegible mediante un sistema de infracciones y sanciones. La Administración Pública, que sirve con objetividad los intereses generales y actúa con sometimiento a la Ley y al Derecho (artículo 103.1 CE) carece de otros intereses que los consagrados por el ordenamiento jurídico en su conjunto. Los ataques a los llamados "intereses administrativos" no son sino ataques más o menos mediatos contra el orden general.

En el caso de las infracciones y sanciones tributarias no puede negarse que han sido utilizadas como elemento auxiliar de la Inspección tributaria asimilables a las medidas de compulsión. Pero, aún admitiendo la categoría de las sanciones de autoprotección, lo que no puede aceptarse es que con las sanciones tributarias la Administración proteja su derecho a percibir de los ciudadanos las prestaciones tributarias, sólo con cuya efectividad puede ella funcionar, como se ha sostenido entre nosotros. La Administración no percibe las prestaciones tributarias para asegurar su funcionamiento; el objeto de protección genérico en el sistema sancionador tributario es el interés general en la realización del deber de contribuir del artículo 31 CE, que se concreta en distintos bienes jurídicos; de modo que el legislador podrá proteger esos bienes jurídicos mediante el empleo del sistema sancionador administrativo o el del sistema penal. Ello es así incluso en las infracciones que tipifican el incumplimiento de obligaciones formales, que no se tipifican en función de las obligaciones formales mismas, sino en función de la tutela de otros bienes jurídicos. En la Sentencia 76/1990, de 26 de abril, el Tribunal Constitucional declaró que *el legislador ha de habilitar las potestades o los instrunentos jurídicos que sean necesarios y adecuados para que, dentro del respeto debido a los principios y derechos constitucionales, la Administración esté en condiciones de hacer efectivo el cobro de las deudas tributarias, sancionando en su caso los incumplimientos de las obligaciones que correspondan a los contribuyentes o las infracciones cometidas por quienes están sujetos a las normas tributarias.*

Ni puede, pues, mantenerse la inclusión de las sanciones tributarias entre las de autoprotección ni tiene sentido esa categoría que no es más que trasunto de criterios de distinción que pretenden establecer diferencias cualitativas entre lo ilícito penal y lo ilícito administrativo.

El objeto de protección genérico del sistema sancionador tributario es el interés general en la realización del deber de contribuir al sostenimiento de los gastos públicos del artículo 31 CE, que se concreta en distintos bienes jurídicos protegidos en cada uno de los tipos de infracciones o delitos tributarios; de modo que los mismos bienes jurídicos pueden ser objeto de protección bien a través del sistema administrativo, bien a través del sistema penal.

No existen, pues, diferencias cualitativas entre infracciones tributarias administrativas y penales.

Pese a ello en la Ley General Tributaria subsisten elementos que oscurecen esta conclusión. Ese es el caso del artículo 79 da la LGT que tipifica como infracción grave el "dejar de ingresar fuera de los plazos reglamentariamente señalados la totalidad o parte de la deuda tributaria". Ello comprende conductas frente a las que la reacción debiera ser exclusivamente el empleo de los medios ordinarios de ejecución, lo que constituye el ejercicio de una potestad distinta de la sancionadora.

6. Principios constitucionales y Derecho sancionador tributario

A partir de la STC 18/1981, de 8 de junio, se ha declarado la identidad de naturaleza entre ilícito penal e ilícito administrativo. Ello, sin embargo, no supone que los principios penales hayan de trasladarse mecánicamente y en su integridad al ámbito del Derecho administrativo sancionador, sino que su traslación debe hacerse, como ha dicho el Tribunal, con "ciertos matices".

Y, en efecto, han sido necesarios "*matices*" para adaptar al ámbito administrativo los principios del artículo 24 CE, previsto, en principio, para el ámbito jurisdiccional. Sin embargo, no resulta sencillo entender qué razones pueden justificar la introcucción de matices en la aplicación de los principios del art. 25 CE, pues resulta, según su tenor literal, directamente aplicable a las potestades sancionadoras.

A) Legalidad y tipicidad

Conforme al artículo 25.1, "nadie puede ser condenado o sancionado por acciones u omisiones que en el momento de producirse no constituyan delito, falta o infracción administrativa, según la legislación vigente en aquel momento".

La referencia a la "legislación vigente" en el artículo 25.1 CE ha dado lugar a discusiones acerca de la existencia o no de reserva de ley en materia sancionadora. Parece hoy claro que el empleo de esos términos se debe al deseo de establecer una reserva *genérica* de ley, pero dejando abierta la posibilidad de ulteriores diferenciaciones en el empleo de ley orgánica, instrumento próprio del ámbito penal, y de ley ordinaria y no al designio de habilitar una genérica potestad sancionadora en normas reglamentarias.

Las SSTC 77/1983, de 3 de octubre, 42/1987, de 7 de abril, y 101/1998, de 8 de junio, confiman que el artículo 25.1 CE establece una reserva de ley, cuyo alcance, si bien no puede ser tan estricto como en el ámbito penal, en todo caso determina "*la necesaria cobertura de la potestad sancionadora de la Administración en una norma de rango legal, habida cuenta del carácter* ***excepcional*** *que los poderes sancionatorios en manos de la Administración presentan*".

La STC 3/1998, declara que, además, el principio de legalidad se traduce en un derecho subjetivo de carácter fundamental, con la consecuencia de que es susceptible de amparo judicial y constitucional.

El Decreto-ley puede ser el vehículo para tipificar infracciones y sanciones (STC 3/1998, de 21 de enero, F.J. 8º).

En cuanto a la intensidad de esta reserva, la misma limita al legislador democrático de modo que no se excluye la posibilidad de que las leyes contengan remisiones al reglamento, sino sólo que "tales remisiones hagan posible una regulación independiente y no claramente subordinada a la Ley" (STC 83/1984).

Se configura, pues, una reserva relativa. La exigencia de ley para tipificar infracciones administrativas no puede ser tomada de manera absoluta. El recurso al reglamento no es sólo inevitable, sino conveniente. Este es el esquema de la LGT, en la que pese a que el artículo 77.1 considera infracciones tributarias las tipificadas y sancionadas en las leys, el apartado 2 del artículo 78 en la nueva redación que le ha dado la

Ley 25/1995, de 20 de julio, establece que "las leyes de cada tributo podrán tipificar supuestos de infracciones simples que, en su caso, podrán ser *especificadas* dentro de los límites estabelecidos por la ley, por las normas reglamentarias de los tributos".

B) Predeterminación de las conductas ilícitas y tipicidad

El principio de tipicidad es la segunda garantía del artículo 25.1 CE: "Imperiosa exigencia de predeterminación normativa de las conductas ilícitas y de las sanciones correspondientes", en palabras de STC 42/1987, de 7 de abril. "Lex certa". El principio está reconocido en el artículo 77.1 de la LGT: "Son infracciones tributarias las acciones y omisiones tipificadas y sancionadas en las leyes". No obstante, se ha acudido a problemáticas formas imperfectas de tipicidad de las infracciones, como las normas en blanco, que necesitan ser integradas por referencia a la normativa de los tributos concretos y que han planteado cuestiones en relación con el error de derecho y la irretroactividad. Pero en el ámbito tributario, el problema principal de este punto de vista se sitúa en la fórmula del artículo 78.1 de la LGT para definir las infracciones simples: "Constituye infracción simple el incumplimiento de obligaciones o deberes tributarios exigidos a cualquier persona, sea o no sujeto pasivo, por razón de la gestión de los tributos, cuando no constituyan infracciones graves y no operen como elemento de graduación de la sanción". La fórmula transcrita es, en mi opinión, insuficiente desde el punto de vista de la tipicidad si no se acude a la enumeración ejemplificativa que contiene al el citado artículo 78 de la LGT

En cuanto a la tipicidad de las sanciones, basta con el señalamiento de los límites mínimos y máximos dentro de los cuales el órgano competente puede determinar a través de la graduación, que es actividad jurídica, la sanción que resulta más adecuada a la conducta infractora.

C) Irretoactividad

El principio de irretroactividad de las normas sancionadoras está reconocido tanto en el artículo 25.1 CE como en el artículo 9.3 de la misma norma fundamental. En el ámbito de las infracciones tributarias no se han planteado más problemas específicos que los relativos a la irretroactividad de las normas (desfavorables) llamadas a integrar los tipos en blanco.

D) "Non bis in idem"

El principio de tipicidad del artículo 25.1 comprende la regla que excluye la posibilidad de que un mismo hecho sea sancionado en vía penal y en vía administrativa en los casos en que "se aprecie la identidad del sujeto, hecho y fundamento, sin existencia de una relación de supremacía especial de la Administración", según tiene declarado el Tribunal Constitucional desde la temprana STC 2/1981, de 30 de enero, F.J. 4º.

La regla comprende tres exigencias: En primer lugar, la prohibición de sancionar penal y administrativamente por un mismo hecho: corolario de la identidad sustancial entre ilícitos penales e ilícitos administrativos a la que antes me he referido. En segundo lugar, el principio comprende la regla de que las actuaciones penales son preferentes respecto de las diligencias sancionadoras administrativas. Y, finalmente, el *no bis in idem* implica que la Administración ha de respetar el planteamiento fáctico que, en su caso, efectúen los Tribunales (STC 77/1983, de 3 de octubre).

El principio *no bis in idem* está consagrado en el artículo 77.6 de la LGT en los siguientes términos: "En los supuestos en que la Administración tributaria estime que las infracciones pudieran ser constitutivas de delitos contra la Hacienda Pública, pasará el tanto de culpa a la jurisdicción competente y se abstendrá de seguir el procedimiento administrativo mientras la autoridad judicial no dicte sentecia firme, tenga lugar el sobreseimiento o archivo de las actuaciones o se produzca la devolución del expediente por el Ministerio Fiscal. La sentencia condenatoria de la autoridad judicial excluirá la imposición de sanción administrativa. De no haberse apreciado la existencia de delito, la Administración tributaria continuará el expediente sancionador con base en los hechos que los Tribunales hayan considerado probados".

E) Proporcionalidad

El principio de proporcionalidad está implícito en la noción misma del Estado de Derecho. El Tribunal Constitucional lo ha reconducido al artículo 10.2 CE y ha negado la existencia de un derecho fundamental en la proporcionalidad.

El principio de propocionalidad juega como criterio para la selección de los comportamientos antijurídicos sancionables, postulando que la tipificación como infracción quede reservada a los supuestos en que el restablecimiento del orden jurídico alterado no puede ser realizado por otros medios. Por ello es criticable que constituyan infracciones algunas de las conductas del artículo 79 a) de la LGT.

El principio de proporcionalidad juega también como criterio para la busca por la Administración de la sanción más adecuada dentro de los posibles. A estos efectos los criterios para la graduación de las sanciones aparecen en el artículo 82 de la LGT.

7. Aplicación de los principios constitucionales de carácter procesal al Derecho sancionador

Desde la STC 18/1981, de 8 de junio, el Tribunal Constitucional tiene declarado que "los principios esenciales reflejados en el artículo 24 CE en materia de procedimiento han de ser aplicables a la actividad sancionadora de la Administración en la medida necesaria para preservar los valores esenciales que se encuentran en la base del precepto y la seguridad jurídica que garantiza el art. 9 CE". No se trata de una aplicación literal, sino con el alcance que requiere la finalidad que justifica la previsión constitucional.

El apartado 2 del artículo 24 CE establece que todos tienen derecho al Juez ordinario predeterminado por la ley, a la defensa y a la asistencia de letrado, a ser informados de la acusación formulada contra ellos, a un proceso público sin dilaciones indebidas y con todas las garantías, a utilizar los medios de prueba pertinentes para su defensa, a no declarar contra sí mismos, a no confesarse culpables y a la presunción de inocencia.

La jurisprudencia constitucional ha venido determinando cuáles de estas garantías son trasladables a la actividad sancionadora.

A) Proceso con todas las garantías

Se ha denunciado la inconstitucionalidad de la asunción por unos mismos órganos, los de Inspección tributaria, de las competencias de inspección y de imposición de sanciones, lo que no ha aceptado el Tribunal Constitucional STC 22/1990, de 15 de febrero.

Un procedimento con todas las garantías excluye la posibilidad de las sanciones de plano.

B) Derecho a ser informado de la acusación

Rige "frente a todas las instancias públicas represivas como manifestación puntual del principio de que "nadie puede ser condenado sin haber sir acusado"(STC 104/1985, de 4 de octubre, F.J. 3º). "El derecho a conocer la propuesta de resolución de un expediente sancionador (...) forma parte de las garantías que establece el artículo 24.2 CE, pues sin él no hay posibilidades reales de defensa en el ámbito del procedimiento".

El derecho a ser informado de los cargos no está expresamente reconocido en la normativa reguladora del procedimento sancionador tributario (pero sí en el artículo 135 LRJAP-PAC).

C) Derecho de audiencia

La defensa a la que el inculpado tiene derecho se concreta, según la STC 125/1983, de 26 de diciembre (F.J. 3º) en "la oportunidad de aportar y proponer pruebas (...) y alegar lo que a su derecho convenga". El procedimiento administrativo sancionador requiere inexcusablemente del trámite de audiencia. El artículo 81.2 de la LGT sólo se refiere de modo sumario al procedimiento sancionador; incorpora de modo expreso la audiencia del interesado sólo en el procedimiento para imponer sanciones no consistentes en multa. Sin embargo, el artículo 9º del Real Decreto 2.631/1985, de 18 de diciembre, sobre procedimientos para sancionar las infracciones tributarias, establece el trámite de audiencia con carácter general. Dos aspectos son criticables en ese precepto: la supresión del trámite de audiencia "cuando se trate de sanciones que, conforme a derecho, hayan de imponerse automáticamente" pues las sanciones de plano están prohibidas en nuestro Ordenamiento y la exclusión de la audiencia ulterior en la tramitación de las actas de conformidad, pues no puede entenderse que quien se conforma con la propuesta de liquidación praticada por la Inspección concuerde con ésta también en la calificación de su conducta como infracción tributaria.

D) Derecho a la prueba

Corresponde en todo caso a la Administración acreditar que el sujeto inculpado es autor de los hechos constitutivos de infracción, en virtud de la presunción de inocencia.

La normativa del procedimiento para sancionar infracciones tributarias carece de prescripciones expresas sobre la práctica de la prueba. Hay que acudir a los preceptos de la LRJAP-PAC (artículo 137) y a los principios generales que la Ley General Tributaria establece para el procedimiento de gestión (artículos 114 a 119 LGT).

El artículo 17 del Reglamento del procedimiento para el ejercicio de la potestad sancionadora, aprobado por el Real Decreto 1.398/1993, de 4 de agosto, prevé que el órgano instructor podrá acordar la apertura de un período de prueba por plazo no superior a 30 días ni inferior a 10.

Uno de los problemas de mayor interés en el ámbito tributario es el del valor probatorio de las actuaciones inspectoras. El artículo 145.3 de la LGT dispone: "Las actas y diligencias extendidas por la Inspección de los tributos tienen naturaleza de documentos públicos y hacen prueba de los hechos que motiven su formalización, salvo que se acredite lo contrario". Este precepto, pese a las críticas que ha recibido, apenas dice nada nuevo. El problema que plantea es si el mismo supone una inversión de carga de la prueba. La STC 76/1990 (F.J. 8º-B) estabelecido la siguiente doctrina:

• En el ordenamiento sancionador rige sin excepción la presunción de inocencia.

• No existe problema alguno para considerar a las actas y diligencias de inspección como medios probatorios, ni para considerarlas docunentos públicos.

• El artículo 145.3 da la LGT no dispensa a la Administración de toda prueba respecto de los hechos, pues parte justamente de la existencia de un medio probatorio válido (las actas y diligencias) ni establece una presunción *iuris et de iure* de veracidad o certeza de los docunentos de la Inspección. Su valor y eficacia han de medirse a la luz del principio de libre valoración de la prueba.

• Con el eventual recurso contencioso-administrativo, las actas y diligencias de la Inspección habrán de ser ponderadas teniendo en cuenta que tales actuaciones no tienen consideración de mera denuncia sino que son prueba, que pueden destruir la presunción de inocencia sin necesidad de reiterar la prueba en el expediente administrativo.

E) Derecho a la asistencia de abogado

Aunque no está contemplado expresamente en el Real Decreto 2.631/1985, pero a la vista de la jurisprudencia consitucional (SSTC 74/1985 y 2/1987) no cabe dudar de su vigencia.

F) Derecho a no declarar contra sí mismo

Debe estimarse sin ninguna duda que el derecho a no inculparse existe en el procedimiento sancionador tributario. Ello es también, sin duda, diferente del deber de colaboración con la Administración tributaria que sí que existe, en las actuaciones investigadoras o de conprobación, por lo que es lógico que se sancione su incumplimiento, como hace el artículo 83.3 g) de la LGT, que castiga como infracción leve, con multa de 25.000 a 1.000.000 de pesetas "la falta de aportación de pruebas y documentos contables requeridos por la Administración o la negativa a su exhibición". La STC 76/1990, de 26 de abril, ha confirmado la doctrina de la STC 110/1984, de 26 de noviembre, y de los Autos 662/86 y 982/86 respecto de la inexistencia "de un derecho absoluto e incondicionado a la reserva de los datos económicos del contribuyente con relevancia fiscal". El derecho a no inculparse, deducido del artículo 24.2 CE, queda sólo en el ámbito sancionador y no en el de los procedimentos de gestión, cuyo desarrollo ordinario sería difícilmente concebible sin una intensa colaboración de los obligados tributarios.

G) La presunción de inocencia

La STC 13/1982, de 1 de abril (F.J 2º), subrayó que "el derecho a la presunción de inocencia no puede entenderse reducido al estricto ámbito del enjuiciamiento de conductas presuntamente delictivas, sino que debe entenderse también que preside la adopción de cualquier resolución tanto administrativa como jurisdiccional que se base en la condición o conducta de las personas y de cuya apreciacón se derive un resultado sancionatorio o limitativo de sus derechos".

El derecho a la presunción de inocencia se proyecta en dos vertientes: 1ª) como regla en lo que atañe a la prueba y 2ª) como regla para el tratamiento del presunto infractor.

Como regla relativa al régimen de la prueba, el derecho a la presunción de inocencia comporta, al menos, dos tipos de exigencia a tenor de la Sentencia 109/1986: Comporta, en primer lugar, la existencia de prueba; toda condena debe ir precedida siempre de una actividad probatoria. La presunción de inocencia impide así la condena sin pruebas, o con base solo en hechos presuntos o en presunciones de culpabilidad. Se requiere, pues, culpabilidad para que exista infracción. El artículo 77.1. LGT, en efecto, afirma que "las infracciones tributarias son sancionables a título de simple negligencia". Problema distinto es el que suscita la existencia de normas que permiten la fijación de elementos determinantes de la cuantía de la deuda tributaria en base a datos indiciarios y a presunciones legales. Se ha sostenido que no cabe trasvasar al proceso penal el procedimiento de estimación indirecta, por impedirlo la presunción de inocencia y la subordinación de la Administración a las actuaciones judiciales. Sin embargo, debe tenerse en cuenta que la estimación indirecta es un medio extraordinario para que, en defecto de la colaboración legalmente debida del obligado tributario, la Administración pueda fijar sus bases o rendimientos. El derecho a la presunción de inocencia no se opone, pues, a que la resolución del órgano sancionador pueda apoyarse sobre la base de una prueba indiciaria (STC 174/1985, de 17 de diciembre).

En segundo lugar, "la carga de la actividad probatoria pesa sobre los acusadores y no existe nunca carga del acusado sobre la prueba de su inocencia" (STC 109/1986, F.J. 1º). La presunción de legalidad del acto administrativo simplemente comporta la carga de recurrir en sede judicial la resolución sancionadora, pudiendo basarse la impugnación en la falta de prueba de los hechos imputados.

Como regla sobre la posición del inculpado en el procedimiento sancionador, la presunción de inocencia impide que aquél pueda ser tenido por culpable en tanto su culpabilidad no haya sido legalmente declarada. En relación con este punto se ha planteado la duda de si la ejecutividad de las sanciones administrativas entraban en colisión con la presunción de inocencia, lo que ha sido descartado por el Tribunal Constitucional (STC 66/1984, de 6 de junio, F.J. 2º).

En orden al derecho fundamental a la tutela judicial efectiva del artículo 24 de la Constitución, en su vertinente de derecho de acceso a la jurisdicción se han planteado problemas en relación con la ejecutividad de las sanciones y, en general de los actos administrativos. La STC 66/1984, de 6 de junio (F.J. 3º) ha considerado que "la ejecutividad de los actos sancionadores (...) no es algo indefectiblemente contrario al derecho a la tutela judicial efectiva (...) El derecho a la tutela se satisface, pues, facilitando que la ejecutividad pueda ser sometida a la decisón de un Tribunal (...) que (...) resuelva sobre la suspensión".

El artículo 81 de la Ley General Tributaria, en su apartado 3 establece, como regla general que "la interposición de cualquier recurso o reclamación no suspenderá la ejecución de la sanción impuesta". Esta regla tiene excepciones pues el mismo apartado se remite "a lo dispuesto en la normativa general aplicable sobre la suspensión de actos impugnados y a "lo previsto al respecto en la regulación de la reclamaciones económico-administrativas". En cualquier caso debe recordarse que en el régimen del procedimiento sancionador general (Reglamento aprobado por Real Decreto 1.398/1993, de 4 de agosto, la interposición de recursos administrativos suspende las resoluciones sancionadoras. Así el art. 138.3 LRAP-PAC dispone: "La resolución (que pone fin al procedimiento sancionador) será ejecutiva cuando ponga fin a la vía administrativa". El Reglamento de procedimiento en las reclamaciones económico-administrativas aprobado por Real Decreto 391/1996, de 1 de marzo, ha ampliado los supuestos de suspensión.

En outro orden de cosas la Ley 25/1995, de 20 de julio, de modificación parcial de la Ley General Tributaria, ha suprimido el requisito que figuraba en el artículo 89.2 de la Ley General Tributaria de renunciar expresamente al ejercicio de toda acción de impugnación del acto administrativo para obtener la condonación graciable de las sanciones tributarias. Ello ha eliminado uno de los aspectos que se consideraban contrarios al derecho a la tutela judicial, a pesar de que en su Sentecia 76/1990, de 26 de abril, el Tribunal Constitucional había considerado que no existía tal vulneración del artículo 24.1 CE.

El apartado 3 del artículo 82 de la Ley General Tributaria establece: "La cuantía de las sanciones por infracciones tributarias graves se reducirá en un treinta por ciento cuando el sujeto infractor o, en su caso, el responsable manifiesten su conformidad con la propuesta de regularización que se les formule".

Esta medida, que tiene como objetivo lograr una simplificación y celeridad en los procedimientos tributarios, atiende, por tanto, a objetivos distintos y ajenos a los propios de la graduación de la sanciones. La STC 76/1990, de 26 de abril (F.J. 7º-A) ha proclamado la legitimidad de los mecanismos asociados a la conformidad del contribuyente, extendidos en el Derecho comparado y también presentes en nuestro Ordenamiento y ha estimado que mantener la conformidad una vez prestada, es una facultad para conservar el beneficio de su consideración como elemento para la graduación de la sanción, sin que sea tal mecanismo contrario al artículo 24.1 CE. Esa STC ha considerado lógico, aunque la Ley no lo diga, que si impugna la liquidación y la correspondiente multa, deje de operar el efecto de disminución de la sanción, tal y como se prevé en el artículo 13.2 del Real Decreto 2.631/1995.

8. *Procedimento sancionador y gestión tributaria*

Buena parte de los problemas suscitados respecto de la constitucionalidad de las normas reguladoras de los procedimientos tributarios tienen su origen en los "intentos apresurados de trasladar mecánicamente garantías y conceptos propios del orden penal a actuaciones y procedimientos administrativos distintos (...)" (STC 76/1990, de 26 de abril, F.J. 10º). Este defecto de planteamiento se evidencia en España tras la aprobación del Real Decreto 412/1982, de 12 de febrero, sobre régimen de determinadas liquidaciones, en el cual la Inspección de los tributos asumió potestades liquidatorias. El debate se reavivó cuando la Ley 10/1985, reformó el artículo 140.c) de la Ley General Tributaria que fue impugnado ante el Tribunal Constitucional por violar el derecho a un proceso con todas las garantías del artículo 24.2 CE. El Tribunal Constitucional fue rotundo: "Por la naturaleza misma de los procedimientos administrativos en ningún caso puede exigirse una separación entre instrucción y resolución equivalente a la que respecto de los jueces ha de darse en los procesos juridiccionales. El derecho al juez ordinario predeterminado por la ley y a un proceso con todas las garantías — entre ellas, la independencia e imparcialidad del juzgador — es una garantía característica del proceso judicial que no se extiende al procedimiento administrativo, ya que la estricta imparcialidad e independencia de los órganos del poder judical no es, por esencia, predicable con igual significado y en la misma medida de los órganos administrativos" (STC 76/1990, de 26 de abril, F.J. 8º-A).

Pese a que la gestión tributaria y la imposición de sanciones son ámbitos claramente separables, la atribución a la misma autoridad de competencias en los dos ámbitos puede producir la concurrencia de procedimientos y, más en concreto, que la inspección tributaria y la indagación de las infracciones tributarias se produzca de forma simultánea. Un mismo supuesto de la realidad puede servir de base para la instrucción por los mismos órganos administrativos (la Inspección) de un procedimiento administrativo y de un procedimiento sancionador respecto de la misma persona, de lo que derivaría una cierta inseguridad para el contribuyente.

Para regular las relaciones entre ambos procedimientos cabe aplicar un primer principio: el de *adecuación al fin*, en virtud del cual en al ámbito de cada procedimiento se realizarán únicamente las actuaciones tendentes a la consecución del fin que les es próprio. Por ejemplo, en el procedimiento de imposición de sanciones no podrá alegarse la existencia de deberes de colaboración del sujeto imputado.

Un segundo principio sería el de *claridad del procedimiento*, en virtud del cual el sujeto obligado debiera conocer a qué ámbito se refieren las actuaciones, de modo tal que desde el momento en que aparezca justificada la instrución de un procedimiento sancionador, se deberá conunicar así al obligado tributario pues su posición y la de la Administración se verán notablemente modificadas.

CADERNOS DE DIREITO TRIBUTÁRIO

LA RESIDENZA DEL *TRUST* NEL DIRITTO TRIBUTARIO ITALIANO E COMPARATO

GIUSEPPE MARINO

Professore Associato di Diritto Tributario — Università Bocconi di Milano

1. La "residenza" del "trust" nel diritto tributario italiano

L'analisi della *residenza* del *trust* ai fini dell'applicazione delle imposte sui redditi sarà diversa a seconda che si consideri il *trust* dotato o meno di autonoma soggettività passiva ai fini delle imposte sui redditi, la cui analisi, però, costituisce una distinta ipotesi di studio.

1.1 In via preliminare, e senza pretesa di esaustività, v'è da rilevare che l'ordinamento italiano, fatta eccezione per la Convenzione dell'Aja (ratificata con legge dello Stato),[1] è totalmente privo di disposizioni legislative atte a disciplinare il fenomeno, e di casistica giurisprudenziale idonea a guidare l'interprete. Di conseguenza, il modello di riferimento sarà rappresentato dalla definizione di *trust* fornita dalla Convenzione dell'Aja, e dalla struttura dell'istituto così come emerge dall'analisi delle legislazioni dei vari Stati esteri.

In accordo con la definizione recata dall'art. 2 della Convenzione dell'Aja, il termine *trust* si riferisce ai rapporti giuridici creati — *inter vivos* o *mortis causa* — da un soggetto, il *settlor*, quando i beni sono attribuiti sotto il controllo di un altro soggetto, il *trustee*, per realizzare l'interesse di un terzo soggetto, detto *beneficiary*, o comunque per realizzare un determinato scopo.[2]

Il *trust*, dunque, si compone, delle seguenti tre fasi:

(i) istituzione del *trust*, vale a dire trasferimento di beni, diritti o complessi patri-

1. Tale convenzione è entrata in vigore, per l'Italia, a far tempo dal 1º gennaio 1992, per effetto della ratifica avvenuta con l. 9 ottobre 1989, n. 364. Tra gli studiosi italiani del *trust*, si veda E. Andreoli, *Il trust nella prassi bancaria e finanziaria*, Padova, 1998; M. Lupoi, *Trusts*, Milano, 1997; M. Graziadei, *Diritti nell'interesse altrui. Undisclosed agency e trust nell'esperienza giuridica inglese*, Università degli Studi di Trento, 1995; meno recenti C. Grassetti, "Trust anglosassone, proprietà fiduciaria e negozio fiduciario", in *Riv. dir. comm.*, 1936, I, 548 ss.; R. Franceschelli, *Il "Trust" nel diritto inglese*, Padova, 1935.

2. Più nel dettaglio, si può affermare che qualsiasi forma di *trust* si risolve in una destinazione, giuridicamente rilevante, di beni, diritti o complessi patrimoniali alla soddisfazione di interessi od all'attuazione di scopi, autonomamente tutelati e riconosciuti anche laddove (non essendo il *trust* di origine legale o giudiziale) originariamente individuati dal *settlor*. In tal senso, A. Fedele, *Visione di insieme della problematica interna*, in AA.VV., *I trusts in Italia oggi*, a cura di I. Beneventi, Milano, 1996, 270.

moniali dal *settlor* (il disponente) al *trustee*, affinchè questi gestisca i beni ed eserciti i diritti oggetto del *trust* per il conseguimento di uno scopo particolare, di regola ravvisabile nell'interesse del *beneficiary*;

(ii) amministrazione dei beni (ed esercizio dei diritti) oggetto del *trust* ad opera del *trustee*, con conseguente adozione (da parte di quest'ultimo) dei comportamenti ritenuti più idonei al conseguimento dello scopo prefissato o al soddisfacimento degli interessi del *beneficiary*;[3]

(iii) attribuzione, al decorso di un determinato termine o al conseguimento di un obiettivo prefissato, dei beni e diritti oggetto del *trust* dal *trustee* al *beneficiary*, o nel caso dei *trusts* di scopo, ai soggetti indicati nell'atto istitutivo.

1.2 Il *trust* così delineato non sembra consentire il frazionamento o comunque la funzionalizzazione delle singole situazioni giuridiche, nel senso di individuare nel *trustee* il titolare di un diritto reale "particolare" e nel *beneficiary* il proprietario sostanziale dei beni e diritti oggetto del *trust*.

È stato sottolineato che la titolarità di diritti e situazioni giuridiche oggetto del *trust* spetta al *trustee* e al medesimo sono attribuite tutte le facoltà e tutti i poteri ordinariamente connessi ai diritti in questione.[4]

L'accoglimento della ricostruzione teorica sopra descritta postula la negazione, nell'ordinamento giuridico italiano, della autonoma soggettività passiva del *trust* ai fini dell'imposizione sui redditi. Per cui, è al *trustee* che occorrerà guardarsi per identificare il soggetto passivo dell'imposta sui redditi in Italia (in presenza, ovviamente, di un collegamento con il territorio italiano idoneo a giustificare la tassazione), e non già al *trust* in quanto tale.[5]

Di conseguenza, non si potrà parlare (correttamente) di *residenza* del *trust* in quanto tale, per determinarne il relativo regime di tassazione in seno all'ordinamento italiano, ma occorrerà avere riguardo alla *residenza* fiscale di ciascuno degli attori del *trust* (*settlor* e *beneficiary* ma, in special modo, *trustee*), per determinare, con riferimento alle situazioni giuridiche proprie di ciascuno di essi, i regimi tributari applicabili.

In particolare, qualora la persona fisica o giuridica che figura essere *trustee*, nella sua qualità di *trustee* risulti essere fiscalmente *residente* in Italia, sarà come *trustee*

3. È possibile prevedere anche la figura di un cd. *protector*, quale *curatore* dell'operato del *trustee*.

4. Si veda, M. Lupoi, *Trusts*, *cit.*, 476; A. Fedele, *Visione di insieme...*, *cit.*, 270. La destinazione dei beni e diritti oggetto del *trust* al soddisfacimento degli scopi propri del *trust*, implica che, da un lato, tali beni siano segregati nell'ambito del patrimonio del *trustee* (sotto il profilo della responsabilità patrimoniale) e, dall'altro lato, che all'esercizio dei poteri e delle facoltà (connessi a tali diritti) spettanti al *trustee* siano posti vincoli di natura obbligatoria; ancora M. Lupoi, *Trusts*, *cit.*, 477.

Correlativamente, al *beneficiary*, nell'ambito dello schema sovraevidenziato, sembra doversi riconoscere, nella generalità dei casi, la titolarità di una "aspettativa" di diritto giuridicamente tutelata (tale da consentire azioni a tutela dell'effettiva destinazione allo scopo prefissato del patrimonio costituito in *trust*) e, in casi residuali, la titolarità di diritti di credito a prestazioni patrimoniali certe e determinate. Sempre A. Fedele, *Visione di insieme...*, *cit.*, 270, 271. Sui profili elusivi del *trust*, si veda F. Gallo, *Trust, interposizione ed elusione fiscale*, in AA.VV., *I trusts in Italia oggi*, *cit.*, 289 ss.

5. Per l'impostazione che nega la soggettività passiva al *trust*, si vedano, oltre A. Fedele, F. Gallo, *La soggettività ai fini Irpeg*, in AA.VV., *Il reddito d'impresa nel nuovo testo unico*, Padova, 1988, 662; A. Giovannini, *Soggettività tributaria e fattispecie impositiva*, Padova, 1996, 422; R. Dominici, *Il trust nell'ordinamento tributario italiano*, in atti del convegno *Il trust anglosassone e l'attività fiduciaria italiana*, Università Bocconi, Milano, 7 aprile 1995; G. Palumbo, "Profili tributari dei *common law trusts*", in *Riv. dir. trib.*, 1995, I, 206. Solo successivamente, a seguito della effettuazione di prestazioni (di regola, corresponsione di somme di denaro) da parte del *trustee* a vantaggio del *beneficiary*, potrà affrontarsi il problema della rilevanza fiscale di tali erogazioni (sempre, ovviamente, in presenza di un collegamento con il territorio dello Stato, come ad esempio la *residenza* fiscale in Italia del *beneficiary* stesso). A tal riguardo, M. Lupoi, *Trusts*, *cit.*, 644; A. Fedele, *Visione di insieme...*, *cit.*, 273, 274; L. Salvini, *Il trasferimento degli interessi beneficiari*, in AA.VV., *I trusts in Italia oggi*, *cit.*, 337 ss.; M. Nussi, *L'imputazione del reddito nel diritto tributario*, Padova, 1996, 583.

soggetta a tassazione sui redditi ovunque prodotti nel mondo, ivi compresi quelli derivanti dai beni e diritti costituiti in *trust*; qualora, al contrario, detta persona fisica o giuridica, nella sua qualità di *trustee* risulti essere *non residente* nel territorio dello Stato, la tassazione ha luogo solo a seguito dell'individuazione di reddito prodotto nel territorio italiano.

1.3 Preminente rilievo assumerà, in questa analisi, l'individuazione della *residenza* fiscale del *trustee*, da effettuarsi, nell'ipotesi in cui si tratti di una persona fisica, alla luce dell'art. 2, comma 2, d.p.R. 22 dicembre 1986, n. 917, secondo il quale si considera *residente* la persona fisica che per la maggior parte del periodo d'imposta è iscritta nelle anagrafi della popolazione residente o ha nel territorio dello Stato il *domicilio* o la *residenza* ai sensi del codice civile.

Dal tenore letterale della norma si deduce che, perchè un soggetto sia considerato *residente* ai fini fiscali, è sufficiente che egli integri anche una soltanto delle condizioni richieste. È quindi assoggettabile ad Irpef il *trustee* che nel territorio dello Stato abbia la sola *residenza* o il solo *domicilio* o risulti solamente iscritto nelle anagrafi della popolazione *residente*.[6]

Tali situazioni giuridiche, in secondo luogo, occorre che si producano per la maggior parte del periodo d'imposta, vale a dire per almeno 183 giorni nell'anno solare.

Certamente, in armonia con la normativa vigente, la qualifica di *residente* comporta l'imposizione in Italia anche dei redditi prodotti (*rectius*, posseduti) all'estero nell'intero periodo d'imposta, compresa la frazione in cui la qualifica di *residente* non sussisteva.[7]

Non v'è dubbio, infine, che le previsioni del citato art. 2, comma 2, devono essere dedotte e provate dall'Amministrazione finanziaria, di modo che si riverbera a suo sfavore ogni eventuale incertezza, lacunosità o contraddittorietà dei dati e delle informazioni in proposito acquisite.

1.4 Per due dei tre criteri di collegamento con il territorio dello Stato il legislatore tributario usa termini del codice civile. L'art. 43 c.c. identifica la *residenza* come "il luogo in cui la persona ha la dimora abituale", mentre il *domicilio*[8] come "il luogo in cui essa ha stabilito la sede principale dei suoi affari e interessi".

Tale operato si potrebbe giustificare con la coincidenza degli interessi dei due rami (civilistico e fiscale) dell'ordinamento giuridico nell'individuazione del corretto rapporto fra il soggetto e lo spazio, rapporto che generalmente consta di un aspetto economico e patrimoniale, da un lato, e di un aspetto sociale dall'altro.[9]

Occorre rilevare, al riguardo, che mentre nel passato il concetto di *residenza* è rimasto lungamente confuso e compenetrato con quello di *domicilio*, con l'evolversi delle condizioni sociali, in particolare una maggiore mobilità gradualmente acquistata dall'individuo, unitamente con l'inevitabile affinamento degli strumenti giuridici, si è addivenuti ad una netta separazione tra il concetto di *residenza* ed il concetto di *domicilio*.[10]

1.5 Il Ministero delle finanze è intervenuto, con la circolare 2 dicembre 1997, n. 304/E/I/2/705,[11] in merito all'interpreta-

6. Si veda N. D'Amati, *L'imposta sul reddito delle persone fisiche*, Torino, 1992, 7; A. Casertano, "Il presupposto d'imposta ed i soggetti passivi", in *Il Fisco*, 5/1987, 656.

7. In tal senso già R. Lupi, "Territorialità del tributo", in *Enc. giur. Treccani*, Roma, 1994, 4.

8. Nel diritto tributario italiano il domicilio, specie del più ampio genus della residenza, non si deve confondere con il domicilio fiscale, quale centro di riferimento per l'accertamento delle imposte di cui agli artt. 58 e 59, d.p.R. 29 settembre 1973, n. 600. Tuttavia, nel presente studio non si può prescindere da un diretto confronto tra i due istituti, che dovrà evidenziare l'opportunità di tale distinzione, ovvero l'irrazionalità di tale duplicazione.

9. Si veda L. Montuschi, "Domicilio e residenza", in *Commentario al codice* civile, a cura di A. Scialoja e G. Branca, Roma-Bologna, 1970, 1.

10. Si veda G. Russo, "Del domicilio", in *Commentario al codice civile*, diretto da D'Amelio e Finzi, I, Firenze, 1940, 193 ss.

11. In *Il fisco*, 46/1997, 13.664 ss. Per un commento, si veda B. Lipari, "L'accertamento dei requisiti per la qualificazione di soggetto *fiscalmente* residente in Italia", in *Il fisco*, 18/1998, 5.822 ss.

zione dell'art. 2, comma 2, t.u.i.r., al fine di "individuare i casi in cui il trasferimento della residenza anagrafica rappresenta un facile espediente posto in essere da cittadini italiani che di fatto hanno mantenuto la residenza o il domicilio in Italia".

L'intervento del Ministero rafforza la tesi secondo la quale l'iscrizione all'anagrafe della popolazione *residente*, rappresentando un criterio di natura formale, non necessariamente espressione della realtà fattuale, è opportuno costituisca non già una presunzione assoluta di esistenza del collegamento con il territorio dello Stato (e, dunque, di *residenza* fiscale in Italia), bensì una presunzione relativa, superabile dalla dimostrazione offerta dal contribuente che la *residenza* effettiva è localizzata altrove.

Quale naturale proiezione di tale considerazione, emerge (anche dalla stessa circolare) la centralità dei due restanti criteri di collegamento, vale a dire la *residenza* e (in particolar modo) il *domicilio* ai sensi dell'art. 43 c.c.

L'ancoraggio ai dati emergenti dalla realtà fattuale che li caratterizza (in contrapposizione alla natura formale dell'iscrizione anagrafica), e la loro attitudine a cogliere ed esprimere, in una prospettiva dinamica, la complessità dell'odierna vita personale e professionale (in contrapposizione alla natura statica del legame rappresentato dall'iscrizione anagrafica), ne fanno i veri cardini su cui edificare un sistema di tassazione, mondiale o territoriale.

In quest'ottica sembrano doversi leggere da un lato l'accento che, nella circolare (con particolare riferimento al *domicilio*), è posto sulla natura qualitativa del legame tra il contribuente e il territorio dello Stato, e, dall'altro lato, la tendenza a svalutare criteri che esprimono la connessione con il territorio dello Stato in termini puramente quantitativi.

1.6 Nell'ipotesi in cui il ruolo del *trustee* sia svolto da una società o ente (o, comunque, il conseguimento dello scopo del *trust* richieda la costituzione di una società o ente da parte del *trustee* persona fisica), occorrerà, parallelamente, determinare, ai sensi dell'art. 87, comma 3, t.u.i.r., se essa possa considerarsi fiscalmente *residente* in Italia, per l'esistenza nel territorio dello Stato della *sede legale*, della *sede dell'amministrazione* o dell'*oggetto principale*, per la maggior parte del periodo d'imposta. Anche in questo caso, a seguito di risposta negativa, la tassazione in Italia potrà giustificarsi solo in presenza di reddito prodotto nel territorio dello Stato.

1.7 Per contro, seguendo quella dottrina che considera il *trust* dotato di una autonoma soggettività passiva ai fini dell'Irpeg, in quanto riconducibile all'art. 87, comma 2, t.u.i.r., dove, tra gli enti diversi dalle società (aventi o meno per oggetto esclusivo o principale l'esercizio di attività commerciali), si comprendono "le altre organizzazioni non appartenenti ad altri soggetti passivi nei confronti delle quali il presupposto dell'imposta si verifica in modo unitario e autonomo",[12] la *residenza* sarà determinata secondo le note regole di cui all'art. 87, comma 3, t.u.i.r.

1.8 Infine, non si deve sottovalutare il ruolo che ricopre il *protector* nell'ambito di un rapporto di *trust*. Infatti, nella misura in cui al *protector* sono affidati compiti che esorbitano dai normali poteri di controllo sull'operato del *trustee* (la qual cosa è tutt'affatto rara) si espone il *trust* al rischio che la sua *residenza* sia determinata non solo e non tanto con riguardo a quella del *trustee* quanto piuttosto avendo a riferimento il luogo dove è *residente* il *protector*.

2. *La "residenza" del "trust" nel diritto tributario comparato*

In merito alla problematica sovra illustrata — eventuale autonoma soggettività

12. Si veda G. Maisto, "Italy, in The Taxation of Trusts in Civil Law Countries", in *European Taxation*, 8/1998, 246; la relazione del Se.c.i.t. 11 maggio 1998, n. 37, in *Tributi*, 6/1998, 653 ss.; M. Lupoi, *Trusts, cit.*, 1997, 633 ss.; G. Puoti, *La tassazione dei redditi del trust*, in AA.VV., *I trusts in Italia oggi*, cit., 323; M. Nussi, *L'imputazione del reddito...*, cit., 587.

passiva del *trust* ai fini delle imposte sui redditi, e conseguente individuazione della *residenza* fiscale del medesimo — è interessante riportare le soluzioni accolte negli ordinamenti di alcuni Paesi esteri nei quali si fa ampio uso del *trust*.

Si rileva, in via preliminare, che, contrariamente a quanto ci si potrebbe attendere, anche nella più gran parte dei Paesi anglosassoni, il legislatore non ha provveduto a disciplinare gli aspetti problematici sovraevidenziati; occorre piuttosto fare riferimento alle soluzioni, non sempre limpide sul piano della coerenza giuridica, elaborate in sede giurisprudenziale.

Il fattore di maggior complessità consiste nel fatto che, da un lato, le soluzioni accolte sembrano attribuire autonoma rilevanza al *trust* in quanto tale (tanto che, ad esempio, negli Stati Uniti, in Canada e in Australia si parla di *residenza* del *trust*) e, dall'altro lato, tali soluzioni non si spingono ad elevare il *trust* ad autonomo soggetto passivo dell'imposta sul reddito, continuando a ravvisare nel *trustee* (o, in casi peculiari, nel *beneficiary*) il soggetto rilevante ai fini dell'imposizione.

Ad ogni modo, il denominatore comune delle soluzioni medesime consiste nel tentativo (spesso riuscito) di eliminare i fenomeni di doppia imposizione economica che possono scaturire dall'istituto in esame, allorchè il reddito del patrimonio costituito in *trust* è tassato, una prima volta, in capo al *trustee* (o, eventualmente, in capo al *trust* in quanto tale) e, una seconda volta, al momento della erogazione, in capo al *beneficiary* percettore.

Le soluzioni prospettate fanno leva, a seconda dell'ordinamento giuridico interessato, e della forma di *trust* prescelta, sul criterio della trasparenza fiscale del *trust* (nel senso di una tassazione diretta in capo al *beneficiary*, riconosciuto come il titolare della ricchezza proveniente dai beni costituiti in *trust*) o, alternativamente, sul principio della doppia tassazione (del *trustee* — o del *trust* — in prima battuta, e del *beneficiary* al momento della erogazione) con attribuzione al *beneficiary* di un credito d'imposta per l'imposta assolta dal *trustee*.

Negli Stati Uniti, il *trust* è, ad alcuni fini, trattato come una persona fisica (determinazione delle aliquote d'imposta, determinazione del reddito lordo, riconoscimento di detrazioni e crediti d'imposta), benchè sia considerato non già una persona fisica, ma un diverso tipo di persona.[13]

Preminente rilievo, al fine di individuare il regime tributario applicabile al *trust* nel diritto statunitense, è da riconoscersi al caso *B. W. Jones Trust v. Commissioner of Internal Revenue*,[14] del 1942, che vedeva coinvolti tre *trustees residenti* nel Regno Unito e un *trustee residente* e *cittadino* degli Stati Uniti. Una pluralità di elementi collegavano l'amministrazione e gestione del patrimonio del *trust* agli Stati Uniti, benchè la maggioranza dei *trustees* fosse *residente* all'estero: negli Stati Uniti era localizzato un ufficio a disposizione dei *trustees*, nel quale operava una segretaria; il novanta per cento del patrimonio del *trust* era rappresentato da titoli depositati presso banche statunitensi; il *trustee* statunitense era autorizzato a effettuare investimenti e ad alienare parte del patrimonio del *trust*: il reddito era poi trasferito da una banca statunitense ad una banca inglese, che provvedeva a distribuirlo ai *beneficiaries* inglesi.

La *Fourth Circuit Court of Appeals* concluse che i *trustees* dovevano considerarsi *residenti* negli Stati Uniti, affermando che, benchè sia difficile accertare quando un *trust* sia *non residente*, non vi può essere esitazione nel caso in cui il novanta per cento del patrimonio del *trust* è costituito da azioni e obbligazioni di società statunitensi, materialmente localizzate negli Stati Uniti e possedute da un *trustee* di *cittadinanza*

13. I.R.C. § 7701 (a) (1); sul punto, si veda J. F. Avery Jones e AA.VV., "The treatment of trusts under the OECD model convention", in *Dir. prat. trib.*, 1989, I, 1.520 ss.

14. *B.W. Jones Trust v. Commissioner of Internal Revenue*, 46 BTA 531 (1942), aff'd, 132 F.2d 914 (4th Cir. 1943).

americana, negoziate negli Stati Uniti ad opera del medesimo *trustee* che provvede a raccoglierne il reddito utilizzando un ufficio localizzato negli Stati Uniti.

In particolare, sostenne la Corte, nessuna persona fisica che fosse stata presente e avesse svolto la sua attività negli Stati Uniti come questo *trust* avrebbe potuto pretendere di essere *non residente*, così come nessuna società che avesse operato nel modo descritto avrebbe potuto negare di essere presente nel territorio in modo permanente, idoneo a provocare la soggezione alla potestà impositiva degli Stati Uniti.

L'elemento cardine al fine di riscontrare la *residenza* fiscale negli Stati Uniti dei *trustees* (e, dunque, del *trust*) è da riscontrarsi nel cd. *place of administration* del *trust* stesso; dalle affermazioni della Corte, tuttavia, un ruolo rilevante sembra doversi riconoscere anche al luogo in cui è localizzato il patrimonio (o la maggioranza del patrimonio) del *trust*. Poichè, tuttavia, non si hanno pronunce nelle quali il luogo in cui è localizzato il patrimonio del *trust* è stato utilizzato come criterio autonomo ai fini dell'individuazione della *residenza* fiscale dei *trustees* (e, dunque, del *trust*), si ritiene che tale criterio abbia una valenza sussidiaria, nel caso in cui il criterio del luogo di amministrazione del *trust* non dia un risultato definitivo.[15]

È interessante rilevare come, nel caso prospettato, anche i principi vigenti in altri ordinamenti tributari (ad esempio, Canada, Regno Unito e Australia) avrebbero condotto a considerare i *trustees* (e, dunque, il *trust*) come *residenti* nel proprio territorio.

In Canada, una norma di legge prevede che, ai fini dell'assoggettamento ad imposizione, il *trust* deve essere considerato come una persona fisica;[16] ciò nondimeno, in un rilevante caso giurisprudenziale,[17] che rappresenta il più riuscito tentativo di inquadramento teorico dell'istituto, la *residenza* del *trust* è stata individuata facendo leva sui principi relativi alla *residenza* delle *società ed enti*.

Nel caso in esame vi erano tre *trustees*, due dei quali *residenti* alle Bermuda e uno in Canada. Il patrimonio del *trust*, costituito originariamente da azioni di società canadesi, materialmente localizzate alle Bermuda, era venuto successivamente differenziandosi, comprendendo investimenti negli Stati Uniti, Regno Unito, Paesi Bassi, Svizzera e Bermuda. I *trustees residenti* alle Bermuda avevano il possesso ed il controllo del patrimonio del *trust*; tutte le riunioni dei *trustees* si tennero alle Bermuda e in quella sede furono adottate tutte le decisioni relative all'amministrazione del *trust*; il contratto di *trust* prevedeva la possibilità di decisioni assunte a maggioranza, come in realtà spesso avvenne ad opera dei *trustees residenti* alle Bermuda.

La Corte Federale Canadese affermò che il *trust* era da considerarsi *residente* alle Bermuda, muovendo dalla circostanza che la maggioranza dei *trustees* era *residente* alle Bermuda e che il contratto di *trust* consentiva l'adozione di decisioni a maggioranza. Una circolare interpretativa, successivamente emanata dall'Amministrazione finanziaria canadese,[18] chiarì che la *residenza* di un *trust* deve essere determinata facendo leva sul criterio del *place of management and control, or the place of the greater part of such management and control*.

Nonostante la previsione legislativa che considera il *trust* come una persona fisica, la giurisprudenza e l'Amministrazione finanziaria canadese hanno utilizzato, ed utilizzano, ai fini della individuazione della *residenza* del *trust* il criterio principe —

15. J. F. Avery Jones e AA.VV., *The treatment of trusts...*, *cit.*, 1.523, 1.524.

16. Income Tax Act, § 104 (2): "A trust shall (...) be deemed to be, in respect of the trust property, an individual (...)". Si veda J. Bernstein, "Residence of Trusts for Canadian Tax Purposes", in *Bullettin for International Fiscal Documentation*, 3/1998, 125 ss.

17. *Thibodeau Family Trust v. The Queen*, 78 DTC, 6.376.

18. Circ. dell'Amministrazione finanziaria canadese 30 maggio 1980, n. IT- 447.

place of management and control — utilizzato per la determinazione della *residenza* delle società ed enti. In merito al ruolo svolto dal criterio del luogo in cui sono localizzati i beni del *trust*, la stessa circolare interpretativa afferma che esso spiega efficacia solo allorchè il criterio del *place of management and control* non conduce a risultati soddisfacenti.

Nel Regno Unito, un famoso caso giurisprudenziale[19] ha ispirato, nel 1989, l'introduzione di una norma sulla *residenza* dei *trustees* ai fini dell'imposta sul reddito, norma che si è aggiunta alla previsione normativa concernente la tassazione del *trust* ai fini dell'imposta sui *capital gains*.

Nel caso indicato, vi erano tre *trustees*, uno dei quali *residente* nel Regno Unito e gli altri due *non residenti*. In assenza di *beneficiaries* cui fosse attribuibile il reddito generato dal patrimonio del *trust*, il reddito di fonte estera generato dal *trust* fu imputato all'unico *trustee residente* nel Regno Unito. La Camera dei Lords respinse tale conclusione, sostenendo che il reddito di fonte estera poteva essere imputato ai *trustees* solo se essi fossero stati tutti *residenti* nel Regno Unito (poichè la norma che prevedeva la tassazione del reddito di fonte estera in capo a "(...) any person residing in the United Kingdom from any kind of property whatever, whether situated in the United Kingdom or elsewhere (...)",[20] doveva essere interpretata nel senso che quando vi fossero state più persone intitolate congiuntamente al reddito in questione — come nel caso dei tre *trustees* — presupposto della tassazione era da considerarsi la *residenza* nel Regno Unito della totalità di queste persone).

La nuova norma, introdotta nel 1989,[21] prevede che, ai fini delle imposte sul reddito, se vi sono più *trustees*, alcuni dei quali *residenti* e altri *non residenti*, essi devono essere tutti considerati *non residenti* se il *settlor*, al momento dell'attribuzione dei beni al *trust*, non era *domiciliato*, *residente* o ordinariamente *residente* nel Regno Unito; essi, tuttavia, sono considerati *residenti* nel Regno Unito se risultano *residenti* in base alla presunzione di *residenza* prevista ai fini dell'imposta sui *capital gains*.

Tale presunzione può essere evitata, e dunque la *residenza* dei *trustees* nel Regno Unito può essere esclusa, nel caso in cui si dimostri:

(i) che la maggioranza dei *trustees* non è *residente*, o non è ordinariamente *residente*, nel Regno Unito; e

(ii) che la *general administration* del *trust* è effettuata al di fuori del Regno Unito.

In Australia, una norma di legge prevede che il *trust* è ivi *residente* se, in qualsiasi momento nel corso dell'anno:

(i) un *trustee* è *residente* in Australia;

o

(ii) il luogo del *central management and control* è localizzato in Australia.[22]

Anche in questo caso, se da un lato il *trust* sembra assumere autonoma rilevanza ai fini dell'assoggettamento ad imposizione, e a tale scopo assume preminente rilievo il criterio tipico per determinare la *residenza* delle società ed enti (il luogo del *central management and control*), dall'altro lato permane il riferimento al *trustee*, e si considera sufficiente la *residenza* in Australia anche di uno solo dei *trustees* per farne discendere la *residenza* in Australia del *trust* nel suo complesso.

3. *La "residenza" del "trust" nelle convenzioni internazionali*

L'art. 4, comma 1, del Modello OCSE prevede che, ai fini dell'applicazione della convenzione, l'espressione *residente in uno Stato contraente* designa ogni persona che, in virtù della legislazione di detto Stato, è assoggettata ad imposta nello stesso Stato

19. *Dawson v. I.R.C.* 1989, 473 H.L.
20. T.A. 1988, sez. 18(1).
21. T.A. 1989, sez. 110.
22. Income Tax Assessment Act, sez. 95(2); sez. 160 H.

a motivo del suo *domicilio*, della sua *residenza*, della sua *sede di direzione*, o di ogni altro criterio di natura analoga.

Con riferimento all'istituto del *trust*, dopo aver premesso che esso è pressochè ignorato dal Modello di convenzione OCSE, occorre chiedersi se il medesimo possa considerarsi una persona *residente* in uno Stato contraente (che è ivi assoggettata ad imposta a motivo del suo *domicilio*, della sua *residenza*, della sua *sede di direzione*, etc.) e se, di conseguenza, possa beneficiare delle disposizioni convenzionali volte ad eliminare la doppia imposizione.

La risposta è diretta conseguenza della disamina svolta, allorchè si ebbe a sottolineare la difficoltà, tanto nell'ordinamento italiano quanto negli ordinamenti esteri, di inquadrare l'istituto, con riferimento al duplice profilo della eventuale soggettività passiva del *trust* in quanto tale ai fini delle imposte sui redditi e della determinazione della *residenza* fiscale del medesimo.

Qualora l'ordinamento giuridico di riferimento (interessato all'applicazione della convenzione) optasse in maniera inequivoca per il riconoscimento al *trust* della soggettività passiva ai fini delle imposte sul reddito e, di conseguenza, assoggettasse a imposta il *trust* stesso (per il reddito generato dal patrimonio del *trust*) a motivo del suo *domicilio, residenza* o *sede di direzione*, occorrerebbe estendere al *trust* (in quanto tale) l'applicazione delle convenzioni in oggetto (e il successivo problema da affrontare, di non proibitiva soluzione, sarebbe quello di determinarne la *residenza* fiscale, facendo leva prevalentemente sul criterio della *place of administration*).

Qualora, al contrario, l'ordinamento giuridico interessato negasse al *trust* la soggettività passiva ai fini delle imposte sul reddito, riconoscendo a soggetti diversi (il *trustee* o, in taluni casi, il *beneficiary*) la titolarità del reddito generato dal patrimonio del *trust*, l'applicabilità delle disposizioni convenzionali dovrebbe essere valutata alla luce della situazione giuridica (ed in particolar modo della *residenza* fiscale) di tali soggetti (il *trustee*, appunto, o il *beneficiary*).

Come illustrato precedentemente, le legislazioni della gran parte degli Stati non risolvono tale problematica, e le soluzioni adottate in sede giurisprudenziale non brillano per rigore e coerenza giuridica: se da un lato sembrano riconoscere al *trust* in quanto tale autonoma rilevanza e soggettività passiva, dall'altro lato paiono ravvisare nel *trustee* (e, in casi peculiari, nel *beneficiary*) il soggetto rilevante ai fini dell'imposizione.

Volendo enucleare un principio generale in merito all'applicabilità all'istituto del *trust* delle convenzioni internazionali per evitare le doppie imposizioni, si può affermare che occorre, in primo luogo, individuare nell'ambito dello Stato interessato (all'applicazione della convenzione) chi è il soggetto passivo del reddito generato dal patrimonio del *trust* (il *trust* stesso, il *trustee* o il *beneficiary*), soluzione che varia anche in funzione della tipologia di *trust* adottata.

Secondariamente, è necessario sottolineare che, per alcune fattispecie reddituali (dividendi, interessi e *royalties*, disciplinate, rispettivamente, dagli artt. 10, 11 e 12 del Modello OCSE), l'applicazione della convenzione è subordinata alla condizione che il percettore del reddito (dividendi, interessi e *royalties*, appunto) ne sia il beneficiario effettivo.

Una volta chiarito che in base all'ordinamento tributario dello Stato interessato il *trust* in quanto tale (o, alternativamente, il *trustee*) è il titolare del reddito generato dal patrimonio del *trust*, occorre accertarsi, per beneficiare dell'applicazione della convenzione, che esso (il *trust*, appunto, o, alternativamente, il *trustee*) è anche il beneficiario effettivo dei dividendi, degli interessi o delle *royalties*.

In merito al significato da attribuirsi all'espressione "beneficiario effettivo", si rileva l'assenza di una indicazione in seno al Commentario al Modello OCSE, che si limita ad affermare che un intermediario come un agente o un fiduciario non può essere considerato il beneficiario effettivo.

Tuttavia, il Comitato sugli Affari Fiscali dell'OCSE, nel 1987, ha specificato che "a conduit company can normally not be regarded as the beneficial owner if, though the formal owner of certain assets, it has very narrow powers which render it a mere fiduciary or an administrator acting on account of the interested parties (most likely the shareholders of the conduit company)".[23]

Poichè secondo l'interpretazione dell'OCSE non può considerarsi beneficiaria effettiva una *conduit company* la quale, benchè intestataria di alcuni beni, abbia sui medesimi un potere solo marginale, che la rende mera fiduciaria o amministratrice che agisce nell'interesse e per conto dei soggetti interessati, sembra problematico che il *trust* in quanto tale, o il *trustee*, possano essere considerati beneficiari effettivi ai fini dell'applicazione della convenzione, quantomeno in quegli ordinamenti (e in quelle tipologie di *trust*) in cui il reddito del *trust* è automaticamente imputato in capo al *beneficiary*.

Nel caso in cui il *trustee* sia considerato il soggetto passivo dell'imposta sui redditi generati dal patrimonio del *trust*, e disponga anche di ampia discrezionalità circa i tempi, i modi e l'ammontare della erogazione al *beneficiary*, sembra difficile negare al *trustee* stesso la qualifica di beneficiario effettivo e, dunque, l'applicazione delle disposizioni convenzionali.

23. OECD, *International Tax Avoidance and Evasion, cit.*, 93.

CADERNOS DE DIREITO TRIBUTÁRIO

LA RETENCIÓN EN EL DERECHO TRIBUTARIO: OBLIGACIÓN "EX LEGE" DE LOS PATRONES

GABRIELA RÍOS GRANADOS

I-A) Justificación del tema. II-B) La retención en el Derecho. III-C) Origen. IV-D) Base conceptual. V-E) Elementos esenciales: V-E.1) Obligación "ex lege"; V-E.2) Carácter autónomo; V-E.3) Finalidad garantista. VI-F) Marco jurídico. VII-G) Objeto de la retención. VIII-H) Sujetos pasivos en la relación jurídica tributaria: VIII-H.1) Retenedor como responsable solidario; VIII-H.2) Retenedor como sustituto del tributo. IX-I) Obligaciones del retenedor. X-J) Derechos del retenedor. XI-K) ¿Cómo opera la retención? XII-L) El costo de la retención. XIII-M) A modo de conclusión. XIV-N) Anexos. Bibliografía.

I-A) Justificación del tema

El Derecho[1] es historia; bajo esta concepción el Derecho[2] evoluciona debido a la necesidad de ajustar el sistema de normas jurídicas a las transformaciones de la sociedad. En tal sentido, en los últimos tiempos estamos asistiendo a los comienzos de otra renovación del Derecho. El Derecho Tributario como disciplina jurídica autónoma ha tenido una reciente conformación; esto gracias a los juristas doctrinarios[3] que

1. Interesante es la historia del Derecho Tributario introducido en la tradición publicista del Derecho. Bártolo Sassoferrato (1313-1357) crea la escuela de la teoría del Estado moderno. Mario G. Losano, manifiesta que las obras de este período son el germen de los modernos Derechos Constitucional, Administrativo y Tributario. En G. M. Losano, *Los Grandes Sistema Jurídicos, Introducción al Derecho Europeo y Extranjero*, versión castellana A. Ruiz Miguel, Madrid, Debate, 1993, p. 80.

2. De acuerdo con H. L. A. Hart la presencia del Derecho significa la reducción de opciones del comportamiento de los individuos, esto es, que la característica más destacada y relevante del Derecho, en todo tiempo y lugar, es que su presencia significa que cierta conducta humana deja de ser optativa, convirtiéndose así, en obligatoria en algún sentido. Sin embargo, esta aparente simple característica del Derecho no lo es de hecho (...). Traducción literal de: "The most prominent general feature of law at all times and places is that its existence means that certain kind of human conduct are no longer optional, but some sense obligatory. Yet this apparently simple characteristic of law is not in fact a simple one (...)" (H. L. A. Hart, *The Concept of Law*, Oxford, Clarendon Press, 1972, p. 6). También véase en R. Tamayo y Salmoran, *Elementos para una Teoría General del Derecho, Introducción al Estudio de la Ciencia Jurídica*, México, Themis, 1992, p. 27.

3. El Derecho Tributario se desmembra del Administrativo; este último que tuvo su nacimiento en los *Principi Generali di Diritto Amministrativo*, de Gian Domenico Romagnosi (1761-1835). G. M. Losano, *op. cit*, p. 98. En cuanto al Derecho Tributario existen claras muestras de este empeño por parte de la doctrina nacional y extranjera, en esta

han elaborado grandes obras escritas con el ánimo de darle sistematización al mismo. Obras que en todo tiempo servirán como punto de partida para la solución de nuevos paradigmas que la propia evolución del hombre impone, tales como el avance tecnológico, nuevos descubrimientos científicos, nuevas formas de asociación, entre otros.

Así es necesario fortalecer las instituciones, figuras y categorías ya existentes para que sirvan a la propia transformación del Derecho; en este sentido, resulta necesario argumentar que el análisis y estudio de las categorías, instituciones y figuras tributarias no es ocioso, pues el alcanzar un análisis y estudio minucioso permitirá consolidar la teoría del Derecho Tributario para hacer frente a las nuevas categorías y figuras que se presentan por la necesidad de acoplarse el Derecho a la realidad social y a la realidad económica en evolución.[4]

En la metodología de este artículo, se parte de una inquisición básica: ¿cuál es la utilidad de analizar el debate dogmático jurídico en torno a la retención como categoría autónoma en el Derecho Tributario? la respuesta señala que no es infructuoso de nuestra parte volver a retomar los puntos que llegaron a ser controvertidos en un momento dado, debido a que en la búsqueda de un concepto válido de esta categoría, se enriquece el planteamiento doctrinal, creando nuevas formas de razonamiento jurídico; pero lo más importante es que se constituye una serie de estipulaciones respecto a qué requisitos deben tomar en cuenta los legisladores y verificar los jueces para aplicar dicha obligación tributaria.[5]

Uno de los temas nodales de la retención en materia tributaria, es la naturaleza jurídica[6] de ésta, es decir, si es una obligación "ex lege", o bien una modalidad impositiva. Bajo este contexto, he querido rea-

última, los ejemplos sobran y a manera enunciativa cabe citar a Aquille Donato Giannini, con su obra clásica *Instituciones de Derecho Tributario*, Madrid, Editorial de Derecho Financiero, 1957; A. Amatucci, *L'Ordinamento Giuridico Finanziario*, Milano, Jovene Editore, 1995; Berliri, *Principi di Diritto Tributario*, v. 1, Milano, Giuffrè, 1967; Berliri, *Corso Istituzionale di Diritto Tributario*, v. I, Milano, Giuffrè, 1985 ; A. Fedele, *Diritto Tributario e Diritto Civile nella disciplina dei rapporti interni tra i soggetti passivi del tributo*, RDFSF, 1969; G. Fonrouge, *Derecho Financiero*, v. I, actualizada por S. C. Navarrine, R. O. Asorey, Buenos Aires, Depalma, 1997; A. D. Giannini, *I Concetti Fondamentali del Diritto Tributario*, Torino, UTET;, E. Gonzalez Garcia, "Clasificación de los tributos, impuestos y tasas", en *Comentarios a la LGT y Líneas para su Reforma. Homenaje a Saínz de Bujanda*, v. I, Madrid, IEF, 1991. También publicado en *Tasas y Precios Públicos en el Ordenamiento Jurídico Español*, Monografías Jurídico-Fiscales, Madrid, IEF, Marcial Pons, 1991; E. Gonzalez Garcia y J. L. Perez de Ayala, *Derecho Tributario I*, Salamanca, Plaza Universitaria Ediciones, 1994; Griziotti, *Principi di Diritto Tributario*, Bari, 1938; D. Jarach, *El Hecho Imponible*, Buenos Aires, Abeledo-Perrot, 1971; G. A. Micheli, *Curso de Derecho Tributario*, trad. Julio Banacloche, Madrid, 1973; Sainz de Bujanda, *Hacienda y Derecho*, v. I, Madrid, IEP, 1962; Tesoro, *Principi di Diritto Tributario*, Bari, 1938; E. Vanoni, *Opere Giuridiche*, v. II, Milano, Dott A. Giuffrè, 1962; E. Vanoni, *Naturaleza e Interpretación de las Leyes Tributarias*, trad. J. Martín Queralt, Madrid, IEF, 1973. Aprovecho estas líneas para indicar que el abogado que aspire a tener una sólida formación en esta materia, será necesario como punto de partida la lectura y análisis de las obras aquí citadas.

4. En este mismo sentido, observamos que el ajuste del Derecho a las realidades sociales y económicas es cíclico, es decir, periódicamente las instituciones deben embonar en las realidades; bajo esta misma argumentación Ruíz Miguel, indica que los Derechos positivos están caracterizados por el constante compromiso entre rígidas estructuras formales y realidad económica en evolución. *Op. cit.*, p. 83.

5. Estas ideas han sido nutridas por el planteamiento de C. Santiago Nino, *Introducción al Análisis del Derecho*, Barcelona, Ariel Derecho, 1991, p. 335.

6. En la dogmática jurídico-tributaria con inveterada frecuencia no se explica qué se entiende por naturaleza jurídica; este fenómeno lo hemos advertido después de varias lecturas a ensayos tributarios. Se intuye que esta falla se debe a que la dogmática especializada, da por entendidos u obviados los conceptos básicos, que se estudian en la Teoría General del Derecho. No obstante, algunos autores dedican tiempo a esta clase de cuestionamientos, de tal manera, que cuando se habla de naturaleza jurídica se refieren a las notas esenciales de algún instituto o categoría jurídica; en nuestro caso se entenderá como notas esenciales de la retención. Para nosotros sí es importante desentrañar el significado de naturaleza jurídica, porque en ocasiones puede dar lugar a dudas y especialmente aquí.

lizar un análisis de la retención en el Derecho Tributario. Lo anterior con el propósito de esclarecer cuáles son los efectos de la obligación tributaria, su incumplimiento y las responsabilidades que se desprendan de éste.

Aquí cabe la advertencia que este ensayo no pretende hacer un estudio general de la retención regulada en las leyes del Impuesto Sobre la Renta, del Impuesto al Valor Agregado y del Impuesto al Activo, sino se va a concretar en obligación de los patrones de la retención del Impuesto Sobre la Renta de sus trabajadores. Y en este sentido, se estudiará por una parte la existencia de la intervención administrativa en una empresa, como producto del procedimiento administrativo de ejecución, de tal forma estudiar a quién le corresponde la obligación de la retención de impuestos de los trabajadores, sí al patrón o bien al interventor administrador. Y por otra parte, no menos importante el costo de la retención para el patrón y las posibles soluciones para reducir dicho costo.

II-B) La retención en el Derecho

La voz retención[7] en la ciencia jurídica tiene un amplio campo de aplicación, verbigracia el derecho de retención en materia civil,[8] la retención de los activos financieros[9] en materia mercantil, la potestad de las asambleas de decidir la retención de dividendos,[10] y si seguimos por este camino podemos encontrar un sin número de ejemplos que nos llevan a afirmar que este concepto está muy extendido en la ciencia del Derecho. A grosso modo, en un primer hacer acercamiento la retención tiene una esencia garantista, es decir, garantizar el cumplimiento de una obligación, una obligación principal.

La retención en materia tributaria es la recaudación de los sujetos que realizan pagos como cercanía a la fuente de riqueza, en la doctrina jurídica tributaria una relación jurídica tributaria entendida como el deber de colaboración del no contribuyente con la Hacienda Pública. Este deber de colaboración se concretiza en retener e ingresar en el Tesoro público una cantidad por la realización de determinados pagos.

III-C) Origen

En la relación jurídica impositiva el ente público detenta el poder[11] y la potestad de imposición; así en lo que se refiere a esta última el sujeto activo en aras de una mayor certeza y facilidad en la liquidación y recaudación de la contribución acude a personas extrañas al contribuyente; por tanto, el ente público a través del poder de imposición convierte a personas ajenas al contribuyente en sus auxiliares con el propósito de dar cumplimiento a la obligación tributaria. La retención es un mecanismo establecido por la hacienda pública cuyo fundamento son los principios de seguridad y economía[12]

7. En el *Diccionario de Términos Jurídicos en Cuatro Idiomas, Español, Alemán, Francés e Inglés*, la voz retención también se contempla en el Derecho francés como "*droit de rétention* o como *retenue*", realizado por E. Le Docte, Madrid, Civitas, 1995.

8. En el Derecho Civil esta figura jurídica ha estado íntimamente vinculada con la excepción del contrato no cumplido, *exceptio inadimpleti contractus*. Estudio monográfico sobre el derecho de retención en A. M. Lopezy y Lopez, *Retención y Mandato*, Bolonia, Studia Albornotiana, 1976, p. 14.

9. G. Ferreira Mendes, A Reforma Monetária de 1990. Problemática jurídica da chamada "Retenção dos ativos financeiros" (Lei 8.024, de 12.4.1990), en Arquivos do Ministério da Justiça, ano 44, n. 178, julho-dezembro 1990.

10. R. Olivera Garcia, "Responsabilidad de las mayorías por retención de dividendos", en *Revista del Derecho Comercial y de las Obligaciones*, año 19, n. 14, diciembre 1986, p. 847.

11. En el marco del Derecho Tributario, existe la distinción entre el poder y potestad tributaria. El poder de imposición lo detenta el Poder Legislativo, que tiene la facultad de establecer contribuciones y la potestad tributaria la ejerce el Poder Ejecutivo, al gestionar y recaudar tributos. El término poder es más amplio que la potestad tributaria.

12. P. de Elizalde y Aymerich, "La retención tributaria como acto económico-administrativo", en *Derechos y Garantías del Contribuyente*, Madrid, Instituto de Estudios Fiscales, 1983, p. 37.

en la percepción de las contribuciones. La retención es una relación jurídica tributaria subordinada a la obligación principal del pago del tributo.[13] La finalidad de la retención es la efectividad de la obligación principal tributaria.

La retención es una relación jurídica tributaria y es necesaria para la aplicación de las contribuciones. En este esquema parecería en un primer acercamiento que el Estado extiende su competencia tributaria en esta figura jurídica, pues convierte al retenedor en su auxiliar y coadyuvante;[14] asimismo lo constriñe a cumplir con la obligación de retener y enterar el dinerario al erario público.

Interesa decir, que el retenedor considerado sujeto pasivo nunca pierde esta cualidad, esto es, no se convierte en sujeto activo de la potestad tributaria. Las obligaciones del retenedor son concretas, a la administración le corresponde el reembolso de los créditos a favor del retenedor y el control de legalidad de la retención corresponde a la administración.

Por otra parte, se ha afirmado que el retenedor es un "sustituto", pues reemplaza al contribuyente en su obligación de ingresar la exacción tributaria a la hacienda pública, y como tal, sustituye en esta obligación al contribuyente.

Para mejor comprender esta figura, podemos afirmar que tiene una naturaleza sui géneris, pues por razones prácticas y de certeza, el Estado acude a un tercer extraño para hacer efectiva su competencia tributaria; es decir, gestionar y recaudar el tributo, pero por otra parte, lo convierte en sustituto del contribuyente, porque en el retenedor recae la obligación de retener el impuesto y ingresarlo al tesoro público, y en caso de no hacerlo entraría en el supuesto del ilícito penal.

IV-D) Base conceptual

El sistema tributario español, contempla que la obligación de retener puede operar sobre pagos anticipados,[15] antes de que

13. En resumen, se puede distinguir dos corrientes de pensamiento, la primera se refiere a la obligación tributaria comprensiva de la obligación de pago y todas las referentes a las obligaciones de hacer y soportar, cuya finalidad es hacer efectiva la obligación de pago; la segunda, actualmente seguida por la mayoría de la doctrina se explica en función de la obligación principal de pago y las relaciones accesorias a la principal, entre estos autores se distinguen González García, Lejeune, Ferrerio Lapatza y otros. E. Gonzalez Garcia, E. Lejeune, *Derecho Tributario I*, Salamanca, Plaza Universitario Ediciones, 1997, p. 228; M. J. Alvarado Esquivel, "La finalidad o fundamento extrajurídico de la responsabilidad tributaria", *Información Jurídica Pemex Lex*, ns. 89-90, nov.-dic. 1995, p. 49.

14. Bajo esta concepción se podría pensar que el administrado adquiere facultades, potestades y derechos frente a otros administrados; esta idea ha sido contemplada por Ferreiro Lapatza, pero estas facultades también pueden ser ejercidas frente a la propia Administración, tal es el caso de la devolución de las cantidades cobradas erróneamente (J. J. Ferreiro Lapatza, *Curso de Derecho Financiero Español*, Madrid, Marcial Pons, 1990, p. 457). En el Derecho Administrativo a este conjunto de facultades se le conoce como el ejercicio privado de funciones públicas, así lo consideran Zanobini, Garrido Falla y García de Enterría (F. Garrido Falla, *Tratado de Derecho Administrativo*, v. I, Parte General, 7ª ed., Madrid, Instituto de Estudios Políticos, 1976, pp. 54 y ss.; E. García de Enterría, Fernandez Tomás-Ramón, *Curso de Derecho Administrativo I*, Madrid, Civitas, 1980, pp. 34 y ss.; G. Zanobini, *Diritto Amministrativo, Principi Generali*, v. I, Milano, Dott. A. Giuffrè, 1954, p. 204).

Así, el deber de colaborar con los entes públicos en el Derecho Administrativo se le llama ejercicio privado de las funciones públicas. En tal sentido Pedro de Elizalde y Aymerich, ha enfatizado que: "Tradicionalmente no ha sido estudiada la posibilidad de encuadrar en esta situación al sustituto tributario, pues cuando se alude en esta materia a la recaudación de tributos se entiende sólo en la forma concesional. No obstante, es fácil advertir la analogía con los supuestos tradicionalmente señalados como ejemplo para explicar esta figura" (*op. cit.*, p. 63).

15. En México también se observa una figura parecida, aunque la propia ley no exprese como tal, pero la retención puede operar como pago provisional (pago anticipado) y que a primera vista se contemplan las características comunes de esta figura, tal como se expone a continuación en el Código Fiscal de la Federación: "Art. 26. Son responsables solidarios con los contribuyentes: (...) Las personas que estén obligadas a efectuar pagos provisionales por cuenta del contribuyente, hasta por el monto de estos pagos".

Como se podrá advertir, el marco legal mexicano contempla el pago provisional, lo que significa se produzca el hecho generador; bajo este contexto la doctrina española al aportar un concepto jurídico lo hace con esas características, así Palao Taboada ha definido la retención a cuenta como: "la obligación impuesta por la Ley a quien efectúa determinados pagos de retener o ingresar en el Tesoro cierta fracción de los mismos, que será computada al perceptor de dichos pagos en la liquidación del impuesto que eventualmente deba en relación con ellos".[16] En este orden de ideas, Martín Queralt,[17] ha precisado: "es la prestación de Derecho Público impuesta por la Ley, de naturaleza obligacional, tanto por su contenido pecuniario como por su estructura y régimen jurídico, carente de carácter contributivo y cuyo presupuesto de hecho está constituido por el abono, por parte del obligado, a un tercero, de rendimientos sujetos a tributación en el IRPF. No tiene como finalidad procurar el enriquecimiento del sujeto activo-acreedor, sino facilitar a la Administración la disponibilidad de medios económicos".

Dentro de esta corriente doctrinal, De la Garza[18] indica que la retención tiene naturaleza tributaria. A mi parecer es correcta esta idea, por dos razones, a saber, el marco jurídico mexicano y la doctrina. Referente a la primera razón, no obstante que la regulación en esta materia es muy elemental, el artículo sexto del Código Fiscal de la Federación establece que sin perjuicio que el retenedor no haya efectuado la retención del impuesto, deberá ingresar una suma igual al tesoro, y en el mencionado código en el capítulo de las infracciones y delitos fiscales, al incumplimiento de esta obligación, se le tipifica como delito equiparable a la defraudación tributaria; de tal forma que esta obligación tiene naturaleza coercitiva y pecuniaria.

La base conceptual considerada de importancia para este ensayo toma su desarrollo en el retenedor concebido como colaborador de la Administración Pública, tal como lo han puesto de manifiesto Micheli[19] y Casado Ollero.[20]

V-E) Elementos esenciales

Después de las líneas apuntadas supra y haciendo una recapitulación será muy fácil indicar cuáles son los elementos esenciales y diferenciales de la retención en materia tributaria. En primer lugar, se trata de una obligación "ex lege", es decir, establecida en ley, dando debida cuenta al principio de legalidad absoluta; en segundo término, es ùn deber de colaboración con la administración pública.

Como tercer característica algunos autores consideran la ausencia de naturaleza contributiva; en mi caso particular y como se expone en este ensayo, considero que sí tiene el carácter contributivo.

Una cuarta caracterización viene a ser la finalidad garantista de este deber de colaboración. Ahora bien, estas caracteriza-

que antes de la realización fáctica del hecho imponible se pueden realizar pagos provisionales. En otras palabras, precedentemente de que se origine la obligación de pago, el contribuyente o sujetos pasivos deberán efectuar pagos provisionales. El pago está regulado en el artículo sexto del CFF que no define qué es el pago, pero claramente indica que en el momento de ubicarse la conducta humana en el supuesto jurídico se origina la obligación de pago. Por otra parte, cada ley especial también contempla los pagos provisionales y la manera de efectuarse.

El pago provisional puede definirse como anticipos a cuenta del impuesto anual (E. Valero Rodriguez, "Pagos provisionales y ajuste de ISR e IMPAC, 1995", en *Nuevo Consultorio Fiscal*, n. 144, 16 de agosto de 1995, p. 5; R. Ramirez Garcia, "Algunos aspectos interesantes sobre el ajuste a los pagos provisionales del Impuesto Sobre la Renta", en *Nuevo Consultorio Fiscal*, n. 144, 16 de agosto de 1995, p. 15).

16. Palao Taboada, "La retención a cuenta", en *Revista de Derecho Financiero y Hacienda Pública*, n. 74, 1968, p. 258.

17. J. Martin Queralt, *Naturaleza Jurídica de la Obligación de Retener*, trimestre fiscal, año 12, n. 37, junio 1991, p. 150.

18. S. F. de la Garza, *Derecho Financiero Mexicano*, México, Porrúa, 1999, p. 470. De la misma opinión de Elizalde y Aumerich, *op. cit.*, p. 52.

19. A. Micheli, *Corso di Diritto Tributario*, Torino, UTET, 1979, p. 137.

20. G. Casado Ollero, "La colaboración con la Administración tributaria. Notas para un nuevo modelo de relaciones con el Fisco", *Hacienda Pública Española*, n. 68, p. 161.

ciones las desarrollaremos en las siguientes líneas.

V-E.1) Obligación "ex lege"

Como reflejo de la evolución del principio de legalidad en el Derecho Tributario, esta obligación es legal; esto es que va a venir impuesta por una ley con sus características de generalidad, abstracta e impersonal; no así de un acto administrativo. Interesante aquí resulta saber que en la legislación uruguaya se hace referencia a los agentes de la retención o de percepción, y estos pueden ser determinados por la ley o por la administración, previa autorización legal, que con motivo de sus funciones o en razón de su actividad, oficio o profesión, intervengan en actos u operaciones en los cuales pueden retener o percibir el importe del tributo correspondiente.

Es importante tomar en consideración esta legislación porque permite que la ley delegue en la Administración la designación de los agentes retenedores, pues en México han surgido muchas dudas al respecto, cuando existe una intervención administrativa en una empresa con motivo de un procedimiento administrativo de ejecución para la recuperación de créditos fiscales. En este caso, se plantea la cuestión de quién debe retener, si el agente determinado por la ley, que será el patrón de acuerdo con la Ley del Impuesto Sobre la Renta, o bien el Interventor Administrador nombrado por la Secretaría de Hacienda y Crédito Público o cualquier otra autoridad.

De las ideas expresadas en líneas arriba se puede afirmar que la obligación tributaria de la retención está muy bien delineada, sin embargo, cuando los abogados se enfrentan a resolver los casos prácticos en el ejercicio de la profesión, se encuentran con serios problemas al no ver una solución legislada,[21] en este sentido, así bajo el supuesto cuando alguna autoridad fiscal para el cobro de créditos fiscales a su favor, interviene administrativamente una empresa, cabe preguntarse si el interventor como tal tiene la obligación de retener el Impuesto Sobre la Renta de los trabajadores.

La intervención de negociaciones está regulada en de los artículos 164 a 172 del CFF y sobre la figura de interventor administrador el 166 expresamente indica las facultades del mismo, así lo estipula:

"El interventor administrador tendrá todas las facultades que normalmente correspondan a la administración de la sociedad y plenos poderes con las facultades que requieran cláusula especial conforme a la ley, para ejercer actos de dominio, de administración, para pleitos y cobranzas, otorgar o suscribir títulos de crédito, presentar denuncias y querellas y desistir de estas últimas, previo acuerdo de la oficina ejecutora, así como para otorgar los poderes generales o especiales que juzgue convenientes, revocar los otorgados por la sociedad intervenida y los que él mismo hubiere conferido.

El interventor administrador no quedará supeditado en su actuación al consejo de administración, asamblea de accionistas, socios o partícipes.

Tratándose de negociaciones que no constituyan una sociedad, el interventor administrador tendrá todas las facultades de dueño para la conservación y buena marca del negocio".

La legislación fiscal contempla dos tipos de interventores, el interventor con cargo a caja y el administrativo. El interventor con cargo a caja es de carácter limitado y el administrativo es extenso, porque la ley lo contempla como un administrador de la negociación.

Así la obligación de interventor con cargo a caja es extraer el 10 por ciento de

21. Sostengo lo dicho, pues en mi práctica forense, en el proceso penal 100/98 radicado en el Juzgado Segundo de Distrito, en materia Penal, en el Distrito Federal, surgió la duda de quien era el penalmente responsable en la comisión del delito defraudación fiscal equiparable, por la no retención y entero del impuesto de los trabajadores, sí lo era el interventor administrador de la empresa o el patrón de la misma. Dicha causa sigue sujeta a proceso.

entradas diarias de la caja; por lo que se refiere al administrador sus facultades son amplias, pero siempre están establecidas en las leyes, principalmente el CFF, CPC, y en el CC.

Dentro de las obligaciones y facultades del interventor no se señala expresamente en la ley que deberá realizar la retención de los impuestos. Y contrario a lo que señala Fernández Sagardi, estas facultades no son colosas y omnímodas, pues únicamente en la práctica el interventor, aunque sea administrador, se restringe a recuperar el crédito fiscal por el que se instauró el embargo y a su vez la intervención administrativa. Es decir, que la única finalidad del interventor es pues el cobro del crédito fiscal adeudado.

En la práctica es muy común que el interventor administrador realmente no absorbe todas las funciones del patrón o del consejo de administración, porque en principio un interventor no tiene la capacidad técnica para poder desempeñarse como patrón y dirigir una empresa; pongamos un ejemplo: una empresa de aerotransportes requiere de conocimientos técnicos tanto del consejo de administración, como de los directores y del patrón para poder dirigir una empresa de tal magnitud. El interventor administrador, su finalidad principal es recuperar el cobro de los créditos vencidos y de alguna manera llevar el control de los gastos e ingresos de la empresa intervenida, lo que es muy distinto asumir todas las facultades del consejo de administración de una sociedad o bien del patrón.

V-E.2) Carácter autónomo

El deber de colaboración con la administración pública, establecida como relación jurídica tributaria tiene carácter autónomo, en el sentido de que tiene como obligación "ex lege", un presupuesto de hecho distinto al presupuesto de hecho contenido en el hecho imponible de un tributo. En este sentido, se entiende el carácter autónomo de la obligación de retener.

V-E.3) Finalidad garantista

Bajo el criterio planteado por Martín Queralt, concebimos esta finalidad garantista que no puede calificarse como garantía entendida en sentido técnico jurídico. Lo que significa que necesariamente debe realizar la retención la persona que por su proximidad a la fuente de riqueza le dé la oportunidad de ingresar el tributo por cuenta del fisco, esto es hacer efectivo el cobro del tributo. Es decir, por la situación de preferencia frente a la fuente de riqueza, el Estado impone esta obligación a distintas personas para hacer la recaudación del tributo e ingresarla al tesoro público.

VI-F) Marco jurídico

En este epígrafe se hará referencia al marco legislativo de la retención del impuesto, siendo que para el efecto de la consulta a las distintas disposiciones legales en distintos cuerpos legislativos tales como el Código Fiscal de la Federación, la Ley del Impuesto Sobre la Renta, y la Ley del Impuesto al Valor Agregado, estos se hallarán en este trabajo en un apartado titulado "anexos", debido a que es copia textual de las leyes.

Podemos decir a grosso modo que el marco jurídico mexicano regula la retención de impuestos como un pago provisional o definitivo del impuesto respectivo ya se trate del Impuesto Sobre la Renta o bien, del Impuesto al Valor Agregado, y en cuanto a la figura del retenedor, como un responsable solidario. En principio nuestro marco jurídico coincide con la legislación española ya que la retención la considera como el pago a cuenta al tesoro público y por lo que hace a la segunda cuestión, ya no es del todo compatible, debido a que en la española el retenedor es considerado el sustituto del contribuyente.[22]

22. "La Retención Tributaria como Acto Económico-Administrativo", en *Derechos y Garantías del Contribuyente*, op. cit.

Por lo que se refiere a nuestro tema en concreto, esto es la retención como obligación del patrón, como se ha dejado ver en el epígrafe denominado la retención como obligación "ex lege", existen deficiencias normativas que hacen imprecisas las obligaciones de los interventores administradores, cuando actúan como retenedores del impuesto. Es por tal motivo, que en la propia legislación deberá hacerse expresa esta obligación para los interventores, porque estaría en concordancia con la naturaleza la retención esto es, como obligación impuesta por la ley.

VII-G) Objeto de la retención

Aquí cabe hacer la distinción entre objeto-material de la retención y objeto fin de la misma. Como hemos mencionado al inicio de este ensayo, el estudio de la retención se va ha circunscribir en la retención realizada por los patrones respecto al trabajo subordinado. En este panorama, tenemos que el objeto-material de la retención, van a ser los rendimientos patrimoniales generados por el trabajo asalariado. Por otra parte, también la legislación ha considerado como retenedor a una persona distinta del contribuyente, con motivo de la relación económica con éste, ejemplo de esto, es el caso de la retención en el Impuesto al Valor Agregado.

El objeto material de la retención será el que se establezca en el presupuesto de hecho de la retención, que será distinto al presupuesto de hecho del hecho imponible. En este sentido, existen dos presupuestos de hecho: el que origina la deuda tributaria y el que origina la obligación de retener.

Dentro del objeto fin de la retención es la seguridad que tiene el Estado para percibir los ingresos tributarios a su favor. Esto es, se basa en los postulados de seguridad y economía en la percepción del tributo, de tal manera, que el Estado en el disfrute de su poder de imposición designa a varios sujetos pasivos de la obligación tributaria, colocados en distintos planos para asegurar el cobro d la contribución a su favor. Así tenemos pues, que la retención en materia tributaria tiene la finalidad de garantizar el ingreso tributario a favor del Tesoro Público. Este deber de colaboración que se convierte en un deber de garantizar el ingreso tributario al erario público, bajo este concepto de garantía al Estado, este deber está muy penalizado, para evitar que su incumplimiento y la defraudación a las finanzas públicas. El objeto fin de la retención es la procuración de los medios para un pago provisional o para una más fácil de los ingresos públicos.[23]

VIII-H) Sujetos pasivos en la relación jurídica tributaria

En materia tributaria la figura del sujeto pasivo deriva de la relación tributaria[24] entre el Estado y los ciudadanos. Esta figura suele abarcar la del contribuyente, sustituto y terceros obligados. Así, el contribuyente es aquel que realiza el hecho imponible contenido en el presupuesto de hecho de ley, mientras que el sustituto no realiza precisamente el hecho imponible, pero se encuentra obligado por la ley a cumplir con las obligaciones de diversa índole, pero al fin y al cabo derivadas de la realización del hecho imponible, y por último, el tercer obligado tampoco se sitúa en el presupuesto de hecho de la contribución; sin embargo, está constreñido a realizar ciertas obligaciones con contenido tributario.[25]

23. Esta idea ha sido tomada de Pedro de Elizalde y Aymerich, *op. cit.*, p. 64.

24. Recordemos que la relación tributaria es una relación jurídica "ex lege". A raíz de Estado moderno de derecho esta relación proviene de un ordenamiento jurídico con disposiciones imperativas. A. D. Giannini, *Instituciones de Derecho Tributario*, trad. F. Saínz de Bujanda, Madrid, Editorial de Derecho Financiero, 1957, p. 67.

25. En este sentido no compartimos la opinión de Reyes Mora y de Gutiérrez Tello, pues dichos autores circunscriben la figura del sujeto pasivo, al deber de pagar una suma de dinero al Estado. En nuestro concepto el sujeto pasivo no únicamente tiene el deber de contribuir, sino tiene otras obligaciones entre las que destacan la de hacer o no hacer, *verbi*

En México el artículo 1º del Código Fiscal de la Federación señala cuales son los sujetos pasivos de la relación tributaria. En primer término contempla a los contribuyentes, considerando a las personas físicas, morales, la Federación y los estados extranjeros; en segundo lugar, de forma expresa señala a los sujetos que no están obligados a pagar contribuciones, pero tienen el deber por ley de cumplir con otras obligaciones; aquí la ley se está refiriendo tanto a los sujetos exentos al pago de contribuciones y a terceros obligados como a los retenedores o responsables solidarios.

En resumen, la retención en México debe derivar directamente de la ley, pues el retenedor es sujeto pasivo y como tal, la aplicación de leyes fiscales es estricta, no debiendo derivar de ningún acto administrativo ni de la voluntad de las partes.

En otros ordenamientos tributarios el retenedor aparece como sustituto, tal es el caso de España e Italia, o como agente de retención en la legislación uruguaya. En México la figura del retenedor tiene naturaleza de tercer obligado y su responsabilidad es solidaria, de conformidad al artículo 26 del Código Fiscal de la Federación. La responsabilidad solidaria es directa, esto es, el retenedor como tiene las obligaciones de retener, declarar e ingresar, debe responder en nombre propio y por adeudo propio.[26]

La legislación uruguaya distingue al retenedor y al perceptor del tributo, el primero lo considera como la persona que está en condición de detraer del contribuyente por tener fondos o créditos de los que éste es titular, el importe de un tributo ya generado. Al segundo, como aquel que sin tener necesariamente la disponibilidad de esos fondos o créditos debe de todos modos exigir del contribuyente, el importe de un tributo cuyo hecho generador puede inclusive no haber acaecido aún.[27]

Ahora bien, ¿porqué es importante destacar que la ley mexicana considera al retenedor como sujeto pasivo de la relación jurídico tributaria? esto tiene suma importancia porque la figura de la retención nace estrictamente de la ley, porque la ley así lo impone. Nuestro Código indica que las disposiciones fiscales únicamente serán de aplicación estricta cuando se refieran al sujeto, objeto, base, tasa o tarifa, o bien, cuando se trate de infracciones y sanciones. En la retención el obligado a retener el impuesto a cuenta de otro, es sujeto pasivo de la relación jurídica tributaria subordinada a la obligación tributaria principal

El retenedor, tomando la definición De La Garza,[28] es un tercer obligado en virtud de que la administración fiscal requiere de su colaboración para tutelar el adecuado cumplimiento de la obligación tributaria sustantiva. Para otros autores[29] el retenedor es un sujeto intermedio

En una primigenia aproximación en nuestra legislación el retenedor es el que realiza los pagos, así lo establece la LISR.

Para efectos de este ensayo, aquí importa definir al retenedor dentro de la figura del patrón; en este sentido el patrón[30] puede considerarse aquella persona que tiene la capacidad de dar órdenes e instrucciones relacionadas con el servicio que presta el trabajador; lo que se debe entender como un poder jurídico de mando que se refiere a los servicios contratados.

gracia, realizar registros contables, soportar visitas domiciliarias, las obligaciones de los Notarios para representar a menores, entre otros (O. Reyes Mora, J. A. Gutierrez Tello, *Consultorio Fiscal*, n. 164, año 10, 16 de junio 1996, p. 19).

26. Así se establece en el *Derecho Tributario español*, J. Martin Queralt, J. A. Sanchez Pedroche, *op. cit.*, p. 5.979.

27. J. C. Bordolli, M. G. Pintos, J. P. Dagnino, "Sistema de retención en el IVA", en *Revista de Administración Tributaria*, Tax Administration, January 1988, n. 4, p. 301.

28. S. F. de la Garza, *Derecho Financiero Mexicano*, México, Porrúa, 1986, pp. 470 y ss.

29. O. Reyes Mora, J. A. Gutierrez Tello, "Planeación Fiscal de la responsabilidad solidaria como sujeto pasivo del tributo", en *Nuevo Consultorio Fiscal*, n. 164, año 10, 16 de junio 1996, p. 19.

30. Concepto tomado de la jurisprudencia del Tribunal Fiscal de la Federación, n. 3.222, aprobada el 26 de noviembre 1987.

VIII-H.1) Retenedor como responsable solidario

El Derecho positivo mexicano establece al retenedor de la contribución bajo el marco jurídico de la responsabilidad[31] solidaria. Esta responsabilidad solidaria es la misma figura que se establece en el Derecho Civil. Cabe recordar que la responsabilidad en la doctrina tributaria responde a dos clases de responsabilidad, la responsabilidad solidaria y responsabilidad subsidiaria. Miguel De Alvarado, apunta que la responsabilidad tributaria tiene naturaleza de sanción.[32]

Nosotros entendemos como responsable solidario, aquella persona por imperio de ley o por mutuo propio tiene él deber de cumplir con las obligaciones del sujeto principal. Así se obliga solidariamente en las obligaciones del sujeto deudor. El concepto explicado en líneas anteriores es un concepto acuñado en el Derecho Civil, concepto que ha adquirido carta de naturaleza en el Derecho Tributario.

En México esta figura tiene una amplia aplicación. La responsabilidad tributaria se identifica con la responsabilidad solidaria. La finalidad de esta figura es garantizar la recaudación del tributo, es un mecanismo de control para la obtención del ingreso tributario. Recordemos que el alma de la hacienda pública es los ingresos que la conforman, así los ingresos tributarios representan obligaciones para los contribuyentes, obligaciones que en muchas ocasiones no son del todo deseadas, por lo tanto, la hacienda pública debe protegerse designando varios obligados al pago del tributo. Así el retenedor representa una garantía al Fisco para hacer efectivas las contribuciones.

El CFF contempla varios supuestos como responsabilidad solidaria, el que nos interesa es el de retenedor, establecido en la fracción I del artículo 26 del CFF.

El monto de la responsabilidad va a depender del monto de las contribuciones que está obligado a retener.

VIII-H.2) Retenedor como sustituto del tributo

El primer contacto con la idea de sustituto del tributo, fue en ocasión de la lectura y estudio a la obra de Giannini, quien con una exposición asequible explica esta figura; así vemos que no es nueva esta construcción el Derecho Tributario.

Por otro lado, un criterio jurisprudencial en España, identificaba al retenedor con el sustituto del contribuyente: El actual retenedor retiene e ingresa "una cantidad a cuenta" del impuesto de un tercero, mientras que antes era el sustituto del contribuyente quien retenía e ingresaba precisamente "el impuesto" de un tercero. Tribunal Supremo, sentencia 27 de mayor de 1988.

Es cierto por otro lado, que la retención y la sustitución son conceptos distintos: en la figura subjetiva del sustituto opera el reembolso del importe de la deuda tributaria, y por lo que hace al retenedor su obligación es personal y por lo tanto, en caso de incumplimiento es una deuda propia. Doctrinalmente[33] se ha dicho que la sustitución corresponde a terceros previamente ordenada en la ley, o que el sustituto actúa como órgano de recaudación o como representante "ex lege" del contribuyente.

La figura de la retención en el Derecho mexicano ha sido configurada con la naturaleza de responsable solidario, sin embargo, consideramos que es conveniente cambiar de responsable solidario a sustituto, pues el sustituto es el obligado directo de una obligación que si bien, no es la obligación principal del tributo, si es una obliga-

31. Que por cierto no se da una definición legal del responsable del tributo.

32. M. J. Alvarado Esquivel, "La finalidad o fundamento extrajurídico de la responsabilidad tributaria", en *Pemex Lex Información Jurídica*, ns. 89-90, nov.-dic. 1995, p. 49.

33. P. de Elizalde y Aymerich, "La retención tributaria como acto económico-administrativo", en *Derechos y Garantías del Contribuyente*, *op. cit.*, p. 61.

ción accesoria. En la doctrina mexicana De la Garza, ha concebido al retenedor o recaudador del impuesto como un sujeto pasivo sustituto.[34] De tal manera, que en la existencia del sujeto sustituto no significa que el contribuyente desaparezca,[35] sino que se ubica en la posición del contribuyente para cumplir con las prestaciones formales o sustanciales que le impone por mandato expreso de la ley.

IX-I) Obligaciones del retenedor

Las obligaciones del retenedor tienen un carácter muy extenso, incluso tiene él deber de ingresar al Tesoro público una cantidad equivalente a la retención en caso de no haberla efectuado; lo anterior de conformidad con el artículo 6º fracción II, párrafo II del CFF. Como se puede apreciar la principal obligación del retenedor es la de ingresar el numerario a la hacienda pública, esto es lo que realmente interesa a la administración.

La principal obligación del retenedor es descontar determinadas cantidades en los pagos que realice en favor de los contribuyentes, ingresando seguidamente su importe a la administración financiera.

El retenedor cuenta con misma responsabilidad que la del contribuyente en caso de haber omitido el impuesto. El incumplimiento de las obligaciones tributarias del retenedor puede dar origen de responsabilidades penales. En el caso de la legislación mexicana no retener y enterar se tipifica como defraudación fiscal equiparable.

X-J) Derechos del retenedor

En supuesto expuesto en líneas arriba, en cuanto a la obligación de ingresar una cantidad similar a la que hubiese debido retener y no lo hizo, De la Garza,[36] es de la opinión que con fundamento en los artículos 26 fracción I del CFF y 1999 del CCDF, que el retenedor tiene el derecho a exigir por la vía civil el regreso de la cantidad que pagó de la deuda del sujeto pasivo principal a quien no se le retuvo o no se recaudó.

XI-K) ¿Cómo opera la retención?

En el Derecho Tributario existe un régimen especifico sobre las retenciones. Este régimen principalmente está regulado en el artículo sexto del Código Fiscal de la Federación, en la Ley del Impuesto sobre la Renta y en la Ley del Impuesto del Valor Agregado. Cabe hacer la mención es un sistema complicado, pues el legislador se pierde en tecnicismos económicos. En este sentido se sostiene que es más fructífero establecer en la ley la naturaleza jurídica de la retención, eliminar la responsabilidad directa y acudir a la figura del sustituto, cuya obligación es únicamente ingresar el impuesto debido

En líneas arriba hemos explicado que la retención es una relación jurídico-tributaria, y esta relación se establece en primer término entre los administrados y en segundo lugar entre el administrado y la hacienda pública, así se observa una relación tripartita entre el sujeto activo y los sujetos pasivos; sin embargo, está relación vincula primeramente en el tiempo al sujeto retenedor y al sujeto retenido. El sujeto retenido es la persona llamada a contribuir porque ha realizado el hecho generador de la obligación tributaria y el sujeto retenedor va a ser la persona obligada por imperativo de ley a efectuar una retención de cierta cantidad de dinero, misma que debe ingresar al tesoro público. Esta retención es la retención indirecta que tiene plena vigencia en el Derecho positivo mexicano. En la doctrina española se contempla la retención directa, la retención a cuenta y las retenciones parciales y totales.

En la doctrina del país ibérico la retención se concibe como una modalidad bási-

34. S. F. de la Garza, *Derecho Financiero Mexicano*, México, Porrúa, 1999, p. 470.

35. P. de Elizalde y Aymerich, *op. cit.* p. 52.

36. *Op. cit.*, p. 470. Son de la misma opinión J. C. Bordolli, M. G. Pintos, *et al.*, *op. cit.*, p. 300.

ca y fundamental de las obligaciones a cuenta.[37]

Las obligaciones a cuenta son aquellas en las que todavía no se genera el hecho imponible, pero existe la obligación de retener un ingreso anticipado, pues puede darse el supuesto de que no llegue a nacer la obligación tributaria. Haciendo un ejercicio de comparación, la retención a cuenta puede asimilarse con los pagos provisionales establecidos en el CFF en el artículo 21 párrafo tercero. En la retención a cuenta existe una ficción, la ficción de que se devengue el tributo en un plazo futuro.

La obligación del retenedor se bifurca en dos exigencias, por una parte, la obligación de retener y, por otra, él deber de ingresar la cantidad retenida en favor del fisco. Pero según parece, la obligación de ingresar el numerario al fisco es la obligación que prevalece sobre la retención,[38] tal como se configura en el CFF.

La jurisprudencia española en el año de 1988 identificó al retenedor con el sustituto del contribuyente, así estableció: "el actual retenedor retiene e ingresa "una cantidad a cuenta" del impuesto de un tercero, mientras que antes era el sustituto del contribuyente quien retenía e ingresaba precisamente "el impuesto" de un tercero".[39]

El régimen de retenciones viene íntimamente ligado con las presunciones y las ficciones legales, así si cabe recordar que la renta sometida a tributación no debe ser ficticia

La retención de los impuestos opera bajo la heterodeterminación del impuesto y con este mecanismo la Administración pública le resulta una percepción fácil, cómoda y económica de percibir, mientras que al contrario del retenedor, a éste le representa un costo adicional, costo que al no realizar dicha obligación se traduce en un castigo por parte del Estado, esto es, comete un ilícito tipificado como delito.

La retención implica el cálculo[40] relativo al impuesto sobre la renta de los trabajadores que debe realizar el patrón. La retención se efectúa de manera mensual o trimestral y podrá hacerse de forma conjunta con los pagos provisionales. Para realizar el cálculo se determinará el monto total de las cantidades que se pagarán al trabajador por la prestación de un servicio personal subordinado en dicho año. Esto monto se dividirá entre doce meses y a esta cantidad se determinará de acuerdo con los artículos 80, 80 A, 80 B y 141 B de la LISR.

XII-L) El costo de la retención

La retención genera un costo al obligado al realizarla: un costo financiero, contable y fiscal. Como se ha mencionado en este ensayo, la retención es una heterodeterminación de las contribuciones; es decir, un tercero obligado debe realizar la retención a través de un mecanismo y fijar así en cantidad líquida la deuda fiscal calculada del retenido. En otras palabras, el retenedor procura un ingreso al erario público a través de la gestión del tributo.

La LISR establece como retenedor al patrón en el supuesto de ingresos por salarios y por la prestación de un servicio personal subordinado. En términos económicos las empresas se pueden dividir en macro, mediana y micro empresa. Y el costo financiero[41] será distinto según la empresa de que se trate.

37. Lo anterior en el concepto de Martín Queralt y Sánchez Pedroche, quienes colaboraron en la *Enciclopedia Jurídica Básica* con la voz "Retención", v. IV, PRO-ZON, Índices, Madrid, Civitas, p. 5.978.

38. Este mismo criterio ha sido sostenido por M. Queralt, Sánchez Pedroche, *Enciclopedia Jurídica Básica*, *op. cit.*, p. 5.981.

39. J. Banacloche, "Una reflexión sobre el régimen de retenciones. Consideraciones en torno a la elevación al íntegro", en *Impuestos*, II, 1996, p. 204.

40. Se recomienda la lectura del artículo de R. Amezquita Flores, "Efectos fiscales de la Relación Laboral", en *Nuevo Consultorio Fiscal*, n. 146, 16 de septiembre 1995.

41. Así tenemos que en una encuesta realizada por la COPARMEX, respecto al peso administrativo del Estado sobre la empresa, se indicó que los

Así en el contexto de una macro empresa la operación de la retención deberá ser efectuada por un departamento específico que se dedique a nóminas que deberá contar con las personas capacitadas para tal efecto, lo cual en términos contables representa un costo para el patrón, un costo que no es pagado por el Estado; sin embargo, para las macro empresas estos costos se diluyen por los grandes volúmenes de operación que realizan; sin embargo, las empresas de menor tamaño, como la empresa media (que comprende a la mediana y micro empresa), debe dedicar una cantidad proporcionalmente mayor de sus recursos para mantenerse al corriente de sus obligaciones.[42]

Lo que cabría pensarse que esta obligación "ex lege", es inconstitucional porque se desempeña una labor sin una contraprestación a cambio.[43] Aunada a esta situación tiene una fuerte penalización el incumplimiento del retenedor.[44]

Los actos que realiza el retenedor son los típicos actos de gestión. El retenedor actúa como obligado "ex lege" a realizar dicha colaboración con la administración pública y donde ésta no se desprende de sus funciones, sino al contrario hasta puede supervisar la obligación funcional del retenedor.

El retenedor actúa como órgano recaudador[45] y como tal, lleva inherente una labor administrativa, la cual no se ha diferenciado entre las distintas clases de empresas, lo que para una macro empresa tiene un costo, para la empresa media tiene otro. Por lo tanto, somos de la opinión que se

trámites más problemáticos para las empresas consideradas como micro, pequeña, mediana y grande era de un 48% y se trataban de los relacionados con los fiscales, entendiendo a éstos como aclaraciones tributarias, requerimientos, devoluciones, compensaciones, declaraciones de impuestos, créditos fiscales, auditorias y pago de contribuciones. En este sentido, la pérdida de negocios por tener que resolver estos trámites ha sido mayor para la microempresa con un 67%, que en el contexto mexicano, es un alto costo, pues la mayoría de las empresas son microempresas. La miniencuesta fue publicada en la *Revista Entorno* publicada por COPARMEX, en el mes de octubre de 1998, en la sección de resultados.

42. En el estudio realizado por Fundes de México, establece que el marco jurídico y normativo se caracteriza porque los recursos necesarios para cumplirlo no se reducen proporcionalmente con el tamaño de las empresas (Z. A. Equihua, "Trámites: obstáculo a la competitividad de la empresa media", en *Clase Media Empresarial*, I/99, n. 1, p. s/n.

43. Dentro de las garantías fundamentales del hombre nuestro texto constitucional en su artículo 5º expresamente señala: "A ninguna persona podrá impedirse que se dedique a la profesión, industria, comercio o trabajo que le acomode, siendo lícitos. El ejercicio de esta libertad sólo podrá vedarse por determinación judicial, cuando se ataquen derechos de tercero o por resolución gubernativa, dictada en los términos que marque la ley, cuando se ofendan los derechos de la sociedad. Nadie puede ser privado del producto de su trabajo, sino por resolución judicial.

"La ley determinará en cada Estado, cuáles son las profesiones que necesitan título para su ejercicio, las condiciones que deban llenarse para obtenerlo y las autoridades que han de expedirlo.

"Nadie podrá ser obligado a prestar trabajos personales sin la justa retribución y sin su pleno consentimiento, salvo el trabajo impuesto como pena por la autoridad judicial, el cual se ajustará a lo dispuesto en las fracciones I y II del artículo 123.

"En cuanto a los servicios públicos, sólo podrán ser obligatorio, en los términos que establezcan las leyes respectivas, el de las armas y los jurados, así como el desempeño de cargos concejiles y los de elección popular, directa o indirecta. Las funciones electorales y censales tendrán carácter obligatorio y gratuito, pero serán retribuidas aquéllas que se realicen profesionalmente en los términos de esta Constitución y las leyes correspondientes. Los servicios profesionales de índole social serán obligatorios y retribuidos en los términos de la ley y con las excepciones que ésta señale (...)."

44. Esta afirmación es compartida por Fernández Sagardi que en sita textual señala: "El CFF es muy severo respecto a las obligaciones de los terceros a quienes corresponde retener contribuciones, teniendo varias consecuencias importantes su omisión, a saber, 1) serán responsables solidarios de la contribución que debió retener aunque no lo haya hecho, 2) no será deducible el gasto para el impuesto sobre la renta y 3) serán responsables de delito calificado contemplado en los artículos 108 inciso e) y 109 del CFF (pero sólo por las contribuciones retenidas no enteradas, no por las que debió retener y no lo hizo)" (A. Fernanez Sagardi, *Comentarios y Anotaciones al Código Fiscal de la Federación*, México, Sicco, 2000, p. 130).

45. P. de Elizalde y Aymerich, "La retención tributaria como acto económico-administrativo", en *Derechos y Garantías del Contribuyente*, *op. cit.*, p. 62.

establezcan beneficios fiscales en razón de la empresa y del grado en que el Estado quiera crear incentivos para la mejor recaudación de los tributos a retener.

Así resulta lógico pensar que los retenedores deberían recibir por el trabajo desempeñado en cuanto la heterodeterminación que realizan para sus trabajadores, una contraprestación, que en términos fiscales podría ser una quita en cuanto el impuesto sobre la renta de las personas morales, exenciones o alguna retribución.[46] O bien, por qué no pensar en la concesión, administrativa concebida como de la recaudación de los impuestos por parte de los particulares. Dentro de este esquema la recaudación de los impuestos sería entendida como la gestión de un servicio y este servicio sería la recaudación de impuestos entregada a un empresario privado bajo ciertas condiciones, reteniendo la Administración la titularidad última del servicio concedido y con ella las potestades de policía necesarias.[47]

Al respecto la Suprema Corte de Justicia de la Nación resolvió en Pleno en una tesis de 1998, que la obligación del retenedor no es inconstitucional debido a que se sustenta en la obligación establecida en la Carta Magna, tal como se lee en el propio texto:

Valor agregado. Ley del Impuesto AL. La Obligación a trasladarlo no es inconstitucional. En el sistema impositivo mexicano el Poder Legislativo puede, sin con-

46. Este planteamiento me hace recordar que en otrora época los recaudadores cobraban por su servicio al soberano; así gozaban de una potestad para poder cobrar tributos y entregaban una parte proporcional a la corona y la otra se la repartían entre ellos. El Derecho es historia, afirmación hecha en este ensayo. Haciendo un ejercicio de evocación, sucede que en la historia de la organización financiera de las Indias en el siglo XVI, particularmente en el cobro de gravámenes, habían dos formas de recaudar, una propia de los Oficiales Reales y otra por el arrendamiento de la mencionada recaudación, lo que la cobranza de los tributos era arrendada a los particulares.

Al descubrirse las Indias, el sistema de recaudación vigente en Castilla era el del arrendamiento. En opinión de Sanchez Bella este sistema en principio fue un excelente, debido a que hacía efectiva la cobranza de los impuestos, asegurando los ingresos a las arcas del Tesoro con mayor exactitud, pone en circulación los capitales de los hombres de negocios, y liga sus utilidades a las del Tesoro (I. Sanchez Bella, *La Organización Financiera de las Indias, Siglo XVI*, México, Miguel Angel Porrúa, 1990, p. 204). Misma opinión compartida por Caballero Juárez, respecto a los asientos de la Avería (J. A. Caballero Juárez, "Los Asientos de la Avería de la Armada de la Carrera de Indias", separata de IVS FVGIT, *Revista Interdisciplinar de Estudios Históricos-Jurídicos*, vs. 5-6, España, Facultad de Zaragoza, Institución "Fernando el Católico", 1997, p. 438).

Por otra parte, en la misma historia española, con el propósito de financiar la protección de la Carrera de Indias, existió un gravamen conocido como Avería, cuya gestión estaba encomendada a los Jueces Oficiales de la Casa de Contratación de Sevilla. Con el devenir histórico se crearon los asientos de la Avería, lo que significó que particulares a través de un contrato de arrendamiento gestionaban y administraban el cobro del tributo: "El fin del asiento, sería el cobro de la avería y la organización de los convoyes que año con año se despachaban hacia las Indias" (C. H. Haring, *Comercio y Navegación entre España y las Indias en la época de los Habsburgos*, México, FCE, 1939, p. 39).

Un detalle característico del funcionamiento de la avería debido a los términos del asiento era que el cobro del gravamen se hallaba unificado, pero no así la administración de los caudales destinados al apresto de navíos de escolta y de la Armada. En 1609 la Corona suscribió con un particular un acuerdo para el cobro y administración de la Avería, particular de nombre Juan Nuñez Correa, cuya vigencia fue de 10 años (J. A. Caballero Juarez, *El Régimen Jurídico de las Armadas de la Carrera de Indias, Siglos XVI y XVII*, México, UNAM, 1997, p. 301).

"Este asiento se podría ajustar más al modelo dado por Guillermo Céspedes consistente en el reemplazo de — la cansina y lenta administración de la Casa por un cuerpo de gerencia, más reducido y más interesado en el éxito de su actividad — merced a las perspectivas de lucro" (J. A. Caballero Juarez, "Los Asientos de la Avería de la Armada de la Carrera de Indias", *op. cit.*, p. 438).

Interesante resulta así, que los particulares al gestionar el cobro de un tributo recibían una contraprestación por tal empleo.

Aunque estamos hablando de un contexto totalmente distinto al Estado Moderno de Derecho, valdría la pena promocionar beneficios fiscales en favor del retenedor por su obligación de retener e ingresar el dinero al Tesoro.

47. Esta idea de concesión ha sido tomada de E. García de Enterría, Fernandez Tomás-Ramón, *Curso de Derecho Administrativo I*, 5ª ed., 1990, Madrid, Civitas, p. 39.

trariar la fracción IV del artículo 31 constitucional, imponer a los terceros de la relación jurídica tributaria obligaciones que permitan controlar y hacer más expedita la recaudación, pues dicha facultad está implícita en la norma constitucional citada, al decir que los mexicanos están obligados a contribuir a los gastos públicos de la Federación, estados y municipios en donde residan, de la manera proporcional y equitativa que señalen las leyes. A fin de obtener las contribuciones que señalen las leyes, es lógico que el Poder Legislativo puede fijar obligaciones a cargo de terceros que no sean los sujetos pasivos directos. Por ello, al señalar el artículo 1o. párrafo tercero, de la Ley del Impuesto al Valor Agregado, que el contribuyente trasladará dicho impuesto en forma expresa y por separado a las personas que adquieran los bienes, los usen o gocen temporalmente, o reciban los servicios, no conculca garantía individual alguna, puesto que aun cuando el sujeto está claramente definido en la norma al establecer ésta que están obligados al pago del impuesto al valor agregado las personas físicas o morales que otorguen el uso o goce temporal de bienes, dicho impuesto puede ser repercutido, o como se expresa en la ley a estudio trasladado.

Precedentes

Amparo en revisión 5323/81 José Manuel Chávez Campomanes. 7 de diciembre de 1982. Unanimidad de 19

Votos. Ponente: Carlos del Río Rodríguez.

Nota: Esta tesis también aparece en: Apéndice 1917-1985, Primera

Parte, Pleno, tesis 57, pág. 116 (cuarta tesis relacionada).

Fuente: Semanario Judicial de la Federación

Parte : 175-180 Primera Parte

Tesis:

Página: 200

En atención a la anterior jurisprudencia, que a nuestro parecer no fue suficientemente argumentada, debido a que fundamentó su criterio en la obligación constitucional de pagar contribuciones, sin mayor alusión a la vasta doctrina en esta materia. No obstante, pesando en la doctrina de los deberes públicos subjetivos,[48] que derivan de la posición de supremacía del Estado y que consisten en una limitación del sujeto y que se ve compelido a una omisión o a una prestación activa de hacer o dar. La retención puede concebirse como un deber de obediencia, frente al Estado, a realizar actos y prestaciones que coadyuvan al cumplimiento de los fines de aquél; concretamente la retención es un deber público de prestación,[49] en la que el sujeto retenedor está coactivamente impelido a proporcionar al Estado actividades personales o bienes patrimoniales que les sean necesarios para la satisfacción de las necesidades colectivas a que deben proveer.

Aunada a esta situación el patrón debe cubrir otras obligaciones tales como la retención de las cuotas obrero-patronales, la obligación de inscribir a sus trabajadores en la seguridad socia, cuestiones estas, que realmente crean y garantizan la seguridad jurídica y social de los trabajadores, otorgando al derecho social un papel relevante en la sociedad contemporánea.

Estamos conscientes de que la retención es una obligación impuesta a favor del Estado, es un deber de colaboración con la Administración Pública;[50] sin embargo, para obtener una mayor ventaja sobre esta obligación, se debe motivar al retenedor para que cumpla con dicha obligación. De acuerdo con la estructura actual del Estado de Derecho: división de poderes, principio de legalidad y derechos fundamentales, sobre todo la configuración del poder de

48. F. Garrido Falla, *Tratado de Derecho Administrativo*, v. I, Parte General, Madrid, Tecnos, 1994, p. 393.

49. Lucifredi, *Le Prestazioni Obbligatorie in Natura dei Privati alle Pubbliche Amministrazioni*, t. I, 19-4, p. 23.

50. Tal como lo ha expresado Juan Martín Queralt en su trabajo denominado "Naturaleza Jurídica de la Obligación de Retener", publicado en *Trimestre Fiscal*, año 12, n. 37, junio 1991, p. 151.

imposición del Estado como rasgo característico de largos años de evolución tributaria, sería difícil pensar en un lucro por parte del retenedor por su obligación de retener, no obstante, si consideramos que se le debe otorgar beneficios fiscales en congruencia con sus costos para realizar la retención de los impuestos o bien que los patrones realizaran la retención a través de concesiones administrativas.

Lo anterior con el ánimo de hacer más atractiva la retención y darle mayor agilidad a este mecanismo de recaudación de impuestos. La visión del Derecho como promotor de conductas es la que se intentará aplicar en esta figura. En este caso no se busca la represión de la conducta sino la promoción de la misma. Para prever un comportamiento humano, es necesario estimularlo a través de premios.

En otra perspectiva, el Derecho Financiero[51] se mira como un derecho promocional e incentivador, en cuanto tiene la característica de la repartición de recursos disponibles para influir en las condiciones de vida de la sociedad; estimular, incentivar y promover los comportamientos de los individuos, ejemplo: exenciones, bonificaciones, subvenciones y transferencia. Según Bobbio,[52] esta función directamente distributiva deriva de la relación del Derecho con la Economía.

Ahora bien, el Derecho Tributario considerado tradicionalmente como la imposición de obligaciones coactivas para los sujetos, debe cambiar su perspectiva, para ayudar a acelerar los procesos productivos de las empresas, y como generar este cambio, a través de lo que se ha venido exponiendo, de beneficios fiscales o concesiones administrativas. Ya que como se ha hecho énfasis las cargas tributarias tienen un impacto en los procesos productivos en la medida en que las empresas tienen que dedicar recursos humanos, físicos y financieros para mantenerse al corriente de sus obligaciones.[53]

XIII-M) A modo de conclusión

Son muchas las ideas que se han expuesto en este breve ensayo, ensayo que provoca a la argumentación y al debate de ideas, pues por un lado, se considera a la retención como un deber de colaboración con la administración pública, deber que se conceptualiza como una relación jurídico tributaria derivada del mandato expreso de la ley. Por otra parte, se propuso que la función patronal de recaudación fuera promovida por el Estado, esto es, a través de beneficios fiscales o bien mediante la concesión administrativa.

Así, después de este breve recorrido tenemos muy claro que la retención en materia tributaria tiene una esencia garantista esto es procurar un ingreso al Estado, en el concepto del deber de colaboración con la administración publica. Bajo este término el retenedor tiene la obligación "ex lege" de retener e ingresar el metálico a la Hacien-

51. Rodriguez Bereijo, en "Los Límites Constitucionales del Poder Tributario en la Jurisprudencia del Tribunal Constitucional, Dirección General de el Servicio Jurídico del Estado", XV Jornadas de Estudio, *El Sistema Económico de la Constitución Española*, v. II, Madrid, Centro de Publicaciones del Ministerio de Justicia, 1994, p. 1292; N. Bobbio, *Contribución a la Teoría del Derecho*, trad. castellano de A. Ruiz Miguel, Valencia, Fernando Torres Editor, 1980, pp. 367 y ss.; M. T. Soler Roch, *Incentivos a la Inversión y Justicia Tributaria*, Madrid, Cuadernos Civitas, 1983, p. 21. Rodriguez Bereijo, en "Los Límites Constitucionales del Poder Tributario en la Jurisprudencia del Tribunal Constitucional, Dirección General de el Servicio Jurídico del Estado", XV Jornadas de Estudio, *El Sistema Económico de la Constitución Española*, v. II, Madrid, Centro de Publicaciones del Ministerio de Justicia, 1994, p. 1.292; N. Bobbio, *Contribución a la Teoría del Derecho*, trad. castellano de A. Ruiz Miguel, Valencia, Fernando Torres Editor, 1980, pp. 367 y ss.; M. T. Soler Roch, *Incentivos a la Inversión y Justicia Tributaria*, Madrid, Cuadernos Civitas, 1983, p. 21.

52. N. Bobbio, *Contribución a la Teoría del Derecho*, trad. castellano de Ruiz Miguel, Valencia, Fernando Torres Editor, 1980, pp. 367 y ss.

53. Z. A. Equihua, "Trámites: obstáculo a la competitividad de la empresa media", en *Clase Media Empresarial*, I/99, n. 1, p. s/n.

da pública, sin embargo, no es la persona que goza de capacidad económica pero tiene la obligación expresa de ingresar la prestación tributaria que soporta el contribuyente. A la Hacienda pública lo que le interesa es contar con suficientes recursos para llevar a cabo las tareas establecidas en el Estado de Derecho.

Nuestro debate parte de la idea que la retención es un trabajo realizado por el propio patrón y que debe ser retribuido, y como consecuencia de ello, la gestión de las contribuciones se agilizaría y se promovería no como una obligación de patrón sino como un servicio que debe prestar el patrón a favor del Estado, o bien, promocionar la retención de impuestos a través de beneficios fiscales. Esta tesis ha sido ya puesta en práctica en el sistema financiero mexicano, especialmente con los bancos, que reciben una quita en sus propias contribuciones, por realizar la retención de los impuestos de sus trabajadores. Este beneficio que reciben los bancos se les ha otorgado por resolución de la Secretaría de Hacienda y Crédito Público.

Referente a la intervención administrativa, es conveniente que se establezca de forma expresa en la ley que la retención deberá realizarla el propio interventor administrador y no dejarlo al criterio del intérprete de la propia ley, tal es el caso de abogados y jueces.

Por último, es necesario que exista un lenguaje más íntimo entre la economía como realidad social y el Derecho, pues a medida que el Derecho se ajuste a las demandas sociales, se hará un Derecho positivo y eficaz.

XIV-N) Anexos

El artículo 80 de la Ley del Impuesto sobre la Renta, establece:

"Quienes hagan pagos por los conceptos a que se refiere este Capítulo están obligados a efectuar retenciones y enteros mensuales que tendrán el carácter de pagos provisionales a cuento del impuesto anual. Cuando quienes hagan los pagos correspondientes realicen pagos provisionales trimestrales en los términos de esta ley, efectuarán las retenciones respectivas mensualmente, debiendo realizar los enteros correspondientes en forma trimestral conjuntamente con sus declaraciones de pagos provisionales. No se efectuará retención a las personas que únicamente perciban salario mínimo general correspondiente al área geográfica del contribuyente.

Quienes hagan las retenciones a que se refiere este artículo por los ingresos señalados en las fracciones II a V del artículo 78 de esta Ley, salvo en el caso del sexto párrafo siguiente a la tarifa de este artículo, acreditan contra el impuesto que resulte a cargo del contribuyente, el subsidio que, en su caso, resulte aplicable en los términos del artículo 80-A de esta Ley y el monto que se obtenga se disminuirá con el crédito general mensual a que se refiere el artículo 141-B de esta Ley. En los casos que el impuesto a cargo del contribuyente sea menor que la cantidad acreditable conforme a este párrafo, la diferencia no podrá acreditarse contra el impuesto que resulte a su cargo posteriormente.

Quienes hagan pagos por concepto de gratificación anual participación de utilidades, primas dominicales y primas vacacionales, podrán efectuar la retención del impuesto de conformidad con las reglas que al efecto la Secretaría de Hacienda y Crédito Público; en dichas reglas se preverá que la retención se pueda hacer sobre los demás ingresos obtenidos durante el año de calendario.

Tratándose de honorarios a miembros de consejos directivos, de vigilancia, consultivos o de cualquier otra índole, así como de los honorarios a administradores, comisarios y gerentes generales, la retención y entero a que se refiere este artículo, no podrá ser inferior al 30% sobre su monto, salvo que exista, además, relación de trabajo con el retenedor en cuyo caso se procederá en los términos del párrafo segundo de este artículo.

Las personas físicas, así como las personas morales a que se refiere el Título III de esta Ley, enterarán las retenciones a que se refiere este artículo a más tardar el día 17 de cada uno de los meses del año de calendario, mediante declaración que presentarán ante las oficinas autorizadas.

Los contribuyentes que presten servicios subordinados a personas no obligadas a efectuar la retención, de conformidad con el párrafo final del artículo 83 de esta Ley, y los que obtengan ingresos provenientes del extranjero por estos conceptos, calcularán su pago provisional en los términos de este precepto y lo enterarán a más tardar el día 17 de cada uno de los meses del año de calendario, mediante declaración que presentarán ante las oficinas autorizadas.

Tratándose de contribuyentes con ingresos mensuales superiores a una cantidad equivalente a siete veces el salario mínimo general del área geográfica del contribuyente, elevado al mes, que además obtengan ingresos de los señalados en la fracción VI del artículo 77 de está Ley, se efectuará la retención correspondiente a estos últimos ingresos, siempre que los obtenidos en un mes excedan del salario mínimo general del área geográfica del contribuyente, elevado al mes. En todo caso, en la determinación anual del impuesto se harán los ajustes que correspondan, tomando en cuenta lo dispuesto en el último párrafo del artículo 77 citado.

Quienes concedan los préstamos a que se refiere el artículo 78-A de esta Ley, deberán efectuar las retenciones de impuesto que correspondan por los ingresos que derivan de dichos préstamos, sobre los pagos en efectivo que por salarios hagan a la persona de que se trate.

El artículo 86 establece:

Los contribuyentes que obtengan ingresos de los señalados en este Capítulo, efectuarán pagos provisionales trimestrales a cuenta del impuesto anual a más tardar el día 17 de los meses de abril, julio, octubre y enero del siguiente año, mediante declaración que presentarán ante las oficinas autorizadas. El pago provisional se determinará aplicando la tarifa que corresponda conforme al siguiente párrafo, a la diferencia que resulte de disminuir a los ingresos del trimestre por los que se efectúa el pago, el monto de las deducciones a que se refiere el artículo 85, correspondientes al mismo periodo. Los contribuyentes acreditarán contra el impuesto que resulte a su cargo, el monto del crédito general trimestral que les corresponda en los términos del artículo 141-B de esta Ley. En los casos en que el impuesto a cargo del contribuyente sea menor que la cantidad acreditable conforme a este párrafo, la diferencia no podrá acreditarse contra el impuesto que resulte a su cargo posteriormente

La tarifa aplicable conforme a este artículo se determinará tomando como base la tarifa del artículo 80 de esta Ley, sumando las cantidades correspondientes a las columnas relativas al límite inferior, límite superior y cuota fija, que en los términos del artículo 80 referido resulten para cada uno de los meses del trimestre, y que correspondan al mismo renglón identificado por el mismo por ciento para aplicarse sobre el excedente del límite inferior. La Secretaría de Hacienda y Crédito Público trimestralmente realizará las operaciones aritméticas previstas en este párrafo para calcular la tarifa aplicable y la publicará en el Diario Oficial de la Federación.

Cuando los ingresos a que se refiere este Capítulo se obtengan por pagos que efectúen las personas morales, éstas deberán retener como pago provisional el 10% sobre el monto de los mismos sin deducción alguna, debiendo proporcionar a los contribuyentes constancia de la retención; dichas retenciones deberán enterarse, en su caso, conjuntamente con las señaladas en el artículo 80 de esta Ley. El impuesto retenido en los términos de este párrafo podrá acreditarse contra el que resulte de conformidad con el primer párrafo de este artículo.

Las personas que efectúen las retenciones a que se refiere el párrafo anterior, deberán presentar declaración ante las oficinas autorizadas en el mes de febrero de cada año, proporcionando la información correspondiente de las personas a las que les hubieran efectuado retenciones en el año de calendario anterior.

Los contribuyentes podrán optar por calcular sus pagos provisionales trimestrales, en lugar de aplicar lo dispuesto por este artículo, aplicando el coeficiente de utilidad de su actividad en los términos que mediante reglas de carácter general fije la Secretaría de Hacienda y Crédito Público.

El artículo 92 establece que:

Los contribuyentes que obtengan ingresos de los señalados en este Capítulo efectuarán pagos provisionales trimestrales a cuenta del impuesto anual a más tardar el día 17 de los meses de abril, julio, octubre y enero del siguiente año, mediante declaración que presentarán ante las oficinas autorizadas. El pago provisional se determinará aplicando la tarifa que corresponda conforme a lo previsto en el segundo párrafo del artículo 86, a la diferencia que resulte de disminuir a los ingresos del trimestre por el que se efectúa el pago, el monto de las deducciones a que se refiere el artículo 90, correspondiente al mismo periodo. Los contribuyentes acreditarán contra el impuesto que resulte a su cargo el monto del crédito general trimestral a que se refiere el artículo 141-B de esta Ley.

Tratándose de subarrendamiento, sólo se considerará la deducción por el importe de las rentas del trimestre que pague el subarrendador al arrendador.

En los casos en los que el impuesto a cargo del contribuyente determinado en los términos de este artículo sea menor que la cantidad acreditable conforme al primer párrafo de este artículo, la diferencia no podrá acreditarse contra el impuesto que resulte a su cargo posteriormente.

Cuando los ingresos a que se refiere este Capítulo se obtengan por pagos que efectúen las personas morales, éstas deberán retener como pago provisional el 10% sobre el monto de los mismos sin deducción alguna, debiendo proporcionar a los contribuyentes constancia de la retención; dichas retenciones deberán enterarse, en su caso, conjuntamente con las señaladas en el artículo 80 de esta Ley. El impuesto retenido e los términos de este párrafo podrá acreditarse contra el que resulte de conformidad con el primer párrafo de este artículo.

Las personas que efectúen las retenciones a que se refiere el párrafo anterior, deberán presentar declaración ante las oficinas autorizadas en el mes de febrero de cada año, proporcionando la información correspondiente de las personas a las que les hubieran efectuado retenciones en el año de calendario anterior.

No se efectuará el acreditamiento a que se refiere el primer párrafo de este artículo, cuando en el periodo de que se trate se obtengan ingresos de los señalados en los Capítulos I o II de este Título, por los que dicho acreditamiento ya se hubiera efectuado.

Quedan relevados de presentar declaraciones provisionales los contribuyentes cuyos ingresos anuales totales, por los conceptos a que se refiere este Capítulo, obtenidos en el año de calendario anterior, no hubieren excedido del doble del salario mínimo general de su área geográfica elevado al año.

Bibliografía

ALVARADO ESQUIVEL, M. J. "La finalidad o fundamento extrajurídico de la Responsabilidad Tributaria", *Información Jurídica Pemex Lex*, n. 89-90, nov.-dic. 1995.

BANACLOCHE J. "Una reflexión sobre el régimen de retenciones. Consideraciones en torno a la elevación al íntegro", en *Impuestos*, II, 1996.

BOBBIO, N. *Contribución a la Teoría del Derecho*, trad. castellano de Ruiz Miguel, Valencia, Fernando Torres Editor, 1980.

CABALLERO JUAREZ, J. A. "Los Asientos de la Avería de la Armada de la Carrera de Indias", separata de IVS FVGIT, *Revista Interdisciplinar de Estudios Históricos-Jurí-*

dicos, vs. 5-6, España, Facultad de Zaragoza, Institución "Fernando el Católico", 1997.

___________, *El Régimen Jurídico de las Armadas de la Carrera de Indias, Siglos XVI Y XVII*, México, UNAM, 1997.

CASADO OLLERO, G. "La colaboración con la Administración tributaria. Notas para un nuevo modelo de relaciones con el Fisco", *Hacienda Pública Española*, n. 68.

COPARMEX. *Revista Entorno*, octubre 1998.

DE ELIZALDE Y AYMERICH, P. "La Retención Tributaria como Acto Económico-Administrativo", en *Derechos y Garantías del Contribuyente*, Madrid, Instituto de Estudios Fiscales, 1983.

DE LA GARZA, S. F. *Derecho Financiero Mexicano*, México, Porrúa, 1986.

DEL CASTILLO VELASCO. *Ensayo Sobre el Derecho Administrativo Mexicano*, t. II, facsímil, México, UNAM, 1875.

Diccionario de Términos Jurídicos en Cuatro Idiomas, Español, Alemán, Francés e Inglés, realizado por E. le Docte, Madrid, Civitas, 1995.

DINO JARACH. El Hecho Imponible.

EQUIHUA Z., A. "Trámites: obstáculo a la competitividad de la empresa media", en *Clase Media Empresarial*, I/99, n. 1, México.

FERREIRA MENDES, G. *A Reforma Monetária de 1990. Problemática Jurídica da Chamada "Retenção dos Ativos Financeiros" (Lei 8.024, de 12.4.1990)*, en Arquivos do Ministério da Justiça, ano 44, n. 178, julho-dezembro 1990.

FERREIRO LAPATZA, J. J. *Curso de Derecho Financiero Español*, Madrid, Marcial Pons, 1990.

GARCÍA DE ENTERRÍA, E., TOMÁS-RAMÓN, FERNANDEZ. *Curso de Derecho Administrativo I*, 5ª ed., Madrid, Civitas, 1990.

GARRIDO FALLA, F. *Tratado de Derecho Administrativo*, v. I, Parte General, Madrid, Tecnos, 1994.

GONZALEZ GARCIA, E., LEJEUNE E. *Derecho Tributario I*, Salamanca, Plaza Universitario Ediciones, 1997.

HART, H. L. A. *The Concept of Law*, Oxford, Clarendon Press, 1972, p. 6.

LOPEZ Y LOPEZ, A. M. *Retención y Mandato*, Bolonia, Studia Albornotiana, 1976.

LOSANO, G. M. *Los Grandes Sistema Jurídicos, Introducción al Derecho Europeo y Extranjero*, versión castellana A. Ruiz Miguel, Madrid, Debate, 1993.

LUCIFREDI. *Le Prestazioni Obbligatorie in Natura dei Privati alle Pubbliche Amministrazioni*, I, 19-4.

MARTIN QUERALT, J. "Naturaleza jurídica de la obligación de retener", *Trimestre Fiscal*, año 12, n. 37, junio 1991.

MEZQUITA FLORES, R. "Efectos fiscales de la Relación Laboral", en *Nuevo Consultorio Fiscal*, n. 146, 16 de septiembre 1995.

MICHELI A. *Corso di Diritto Tributario*, Torino, UTET, 1979.

OLIVERA GARCIA, R. "Responsabilidad de las mayorías por retención de dividendos", en *Revista del Derecho Comercial y de las Obligaciones*, año 19, n. 14, diciembre 1986.

PALAO TABOADA. "La Retención a Cuenta", en *RDFHP*, n.74, 1968.

RAMIREZ GARCIA, R. "Algunos aspectos interesantes sobre el ajuste a los pagos provisionales del Impuesto Sobre la Renta", en *Nuevo Consultorio Fiscal*, n. 144, 16 de agosto 1995.

REYES MORA, O., GUTIERREZ TELLO J. A. *Consultorio Fiscal*, n. 164, año 10, 16 de junio 1996.

SANCHEZ BELLA, I. *La organización Financiera de las Indias, Siglo XVI*, México, Miguel Angel Porrúa, 1990.

SANTIAGO NINO, C. *Introducción al Análisis del Derecho*, Barcelona, Ariel Derecho, 1991.

SOLER ROCH, M. T. *Incentivos a la Inversión y Justicia Tributaria*, Madrid, Cuadernos Civitas, 1983.

TAMAYO Y SALMORAN, R. *Elementos para una Teoría General del Derecho, Introducción al Estudio de la Ciencia Jurídica*, México, Themis, 1992, p. 27.

VALERO RODRIGUEZ, E. "Pagos provisionales y ajuste de ISR e IMPAC, 1995", en *Nuevo Consultorio Fiscal*, n. 144, 16 de agosto 1995.

ESTUDOS & COMENTÁRIOS

A REGRA ANTIELISIVA. APENAS UMA DISSIMULADA INTENÇÃO

SIDNEY SARAIVA APOCALYPSE
Advogado

Este é um trabalho de interpretação e, como tal, deste não há que se extrair conclusão verdadeira ou falsa, mas sim conclusão que possa ser acolhida pelo intérprete autêntico — o Judiciário —, se fundamentada nos princípios do sistema, diante de suas justificações. Cuidarei de interpretar o preceptivo introduzido pela Lei Complementar 104, de 10 de janeiro de 2001, ao art. 116 do Código Tributário Nacional:

"Parágrafo único. A autoridade administrativa poderá desconsiderar atos ou negócios jurídicos praticados com a finalidade de dissimular a ocorrência do fato gerador do tributo ou a natureza dos elementos constitutivos da obrigação tributária, observados os procedimentos a serem estabelecidos em lei ordinária."

Previamente, como em qualquer atitude interpretativa, deparei-me com a angústia. Angústia de definir se neste trabalho haveria de dar importância aos valores ou aos princípios. Isto porque o *pressuposto em que se assenta o preceptivo* de que vamos nos ocupar reside na fórmula de que deva o tributo ser recolhido, ainda que o cidadão realize ato idôneo com finalidade de economizá-lo. Ou seja, importa à regra em questão, dar fundamento a valores, face a uma aparente insuficiência de princípios para a realização da justiça fiscal. Ocupa-se tal regra antielisiva de introduzir no sistema, disposição de sentido teleológico, em prestígio, pois, aos fins que almeja. Esta é a regra existente e ponto. Entretanto, identificar a regra não é suficiente, embora seja ponto de partida, para definir seu alcance. Isto porque, como qualquer outra, tal regra *necessariamente* se integra ao ordenamento brasileiro. Valer-se dela, isoladamente, para daí tirar conclusões, sem considerá-la no sistema a que pertence, seria o mesmo que admitir que tudo é permitido ao seu destinatário (a autoridade administrativa) quando diante de atos ou negócios jurídicos com a finalidade ali estampada.

Enfim, por não existir isoladamente, a regra em comento deve ser examinada perante o *todo* a que pertence; sua mera existência já faz pressupor existir ao menos uma outra. Regra essa outra que autorizaria o cidadão à prática de atos ou negócios jurídicos com a finalidade de economizar tributo. Se não, a que comportamento estaria nova regra voltada? Pois bem, já aqui reside um conflito. Isto porque a se entender que *o tributo é **sempre** devido, quer se rea-*

lize, ou não, a hipótese descrita em lei como suficiente para fazer nascer a obrigação de pagar tributo, conclusão inevitável é a de que diante de duas ações possíveis (consentidas no sistema), ao cidadão resta o inexorável: pagar tributo. Ainda que de passagem, hei de lembrar as lições de Bobbio que demonstrando que a expressão *Direito* refere-se a um dado tipo de ordenamento, repele, exclui a possibilidade de ordenamento composto de uma só norma e que se esse fosse possível, apenas três possibilidades haveria de se conceber:[1]

"1) *Tudo é permitido*: mas uma norma geral de tal gênero é a negação de qualquer ordenamento jurídico, ou, se quisermos, a definição do estado de natureza que é a negação de todo ordenamento civil.

"2) *Tudo é proibido*: uma norma desse tipo tornaria impossível qualquer vida social humana, a qual começa no momento em que o homem, além das ações necessárias, está em condições de realizar algumas das ações possíveis; uma norma assim concebida, equiparando ações possíveis e impossíveis, não deixaria subsistir senão as ações necessárias, ou seja, as ações meramente naturais.

"3) *Tudo é obrigatório*: também uma norma feita assim torna impossível a vida social, porque as ações possíveis estão em conflito entre si, e ordenar duas ações em conflito significa tornar uma ou outra, ou ambas, inexeqüíveis."

Dito apenas isto, parece-me inflexível entender que o dispositivo em tela é inválido e há pelo menos uma razão que desde já se pode reconhecer: ofende o princípio da legalidade.

O sistema constitucional tributário brasileiro, diferentemente do que ocorre em outros países, recebeu da Constituição de 1988 amplo e minucioso tratamento, o que acarreta ao mesmo acentuada rigidez. Além da discriminação das competências tributárias, através da qual a Constituição outorga às pessoas políticas (União, Estados, Municípios e Distrito Federal) competência para instituir tributos que enumera, dispõe a Carta Magna a respeito de princípios que, apesar de já formulados como direitos e garantias individuais, são repetidos, enfatizados e repisados de modo a constituir expressas "Limitações do Poder de Tributar". Esse regime jurídico específico, ao lado de outros princípios constitucionais gerais (até mesmo implícitos, como, por exemplo, o da segurança jurídica) delineia, como indicamos no trabalho "Sistema Constitucional Tributário Brasileiro",[2] o chamado estatuto do contribuinte.

Desse sistema exsurge o princípio da estrita legalidade da ação de tributar (princípio da legalidade) que na Constituição brasileira está contemplado com tamanha expressão, a autorizar a doutrina, como assevera Alberto Xavier,[3] a denominá-lo de *princípio da estrita legalidade.*

Resulta, pois, da ordem constitucional brasileira, a necessidade de lei para que se exteriorize a vontade do Estado no sentido de arrecadar tributos. Trata-se de reserva absoluta de lei e de lei que esgote todos os aspectos da hipótese descrita como apta a determinar a conseqüência de pagar tributo, se e quando no mundo fático se realizar dado antecedente, *a impedir, pois, adoção de critérios ou valores abstratos, subjetivos para exigência do tributo.*[4] É o que já se contém no art. 114 do Código Tributário Nacional; fato gerador da obrigação tributária é a "situação definida em lei como necessária e suficiente à sua ocorrência". Basta isto para que se arrepie o intérprete de quem a hermenêutica exige tomar em conta tal ordenamento jurídico, para pensar ao menos duas vezes antes de optar pela decisão de validar a regra antielisiva em tela. Parece-me evidente, já neste início, que só

1. Norberto Bobbio, *Teoria do Ordenamento Jurídico*, pp. 31-32, Polis, 1990.

2. In *Parceiro Econômico — Revistas das Câmaras de Comércio e Indústria Brasil-Alemanha*, pp. 27 e ss.

3. In *Direito Tributário e Empresarial*, p. 7, Forense, 1982.

4. Vide, do autor, "Planejamento Tributário no Brasil", *Revista Dialética de Direito Tributário* 22/73.

com muita, mas muita brutalidade é que tal regra dita antielisiva possa se harmonizar com o sistema constitucional tributário brasileiro.

Mas tal regra foi conduzida para o sistema sob o pressuposto de dar fundamento à ação de tributar em razão dos fins e em prol do interesse público, o que demanda continuar o exame.

Estivéssemos nós diante de uma sociedade de concepção coletivista, que dê ao todo absoluta primazia sobre as partes, interpretar o Direito seria atividade tendente sempre a buscar resultados que limitassem a liberdade em prol da igualdade. Ao contrário, se diante de sociedade em que predomine uma concepção individualista, interpretar-se-á seu direito com o fim de salvaguardar a autonomia do indivíduo.[5] De uma forma ou de outra, impossível estabelecer a qual situação deva se ater o intérprete que não a partir do reconhecimento do direito em que se localiza, não como protagonista ou criador, porquanto esta não é sua função (pertence ao Estado), mas simplesmente como *observador* e, como tal, obediente, fiel e sentinela do sistema a que a regra jurídica pertença.[6]

O Estado brasileiro, este, inaugurado em 1988, funda-se numa República (*res publica*) assentado nos pilares da soberania; da cidadania; da dignidade da pessoa humana; nos valores sociais do trabalho e da livre iniciativa, assim como no pluralismo político,[7] conceito este invólucro que acomoda o reconhecimento da diversidade de pensamento dos indivíduos que compõem a Nação brasileira. É o que a Constituição brasileira enfatiza já em seu primeiro preceito. Projeta, pois, a Constituição brasileira o reconhecimento do indivíduo e a realização de suas aspirações individuais. Veja-se, a propósito, a profusão de preceptivos voltados aos direitos e garantias individuais que, a despeito de sua atomização em todo o percurso do art. 5º da Constituição Federal, ali não se esgotam, pois ainda defluem de outros decorrentes do regime e dos princípios adotados pela Carta Magna ou dos tratados internacionais de que a República seja parte.[8] Tal é o fruto da decisão política que deu corpo ao Estado brasileiro, como disse, inaugurado em 1988.

Estado que chamo inaugurado não só face à então nova Constituição, como também em razão da substancial mudança que a Nação passou a experimentar. Como diz Márcio C. Coimbra, *o Brasil mudou substancialmente a forma de atuação do Estado na década de 90*, frase que abre seu artigo, não por menos, intitulado "Brasil: um novo modelo de Estado":[9] "Com a decadência do modelo desenvolvimentista, baseado no procedimento de substituição das importações, surge uma nova forma de atuação do Estado. Ele não mais atuaria de forma provedora e interventora. Neste novo modelo, a principal tarefa, que é a da execução, caberia à iniciativa privada. Ao Estado caberia somente a fiscalização e regulação, assistindo ao mercado e garantindo a concorrência entre as empresas privadas. Surge o Estado regulador".

Mutatis mutandi é o que determina a Constituição brasileira, art. 170 em sua primeira parte e que por assim ser dá suporte, fundamento a todo esse movimento que diferencia o Estado brasileiro pós-88, daquele a que se seguiu: "A ordem econômica, fundada na valorização do trabalho humano e na livre iniciativa, tem por fim assegurar a todos existência digna, conforme os ditames da justiça social, observados os seguintes princípios:".

A liberdade individual e a iniciativa privada, postas como princípio constitucional devem ser o norte, pois, na interpretação da regra de que ora tantos haverão de

5. Vide Miguel Reale, *Filosofia do Direito*, p. 252, Saraiva, 1972.

6. O que, de mais a mais, Becker já demonstrou. *Teoria Geral do Direito Tributário*, p. 100, Saraiva, 1963.

7. Constituição Federal, art. 1º.

8. Constituição Federal, art. 5º, § 2º.

9. In http://cf6.uol.com.br/consultor/index.cfm *Revista Consultor Jurídico*, 9.1.2001.

se ocupar, em que pese o pressuposto invocado por seu proponente e voltado à almejada justiça fiscal. Veja o leitor, como estamos perto da fronteira que divide o Direito da Moral! Sem dúvida, a meu pensar, semelhante sentimento permeia este ambiente. Mas tal sensação não pode mover o intérprete, que não para de buscar no próprio sistema o fundamento de validade da norma que intelectualmente construiu. Lembrar da advertência de que *não há "bem comum" sem "ordem jurídica", essencialmente indispensável a qualquer Estado,*[10] se faz oportuno. Permanecer num contexto como esse que se apresenta leva-nos a riscos imponderáveis que, entretanto, o sistema constitucional tributário brasileiro repudia. Como diz Eros Grau,[11] "Nesse contexto, contudo, estamos a correr o risco de *substituir* a *racionalidade formal* do direito — com sacrifício da *legalidade* e do *procedimento legal* — por uma *racionalidade de conteúdo* construída a partir da *ética* (qual *ética*?!), à margem do *direito*. Por uma *racionalidade de conteúdo* que nos conduzirá a uma *irracionalidade de conteúdo* (segundo os padrões da racionalidade instrumental?), ***no bojo da qual a díade violência/direito será resolvida mediante o primado do primeiro termo***" (destacou-se).

A violência da chamada regra antielisiva não alcança apenas a liberdade individual. Vai além e viola, na sua visionice, o princípio constitucional que dá eficácia à chamada "tripartição do Poder".

Observe-se que tal regra antielisiva atribui ao Poder Executivo função judicante ou legislativa. Isto porque, a se admitir estar a mesma voltada à desconsideração de atos ou negócios jurídicos (válidos) praticados com finalidade de economizar tributos (mais adiante cuidarei da expressão dissimular), a mesma estaria concedendo ao Poder Executivo competência para anular (ainda que só para fins fiscais) os verdadeiros e inexoráveis efeitos de atos válidos, sob julgamento de que a finalidade fôra de evitar a carga fiscal, ou mesmo minimizá-la. Ou, admitindo que possa a autoridade administrativa atribuir efeitos jurídicos diversos dos irradiados pelos atos praticados, estar-se-á atribuindo a essa mesma autoridade competência para antecipar a *atividade legislativa*; *única atividade de que se pode extrair norma prescritora da conduta pague tributo.*

Ninguém desconhece, até porque ínsita à idéia de Estado, que da decisão política que inaugurou em 88 o novo Estado brasileiro, também decorreu escolha da maneira pela qual se organizaria a Nação brasileira, desenhando o perfil do Poder. Numa só fórmula e no mesmo preceptivo que introduz a idéia do Estado brasileiro, organizado sob a forma de República, declara-se que o Poder emana do povo que o exerce por meio de representantes eleitos ou diretamente.[12] Poder esse que na visão de Montesquieu haveria de se repartir em três para exercício de atividades distintas e independentes, em contraposição a um sistema que Luís XIV teria sintetizado na frase *L'État c'est moi*. Não há que haver maiores delongas a este respeito, a uma, porque cediço que não se caracteriza o Estado brasileiro pelo *absolutismo*, em que o exercício do Poder esteja entregue a uma só pessoa ou órgão, e a outra razão, porque esse despótico sistema de há muito vem sendo expurgado no mundo civilizado, a dar assim vazão ao disposto no art. 16 da Declaração dos Direitos do Homem e do Cidadão, de 1789: "Qualquer sociedade em que não esteja assegurada a garantia dos direitos, nem estabelecida a separação dos poderes, não tem Constituição".

Dessa maneira, ainda que o Poder seja uno — entregue ao Estado — cada um de seus aspectos, são entregues a distintos órgãos que exercem as funções típicas independentemente entre si, tal como disposto

10. Machado Paupério, *Introdução à Ciência do Direito*, p. 39, Forense, 1969.

11. *O Direito Posto e o Direito Pressuposto*, p. 81, Malheiros Editores, 1996.

12. Constituição Federal, art. 1º, parágrafo único.

no texto constitucional.[13] Isto significa afirmar, pois, que a competência constitucionalmente atribuída a um dos "poderes", não poderá ser subtraída, alterada por legislador infraconstitucional, em nome do que quer que seja.

A despeito de tão cristalino cenário pretende-se que viceje entre nós, neste início de século, preceptivo que sob inspiração do Poder Executivo e em nome de uma moralidade que nem sempre permeia os atos desse mesmo Poder, vise dar fundamento de validade aos prosélitos de doutrina *responsável pelo maior equívoco na história da doutrina do Direito Tributário*:[14] a dita Teoria do Abuso das Formas Jurídicas, segundo a qual, como diz Becker, admite que[15] "Na interpretação da lei tributária dever-se-ia ter em conta o fato econômico ou os efeitos econômicos do fato jurídico referido na lei tributária, de tal modo que, embora o fato acontecido fosse de natureza jurídica diversa daquela expressa na lei, o mesmo tributo seria devido, bastando a equivalência dos fatos econômicos subjacentes ou dos efeitos econômicos resultantes de fatos jurídicos de distinta natureza".

Quanto e há quanto tempo os áulicos tentam consertar o Mundo! Até "purificar" o Homem, a quem Deus entregou o livre arbítrio, se pretendeu fazer em nome dos fins! A propósito, bem o disse Arnaldo Malheiros Filho:[16] "No momento em que o príncipe se transformar em Grande Irmão, só preocupado em proteger você, para que Constituição? Contra a pátria não há direitos! Erga logo o braço e grite 'Anauê!' Ou 'Heil Hitler!' Ou qualquer coisa do gênero".

Mas há que se acreditar no guardião da norma constitucional e na reafirmação do princípio da estrita legalidade, da reserva absoluta de lei, princípios estes, como dito, impeditivos de adoção pelos órgãos administrativos de critérios subjetivos, abstratos para aplicação concreta da norma tributária. Concebido, pois, o dispositivo em causa, como fundamento para que a autoridade administrativa desconsidere atos válidos para atribuir efeitos tributários resultantes de fatos jurídicos de distinta natureza, face à equivalência dos fatos econômicos subjacentes, afronta este o princípio da legalidade, da tipicidade da lei tributária, o que determina sua repulsa pelo sistema.

Entretanto, o parágrafo inventado pelo Executivo federal e a que o Legislativo deu luz é de tal forma capenga que antes de violentar o sistema, pode-se dizer que com este se harmoniza, não pelos fins que almeja, mas pelo alcance que atinge. *Bem visto, o preceptivo não inova absolutamente nada.* Percebe-se isto claramente quando se verifica que a autoridade administrativa poderá desconsiderar atos ou negócios jurídicos *quando praticados com a finalidade de dissimular a ocorrência do fato gerador do tributo* (...) Não é sem razão que me acode a velha expressão *a lei não contém palavras inúteis*.

Visto assim, *como preceito que conceda poder à autoridade administrativa para desconsiderar ato que dissimule a ocorrência do fato gerador, a regra não só é velha, como constitucional* (*apesar de inútil*)! Isto porque atos que visem ocultar, disfarçar, mascarar, esconder ou embuçar seja outro ato ou fato (inclusive gerador da obrigação de pagar tributo) nada mais são do que véus a encobrir a verdade que assim remanesce a produzir os efeitos que lhe sejam próprios. Para tanto o sistema já possui prescrições. Basta invocar o Código Civil, art. 102, que, como consabido, nada mais faz do que dar o velho e conhecido conceito de simulação, cujas principais características residem: (i) na intencional divergência entre a vontade e a declaração; (ii) no acordo intencional das partes para essa divergência; (iii) no objetivo de enganar terceiros, tendo, pois, como elemento

13. Constituição Federal, art. 2º: São Poderes da União, independentes e harmônicos entre si, o Legislativo, o Executivo e o Judiciário.

14. Alfredo Augusto Becker, *Carnaval Tributário*, p. 103, Saraiva, 1989.

15. *Carnaval Tributário*, p. 103.

16. "Invasão de privacidade", *Revista Exame*, pp. 62-63, 10.1.2001.

necessário de qualquer das hipóteses, segundo Pontes de Miranda,[17] *intenção de prejudicar a terceiros, ou de violar regra jurídica (art. 103) ou que se dê tal prejuízo ou violação.*

"Art. 102. Haverá simulação nos atos jurídicos em geral:

"I — Quando apresentarem conferir ou transmitir direitos a pessoas diversas das a quem, realmente, se conferem, ou transmitem.

"II — Quando contiverem declaração, confissão, condição ou cláusula não verdadeira.

"III — Quando os instrumentos particulares forem antedatados ou pós-datados."

Em outras palavras, para melhor significar:[18] "Negócio simulado é aquele que tem uma aparência absolutamente contrária à realidade, ou porque não existe absolutamente, ou porque é diverso do que se mostra o negócio que existe. Entre a forma extrínseca e a essência íntima há uma contraste estridente: o negócio que aparentemente se mostra sério e eficaz, é, ao invés, mentiroso e fictício, uma simples máscara para esconder negócio diverso... Querem os simuladores fazer brilhar aos olhos dos terceiros a formação de uma relação jurídica, que, na realidade, não deve existir, cuja aparência enganadora, porém, se quer mostrar por meio de uma declaração destituída de sentido volitivo. Trata-se, portanto, de uma declaração efêmera, vazia, fictícia, que não representa uma vontade real, e, assim nula...".

E assim, se simulado, prevalecem os efeitos do ato dissimulado.

A esta altura convido o leitor a fazer uma pausa e meditar a respeito do seguinte: imagine em vez dessa regra antielisiva que já se vê *natimorta*, outra, mais simples, cândida. Uma que singelamente, numa simplicidade *franciscana* contivesse o seguinte comando: Fica revogado o § 1º do art. 108 da Lei 5.172, de 25 de outubro de 1966 (Código Tributário Nacional — CTN).

Como se sabe, esse preceito do CTN é aquele que determina que ***o emprego da analogia não poderá resultar na exigência de tributo não previsto em lei.*** Ou imagine mais. Imagine que sequer tenha existido esse preceito que vedava o emprego da analogia. Em sã consciência, alguém se atreveria dizer que mediante emprego de analogia a autoridade administrativa estaria habilitada a exigir tributo? Não penso que alguém, operador do direito, teria o desplante, o atrevimento de afirmar tamanha ousadia; se não, que fique o desafio para que alguém demonstre o inverso. E isto, e é tão simples compreender, se deve apenas porque antes desse preceptivo do CTN, sobreposto ao mesmo, em proeminência vige, vive nas vísceras do sistema constitucional tributário brasileiro (assim como no penal) o princípio da legalidade. Sem lei não há tributo. Parafraseando Calón,[19] assim como a pena, que é o sofrimento imposto pelo Estado, em execução de uma sentença, ao culpado de infração criminal, o tributo só deve ser suportado por quem realize no mundo fático a hipótese descrita em lei.

Creio desnecessários maiores comentários quanto ao prestígio que o sistema jurídico brasileiro dá à liberdade de contratar, à possibilidade que têm os cidadãos de, diante de dois comportamentos (um que, por força de lei, gera conseqüência tributária mais onerosa que o outro), adotar o comportamento menos oneroso (ou mesmo "isento" de conseqüência tributária) para, por mais esta razão, demonstrar a invalidez dessa regra antielisiva. A questão que aí se coloca não é, pois, de ter, ou não, o particular essa liberdade. Demonstra a doutrina que tem. A questão é saber qual é o limite desse "direito", matéria que já foi objeto

17. In *Tratado de Direito Privado*, p. 373, Borsói.

18. Ferrara, *apud* Sacha Calmon Navarro Coelho, *Imposto de Renda — Estudos*, Ed. Res. Tributária, p. 46.

19. *Apud* Basileu Garcia, *Instituições de Direito Penal*, v. I, t. II, p. 405, Max Limonad, 1956.

de estudo anterior[20] no qual lições de Alberto Xavier nesse sentido são reproduzidas.

Enfim, face à formulação do sistema tributário brasileiro que adotou, na sua essência, o princípio da legalidade, e em seu bojo, o da estrita legalidade, onde o particular deve pagar o imposto tão-somente se realizar a hipótese descrita em lei como suficiente à realização desse mandamento, não há espaço para comando normativo com o conteúdo que a regra antielisiva pretendeu introduzir. No Brasil, é cânone constitucional o que Hensel[21] reduz na fórmula: "Il comando — tu devi pagare delle impostos — è sempre condizionato dalla frase: se tu realizzi la fattispecie legale (non: se tu miri ad un determinato effeto economico!)".

Isto significa que no Direito Brasileiro, podem (e *ainda podem, insistiria, agora*) os cidadãos, através de meios válidos e lícitos, tirar vantagens fiscais, na ausência de lei expressa que contemple tais conseqüências, ou que, mesmo consignando conseqüências de ordem tributária, o façam de forma menos onerosa. Diante de tal situação, não pode o administrador público, a seu juízo, impor a conseqüência mais onerosa a fato que não tenha sido legalmente previsto. É o que, em caso judicial (há que se repetir), decidiu o então Juiz Federal Sacha Calmon Navarro Coelho:[22] "(...) em Direito Tributário, tão marcado pelo princípio da legalidade, não deve o intérprete aplicador, mesmo diante de casos de elisão, superpor-se à lei. A função de reprimir a evasão em razão de lacunas é do legislador nunca do administrador. (...) penso que as lacunas da lei, os '*loopholes*' como dizem os americanos, só devem *ser suprimidos pela lei*, para o bem de todos. Ainda que alguns estejam levando vantagem é preferível manter o princípio da legalidade do que estender ao Administrador poderes que amanhã se tornariam muito difíceis de controlar, além de impor ao Judiciário, como *poder revisor do ato administrativo*, a obrigação de estar a verificar, caso a caso, *a razoabilidade fiscal dos contratos*. Haveria, neste caso grandes divérbios, pois cada juiz julgaria com seu próprio subjetivismo as situações e os interesses dos justiçáveis".

Tais conceitos sequer passaram desapercebidos ao julgador administrativo, em sua última instância. A esse respeito pronunciou-se a Câmara Superior de Recursos Fiscais, através do acórdão 01-892, de sua 5ª Câmara, no Recurso de n. RP/105-0.101, em que foi recorrente a Fazenda Nacional. Nessa decisão, unânime, sublinhe-se, negou-se provimento ao recurso fazendário, adotando-se o relatório e o voto do Conselheiro Urgel Pereira Lopes que, relembrando o acórdão 105-2.607, prolatado em 15.4.1988, por aquela mesma Câmara, decidiu a questão nos seguintes termos: "Também merecedor de reparos o recurso à interpretação econômica, na amplitude com que foi utilizada. A interpretação das leis há de ser, acima de tudo, jurídica. Se a lei foi mal elaborada, como não é raro, infelizmente, no âmbito da legislação tributária, por modo a permitir expedientes destinados a alcançar, com facilidade, a chamada 'elisão fiscal, não se pode consertá-la com soluções de circunstância'".

Por fim, para que não fique a impressão de que o título que adotamos neste texto — "A Regra Antielisiva. Apenas uma Dissimulada Intenção" —, represente mero jogo de palavras, veja o leitor que negócios realizados com a nítida, que não declarada pretensão de economizar tributo, quando questionados em passado mais próximo, lograram obter nos chamados tribunais administrativos manifestação favorável, não porque uma regra[23] como a em tela inexis-

20. Vide, do autor, "Planejamento Tributário no Brasil", *Revista Dialética de Direito Tributário* 22/73.

21. *Apud* A. R. Sampaio Doria, in *Elisão e Evasão Fiscal*, Ed. Bushatsky, p. 96.

22. *Apud* Sacha Calmon Navarro Coelho, p. 33, ob. cit.

23. Insisti ao longo do texto em não denominar o preceito como norma, porque nela sequer enxergo compostura digna de tal rótulo.

tisse, mas sim porque verificada a licitude dos atos praticados e inocorrência de fato coincidente com hipótese tributária, nenhum tributo haveria de se exigir:[24]

"*IRPF. Ganhos de capital. Simulação.*

"Para que se possa caracterizar a simulação, em atos jurídicos, é indispensável que os atos praticados não pudessem ser realizados, fosse por vedação legal ou por qualquer outra razão. Se não existia impedimento para a realização de aumentos de capital, a efetivação de incorporação e de cisões, tal como realizadas e cada um dos atos praticados não é de natureza diversa daquele que de fato aparenta, isto é, se de fato e de direito não ocorreram atos diversos dos realizados, não há como qualificar-se a operação de simulada. Os objetivos visados com a prática dos atos não interferem na qualificação dos atos praticados, portanto, se os atos praticados eram lícitos, as eventuais conseqüências contrárias ao fisco devem ser qualificadas como casos de elisão fiscal e não de evasão ilícita" (*sic*).

24. Acórdão do 1º Conselho de Contribuintes n. 106-09.343, de 9.1.1997. Vide, também, Ac. 101-86.905, de 16.8.1994.

LA IMPOSICIÓN AL CONSUMO DERIVADA DE LA ADQUISICIÓN DE PRODUCTOS DIGITALES

ROSSANA RODRÍGUEZ RUIZ

1. Introducción

Internet hoy en día no solo es un medio de acceso a información, es la vía más rápida y efectiva en lo que a transacciones comerciales se refiere. Sus efectos además de sociales son principalmente económicos y constituyen una nueva forma de hacer negocios. Su incidencia en el sector económico pone en evidencia una de las principales preocupaciones de los Estados, como es el de la recaudación fiscal y la creación de mecanismos que permitan afrontar nuevos problemas con herramientas que resultan desfasadas por el avance tecnológico.

Las operaciones realizadas a través de Internet no ofrecen mayor problema comercial, todo lo contrario están facilitando las transacciones comerciales al significar una reducción sustancial de costos y tiempo, los problemas que surgen a nivel comercial están vinculados a la seguridad del medio utilizado, a la identificación del emisor y destinatario que participan en la operación, problemas que tecnológicamente también están siendo resueltos a través de la participación de entidades certificadoras y de la implantación de mecanismos y protocolos de seguridad.

En el campo tributario la oferta de bienes y servicios a través de Internet incorpora nuevos problemas como la dificultad de determinar algunos aspectos del hecho imponible: sujeto pasivo potencial, lugar de realización de la operación, acto o hecho gravado; la calificación del tipo de renta generada y la legislación aplicable. Los efectos de las operaciones realizadas a través de Internet traspasan fronteras físicas, entrelazan legislaciones que en algunos casos pueden contener disposiciones contradictorias e inclusive darse el caso de incurrir involuntariamente en infracciones u omisiones sancionables por normas de otros Estados. Las propuestas presentadas por la OECD, la Unión Europea e incluso la *Internet Tax Freedom Act* aprobada por el Senado americano tienden en distinta forma a establecer un período de transición en materia tributaria, opción que resulta razonable pues el avance tecnológico sobrepasa cualquier propuesta legislativa.

En lo que corresponde a la imposición al consumo, se generan varios problemas que merecen ser analizados, uno de ellos es la adquisición en la red de los denominados productos digitales y su clasificación como bienes o servicios. En el presente trabajo trataremos de abordar los aspectos más destacables que genera en la imposición al consumo, la comercialización de productos digitales.

2. *Productos digitales: ¿bienes o servicios?*

2.1 Productos digitales

Para David Hardesty un producto digital es cualquier bien que puede ser vendido y entregado a través de medios electrónicos.[1]

En 1998, luego de celebradas las Conferencias de Turku y de Ottawa respectivamente, la OECD consideró que este tipo de bienes calificaban como intangibles[2] y que la descarga (*download*) del producto ofrecido a través del Internet producía automáticamente el consumo del mismo, asimilándose la operación a una prestación de servicios.

Como resultado de la conferencia de Ottawa celebrada en 1998, en la que también participó la OECD, la Comisión Europea adoptó como principio que este tipo de operaciones debía considerarse como un servicio para efectos del IVA. Esta conclusión ha sido formalizada inclusive en algunos documentos elaborados por la Comisión Europea.[3]

Se consideran como productos digitales a los programas (*software*), fotografías, libros, revistas, música, videos, etc. suministrados a través de la red y que pueden ser reproducidos, copiados, utilizados directamente en una computadora sin necesidad de un soporte tangible. En la mayoría de los casos estos productos digitales representan bienes tangibles físicos que también pueden ser adquiridos en el mercado a través de transacciones comerciales ordinarias. No cabe duda que la transferencia a título oneroso de una novela empastada, editada y con un número determinado de páginas califica como una venta de bienes, asimismo la adquisición de un CD que contenga las canciones de moda de un grupo de *rock*.

El *software* adquirido a través de medios magnéticos tangibles (CDs *diskettes*) y en ciertas condiciones también constituye una venta. En este último caso suele ocurrir que el valor del medio utilizado resulte bastante inferior al contenido del programa en sí. El precio pagado por el usuario comprende además del soporte físico, un valor intangible que otorga a un determinado usuario el derecho a utilizar el programa contenido en el *diskette* o en el CD. Aplicando las premisas señaladas anteriormente la compra de un libro en una librería califica como una venta de bienes, mientras que la adquisición digitalizada del mismo libro en Internet podría calificar como una venta de bienes o como una prestación de servicios.

En las Primeras Jornadas Nacionales de Tributación convocadas por la Asociación Fiscal Internacional (IFA) Grupo Peruano en 1987 ya se había considerado que el "*software*" merecía un tratamiento tributario especial. La ponencia presentada por Enrique Noriega del Valle[4] abordó el tema, esbozándose desde entonces algunas definiciones y propuestas que hoy resultan vigentes. Se consideró como *software* "a todas las variedades de programas o conjuntos de programas que se usan para que un computador procese la información que se le provea, en la forma requerida por el usuario". Debe reconocerse que la tecnología avanza mucho más rápido que el derecho; sin embargo, todavía subsiste la necesidad de regular muchos aspectos de la contrata-

1. Hardesty, David, "Internet-Based Sales to the United States", diciembre 1998, artículo publicado en http://www.e-commercetax.com

2. Ver p. 16 de documento elaborado por la OECD titulado *Dismantling the Barriers to Global Electronic Commerce*, http://www.oecd.org/dsti/it/ec/prod/dismantl.htm

3. Ver *Comercio Electrónico y Fiscalidad Indirecta*, Comunicación COM (98)374 final, de la Comisión al Consejo de ministros del 17 de junio de 1998 y en la propuesta de modificación a la Directiva 77/388/CEE sobre Impuesto al Valor Añadido aplicable a algunos servicios prestados vía electrónica, Comunicación COM (2000)349 final.

4. La ponencia presentada por Enrique Noriega del Valle se tituló "Tratamiento tributario del *software*" y formaba parte de las ponencias presentadas por el Tema II de las Jornadas "Régimen de Imposición a la Renta de Empresas Domiciliadas", Revista *Cuadernos Tributarios*, n. 4, 1987, pp. 107 y ss.

ción electrónica. En el Perú las normas recientemente promulgadas abordan solo un aspecto del problema.

2.2 Naturaleza jurídica

La adquisición de productos digitales a través de Internet de acuerdo a los presupuestos expuestos anteriormente podría calificarse como:

a) venta de bienes;

b) prestación de servicios;

c) un acto complejo.

Sin embargo, aún en el caso que se establezca la naturaleza de la operación, ello resulta irrelevante si no se consideran otros elementos de la operación como los derechos y atribuciones que se le conceden al usuario o adquirente del *software* o producto digital pudiendo presentarse las situaciones siguientes:

• que la adquisición del *software* o de otros productos digitales se realice a título gratuito u oneroso y otorgue únicamente el derecho al uso del mismo y/o a la reproducción para fines no comerciales. Este sería el caso del *download* de un *software* incorporado para lectura, elementos audiovisuales (multimedia) que facilitan el acceso a la información o simplemente el uso de los mismos;

• que la adquisición del *software* o producto digital se realice a título oneroso con el ánimo de explotar comercialmente el *software* o producto digital. En esta categoría estaría comprendida la transferencia de imágenes para fines publicitarios;

• que la adquisición del *software* o producto digital a título oneroso implique además la actualización o suministro de nuevas versiones del programa o producto digital o también el servicio de asistencia técnica remota.

a) Venta de bienes

El *software* o cualquier otro producto digital incorporado a un medio electrónico o magnético tangible se considera en muchas legislaciones como un bien intangible, tal es el caso de la legislación peruana.[5] En este sentido, podría llegarse a la conclusión equivocada que el tratamiento tributario aplicado a la transferencia de intangibles habría solucionado parcialmente el problema.

La Ley del Impuesto General a las Ventas considera a los intangibles como bienes muebles, con lo cual la transferencia de este tipo de bienes realizada en el país, a cualquier título, resulta gravada con el Impuesto General a las Ventas al calificar como venta, al quedar comprendida esta operación en el presupuesto previsto en el inciso a) del artículo 1º de la Ley del Impuesto General a las Ventas, que considera como operación afecta a este tributo la venta de bienes en el país.[6]

No obstante lo antes expuesto, del tenor de lo dispuesto en el segundo párrafo del inciso e) del artículo 2º del Reglamento de la Ley del Impuesto General a las Ventas, se concluye que la transferencia de

5. El Decreto Legislativo n. 821 incluyó como bienes muebles a "los signos distintivos, invenciones, derechos de autor, derechos de llave y similares".

Artículo 25º, inciso a), numeral 2 del Reglamento de la Ley del Impuesto a la Renta: "(...) Se consideran activos intangibles de duración limitada a aquellos cuya vida útil está limitada por ley o por su propia naturaleza, tales como las patentes, los modelos de utilidad, los derechos de autor, los derechos de llave, los diseños o modelos planos, procesos o fórmulas secretas y los programas de instrucciones para computadoras (*software*)".

6. Esta calificación resulta acorde con lo dispuesto en el artículo 886º, numerales 6 y 10 del Código Civil que consideran como bienes muebles respectivamente, a los derechos patrimoniales de autor, de inventor, de patentes, nombres, marcas y otros similares; así como a los demás bienes no comprendidos en el artículo 885º, referido a la calificación de bienes inmuebles.

El artículo 31º de la Ley de Derechos de Autor contiene un listado de los derechos comprendidos en los derechos patrimoniales, entre los que se encuentran, la reproducción de la obra por cualquier forma o procedimiento y la utilización de la obra por cualquier otra forma no señalada, indicándose en forma expresa que dicho listado resulta meramente enunciativo.

bienes intangibles del exterior califica como un servicio, al ser de aplicación a esta operación las reglas sobre utilización de servicios en el país.

En consecuencia, si el proveedor del *software* o producto digital es un sujeto domiciliado que tiene licencia para explotar económicamente el *software* o el producto digital, la operación podría considerarse como una venta de bienes en el país. Si el proveedor del programa es un sujeto no domiciliado la operación calificaría como una prestación de servicios, situación que se presentaría en aquellos casos en los que se adquiera el *software* o producto digital sea a través de una transacción comercial convencional o mediante la compra a través de Internet.

Por otro lado, en lo que respecta a las normas aduaneras, debe indicarse que mediante Decreto Supremo n. 128-99-EF se incorporó a partir del 1º de agosto de 1999 lo dispuesto en el párrafo 2 de la Decisión 4.1 del Comité de Valoración en Aduana de la OMC, referida a la valoración de los soportes informáticos con *software* para equipos de procesos de datos. Las normas aduaneras gravan la importación de mercadería, entendiéndose como tales los bienes tangibles. En principio no existe "valorización" de servicios para efectos aduaneros.

La Resolución de Intendencia Nacional n. 000628 del 4 de agosto de 1999, emitida en concordancia con las disposiciones citadas en el párrafo anterior, establece que se encuentran gravados únicamente los soportes informáticos importados que lleven datos o instrucciones (*software*) para equipos de procesos de datos, siempre y cuando pueda distinguirse el valor del *software* del valor del soporte informático. La misma resolución indica que se entiende como soporte informático cualquier medio magnético óptico o de otro tipo en donde se registre el *software*. En consecuencia, el tratamiento que se ha otorgado a este intangible es el de una compra de bienes, cuyo valor servirá de referencia a efectos de calcular el Impuesto General a las Ventas que corresponda en caso que la adquisición se hubiese realizado para fines comerciales.

Sin embargo, esta misma Resolución dispone que en los casos en los que no pueda distinguirse el valor del *software* del valor del soporte informático propiamente dicho, o cuando éste se encuentre "ligado a la mercancía importada", aún cuando su ingreso al territorio nacional se realice a través de Internet, correo electrónico o vía satélite, se encuentra gravado con derechos arancelarios. Es decir, que en estos casos el valor agregado del soporte informático que es el *software* mismo, tiene el tratamiento de una mercadería y no de un servicio.

a.1) Bienes intangibles objeto de imposición al consumo — Cabe indicar que al margen del tratamiento tributario que se les asignaría a los productos digitales en virtud de las normas que otorgan a los bienes intangibles la condición de bienes muebles, nos encontramos frente a un problema de mayor trascendencia. Este consiste en determinar si la condición de bienes muebles, al amparo de las normas que regulan el Impuesto General a las Ventas, se deriva del mismo producto considerado como bien intangible o si el derecho de utilizar, reproducir o disfrutar el producto digital son los que califican como bien intangible.

En nuestra opinión, estaríamos frente a una obra sujeta a la protección de las normas sobre propiedad intelectual, en donde el creador o autor de la obra concedería una licencia que puede comprender uno o más derechos patrimoniales, como serían el derecho de utilizar el producto digital, el de reproducción del producto para fines no comerciales, el de aplicación del programa y otros, utilizándose como medio de reproducción la digitalización de la obra para su transmisión en la red. La licencia, a diferencia de la cesión de derechos, no conlleva la transferencia de la titularidad de los derechos, por lo que la adquisición de un producto digital a título gratuito u oneroso equivaldría a una licencia de uno o más derechos patrimoniales inherentes a la obra o producto digital, situación que se presenta también cuando se adquiere un libro o una obra musical a través de un medio tangible. El usuario al adquirir un libro se encuentra prohibido de reproducir la obra y comercializarla para provecho propio. Esta afirmación se encontraría sustentada en las propias normas que regulan la propiedad intelectual.

El numeral 17 del artículo 2º del Decreto Legislativo n. 822, Ley sobre el Derecho de Autor, define como obra a "Toda creación intelectual personal y original, susceptible de ser divulgada o reproducida en cualquier forma, conocida o por conocerse". Este tipo de creaciones generan derechos de naturaleza moral como de naturaleza patrimonial[7] que se encuentran protegidos por la legislación. La digitalización de la obra intelectual o artística simplemente constituye el medio utilizado para su difusión y transmisión. La difusión a través de la red implicaría, de acuerdo a las normas que regulan el Derecho de Autor, la suscripción de contrato de licencia por adhesión, que dependiendo de cada producto, permitiría al usuario disfrutarlo (música, libros), utilizarlo (*software*) o eventualmente reproducirlo.

De acuerdo a las normas que regulan el Impuesto General a las Ventas, los derechos de autor son bienes muebles. Los derechos de autor, de acuerdo a lo dispuesto en el artículo 18º del Decreto Legislativo n. 822 comprenden derechos de orden moral y de orden patrimonial, que eventualmente pueden ser cedidos en forma total o parcial, por lo que válidamente puede interpretarse que la licencia o permisos concedidos a terceros, respecto de uno o más de estos derechos calificaría también como venta de un bien mueble para efectos de la Ley del Impuesto General a las Ventas, aún cuando, por la verdadera naturaleza de la operación, debería calificarse a dicho acto como una prestación de servicios. No existe norma reglamentaria que distinga los efectos de un contrato de licencia sobre derechos de autor, de los que pudieran derivarse de los efectos de una cesión de derechos, en los que sí se transmite la titularidad de los mismos, por lo de acuerdo a la legislación vigente, se aplicaría el mismo tratamiento tributario a ambos tipos de contrato.

b) Prestación de servicios

Posición por la que se inclina la Unión Europea, luego de la Conferencia Ministerial realizada en Ottawa en octubre de 1998 y que ha sido incorporada en la Directiva 2000/31 del Parlamento Europeo y el Consejo, al considerar que la puesta a disposición del destinatario de un producto digitalizado a través de una red electrónica debe considerarse como una prestación de servicios.[8] Debe tenerse en cuenta que de acuerdo a este principio, la puesta a disposición del servicio implicaría la ejecución de la operación considerada como tal, independientemente de la utilización que le asigne el usuario al *software* o producto digital adquirido a través de la red electrónica.

El inciso b) del artículo 1º de la Ley del Impuesto General a las Ventas grava la prestación o utilización de servicios en el país y el inciso b) del numeral 1 del artículo 2º del Reglamento precisa que el servicio se considera utilizado en el país, cuando es consumido o empleado en el territorio nacional. Por lo que para efectos de este tributo, el simple *download*, que ya implica el consumo del bien, de un *software* o producto digital en el Perú a través de Internet a un sujeto no domiciliado originaría la generación del hecho imponible previsto en esta norma, independientemente del fin que le otorgue el consumidor solicitante.

7. Ver Nota 6 referida a derechos patrimoniales.

8. Citada por Campagnale, Norberto y otros, *El Impacto de la Tributación sobre las operaciones internacionales*, p. 422, Ed. La Ley, Buenos Aires, enero 2000.

c) Acto complejo

La conexión a Internet requiere de un ISP (*Internet Service Provider*) que facilite el acceso a la red, quien actúa como un localizador del lugar o lugares en la *web* con los que el usuario desea conectarse. Una vez realizada esta primera conexión recién el usuario o consumidor puede navegar y acceder a los lugares de la red con los que desea conectarse sea para efectos de información o para realizar operaciones comerciales.

La conexión a la www (*World Wide Web*) constituye un primer servicio necesario e imprescindible. El acceso a la información del lugar *web* en el que se navega o la adquisición de bienes y servicios en los distintos lugares de la *web* pueden considerarse desde esta percepción, como actos jurídicos independientes, aún en el caso que sean ejecutados mediante una sola conexión a la *web* y por el mismo ISP.

Por otro lado, la adquisición del *software* o producto digital puede requerir a su vez la prestación de servicios adicionales que originen la ejecución simultánea de hechos imponibles que generen imposición multinacional, pues las operaciones comerciales en la *web* no tienen fronteras.

La ejecución de los actos descritos anteriormente puede resumirse en las siguientes etapas:

• El acceso a Internet se realiza a través de un ISP (*Internet Service Provider*) que puede ser titular o no del *software* o producto digital que el consumidor desea adquirir. La simple conexión a Internet desde una PC requiere de un agente intermediario que permita la localización en el ciberespacio del proveedor con el cual desea contactarse dicho usuario. Este agente intermediario es un ISP.

La simple conexión a la red constituye por sí misma la prestación de un servicio. Puede ocurrir que un ISP deba conectarse a su vez con otro ISP cuyo servidor esté localizado fuera del país, y así sucesivamente hasta que pueda "localizarse" al proveedor del producto o servicio que desea adquirir el consumidor.

• Una vez localizado el proveedor, el usuario puede acceder al producto ofrecido y aceptar las condiciones de la adquisición, la que implícitamente se realiza bajo los términos de un contrato de adhesión en donde no hay lugar a negociación o descuentos más que los que figuran en la pantalla de la PC. El *download* del producto digital adquirido constituye otra operación, que de acuerdo a la posición adoptada por la Comisión europea califica también como una prestación de servicios.

Si el precio que se abona a través de la red incluye además la posibilidad de actualizaciones o de asistencia técnica durante un período determinado de tiempo, la adquisición del producto digital-servicio incluiría además la prestación de servicios adicionales.

• La mayoría de páginas *web* presentan *banners* publicitarios que permiten una conexión directa a otros lugares del ciberespacio de terceros proveedores de bienes o servicios. La simple visualización del anuncio publicitario, sin conexión alguna, implica la prestación de un servicio por parte del proveedor del producto digital al anunciante del tercer producto o servicio, cuyo servidor a su vez puede estar localizado en un lugar distinto al del proveedor, sin que ello genere la prestación o la utilización de servicios adicionales por parte del usuario.

Sin embargo, si el usuario o adquirente del producto digital despliega la información del *banner* y se conecta con el anunciante, realiza una tercera operación, se convierte en consumidor de un segundo bien o servicio, que a su vez constituye una transmisión electrónica de información independiente, al margen que se adquiera o no el producto ofrecido por el anunciante.

Como puede observarse el solo acceso a Internet constituiría, una prestación de servicios. La adquisición del *software* o producto digital mediante la descarga directa o envío a través de la red, también constituiría un servicio que es independiente al servicio suministrado por el ISP al usuario o consumidor por permitirle acceder a la red. En la práctica puede ocurrir que mediante un solo acceso a Internet se realicen dos o más adquisiciones de productos digitales a distintos proveedores de los mismos y que éstos a su vez tengan domicilio en distintos países, siendo aplicables normas tributarias distintas en cada caso. Los problemas tributarios que surgen a partir de esta operación pueden ser infinitos y generarían múltiples discusiones respecto de la imposición que afecta a los ingresos y al consumo. En el presente caso nos limitaremos a analizar algunas interrogantes referidas a la imposición al consumo.

3. Productos digitales adquiridos a título gratuito

Los efectos tributarios derivados de la adquisición de *software* o productos digitales a título gratuito pueden ser distintos si se considera que dicha operación constituye una operación de venta o una prestación de servicios, al margen de la legislación aplicable al lugar en donde se perfecciona la operación.

a) Si se considera que la operación es una venta de un bien intangible realizada entre sujetos domiciliados

La normas peruanas consideran que la transferencia de intangibles realizada entre sujetos domiciliados se considera una venta de bienes muebles. Por consiguiente, si la transferencia del programa se realizara por un proveedor local a título gratuito, dicha operación podría calificar como un retiro de bienes y encontrarse gravada con el Impuesto General a las Ventas.

Tomemos como ejemplo el PDT, *software* que distribuye SUNAT para efectos de presentar la declaración jurada. Cualquier persona que desee adquirir el PDT, que es distribuido en forma gratuita, puede conectarse a la página *web* de SUNAT a través de Internet y efectuar directamente el *download* del programa o bien acudir a las oficinas de la SUNAT con los *diskettes* correspondientes a efectos que éste sea copiado.

La conexión a Internet se realiza a través de un ISP local que conecta a su vez al contribuyente con el servidor de la SUNAT y puede efectuar el *download* del programa directamente a su computadora para su posterior ejecución. Si se considerase esta operación como una venta, podría llegarse a la conclusión que la misma constituye un retiro de bienes que se encontraría gravada con el Impuesto General a las Ventas.

b) Si se considera que la operación constituye una prestación de servicios

La prestación de servicios a título gratuito no califica como una operación afecta al Impuesto General a las Ventas de acuerdo a la definición prevista en el numeral 1 del inciso c) del artículo 3º de la Ley del Impuesto General a las Ventas.[9] En consecuencia, independientemente que se dicten o no normas que regulen aspectos tributarios de la contratación electrónica, si se considera que la adquisición de productos digitales a través de Internet califica como una prestación de servicios, dicha operación resultaría inafecta.

La Unión Europea ha considerado que únicamente se encuentran gravadas las prestaciones de servicios a distancia, mediante un equipo electrónico para el tratamiento y almacenamiento de datos prestado normalmente a título oneroso.[10] Asimis-

9. "Artículo 3º. *Definiciones*

"Para los efectos de la aplicación del Impuesto se entiende por:

"c) Servicios:

"1. Toda prestación que una persona realiza para otra y por la cual percibe una retribución o ingreso que se considere renta de tercera categoría para los efectos del Impuesto a la Renta, aún cuando no esté afecto a este último impuesto; incluidos el arrendamiento de bienes muebles e inmuebles y el arrendamiento financiero".

10. V. Directiva 98/34/CE del Parlamento Europeo y del Consejo del 22 de junio de 1998 y

mo, algunas de sus Directivas han considerado que para efecto de la afectación de dichos servicios al IVA se aplica el criterio del lugar de utilización del servicio.

En los Estados Unidos, antes de aprobada la moratoria, algunos Estados consideraban que el *download* de *"canned" software* no se encontraba afecto a imposición al consumo, mientras que la misma operación en otros estados sí se consideraba afecta a tributos al consumo.[11]

4. Productos digitales adquiridos a título oneroso

Esta operación sí tendría incidencia tributaria en la imposición al consumo, como en la imposición a la renta. En lo que respecta a la imposición al consumo existen muchos aspectos que merecen ser analizados y que a la fecha serían muy difíciles de regular, pues resulta muy difícil determinar cual es el hecho imponible, el sujeto o el responsable de la obligación tributaria, la legislación aplicable a la operación realizada, así como otros aspectos.

La posición de los Estados Unidos ha sido establecer una moratoria por tres años que rige a partir del 21 de octubre de 1998,[12] siendo aplicable únicamente a los impuestos estatales y locales, más no a la imposición federal. El propósito de esta moratoria es evitar la múltiple imposición entre estados, no encontrándose afecta a tributos la venta de productos ordenados o enviados a través de Internet. Una de las consideraciones que llevó a los Estados Unidos a aprobar esta moratoria fue la posibilidad latente de que dichas operaciones, sólo en los Estados Unidos, podían estar sujetas a más de 30,000 impuestos locales y estatales.

En la Unión Europea se ha adoptado una posición intermedia, el Parlamento Europeo en la Directiva aprobada el 4 de mayo del 2000 denominada "Directiva sobre Comercio Electrónico" establece que los negocios de comercio electrónico que se establezcan en alguno de los países que forman parte de la Unión Europea deben regularse por la ley del país en donde se hubiera establecido dicho negocio. En la propuesta de modificación del Reglamento (CEE) n. 218/92 del Consejo sobre Cooperación Administrativa en materia de impuestos indirectos (IVAA) se propone que los servicios prestados por un operador de la Unión Europea a un comprador de un tercer país no se encuentre gravado con el IVA de la Unión Europea. Por el contrario si el servicio es prestado por un operador de un tercer país a un comprador de la Unión Europea, se considerará que el lugar de imposición de dicho servicio se encuentra en la Unión Europea y por lo tanto, se encontrará sujeto al IVA. Asimismo, se propone que la exoneración al Impuesto al Valor Agregado de los operadores de terceros países cuya única actividad en la Unión Europea sea la de prestación de servicios por vía electrónica y que no superen un límite anual de 100,000 euros. Como puede observarse la Unión Europea ha adoptado como principio la imposición a la prestación o utilización del servicio.

Al margen de las consideraciones expuestas y en el marco de las normas contenidas en la Ley del Impuesto General a las Ventas vigente, examinaremos cual sería el régimen aplicable a las adquisiciones de productos digitales realizadas a título oneroso.

a) Si se considera que la operación constituye una venta de bienes

Como hemos señalado anteriormente, para efectos de la Ley del Impuesto General a las Ventas vigente, un *software* o producto digital calificaría como un bien intangible que se considera un bien mueble en el caso que la "enajenación" del mismo

Directiva 98/84/CE del Parlamento Europeo y del Consejo del 20 de noviembre de 1998.

11. V. Hardesty, David, "Sales Taxation of Downloaded Software", septiembre 1998, http://www.ecommerce tax.com/doc/092098.

12. *Internet Tax Freedom Act*, signed as public law 105-277, SEC. 1101, (a).

se realice entre sujetos domiciliados en el país. En consecuencia, el *download* del *software* o producto digital calificaría como una venta de bienes muebles en el país y se encontraría gravada con este tributo.

Asimismo, en el caso de la importación de *software* cuyo ingreso al país se realice mediante soportes informáticos, el tratamiento aplicable sería el otorgado a cualquier mercancía, estando gravada con los derechos arancelarios que correspondan únicamente el ingreso del soporte informático, siempre y cuando se haya discriminado en la factura el valor del soporte informático del valor del *software* mismo.

En caso que no se hubiera discriminado el valor del *software* del valor del soporte informático, la adquisición tendrá el mismo tratamiento que el de la importación de una mercancía. Este mismo tratamiento se aplica en el caso de la importación de "*software* ligado a las mercancías importadas", cuyo ingreso al país puede realizarse a través de Internet, correo electrónico, o vía satélite. En los casos en que el ingreso de este tipo de *software* al país no se realice a través de un medio tangible, debe resultarle muy difícil a aduanas verificar la realización del hecho imponible y el pago de los derechos arancelarios que correspondan a la operación. Esta situación constituye un hecho real y en la práctica este extremo de la R.I.N. n. 000628 del 4 de agosto de 1999 resulta difícil de cumplirse.

No existe disposición que regule la importación de otros productos digitales que no sean considerados *software*, por lo que el *download* de este tipo de intangibles no se encontraría sujeto a derechos arancelarios.

b) Si se considera que la operación constituye una prestación de servicios

Debe tenerse en cuenta que la conexión a Internet a través de un ISP constituye una prestación de servicios para cualquier efecto. La actividad principal del ISP es precisamente prestar servicios de telecomunicación que pueden consistir únicamente en brindar acceso para la transmisión electrónica de datos, el almacenamiento de información, asistencia técnica y otros que dependen de la capacidad operativa y la disposición de equipos de cada ISP. En el Perú el servicio que presta este tipo de empresas se considera como un servicio de valor añadido.

La contratación del servicio anteriormente descrito califica como una prestación de servicios sujeta al Impuesto General a las Ventas, en donde el costo del servicio de conexión a Internet tiene el mismo tratamiento que la contratación del servicio telefónico, pudiendo diferenciarse la prestación de este servicio del suministrado por el proveedor del *software* o producto digital que desea adquirirse o de la información a la que desea accederse. En consecuencia, el tratamiento tributario de este primer tramo del servicio no ofrece dificultad alguna.

En lo que respecta al *download* del *software* o producto digital mismo, considerándose una eventual aplicación de las normas vigentes que regulan el Impuesto General las Ventas, podría llegarse a las conclusiones siguientes:

• que la adquisición de un *software* o producto digital a título oneroso a un sujeto no domiciliado constituye una prestación de servicios que se encuentra afecta al Impuesto General a las Ventas, pues en este caso resultan aplicables a los bienes intangibles del exterior las normas sobre utilización de servicios en el país. Como ya indicamos, de acuerdo a lo dispuesto en el artículo 2º del Reglamento de la Ley del Impuesto General a las Ventas la utilización del servicio en el país se verifica en aquellos casos que el servicio sea consumido o empleado en el territorio nacional, por lo que el simple *download* del producto digital produciría la verificación del hecho imponible;

• que el contribuyente del impuesto, resulte ser el usuario del servicio prestado por el no domiciliado[13] debiendo éste pro-

13. Artículo 9º, inciso c) de la Ley del Impuesto General a las Ventas.

ceder al pago del Impuesto General a las Ventas que corresponda por la compra efectuada a través de Internet, situación que resultaría relevante en aquellos casos en los que la adquisición se hubiese realizado por una persona jurídica generadora de renta de tercera categoría.

La utilización de servicios por personas naturales, si bien podría considerarse como una operación gravada por este tributo, en la medida que no otorga derecho a crédito fiscal, en la práctica solo podría verificarse mediante la autoliquidación del impuesto o con la implementación de mecanismos técnicos muy sofisticados que permitan que la Administración pueda verificar que el servicio fue consumido en el país.

• que en el caso que el usuario del servicio utilizado en el país sea una persona natural o jurídica perceptora de renta de tercera categoría, el Impuesto General a las Ventas constituiría crédito fiscal para dicho sujeto, en la medida que el importe pagado por el producto digital sea reconocido como costo o gasto para efectos tributarios;

• que una sola conexión a Internet genere múltiples hechos imponibles, como sería el caso de adquisiciones de productos digitales a diferentes proveedores a través de distintos *links*. Efecto que como indicamos anteriormente, motivó que el Senado de los Estados Unidos aprobase una moratoria de tres años en ese país respecto a los impuestos que pudieran resultar aplicables a estas operaciones.

5. *Problemas derivados de la aplicación de la imposición al consumo*

Entre los principales problemas, que en algunos casos se encuentran vinculados a la aplicación de cualquier tributo en general se encuentran los siguientes:

a) Falta de identificación del sujeto pasivo del impuesto

En algunos países, como los Estados Unidos, que a la fecha constituye el mayor proveedor de servicios a través de Internet, la adquisición de cualquier bien puede realizarse directamente mediante la utilización de una tarjeta de crédito o el débito en cuenta corriente. Sin embargo, en algunos casos la utilización de este mecanismo está limitado a personas naturales que resulten fácilmente identificables y ubicables.

Una de las principales características de las operaciones realizadas a través de medios electrónicos es el anonimato de los sujetos que participan en la misma, el usuario del servicio se guía en la mayoría de los casos por el prestigio o la marca del proveedor que le ofrecen confianza.

En algunos casos, cuando la venta o la prestación del servicio se realiza a título oneroso, el proveedor y el comprador requieren tener certeza que el pago que realizan y que la entrega del bien se verifique en condiciones que les aseguren que la mercadería será entregada a su destinatario y que el débito en cuenta o en la tarjeta de crédito del solicitante sea efectivamente del sujeto que figura como adquirente en la solicitud u orden de compra, adoptándose mecanismos de seguridad. Este tipo de medidas se presenta en mayor grado en la adquisición de bienes tangibles que requieren del envío o remisión posterior de la mercadería. En algunos casos se ha establecido el mecanismo del dinero electrónico, por el cual una suma de dinero es entregada a una tercera entidad a cambio de una cuenta en la red que va consumiéndose en la medida que se adquieran bienes o servicios. En el Perú este mecanismo ha sido adoptado por el Banco de Crédito para el acceso a Internet y por la Oficina de Registros Públicos de Lima y Callao para efecto de efectuar búsquedas directamente en la red.

Sin embargo, tratándose de servicios que impliquen la entrega inmediata o diferida de productos digitales a través de la red, bastará, en la mayoría de los casos, que el proveedor obtenga del comprador o usuario una aceptación que le permita efectuar el débito en la cuenta bancaria o en la tarjeta de crédito de este último para que la entrega del producto digital se perfeccione.

El problema de la identificación del usuario y del proveedor ha sido resuelto parcialmente en muchos países, entre los que se encuentra el Perú, a través de la inclusión de normas que permiten la participación de entidades certificadoras y de mecanismos como el de las firmas digitales y las firmas electrónicas, que permiten la identificación de los sujetos que participan en la contratación a través de la red. Estas normas son de aplicación en el derecho privado.

En el caso de operaciones realizadas entre sujetos domiciliados si bien los documentos generados, como los e-mails en donde conste la oferta y la aceptación, acuses de recibo, etc. permitirían sustentar los pasos previos a la realización de la operación, no eximen a las partes contratantes de cumplir con las obligaciones tributarias derivadas de las operaciones realizadas en forma tradicional, que básicamente consisten en la emisión del comprobante de pago correspondiente, el registro de la operación y la inclusión de la operación en las declaraciones juradas de tributos respectivas. De no existir mecanismos que permitan la identificación de los sujetos que participan en la operación, y aún en el caso de operaciones realizadas en la red entre sujetos domiciliados, resulta muy difícil o casi imposible poder verificar la identidad de los sujetos que intervienen en la operación y las obligaciones tributarias que se deriven de la operación sólo podrían verificarse por la autoliquidación de los sujetos considerados deudores tributarios.

La adquisición de producto digital requiere del *download* en una computadora y puede ocurrir que la compra haya sido solicitada sin conocimiento o autorización del titular de la máquina. En estos casos, aún cuando se hubiese generado el hecho imponible la imputación de responsabilidad del supuesto deudor tributario se encontraría vinculada a los posibles usuarios de la máquina, ubicación del servidor, etc. existiendo la imposibilidad de determinar en forma objetiva al ejecutor de la operación.

b) Documento que sustenta la operación

Tratándose de operaciones que implican la transferencia tangible de bienes, el tratamiento tributario es similar al de una venta de bienes o de una importación de mercancía.

En el caso de adquisición de *software* o productos digitales a través de la red, la operación puede incluso no dejar registro alguno más que el débito en la cuenta corriente o en la tarjeta de crédito del adquirente y el del registro del acceso del usuario en la *web* del proveedor.

c) Aplicación como crédito fiscal del impuesto pagado por la utilización del servicio

De acuerdo al numeral 11 del artículo 6º del Reglamento de la Ley del Impuesto General a las Ventas, el importe pagado por la utilización de servicios prestados por sujetos no domiciliados puede aplicarse como crédito fiscal por el usuario. En este caso el documento que acredita el derecho a utilizar el crédito fiscal constituye básicamente el documento que sustenta el pago del Impuesto.

Sin embargo, para tener derecho a utilizar como crédito fiscal el Impuesto General a las Ventas pagado por estos servicios, dicho desembolso debe ser considerado como gasto o costo para efectos de la Ley del Impuesto a la Renta.[14] Tratándose de servicios ordinarios, la necesidad del servicio y el valor del mismo puede acre-

14. Artículo 18º.

...Sólo otorgan derecho a crédito fiscal las adquisiciones de bienes, servicios o contratos de construcción que reúnan los requisitos siguientes:

a) Que sean permitidos como gasto o costo de la empresa, de acuerdo a la legislación del Impuesto a la Renta, aún cuando el contribuyente no esté afecto a este último impuesto.

ditarse con contratos, facturas y correspondencia comercial emitida por el proveedor no domiciliado. Sin embargo, si el servicio es adquirido y ejecutado a través de la red, como ocurre en la adquisición de productos digitales, sería muy difícil, en la mayoría de los casos, acreditar la necesidad del gasto, pues no existiría documento o comprobante que permita verificar la realización de la operación, la contratación del servicio y/o la vinculación del solicitante o usuario final con la empresa que realizó el gasto.

d) La imposibilidad de la Administración Tributaria de poder verificar que la prestación de servicios constituye un hecho gravado

La adquisición de *software* o productos digitales en la red a título gratuito u oneroso, técnicamente produce el mismo efecto: el registro de la conexión al lugar de la *web*, aún cuando se trate de una simple conexión para efectos informativos. Por lo tanto, a la fecha resulta prácticamente imposible que las Administraciones Tributarias puedan verificar la realización del hecho imponible considerado como hecho gravado.

Cabe mencionar que en un primer momento se propuso crear un impuesto en función a una unidad de medida, el *bit*, mediante la medición de datos informáticos en función de la capacidad de almacenaje y la velocidad de transmisión de la información. Esta propuesta fue rechazada por la OECD en la Conferencia de Turku realizada en el mes de noviembre de 1997 al concluirse, acertadamente, que este tipo de tributo resultaba antitécnico pues la imposición se realizaría sin tomar en consideración la capacidad económica del sujeto pasivo, sino considerando factores como el tiempo de transmisión, número de *bits* y otros elementos que resultan variables según el tipo de equipo empleado para la transmisión y la recepción de la información, el programa utilizado, etc. lo cual podría originar graves distorsiones en materia impositiva.

6. Conclusiones y recomendaciones

La adquisición de productos digitales debe ser considerada en todos los casos como una prestación de servicios, independientemente del lugar en el que se encuentre ubicado el proveedor del producto digital-servicio si es que en el futuro desean evitarse distorsiones a la imposición de esta operación.

La contratación electrónica a través de Internet no conoce fronteras, diariamente se realizan millones de operaciones a través de la red entre consumidores y proveedores ubicados en distintas partes del mundo. La aplicación de medidas tendientes a la imposición de estas operaciones no puede realizarse en forma aislada, haciéndose más imperiosa hoy en día la necesidad de establecer acuerdos multilaterales sobre temas básicos en materia tributaria, problemas que en muchos casos se derivan de operaciones que no implican la transferencia electrónica de datos a través de la red, como ocurre con el caso de los precios de transferencia de bienes tangibles.

En el Perú, al igual que en otros países debe existir una etapa de transición que permita la evolución progresiva del régimen legal aplicable a la contratación electrónica. No se trata de crear barreras sino de crear condiciones adecuadas para seguir siendo competitivos en el mercado. Una vez que estas condiciones hayan sido creadas y se encuentren perfectamente identificados los problemas, podrá considerarse la posibilidad de establecer mecanismos de imposición que observen los principios de neutralidad, eficiencia, certeza, simplicidad, efectividad, equidad y flexibilidad, en materia tributaria como bien lo propuso el Comité de Asuntos Fiscales de la OECD en la conferencia de Ottawa realizada en el mes de octubre de 1998.

Lima, Noviembre de 2000

Modificado en marzo del 2001.

ALGUNAS DISQUISICIONES EN TORNO AL CRÉDITO FISCAL Y A LA DENOMINADA REGLA DE LA PRORRATA RECOGIDA EN EL IMPUESTO GENERAL A LAS VENTAS PERUANO

JORGE BRAVO CUCCI

Abogado — Profesor de Teoría General del Derecho Tributario
del Curso de especialización en Derecho Tributario del Colegio de Abogados de Lima —
Miembro del Instituto Peruano de Investigación y Desarrollo Tributario

1. Introducción. 2. El Crédito Fiscal del Impuesto General a las Ventas: 2.1 Gasto o costo para efectos del Impuesto a la Renta; 2.2 Destino a operaciones por las que se deba pagar el Impuesto. 3. Operaciones gravadas y no gravadas. La Regla de la Prorrata: 3.1 Aspectos generales; 3.2. Alcance del concepto de operaciones no gravadas: 3.2.1 Empleo de las expresiones "gravado", "afecto", "no gravado", "inafecto" y "exonerado"; 3.2.2 ¿Qué son entonces las operaciones no gravadas a que hace alusión la legislación nacional en materia de Imposición al Consumo?; 3.2.3 Adquisiciones comunes destinadas a operaciones gravadas e inafectas; 3.3 Aplicación obligatoria de la prorrata durante doce meses.

1. Introducción

Es propósito del presente trabajo, compartir con el lector algunas ideas, meditaciones y entendimientos que creemos relevantes, y que desde hace algún tiempo venimos acopiando con relación a determinados aspectos del crédito fiscal del Impuesto General a las Ventas Peruano.

2. El Crédito fiscal del Impuesto General a las Ventas

De acuerdo a la estructura técnica que actualmente adopta el Impuesto General a las Ventas vigente en el Perú,[1] el crédito fiscal es del tipo de deducciones amplias o

1. El Impuesto General a las Ventas (IGV) es un impuesto plurifásico estructurado en base a la técnica del valor agregado, bajo el método de sustracción, adoptando como método de deducción el de base financiera, en mérito del cual el valor agregado se obtiene por la diferencia entre las "ventas" y las "compras" realizadas en el periodo, vale decir, no se persigue la determinación del valor agregado económico o real de dicho periodo, el cual se obtendría de optarse por el método de deducción sobre base real. Respecto del sistema para efectuar las deducciones sobre base financiera, adopta el de impuesto contra impuesto; es decir, que la obligación tributaria resulta de deducir del débito fiscal (impuesto que grava las operaciones realizadas) el crédito fiscal (im-

financieras, que admite la deducción del impuesto que gravó las adquisiciones de bienes de capital, servicios y gastos de la actividad debiendo deducirse en el periodo fiscal en el cual se realizó la adquisición, y en armonía con los elementos constitutivos (de validez) y formales (de eficacia), recogidos respectivamente en los artículos 18º y 19º de la Ley del Impuesto General a las Ventas. Así, el régimen impositivo adoptado, propende a garantizar la neutralidad con respecto a la carga fiscal de todas las actividades económicas, cualesquiera que sean los fines o los resultados de las mismas, a condición de que dichas actividades estén a su vez sujetas al Impuesto.[2]

Ahora bien, en relación a los elementos constitutivos del derecho al crédito fiscal, el artículo 18º de la precitada norma, prescribe que únicamente permiten el ejercicio del mismo, las adquisiciones de bienes y servicios que *a)* sean permitidas como costo o gasto para efectos de la legislación del Impuesto a la Renta (aún cuando el contribuyente no esté afecto a este último Impuesto) y que adicionalmente *b)* se destinen a operaciones por las que se deba pagar el Impuesto.

2.1 Gasto o costo para efectos del Impuesto a la Renta

Con el mencionado requisito ¿se está recogiendo el principio de causalidad[3] para efectos del Impuesto a la Renta? Opinamos que ello no es así. Lo que busca la norma, es que el impuesto pagado en la adquisición de bienes y servicios gravados, recaiga sobre *elementos* (bienes o servicios) que son empleados en las actividades económicas propias del sujeto. Si ello es así, y de cumplirse con el requisito del literal b) del artículo 18º, dicho impuesto calificaría como crédito fiscal. De lo contrario, el destino del mismo será el de un gasto o costo para efectos del Impuesto a la Renta.[4]

Apreciado desde la perspectiva del Impuesto a la Renta, el desembolso efectuado por la adquisición de tales *elementos,* calificará como gasto o costo según corresponda. No obstante ello, respecto del Impuesto a la Renta, es importante conocer que los gastos pueden ser deducibles o no deducibles, dependiendo ello de si cumplen o no con el principio de causalidad, el cual presupone la existencia de una relación causal con la generación de *renta gravada* o con el mantenimiento de su fuente productora. Adicionalmente, respecto de actividades empresariales, los gastos se reconocen como tales en el ejercicio en el que se devengan, circunstancia que no necesariamente ocurre cuando se incurre en el desembolso. Así, para efectos del Impuesto a la Renta, se produce una unión indisoluble entre el principio de causalidad y el del devengado.[5] ¿Quiere decir ello que si en un caso en particular, un desembolso efectuado con el propósito de adquirir un bien o servicio no implica un gasto devengado, se incumpliría con el requisito en comentario? La doctrina tributaria y la jurisprudencia nacional se han encargado de dar respuesta a ello, señalando que el Impuesto

puesto que grava las adquisiciones realizadas). En cuanto a la amplitud de las deducciones o crédito fiscal, nuestro Impuesto General a las Ventas se encuentra estructurado como uno de deducciones amplias o financieras, en virtud de lo cual se admite la deducción de todas las adquisiciones (sea por adquisición de bienes o por la utilización de servicios prestados por sujetos domiciliados o no domiciliados), se trate de insumos que integren físicamente el bien, o que se consuman en el proceso, o que sean gasto de la actividad. En general son deducibles las adquisiciones gravadas de bienes de uso, servicios y gastos generales.

2. Apartado 10 de la Sentencia del 22 de junio de 1993 del Tribunal de Justicia de las Comunidades Europeas.

3. El principio de causalidad importa que serán deducibles para determinar la renta neta de tercera categoría, aquellos gastos que tengan una relación objetiva con la actividad generadora de renta.

4. El artículo 69º del TUO de la Ley del IGV, establece que el IGV no constituye gasto ni costo para efectos del Impuesto a la Renta, *cuando se tenga derecho a aplicar como crédito fiscal.*

5. Hay autores que inclusive señalan que el devengado se basa en tres principios fundamentales; el de causalidad, correlación y el de avaluación de las ganancias y gastos no determinados. Raimondi, Carlos, Atchabahian Adolfo. *El Impuesto a las Ganancias,* Depalma, p. 420, 1999.

General a las Ventas, tiene sus propios principios y reglas, que su estructura técnica es distinta a la del Impuesto a la Renta, y que la referencia al gasto no implica que el mismo se encuentre adicionalmente devengado, entendiéndose que se trata de una calificación de gasto de naturaleza meramente conceptual, lo que no importa que los principios de causalidad y devengado se apliquen fuera de las fronteras del Impuesto a la Renta.[6-7]

2.2 *Destino a operaciones por las que se deba pagar el Impuesto*

Diversas resoluciones, entre ellas, las RTF 847-2-98 y 654-5-98, han interpretado que el inciso b) del artículo 18º de la Ley en comentario, al aludir a bienes y servicios destinados a operaciones gravadas, se refiere a que no debía tomarse crédito fiscal por las adquisiciones destinadas a realizar operaciones exoneradas. Es evidente que dicho criterio no es del todo correcto, o en todo caso es incompleto, pues adicionalmente, tampoco correspondería tomar el crédito fiscal por adquisiciones destinadas a operaciones inafectas.

De otra parte, un respetable sector de especialistas de nuestro medio, es del entendimiento que el requisito en comentario, es consustancial al anteriormente esbozado, y que, el sólo hecho de cumplir conceptualmente con el principio de causalidad, implica indefectiblemente su cumplimiento. En otras palabras; el mero hecho de que la adquisición califique como gasto o costo para efectos del Impuesto a la Renta, implica que la adquisición de bienes y servicios por la que se pagó el impuesto, será destinada a operaciones por las que se deba pagar el Impuesto, pues si una adquisición es causal con su fuente generadora de renta, es manifiestamente evidente que el destino de las adquisiciones será respecto de operaciones por las que se deba pagar el Impuesto. Con las consideraciones que nos merece dicha corriente de opinión, debemos señalar que no la compartimos.

Dijimos anteriormente que la legislación del IGV no recoge el principio de causalidad, y que en todo caso, recoge *conceptualmente* la definición de gasto o costo del Impuesto a la Renta. Con ello, un análisis riguroso del tema debe prescindir necesariamente de las consideraciones esbozadas en el párrafo anterior respecto del destino de las adquisiciones. Creemos que se trata de un requisito que tiene un propósito distinto al anterior, en tanto se busca que una adquisición gravada se destine a la realización de operaciones gravadas que realice el sujeto, a los efectos de determinar el valor agregado por el método de sustracción sobre base financiera.[8] ¿Puede cumplirse el primer requisito constitutivo e incumplirse el segundo? Nuestra respuesta es absolutamente positiva, y vamos a los ejemplos para demostrar ello. En efecto, es plenamente posible que una adquisición califique como gasto o costo para efectos del Impuesto a la Renta y que la misma se destine a operaciones que califican como exoneradas o inafectas para efectos del IGV, con lo cual la antes mentada "consustancialidad" pierde toda consistencia.

De otra parte, también en relación a éste tema, vale traer a colación una incitante opinión que hace algún tiempo, expresaba el Profesor Luque Bustamante en nuestro medio. Dicho experto señalaba que "nada impide técnicamente que los contribuyentes que realizan operaciones exoneradas o inafectas, puedan recuperar o descargar como crédito fiscal, el Impuesto que gravó sus adquisiciones", de modo tal que, la exoneración (exención) o inafectación (no sujeción), sería total y no sólo parcial. Agrega

6. García-Margallo y Marfil, José Manuel, *El Impuesto sobre el Valor Añadido*, EDERSA, p. 161.

7. A través de la RTF 2109-4-96 se precisó que no procede desconocer el derecho al crédito fiscal, por tratarse de un gasto no devengado.

8. Así por ejemplo, el artículo 17.2 de la Sexta Directiva establece que para deducir el IVA soportado en los bienes y servicios recibidos es preciso que éstos se utilicen para las necesidades de sus propias operaciones gravadas.

dicho profesor, que tal requisito sólo persigue fines recaudatorios. Finalmente, expresaba que "atendiendo a la neutralidad que se espera de este impuesto, la no devolución o descarga del impuesto que gravó las adquisiciones en estos casos supone una discriminación en perjuicio de la producción nacional exonerada y un beneficio para la extranjera, debido a que ésta última ingresará al país y llegará al consumidor final sin haber estado gravada con el IGV, mientras que la nacional deberá soportar como parte de sus costos el IGV que gravó la adquisición de los bienes de capital, materias primas, insumos, servicios, etc".[9]

Con el respeto que nos merece dicho autor, no podemos compartir tal punto de vista. Estamos más bien en la línea de pensamiento de Walker Villanueva Gutiérrez,[10] quien respecto de la tesis anterior, con absoluta propiedad expresa que la incidencia del impuesto sobre el valor agregado se calcula en su modalidad de impuesto contra impuesto, en función a la oposición entre débito y crédito fiscal, hecho que no desvirtúa que la exoneración de operaciones en una sola etapa, comporta únicamente una exoneración parcial, en tanto no permiten la descarga del Impuesto General a las Ventas trasladado en etapas anteriores. Por otro lado, consideramos que el citado requisito, de modo alguno puede tener una finalidad recaudatoria carente de sustento técnico, sino por el contrario, una justificación que emana de la propia estructura de la técnica del valor agregado.

La respetable afirmación del Profesor Luque, adicionalmente a lo advertido anteriormente, merece a nuestro criterio las siguientes observaciones:

A) Si lo que se pretende es otorgar "exoneraciones[11] totales" permitiendo el recupero del IGV pagado en las compras como crédito fiscal, ello no será posible si el sujeto realiza única y exclusivamente operaciones exoneradas. Tal efecto sólo podría lograrse implementando, adicionalmente, un mecanismo de devolución del impuesto pagado en las adquisiciones de bienes y servicios. Pero debe tenerse presente que tal mecanismo es ajeno a la estructura de un IVA y colisiona con los principios que lo inspiran. En todo caso, tal mecanismo al que podríamos denominar exoneración con devolución, tendrá su sustento en razones de política fiscal. Cabe traer a colación el caso de las exportaciones, en el cual, sostenemos que se trata de operaciones gravadas con tasa cero (y no de exoneraciones con devolución[12] o supuestos de no sujeción con descarga del crédito fiscal), con lo cual es factible sostener la restitución del saldo a favor del exportador.

B) En el caso de las exoneraciones, la hipótesis legal que le sirve de soporte, neutraliza los efectos de la hipótesis de incidencia tributaria acaecida en el mundo fenoménico, con lo cual si bien se produce el hecho imponible, no se configura la relación jurídico tributaria.[13] En tal sentido, en el caso de una operación realizada por un sujeto exento, el hecho que las adquisiciones de bienes y servicios que haya efectuado (o efectúe), se encuentren afectas al Impuesto, no implica de modo alguno que estemos frente a un supuesto de exoneración "parcial", si es que puede haber tal clase de exoneraciones.[14] Las exoneraciones, debe

9. Luque Bustamante, Javier, *El Crédito Fiscal en la determinación del IGV*, Diario Gestión/Página Especializada, 2.9.1998.

10. Villanueva Gutiérrez, Walker, "El Reintegro del IGV: Aspectos Doctrinarios y Legales en la Ley del IGV", en *Revista del Instituto Peruano de Investigación y Desarrollo Tributario* 3/56.

11. La doctrina tributaria es unánime en utilizar el término exención. No obstante ello, para efectos del presente trabajo, y en armonía con la tradición jurídica y doctrinaria Peruana, se empleará el de exoneración, pues adicionalmente, es claro que las denominaciones no forjan la naturaleza jurídica de las instituciones.

12. Es de tal posición Tejerizo López, "Impuesto Sobre el Valor Añadido", en *Curso de Derecho Tributario — Parte Especial*, Marcial Pons, p. 620.

13. Bravo Cucci, Jorge, "El Impuesto General a las Ventas y la exoneración de los servicios de crédito", en *Revista del Instituto Peruano de Investigación y Desarrollo Tributario* 2/52.

14. Un sector importante de la doctrina latinoamericana, sustentado en la teoría de la exoneración como hipótesis neutralizante, sostiene que no

quedar claro, se refieren siempre a un sujeto quien es el que en mérito del acaecimiento de la hipótesis neutralizante (cuyo efecto impide el nacimiento de la obligación tributaria), no se encuentra obligado a cumplir con la prestación tributaria, en atención a la carencia del vinculo obligatorio.[15] Creemos que no debe confundirse el plano jurídico con el económico, pues si bien es conocido que las exoneraciones en un IVA producen que la carga económica se traslade hacia adelante (vulnerando con ello los principios de neutralidad y generalidad), produciéndose una interrupción en el mecanismo de imposición,[16] ello no implica de modo alguno que la exoneración sea parcial. Tal mixtura de planos, entendemos, puede deberse a que el IVA es un modelo impositivo diseñado por economistas,[17] lo cual ha llevado a que muchos estudiosos, inclusive muy respetables juristas, afirmen incorrectamente desde nuestra particular perspectiva, que el hecho imponible del IVA (operación que evidencia un consumo) es un hecho económico.[18-19]

C) Dentro del marco de un impuesto al consumo estructurado bajo la técnica del valor agregado, es de generalizado conocimiento y de amplio recibo en la doctrina, que las exoneraciones complican la aplicación y administración del Impuesto al exigir el tratamiento diferencial de las operaciones afectas y exoneradas, así como las adquisiciones afectadas a cada una de estas transacciones, hecho que ineluctablemente atenta contra la sencillez técnica y simplicidad administrativa requerida para la operatividad de un impuesto al consumo estructurado bajo la técnica del valor agregado. Se ha indicado también desde la perspectiva doctrinal que, respecto de la neutralidad sobre las condiciones de competencia, el otorgamiento de exoneraciones altera la estructura relativa de precios y puede originar distorsiones en dicha competencia,

cabe clasificarlas en totales o parciales, pues para dicha teoría el acaecimiento de la hipótesis neutralizante impide el nacimiento de la obligación tributaria al neutralizar los efectos de la hipótesis de incidencia tributaria. En tal sentido, una exoneración es siempre total y nunca parcial. Caso distinto ocurre, como bien lo apunta Catalina García Vizcaíno, en los denominados beneficios tributarios (en estricto sentido), en los cuales la hipótesis neutralizante es parcial, con la consecuencia de que la obligación tributaria nace, pero por un importe menor o con un plazo mayor para su pago (*Derecho Tributario. Consideraciones Económicas y Jurídicas*, t. I, p. 322). Cabe señalar que el Tribunal Fiscal Peruano a través de diversas resoluciones, entre ellas la RTF 657-5-97, ha recogido la teoría de la exoneración como hipótesis neutralizante.

15. Si bien es cierto, la doctrina es proclive a clasificar a las exoneraciones en objetivas y subjetivas, ello no implica que lo que se exonera es al objeto o al sujeto respectivamente. Tal clasificación busca en sí distinguir a las exoneraciones que contienen circunstancias neutralizantes objetivas (que determinan que la hipótesis exoneratoria produzca su efecto neutralizante cuando ocurra determinado comportamiento por parte del sujeto, p.e., que realice una venta de un libro cultural) o por el contrario subjetivas (que determinan que la hipótesis neutralizante produzca su efecto cuando ocurran determinadas condiciones y características respecto del sujeto al cual se pretende exonerar, p.e., que sea un Banco o entidad financiera).

16. Herrero de la Escosura, Patricia, *El IVA en la jurisprudencia del Tribunal de Justicia de las Comunidades Europeas*, Marcial Pons, p. 217.

17. Se atribuye al economista alemán W. Von Siemens la creación de dicho modelo de imposición.

18. A decir de Geraldo Ataliba, el hecho imponible es un hecho jurídicamente relevante al que la ley atribuye la consecuencia de determinar el surgimiento de la obligación tributaria (Geraldo Ataliba, *Hipótese de Incidência Tributária*, p. 78). Recuerdo claramente una conversación sostenida recientemente con el Prof. Paulo de Barros Carvalho, en la cual el distinguido maestro Brasileño expresaba que un hecho puede tener relevancia sociológica, económica, psicológica, artística, económica, jurídica entre muchos, pero que para el derecho sólo es relevante el aspecto jurídico que pueda tener tal hecho. De otra parte, tal como dicho Prof. señala, "Respecto del hecho que realmente sucede en el cuadro del relacionamiento social, dentro de específicas condiciones de espacio y tiempo, que podemos captar por medio de nuestros órganos sensoriales, e incluso participar físicamente, preferimos denominarlo hecho jurídico tributario. Hecho jurídico porque tiene la condición de irradiar efectos jurídicos. Y Tributario por la simple razón de que su eficacia está directamente ligada a la institución del tributo" (traducción nuestra) (*Curso de Direito Tributário*, Saraiva, p. 241).

19. Autores de la talla de Amílcar de Araújo Falcão, sostienen que el "fato gerador é um fato econômico de relevância jurídica".

alentando a determinados consumos en menoscabo de otros.[20] Por tales consideraciones, es que se afirma que las exoneraciones en un IVA, atentan contra los principios de neutralidad y generalidad que inspiran a tal técnica de imposición. Ello a llevado a Colmenar Valdés a afirmar metafóricamente, que las exenciones son el "cáncer" de un IVA,[21] expresión que recoge el temperamento que la comunidad científica contemporánea tiene respecto del particular.

D) Las operaciones inafectas son aquellas que no se encuentran comprendidas dentro del ámbito de aplicación del impuesto; son operaciones no sujetas al mismo. Puede afirmarse con absoluto rigor científico, que la no sujeción es una situación en que la norma matriz de incidencia tributaria, no incide en el plano fáctico, por cuanto no se configura su hipótesis de incidencia. Las exoneraciones al igual que los supuestos de no sujeción no son beneficios tributarios, al menos como la moderna doctrina tributaria define a éstos últimos.[22] Adicionalmente, cabe indicar que *la inafectación tampoco puede ser parcial*, toda vez que un hecho se encuentra o no dentro del ámbito de aplicación de un impuesto.[23] Sobre el particular, no debe confundirse a los supuestos de no sujeción con las deducciones o con el denominado mínimo no imponible.

20. Balbi Rodolfo, *Imposición Selectiva al Consumo*, Documento CIET n. 1.022, Organización de Estados Americanos.

21. Colmenar Valdés, Salvador, *Régimen de deducciones y prorrata. Introducción al Valor Añadido en España*, Madrid, IEF, 1982.

22. Corti, Horacio Guillermo, *Derecho Financiero*, Abeledo–Perrot, pp. 337 a 341. Para éste autor, respecto del cual alineamos nuestra línea de pensamiento, los beneficios fiscales son suplementos que modifican el hecho imponible y la obligación tributaria, produciendo ventajas comparativas en relación a la norma no modificada y que coadyuvan medialmente al cumplimiento de la finalidad básica de la actividad financiera pública constitucionalizada.

23. De igual forma, no podría sostenerse seriamente que determinada conducta que encuadra parcialmente en un tipo penal, es parcialmente un delito.

3. Operaciones gravadas y no gravadas. La Regla de la Prorrata

3.1 Aspectos generales

Puede colegirse de lo dicho anteriormente, que resulta indispensable que para que un impuesto pagado en la adquisición de bienes y servicios califique como crédito fiscal, debe encontrarse afectado a operaciones comprendidas dentro del ámbito de aplicación del impuesto que realice el sujeto pasivo del impuesto[24] y no a operaciones exoneradas (exentas) o inafectas (supuestos de no sujeción), ya que en dichos casos, aún cuando la adquisición se encuentre gravada, al no estar destinada a operaciones afectas, el impuesto que grave dichas adquisiciones, no calificará como crédito fiscal, en cuyo caso el tratamiento legal que se le dispensará, será el de considerarlo como gasto o costo (según corresponda) para efectos del Impuesto a la Renta, tratamiento que ha sido reconocido en el artículo 69º de la Ley del Impuesto General a las Ventas.

No obstante ello, es posible que determinadas adquisiciones gravadas no tengan un destino o afectación individualizada ya sea exclusivamente a operaciones comprendidas dentro del ámbito de aplicación del Impuesto o a operaciones exoneradas, en cuyo caso se presenta el problema de determinar qué proporción del impuesto que grava las adquisiciones, se encuentra afectado a la realización de operaciones por las que se deba pagar el impuesto.

Frente a tal inconveniente, la doctrina y la legislación comparada, han desarrollado un procedimiento denominado como "la regla de la prorrata",[25] el cual con-

24. La segunda directriz del Consejo de la CEE, señala que procede la deducción del crédito fiscal por parte del sujeto pasivo del impuesto "(...) en la medida en que los bienes y servicios son utilizados para las necesidades de su empresa".

25. Colmenares Valdés señala que la prorrata es la "bestia negra" de un IVA, por ser el factor que mayor complejidad introduce en la aplicación del impuesto (ob. cit.).

siste en determinar la parte proporcional que representan las operaciones afectas del sujeto respecto del total de operaciones que realiza, incluyendo a las operaciones exoneradas, inafectas y a las exportaciones, a los efectos de aplicar dicha proporcionalidad a las adquisiciones destinadas a operaciones comunes, obteniendo de tal forma la parte proporcional del impuesto que se presume, se encuentra afectada a la actividad incidida tributariamente. Es evidente que el procedimiento descrito no es de ninguna manera uno que determine de forma real y precisa, la parte del impuesto afectada a operaciones comprendidas dentro del ámbito de aplicación, sino que se trata de un mecanismo que apela a parámetros racionales, buscando determinar con relativa exactitud el impuesto afectado a operaciones afectas.

Cabe indicar que la implementación de la regla de la prorrata en el Perú es relativamente reciente, pues su introducción se produce con la dación del Decreto Supremo n. 269-91-EF que reglamentó el Decreto Legislativo n. 666, no existiendo antecedentes normativos al respecto.

Ahora bien, en nuestro medio, la aplicación de la denominada regla de la prorrata, ha generado concretamente dos problemas interpretativos, uno relacionado a lo que debe entenderse como operaciones no gravadas, y otro respecto de la obligatoria aplicación de la regla durante un periodo de doce meses.

3.2 Alcance del concepto de operaciones no gravadas

3.2.1 Empleo de las expresiones "gravado", "afecto", "no gravado", "inafecto" y "exonerado"

Quizás sea necesario iniciar este punto, señalando que en nuestro medio, es común el empleo indistinto de las expresiones "gravado", "afecto", "no gravado", "inafecto", "exonerado". Muchas veces en un mismo cuerpo normativo se utilizan todas las expresiones antes mencionadas. Si bien hay consenso en que "gravado" y "afecto" pueden utilizarse como sinónimos, pues en líneas generales significan que un hecho se subsume en el supuesto de hecho previsto por el legislador en la hipótesis de incidencia de la norma tributaria, tal identidad no ocurre en el caso de las expresiones "no gravado", "inafecto" y "exonerado".

Por "inafecto" o "no afecto", se describe a supuestos de inafectación y a aquellos que califican como exportación de bienes y servicios, tal como consta en el artículo 33º de la Ley del IGV. Por "no gravado", en sentido amplio, puede conceptuarse a toda situación que importa en términos generales, la inexistencia de una relación jurídico tributaria que obligue a un sujeto al pago de un tributo, lo cual podría presentarse tanto en un supuesto de no sujeción como en uno de exoneración.

No obstante ello, tal como se encuentra empleado el término en nuestra legislación sobre imposición al consumo, somos de la opinión que "no gravado" debe ser interpretado en algunos casos *a)* para referirse a supuestos de inafectación (legal o lógica) tal como puede observarse en el artículo 2º de la Ley y, *b)* respecto de supuestos de exoneración y algunos muy puntuales de inafectación, como puede advertirse del texto del literal i) del numeral 6.2 del artículo 6º del Reglamento de la Ley del IGV, vale decir, respecto del procedimiento de prorrata del crédito fiscal.

3.2.2 ¿Qué son entonces las operaciones no gravadas a que hace alusión la legislación nacional en materia de Imposición al Consumo?

Tal es la pregunta que ha generado una serie de problemas interpretativos respecto a qué operaciones deben estar contenidas en su concepto, vale decir, si únicamente deben considerarse dentro de ellas a las operaciones exoneradas,[26] o si también deben

26. A través de diversas resoluciones, entre ellas, las RTF 434-4-97, 929-5-97 y 32-3-98, el Tri-

encontrarse incluidas también las operaciones inafectas, empleando para ello el sentido amplio del término.

Consideramos que dichos problemas interpretativos, se presentan por la inadecuada redacción de la norma reglamentaria del Impuesto General a las Ventas, la que en su artículo 6º, numeral 6.2. literal i), define a las operaciones no gravadas como aquellas: "*comprendidas en el artículo 1º del Decreto que se encuentren exoneradas o inafectas del Impuesto*, incluyendo la primera transferencia de bienes realizada en Rueda o Mesa de Productos de las Bolsas de Productos, la prestación de servicios a título gratuito y la venta de inmuebles cuya adquisición estuvo gravada, siempre que sean realizados en el país".

Por su parte, el literal ii) expresa que: "*No* se consideran como operaciones *no* gravadas la transferencia de bienes no considerados muebles, las previstas en los incisos c), i), m), n) y o) del artículo 2º del Decreto, la transferencia de créditos realizada a favor del factor o adquirente; la transferencia fiduciaria de bienes muebles e inmuebles, así como las transferencias de bienes realizadas en Rueda o Mesa de Productos de las Bolsas de Productos que no impliquen la entrega física de bienes, con excepción de la señalada en i)".

Previamente a entrar a debatir el contenido de las normas citadas, debe hacerse mención a que existen opiniones encontradas con relación a sí las mismas contienen supuestos de hecho taxativos o por el contrario son enunciativos. Optar por una u otra corriente de opinión, variará dramáticamente la conclusión a la que se arribe.

En primer término, respecto del concepto de operación no gravada, se tiene que si bien una operación comprendida en el artículo 1º de la Ley del Impuesto General a las Ventas, vale decir que se encuentra dentro de su ámbito de aplicación, puede encontrarse exonerada del Impuesto (la operación engarza en todos los aspectos del supuesto de hecho contenido en la norma tributaria), no puede encontrarse a su vez inafecta o fuera de su ámbito de aplicación, pues ello implica incurrir en un severo contrasentido del cual no puede engendrarse un resultado lógico. Frente a tal imprecisión, se ha planteado una ingeniosa corriente de interpretación que no compartimos, en el sentido que la referencia de la norma no debería entenderse respecto del artículo 1º sino respecto del 2º de la Ley, la que contiene en su tenor tanto exoneraciones como inafectaciones. Se trataría — afirman los defensores de tal corriente de opinión — de un error de redacción en cuanto a la referencia de la norma. Otra corriente interpretativa, tampoco compartida por nosotros, es aquellas que afirma que "(...) la única forma de entender racionalmente la definición de operaciones no gravadas, es considerar que las inafectaciones a que hace referencia la norma, son hipótesis de inafectación legal, es decir hipótesis en las cuales en principio las operaciones están comprendidas dentro del campo de aplicación del impuesto, pero que en virtud de una norma legal se las excluye del mismo".[27] La denominada inafectación le-

bunal Fiscal a través de sus diversas salas, se ha pronunciado en el sentido que no califican como operaciones no gravadas aquellas operaciones que se encuentran fuera del ámbito de aplicación del impuesto. Así, a través de la RTF 434-4-97, la Sala 4 ha declarado "Que las normas vigentes en el período acotado no incluyen una definición de 'operaciones no gravadas', *lo cual no autoriza a que se incluyan todas las actividades aun cuando no se encuentren dentro del campo de aplicación del impuesto*" por lo que la venta de un inmueble no debe formar parte del cálculo de la prorrata ya que "(...) *el objeto de la prorrata es que no se tome crédito fiscal por operaciones por las que no deba pagarse el impuesto,* ***lo cual presupone que se haya pagado éste en la adquisición***" y que considerando que la compra del inmueble no estuvo gravada con el impuesto, por lo que no se pudo generar ningún crédito, "*carece de sentido incluirla* (la venta del inmueble) *para efectos de la prorrata*". En similar sentido, mediante RTF 32-3-98, la Sala 3 ha declarado "Que el procedimiento del prorrateo busca evitar que la contribuyente *utilice crédito del impuesto por adquisiciones que se destinen a operaciones no gravadas*, cuando en un mismo período se realicen operaciones gravadas y no gravadas (...)".

27. Estudio Caballero Bustamante, *La Imposición al Consumo en el Perú*, p. 97.

gal, es plenamente una inafectación, con la particularidad que es consignada en el propio texto de la norma, representando en realidad, un recorte o si se quiere decir, una delimitación a "último momento" de la hipótesis de incidencia tributaria, pero de ninguna forma, los supuestos excluidos por la misma del ámbito de aplicación del Impuesto, pueden ser considerados como incluidos. En tal sentido, mantenemos la objeción en el sentido que un hecho no puede encontrarse a la vez dentro y fuera del ámbito de aplicación del impuesto, pues ello es un manifiesto contrasentido.

En el caso concreto de la legislación peruana, y tal como lo hemos adelantado en el punto anterior, consideramos que el concepto de operaciones no gravadas debe entenderse en principio referido respecto de operaciones exoneradas, y excepcionalmente respecto de determinadas operaciones inafectas señaladas expresamente en la norma, como es el caso de la prestación de servicios a título gratuito y la venta de inmuebles cuya adquisición estuvo gravada.

De otra parte, respecto de las operaciones que de acuerdo al reglamento *no* califican como operaciones *no* gravadas, en nuestra opinión debe entenderse que la mención efectuada incluye en general a todas las operaciones excluidas del ámbito de aplicación del impuesto, vale decir las operaciones inafectas, con excepción de aquellas expresamente señaladas en el reglamento como "no gravadas". En tal sentido, consideramos que la enumeración del numeral ii) antes citado, no tiene carácter taxativo sino meramente referencial o enunciativo,[28] pues de lo contrario, se tendrían operaciones no comprendidas en los conceptos de "operaciones gravadas", "operaciones no gravadas" ni el de "operaciones *no* comprendidas como *no* gravadas", llegándose al absurdo de reconocer una cuarta categoría distinta a las tres anteriormente mencionadas.

3.2.3 Adquisiciones comunes destinadas a operaciones gravadas e inafectas

Finalmente cabe traer a colación, el hecho que si un sujeto pasivo del impuesto realiza operaciones gravadas y adicionalmente operaciones inafectas (no consideradas como no gravadas) y no puede identificar el destino de sus adquisiciones gravadas (con lo cual se tiene adquisiciones afectadas a ambas operaciones), no incurrirá en el supuesto establecido en el artículo 23º de la Ley del Impuesto General a las Ventas, con lo que en consecuencia, no se encontraría obligado a aplicar la regla de la prorrata del artículo 6º numeral 6.2 del Reglamento, la cual es aplicable a los casos de sujetos que efectúen operaciones gravadas y no gravadas.

Si bien hay quienes opinan que en tal supuesto el contribuyente debería tomar como crédito fiscal el 100% del impuesto que afectó las adquisiciones de bienes y servicios,[29] no es menos cierto que existe la certeza en cuanto a que una parte, aún cuando ínfima del impuesto que gravó tales adquisiciones comunes, está destinada a operaciones excluidas del ámbito de aplicación del impuesto, que no pueden otorgar el derecho al crédito fiscal. Cabe entonces hacer un replanteamiento en el ámbito legislativo, a los efectos de proponer una normativa que permita solucionar tal situación, que podría consistir en establecer una prorrata especial distinta a la regulada en nuestro actual reglamento.[30] En relación al tema

28. Al respecto resulta ilustrativo el supuesto de hecho propuesto por Alex Córdova, cuando refiriéndose a la venta de un inmueble cuya adquisición no estuvo gravada, concluye que tal operación califica como una operación "que no debe ser considerada como una operación no gravada" aún cuando tal supuesto de hecho no se encuentra señalado expresamente como una operación que *no* califica como *no* gravada (Córdova Arce, Alex, "Determinación del crédito fiscal tratándose de sujetos que realizan operaciones gravadas y no gravadas con el IGV: ¿Está todo dicho?", en *Revista Estudios Privados* 3/66.

29. Córdova Arce, Alex, ob. cit., p. 67.

30. Al respecto, existe en nuestro medio una corriente interpretativa, motivada en el Oficio n. 007-2000-K00000 emitido por SUNAT, en el cual se concluye que las cuotas ordinarias o extraordinarias que pagan los asociados a una asociación sin fines

de la prorrata especial, Casado Ollero señala respecto de la prorrata especial, que "Se trata de un procedimiento en el que se atiende a la afectación real de los bienes y servicios adquiridos. El IVA soportado en la adquisición de bienes y servicios utilizados exclusivamente en operaciones que originen el derecho a la deducción, es deducible en su integridad, mientras que no se deduce el IVA soportado en los bienes y servicios utilizados exclusivamente en la realización de operaciones que no generan el derecho a la deducción. Para el resto de los bienes y servicios adquiridos, es decir, los utilizados conjuntamente en ambos tipos de operaciones, se aplica la prorrata general".[31]

3.3 Aplicación obligatoria de la prorrata durante doce meses

La norma reglamentaria vigente respecto del Impuesto General a las Ventas, señala que la proporción obtenida por la aplicación de la regla de la prorrata, debe aplicarse siempre que en un periodo de doce meses, incluyendo el mes al que corresponde el crédito fiscal, el contribuyente haya realizado operaciones gravadas y no gravadas cuando menos una vez en el periodo mencionado.

A primera impresión, la disposición comentada guarda una coherencia lógica y no debería generar problemas interpretativos. Sin embargo, si se analiza con detenimiento, se aprecian distorsiones a la estructura impositiva del Impuesto General a las Ventas.

Ocurre que a los efectos de aplicar la regla de la prorrata, el sujeto pasivo del impuesto debe tener un impuesto que gravó sus adquisiciones de bienes y servicios, el cual no puede identificarse como afectado exclusivamente a operaciones gravadas. Evidentemente el requisito indispensable es encontrarse realizando operaciones gravadas y no gravadas. No obstante ello, puede ocurrir que un sujeto pasivo del impuesto, realice por única vez operaciones no gravadas, y posteriormente pura y exclusivamente operaciones gravadas, en cuyo caso, en aplicación literal de la norma, dicho sujeto debería aplicar la prorrata durante los próximos doce meses, aún cuando en dicho periodo no ha realizado operaciones no gravadas.

Tal interpretación atenta a todas luces contra la estructura técnica del Impuesto General a las Ventas, toda vez que se está limitando la aplicación del crédito fiscal a un sujeto pasivo del impuesto que se encuentra realizando operaciones gravadas y que puede identificar el destino de sus adquisiciones como plenamente afectadas a tales fines. A mayor abundamiento, en el caso planteado el sujeto pasivo del impuesto al no encontrarse realizando operaciones no gravadas, no se encontraría en el supuesto de hecho requerido para aplicar la regla de la prorrata, el cual como lo indicáramos en párrafos anteriores, consiste en realizar operaciones gravadas y no gravadas, y adicionalmente no poder identificar la afectación de las adquisiciones de bienes y servicios respecto de operaciones gravadas.[32] Tal línea interpretativa, puede adver-

de lucro, no califican como operaciones no gravadas y por ende no deben ser consideradas para efectos de la prorrata del 6.2. Tal posición advierte al igual que nosotros, que en el caso un sujeto realice operaciones gravadas y operaciones no comprendidas dentro del ámbito de aplicación del Impuesto, y tuvieran adquisiciones gravadas destinadas comúnmente a ambas operaciones, no correspondería aplicar la prorrata dispuesta en la ley. No obstante ello, en interpretación que no compartimos, concluye que lo lógico sería que se aplique el procedimiento de prorrata del crédito fiscal contenido en el reglamento (Talledo César, "Manual de Impuesto a las Ventas", *Boletín* 119/9).

31. Casado Ollero, Gabriel, *El IVA en los Negocios Internacionales*, Ponencia Nacional Española ante XVII Jornadas Latinoamericanas de Derecho Tributario organizadas por el ILADT.

32. Al respecto cabe señalar que lo dicho por nosotros ha sido compartido, de alguna manera, por el Tribunal Fiscal, a través de la RTF 1218-4-97 la cual establece que "(...) en tal sentido, el artículo 6º, numeral 6 del Reglamento de la Ley del Impuesto General a las Ventas aprobado por Decreto Supremo n. 029-94-EF, *establece un mecanismo de proporcio-*

tirse inclusive de la RTF 119-3-97, cuando se señala que la aplicación de la regla de la prorrata procede en tanto el sujeto del Impuesto realice conjuntamente operaciones gravadas y no gravadas, por lo que según su naturaleza, no cabe su aplicación si el sujeto realiza únicamente operaciones gravadas con el IGV.

En tal sentido, somos del entendimiento que la aplicación de la prorrata durante el lapso de doce meses, únicamente puede ser aplicable si el sujeto pasivo del impuesto realiza operaciones gravadas y no gravadas.

Lima, 6 de noviembre del 2000

nalidad de aplicación excepcional, es decir, *el mismo es de utilización en aquellos casos en que el sujeto del impuesto no pueda determinar el destino de sus compras afectas a operaciones de venta gravadas*, de aquéllas que no lo están, debiendo realizarse la prorrata correspondiente por los de utilización común". Adicionalmente, también se menciona que "(...) resulta razonable afirmar que, en el caso de autos, si el crédito fiscal del mes de enero de 1995 se encuentra disgregado de aquél que proviene de adquisiciones de bienes y servicios destinados a operaciones exoneradas e inafectas y la recurrente no ha realizado otras operaciones no gravadas durante los meses anteriores respecto de los períodos materia de acotación (febrero y marzo de 1995) *que pudieran originar un crédito arrastrable a los meses posteriores y distorsionar con ello el sistema de valor agregado*, no es aplicable en los referidos meses el sistema de prorrata, *más aún si se tiene en cuenta que, según las correspondientes Declaraciones Juradas, se realizaron solamente operaciones de venta gravadas con el impuesto*".

ESTADO DIMINUTO (?) A FEIÇÃO INTERVENCIONISTA E OS DESCAMINHOS DO NEOLIBERALISMO

DANIELLE SOUZA DE ANDRADE E SILVA
Mestranda em Direito — UFPE

1. Intróito. 2. Fases históricas da atuação do Estado na economia: 2.1 O liberalismo econômico; 2.2 O intervencionismo estatal; 2.3 O neoliberalismo enquanto política para superar a crise estrutural do capitalismo. 3. O liberalismo político — Uma crítica de ordem teórica ao neoliberalismo. 4. O ilusionismo neoliberal. 5. À guisa de conclusão. 6. Bibliografia.

1. Intróito

O debate político — e, por conseguinte, o econômico, o jurídico e o cultural — tem girado em torno do ressurgimento do ideário liberal, que, em novos contornos, passa agora a denominar-se neoliberalismo, face à queda dos socialismos reais e o esgotamento da alternativa social-democrata do Estado intervencionista (o chamado *Welfare State*). A esfera pública estatal perde em espaço para a privada e a pública não-estatal. É o neoliberalismo que ganha força no cenário econômico mundial, atingindo não só países europeus e norte-americanos, mas também os países de capitalismo periférico. É também o responsável por impulsionar revoluções e contra-revoluções, atraindo defensores e detratores.

É nesse contexto que se desenvolverá o presente ensaio, tentando explicitar a noção de Estado do modelo neoliberal e a sua contraposição ao intervencionismo, além de criticar o neoliberalismo a partir de uma teoria política liberal. Buscaremos ainda investigar em que medida o neoliberalismo existente aproxima-se dos princípios que o seu discurso conduz, desnudando as facetas nele escondidas, mormente a intervencionista.

Inicialmente descreveremos, com o auxílio da História e da Economia, as origens dos grandes modelos econômicos que se sucederam no mundo, para, ao final, enfocarmos os fundamentos contemporâneos do neoliberalismo e apontarmos as suas ilusões dentro de uma perspectiva comprometida com a radicalização da democracia e a refuncionalização do Estado face aos ditames de um mercado globalizado.

2. Fases históricas da atuação do Estado na economia

2.1 O liberalismo econômico

Atividade política e economia tiveram seus traços claramente dissociados com o apogeu do Estado liberal que emergiu da

Revolução Francesa, e que predominou no século XIX. A estreiteza de suas relações, todavia, manteve-se em um particular, observado por Gual Villabi: "de tal modo o econômico esteve sempre subordinado ao político que, inclusive, quando a economia é deixada num regime de liberdade, é porque a política entende que este sistema liberal é o que convinha aos interesses sociais, e quando a política entendeu que deveria sujeitá-la, o fez sem maior dificuldade".[1]

Ao fazer-se referência à posição doutrinária típica do liberalismo, posta por Adam Smith, tem-se que o Estado possui apenas três deveres: proteger a sociedade da violência e da invasão por outras sociedades; estabelecer uma adequada administração da justiça; erigir e manter certas obras e instituições públicas que nunca seriam do interesse de qualquer indivíduo (ou de um pequeno número), porque o lucro não reembolsaria as despesas. Temos, assim, as funções perfeitamente limitadas do Estado no século XIX. Todo regime estatal, portanto, implica um mínimo de intervenção econômica e, entre este e o mínimo de liberdade, o Estado comporta diversas modalidades de ação: de simples manutenção da ordem política até direção total da economia num país.

O problema da concepção do Estado liberal foi ter partido de uma referência negativa do papel do Estado no domínio econômico, o que nem sempre se pode afirmar correto; ao revés, é muitas vezes necessária certa ingerência do Estado para o bom andamento da economia e perfeita salvaguarda dos direitos individuais.

O liberalismo foi, sem sombra de dúvida, causador do grande impulso econômico e técnico que transformou a fisionomia de nossa civilização após a Revolução Francesa, de forma que os sistemas econômicos do passado foram nitidamente superados pela maior eficiência do capitalismo. Isso se reflete no fenômeno do constitucionalismo, que, consoante Carl Schmitt, "é a própria doutrina política do liberalismo". Não se pode, contudo, olvidar a afirmação de Henry Laufenburger: "o capitalismo é inconcebível sem um mínimo de intervenção".[2] Além disso, o funcionamento do regime liberal tinha como pressuposto uma certa igualdade, requerendo também uma competição equilibrada. Como tais pressupostos não foram alcançados, surgiu a crise do liberalismo, caracterizada pela crise econômica entre as duas grandes guerras e os desequilíbrios internacionais do presente.

O advento da Revolução Industrial faz surgir a formação de grandes aglomerados urbanos, acarretando diversas transformações sociais, que resultam em um maior número de atribuições ao Estado, o qual passa a intervir mais freqüentemente na economia e na sociedade, para compor os conflitos de interesses de grupos.

Em 1848, Karl Marx publica seu "Manifesto Comunista", indicando o eclodir de novas concepções políticas, como bem reflete Georges Burdeau: "as transformações da vida econômica e, especialmente, as conseqüências da Revolução Industrial, agravando as condições materiais da vida dos trabalhadores, revelam a disparidade entre a nova estatura do cidadão e a situação do proletário (...). O surgimento desse povo real se afirma (...) pelo acesso regular de representantes das massas operárias ao Parlamento da democracia burguesa".[3] A necessidade de atender às exigências e reclamos desse "homem situado" (homem condicionado pelo meio em que vive) vai impor o alargamento das atribuições do Estado. No dizer de Von Mises, "o acontecimento mais importante na história dos últimos cem anos foi a substituição do liberalismo pelo estatismo". Esse estatismo, no entanto, não obedece a nenhum plano prédeterminado, mas é baseado em medidas puramente emergenciais, conforme demonstra a própria incerteza de terminolo-

1. *Apud* Alberto Venâncio Filho, *Intervenção do Estado no domínio econômico*, p. 6.

2. Idem, p. 8.

3. Idem, p. 10.

gia em definir o fenômeno da intervenção (denotando a falta de sistemática dessa intervenção): economia dirigida, capitalismo planificado, reformismo social, estatismo (compreendendo duas espécies: intervencionismo e socialismo).[4]

No século XX, surgem as chamadas "economias de guerra", mais intensamente na II Guerra Mundial (1939/45), quando algumas nações tiveram que se preparar para o esforço bélico, exigindo-se a mobilização econômica nesse sentido, alargando-se as atribuições do Estado. A I Guerra Mundial rompe a tradição do liberalismo econômico, gerando diversas conseqüências: constitui uma experiência concreta da total disciplina pública da economia, criando métodos dirigistas dificilmente anuláveis; provoca excessos dimensionais e distribuições erradas na industrialização, com predisposição à ruína por falta de capital e de demanda, e conseqüente absorção estatal para evitar a crise.[5]

Após a I Guerra Mundial, ocorre a Depressão de 1929, que se irradia pelo mundo inteiro. A grande ilusão foi a superprodução agrícola, a estocagem. Quando a Europa começa a criar tarifas protecionistas, não tem mais para quem vender. A Grande Depressão traz a crise do liberalismo, fazendo surgir um novo papel do Estado, o qual, segundo a doutrina de John Maynard Keynes, deve intervir mais na economia. A formulação econômica de Keynes, consubstanciada no *New Deal*, propagou que um Estado organizado pode estabilizar, estimular e dirigir o rumo da sua economia sem apelar para a ditadura e sem substituir o sistema baseado na propriedade. Assim, é recriada a concepção de que a economia e a política estão indissoluvelmente ligadas. A Teoria de "Empregos, Juros e Dinheiro" de Keynes enxergava a intervenção como uma forma de restabelecimento do equilíbrio, em que são conciliados os dois maiores fatores de estabilidade econômica: a iniciativa privada e a ação governamental, que, sem regular a atividade particular, procura distribuir seus frutos de uma forma mais justa, com o fim de atender ao interesse coletivo.

Essa crise de 29 surte efeitos diferentes em cada país. Nas democracias tradicionais, como os Estados Unidos, a França e a Inglaterra, é mantida a estrutura democrática, mas o papel do Estado é redefinido. Nos EUA, em sucessivos planos econômicos, aumenta o controle do governo sobre a agricultura, a indústria, os transportes e os bancos, com vistas a amenizar os efeitos da depressão. Na França, em 1936, a *Frente Popular* permite a "cogestão" (os trabalhadores participam da gerência das fábricas), reunindo-se liberais e socialistas no governo (burgueses e proletários). Na Inglaterra, houve a coalisão entre partidos trabalhadores e conservadores. Já nas democracias em via de consolidação ocorre a ascensão de regimes de inspiração nazi-fascista, além de ser retomado o expansionismo imperialista. Na Itália, após a queda do fascismo, há a permanência do intervencionismo, principalmente através de uma política de desenvolvimento das regiões menos favorecidas do Sul.

Deve ficar claro, contudo, que, como matéria de fatos históricos, a intervenção estatal nos países ocidentais não foi o resultado de uma decisão consciente de planejar, mas geralmente precedeu ao planejamento. Numa seqüência natural, a intervenção causou o planejamento, o que não se verifica no liberalismo, em que há prévia decisão e planificação das metas a serem atingidas. Como embasamento teórico, podemos recorrer à Doutrina Social da Igreja, desde a *Rerum Novarum* de 1891 até os recentes pronunciamentos (*Rerum Novarum*; *Quadragesimo Anno*; *Mater et Magistra*). É preciso insistir sempre no princípio de que a pre-

4. Ludwig von Mises, *Uma crítica ao intervencionismo*, p. 87.

5. No Brasil, devido à falta de demanda do café, Washington Luís busca salvar pelo menos a produção paulista, indicando um paulista como seu sucessor — contrariando a "República café-com-leite", pois era a vez de um mineiro assumir o poder. Desencadeou-se, em seguida, a Revolução de 30.

sença do Estado no campo econômico, por mais ampla que seja, não pode ter como meta reduzir a esfera de liberdade na iniciativa pessoal; mas, pelo contrário, deve garantir a essa esfera a maior amplitude possível, protegendo os direitos essenciais da pessoa humana.[6]

2.2 *O intervencionismo estatal*

O Estado liberal constituiu-se em antítese ao absolutista, pois, com a ascensão da burguesia ao poder político, passaram a viger os seus princípios e valores.

Os mecanismos liberais propiciaram à economia uma ordem livre, mas que não era "natural", e sim criada pelo Estado, que intervinha na economia no "Ponto Zero". O Estado que predominou no século XX somente pode ser considerado como intervencionista no domínio econômico se contraposto ao Estado liberal, em que a intervenção também ocorreu, mas no "Ponto Zero". Assim, podemos apontar a intervenção estatal como caráter inerente ao próprio conceito de Estado.

O intervencionismo estatal cumpre, dentre outros, o papel de mitigar os conflitos do Estado liberal, através da atenuação de suas características — a liberdade contratual e a propriedade privada dos meios de produção —, a fim de que haja separação entre os trabalhadores e os meios de produção. Decorre daí a necessidade de impor uma "função social" a estes institutos: da propriedade com direito de pleno uso, gozo e distribuição, passamos a uma *exigência funcional da propriedade*, e a liberdade contratual acha-se hoje condicionada por um *dirigismo econômico estatal.*

Além disso, com o advento do voto universal, foi necessário que o Estado liberal caminhasse para uma transformação, uma vez que foi preciso aumentar o prisma das propostas políticas a fim de alcançar todo esse novo eleitorado numericamente superior. Isto determinou o surgimento das normas programáticas, que visam a tratar de temas econômico-sociais.

Fernando Scaff, acompanhado dos estudos de Vital Moreira, Fábio Nusdeo, Paulo Bonavides, José Afonso da Silva e Geraldo Vidigal, esclarece as causas da transformação do Estado liberal em intervencionista: o surgimento do capitalismo em sua fase monopolista; as crises cíclicas do capital; as exigências sociais advindas da produção; o ideário socialista em conjunto com o planejamento econômico; a transformação da força de trabalho em mercadoria; e as guerras mundiais.[7]

Diversas são as classificações que nos legam, para fins didáticos, os doutrinadores, destacando que o intervencionismo pode dar-se em vários níveis de uma gradação. Para Alberto Venâncio Filho, convém apartar as formas de intervenção regulamentar (que se dá em setores como agricultura, comércio, indústrias de transformação etc.) daquelas intervenções institucionais (desdobradas na administração direta do Estado e nas formas descentralizadas).[8]

No dizer de Eros Roberto Grau, são dois os modos em que pode haver intervenção do Estado: I — no domínio econômico, quando o ente estatal atua como agente econômico, podendo esta ação se dar por absorção (o Estado "absorve" aquele segmento econômico, não permitindo o desenvolvimento de idêntica atividade por outrem, em regime de monopólio) ou por participação (o ente público decide manter outros agentes econômicos funcionando no setor); e II — sobre o domínio econômico, caso em sua ingerência pode ocorrer por indução (privilegiando determinadas atividades em detrimento de outras, orientando

6. Não é outra a diretriz esposada no *caput* do art. 170 da Constituição Federal de 1988: "A ordem econômica, fundada na valorização do trabalho humano e na livre iniciativa, tem por fim assegurar a todos existência digna, conforme os ditames da justiça social, observados os seguintes princípios: (...)".

7. Fernando Facury Scaff, *Responsabilidade do Estado intervencionista*, pp. 26-32.

8. Alberto Venâncio Filho, *Intervenção do Estado no domínio econômico*, p. 69.

os agentes econômicos) ou por direção (determinando procedimentos incisivos e coativos a serem adotados pelos agentes econômicos).[9]

Para André de Laubadère,[10] as intervenções podem ser globais, setoriais ou pontuais; diretas ou indiretas; por via unilateral ou por via convencional; em relação às empresas privadas ou ao setor público econômico.

A maior ênfase nos mecanismos indiretos de intervenção sobre o domínio econômico e o conseqüente esmaecimento das formas de atuação direta na economia é uma das características daquilo que se entendeu denominar *modelo econômico neoliberal*.

2.3 O neoliberalismo enquanto política para superar a crise estrutural do capitalismo

Após a Segunda Grande Guerra, houve um verdadeiro *boom* do capitalismo, calcado na destruição maciça das forças produtivas e na grande exploração dos trabalhadores durante a guerra. Desenvolveu-se um novo método de produção em larga escala.[11] A partir do final da década de 60, inicia-se uma crise crônica e estrutural na economia mundial, causada pelo aumento do investimento em máquinas e fábricas para vencer os concorrentes, o que provoca uma acumulação exacerbada de capitais e mercadorias (excedentes de produção), refletindo numa queda abrupta da taxa média de lucro. Exige-se um mercado cada vez mais amplo, com a produção crescente de mercadorias, porém o poder de consumo da população é diminuído.

Como conseqüências da crise — que atinge todos os setores industriais de ponta, além do setor agrícola, do sistema financeiro[12] —, têm-se o fechamento de fábricas, a queima de colheitas, as demissões em massa, a diminuição do investimento produtivo da burguesia. Grande parte do capital acumulado passa a ser investido não mais na produção: desenvolve-se o capital fictício, de agiotagem, que é injetado sob a forma de créditos, levando a um endividamento generalizado dos países, empresas e pessoas (a dívida pública em alguns países é superior a toda sua produção anual). A tendência à especulação financeira é crescente, estimando-se que o fluxo internacional de capital fictício seja, então, trinta vezes maior que o comércio de mercadorias no mundo todo.

As soluções encontradas pela burguesia para vencer a crise são a superexploração — seja dos países subdesenvolvidos, seja dos trabalhadores dos países adiantados —, a extração de grande massa de capital dos países atrasados, a facilitação de empréstimos, gerando poder de compra. Tal crescimento, entretanto, é fictício, porquanto não baseado na expansão de fábricas e no investimento produtivo. Muda a correlação de forças entre os diversos setores do imperialismo: passa-se do poderio dos EUA aos imperialismos japonês e alemão.

Pela incapacidade de superar a crise em vários setores da economia, de cessar a expansão do crédito e de recuperar a taxa média de lucro do pós-guerra, a burguesia endurece via *política neoliberal* — desestimula-se o consumo, havendo recessão e arrocho, dificultando o pagamento das dívidas dos países. Abre-se um novo cenário na disputa interimperialista: a formação dos

9. Eros Roberto Grau, *A ordem econômica na Constituição de 1988*, 3ª ed., p. 156.

10. André de Laubadère, *Direito público económico*, pp. 28-31.

11. A obra *O caminho da servidão*, de Friedrich Hayek, escrita em 1944, já tem feição neoliberal, quando ataca as limitações dos mecanismos de mercado pelo Estado, denunciadas como "uma ameaça letal à liberdade, não somente econômica, mas também política" (*apud* Maurício Leal Dias, "O neoliberalismo é intervencionista?", in *http://www.apriori.com.br/artigos/politica/188.htm.*).

12. A crise do sistema financeiro é causada principalmente pela especulação, advinda da acumulação de capitais não investidos. A maior parte desse capital vai financiar as dívidas públicas dos países imperialistas.

blocos comerciais em torno desses três países (EUA, Japão e Alemanha), acirrando a concorrência. Tal tendência deu um salto nos últimos anos pela gravidade na economia mundial.

Os blocos objetivam precipuamente ampliar os mercados para seus produtos e transformar seus *deficits* comerciais em *superavits* para cobrir juros de sua dívida internacional. Para tanto, utilizam, entre outros meios, a abolição de barreiras alfandegárias em seu interior, no que reside uma grande contradição da política neoliberal: ao mesmo tempo em que os blocos suprimem as restrições alfandegárias no interior deles próprios, pregando a abertura dos mercados dos países atrasados, aumentam as barreiras para países e empresas de blocos rivais, agravando o protecionismo tarifário. Assim, enquanto o liberalismo clássico era calcado no indivíduo, o neoliberalismo contemporâneo baseia-se nas organizações transnacionais, que se posicionam contra mesmo o indivíduo.

3. *O liberalismo político — Uma crítica de ordem teórica ao neoliberalismo*

Álvaro de Vita analisa o liberalismo enquanto pensamento político, cujas teses fundamentais, defendidas por John Rawls e Ronald Dworkin, são as de que o Estado deve proteger um conjunto de direitos fundamentais dos cidadãos e deve ser neutro no que se refere às concepções de boa vida a que os cidadãos devotem lealdade e que se empenhem em realizar.[13]

Rawls elaborou a teoria da "posição original", baseada em dois postulados: I — cada pessoa tem um direito igual ao mais amplo esquema de liberdades básicas iguais com um esquema similar de liberdades para todos; II — as desigualdades sociais e econômicas devem satisfazer a duas condições: devem existir para o maior benefício possível dos mais desafortunados da sociedade (eis o princípio da diferença: busca assegurar a igualdade democrática) e devem ser vinculadas a posições e cargos abertos a todos, sob condições de igualdade eqüitativa de oportunidade.

Assim, a justiça ou injustiça não está nos fatos naturais (indivíduos nascerem em determinadas posições sociais ou dotados/privados de certos talentos), que são moralmente arbitrários, mas na forma como as instituições da sociedade lidam com esses fatos. Bens primários devem ser igualmente distribuídos e só se aceitam desigualdades nessa distribuição se também beneficiarem os mais desafortunados. As desigualdades imerecidas devem ser compensadas. Mas que desigualdades são relevantes? Para Rawls, não somente as desigualdades de recursos e talentos naturais, mas também as diferenças de preferências e ambições individuais são moralmente arbitrárias, devendo igualmente ser contrabalançadas. Por outro lado, Dworkin assinala que as desigualdades resultantes de preferências diferentes não justificam uma redistribuição compulsória de renda. No seu "leilão hipotético", os indivíduos comparecem em igualdade de recursos. As desigualdades de talentos é que são arbitrárias, devendo ser compensadas por mecanismos redistributivos.

Distingue Dworkin dois princípios diferentes que consideram a igualdade como ideal político: tratar o governo todos os que estão a seu cuidado *como iguais*, com direito a igual atenção e respeito; tratar o governo *igualmente* todos os que estão a seu cuidado na atribuição de oportunidades, ou pelo menos assegurar o estado de coisas em que todos sejam aproximadamente iguais nesse aspecto.[14]

Ambos os autores valorizam as instituições de mercado mais por razões de justiça (assegurar a liberdade individual, as igualdades civis e políticas básicas, de liberdade e de oportunidades) do que de eficiência distributiva.

13. Álvaro de Vita, *Justiça liberal: argumentos liberais contra o neoliberalismo*, pp. 34 e ss.

14. Ronald Dworkin, *Uma questão de princípio*, pp. 283-284.

Interessante trazer aqui a lição de Fernando Aguillar, que revela a importância do direito e do Estado para a teoria liberal, ao tempo em que revela uma moralidade liberal: "O direito liberal organiza o mercado, mas dele não participa, deixando que os agentes econômicos interessados trabalhem com desenvoltura dentro das regras preestabelecidas. O Estado constrói a infraestrutura do mercado, dota-o de aparelhos indispensáveis ao funcionamento, cobre-o com a proteção do direito civil e comercial, para os casos em que algum agente não queira submeter-se às regras que livremente aceitou cumprir. Mas supõe agentes maduros e capazes, tanto consumidores quanto comerciantes, que contratarão seus negócios sem a ajuda do Estado, e, por isso mesmo, se contratarem mal sofrerão as conseqüências de seu mau passo".[15]

Robert Nozick, principal expoente do neoliberalismo político, argumenta contra o liberalismo igualitário de Rawls e Dworkin e a favor do *laissez faire*, sobretudo de natureza moral. No seu entender, "a questão fundamental da filosofia política, que precede qualquer outra sobre como o Estado deve ser organizado, é se ele deve ou não existir".[16] A "teoria da titularidade" de Nozick baseia-se nos princípios da aquisição original e da transferência, procurando santificar o direito de propriedade. Para ele, não se pode impor a ninguém que doe algo do que se tem para melhorar a situação do outro. A regra de justiça seria o mercado, o jogo de escolhas. O neoliberalismo fundamenta-se no livre funcionamento do mercado, na defesa do Estado mínimo e na crítica à social-democracia.

Álvaro de Vita quer demonstrar que o *laissez faire* não é parte da moralidade política constituinte do liberalismo. Este, longe de ser uma doutrina do Estado mínimo, é uma doutrina da intervenção estatal. Haveria espécies de intervenção estatal que o liberalismo recomenda por razões de justiça.

4. O ilusionismo neoliberal

Os defensores do neoliberalismo imprimem uma forte crítica ao Estado do bem-estar, através de argumentos fulcrados no fortalecimento dos mecanismos autoregulatórios do mercado, liberto das "amarras" do intervencionismo, argumentos que seriam a base do retorno da estabilidade monetária e do crescimento. Mas será mesmo o sistema neoliberal eficiente em suas propostas de crescimento econômico?

É especialmente no plano cultural que se podem notar as repercussões do neoliberalismo: o mito da mobilidade pelo esforço pessoal; as generosidades da livre empresa; o direito à diferenciação; a liberdade como valor máximo, embora com autodisciplina; e uma solidariedade não problemática para aqueles que não são beneficiados com o mercado. Investe-se no senso comum, no sentimento antitestatista do povo, atribuindo-se ao Estado e à sua máquina burocrática e ineficiente a responsabilidade pela crise.

Num caminho paradoxal, entretanto, como oportunamente destaca o publicista paraense Fernando Scaff, "não é desta forma que as relações se passam no mundo da realidade, mais especificamente no Brasil, onde a intervenção do Estado cresceu muito, só que na direção do capital, aumentando a dimensão dos excluídos".[17]

Nessa linha de raciocínio, o neoliberalismo, embora revestido do emblema da modernidade — para contrapor-se ao arcaico intervencionismo —, não realiza todos os seus pressupostos, mas alimenta contradições, ao permitir, por exemplo, o crescimento da economia às custas de uma polarização produtiva e social: promete-se igual-

15. Fernando Herren Aguillar, *Controle social de serviços públicos*, p. 52.

16. Robert Nozick, *Anarquia, Estado e utopia*, p. 18.

17. Fernando Facury Scaff, "Controle público e social da atividade econômica", in Georgenor de Souza Franco Filho (org.), *Presente e futuro das relações do trabalho*, p. 416.

dade de mercado através da desregulamentação e da privatização, mas crescem os monopólios em poder dos grupos econômicos privilegiados, provenientes dos grandes capitais. Os assalariados é que de fato pagam o preço da crise, com uma rígida política salarial que provoca queda nos salários reais.

Dessarte, embora se propague em todo o mundo o discurso neoliberal — que tem, em uma de suas vertentes, a *teoria da regulação*[18] —, buscando-se "mais sociedade e menos Estado", não se pode conceber, a não ser idealmente, uma sociedade capitalista que prescinda da figura estatal, mormente se se trata de uma sociedade periférica. Na prática, permanece o Estado participando das atividades econômicas.

Uma forma por que se revela a falácia do neoliberalismo enquanto intervencionismo escamoteado é através da análise dos gastos públicos de vários Estados nacionais, que aumentaram, de 1960 até os dias atuais, de 20 a 30% para 40% do Produto Interno Bruto, especialmente sob a égide do neoliberalismo de Thatcher, Reagan etc. Trata-se de um verdadeiro *neoliberalismo do capitalismo monopolista de Estado* (para utilizar a expressão de Theotônio dos Santos[19]), caracterizado pelo aumento da presença estatal para garantir a sobrevivência do capital, sobretudo o financeiro.

Valiosa é a ponderação de Eros Roberto Grau, ao revelar o estreito entrelaçamento entre Estado e o mercado capitalista, sendo aquele, em última instância, produzido por este, pelo capitalismo. O festejado professor paulista abomina a pretensa sinonímia entre a expressão "mercado livre" e a ausência do Estado nos mecanismos de mercado, ou ainda a sua relação com qualquer sentido de "modernidade". E conclui: "*Modernos* são a economia japonesa e os regimes de protecionismo econômico interno norte-americano e europeu, que *não fazem nenhum exemplo de mercado livre*".[20]

No contexto brasileiro, o neoliberalismo é contemplado na Constituição Federal.[21] A política neoliberal encontra reflexos nítidos nos movimentos pela desregulação e desestatização da economia, privatizando-se empresas e serviços públicos, assim como na França, Inglaterra, Espanha, EUA, Turquia, Japão, entre outros. Rodrigo Pereira de Mello destaca que "a grande relevância do tema aponta-se, dentre inúmeras outras razões, pelas significativas transferências financeiras que envolve (...); pela alteração que importa no perfil de atuação — 'intervenção' — do Estado na economia e no meio social (...); e, de forma igualmente relevante, pelos conflitos ideológicos que importa".[22]

De toda sorte, as propostas neoliberais, anunciadas como alternativa à crise global do capitalismo — que é também uma crise do Estado —, na verdade só logram acirrar vários impasses: aumenta a distância entre pobres e ricos, ascendem os racismos e xenofobismos, amplia-se a crise ecológica. Henrique Chagas denuncia que o termo *neoliberalismo* tem, pelo menos na América Latina, um sentido bastante pejorativo: é sinônimo de um programa econômico sensível, de um capitalismo selvagem.[23]

18. Segundo Eros Grau (*O direito posto e o direito pressuposto*, 2ª ed., p. 93), a teoria da regulação pressuporia a sociedade auto-sustentável, regulável a partir de dentro (endo-regulação), e dispensaria a participação do Estado como agente de produção do direito moderno.

19. *Apud* Maurício Leal Dias, "O neoliberalismo é intervencionista?", in *http://www.apriori.com.br/artigos/politica/188.htm*.

20. Eros Roberto Grau, *O direito posto e o direito pressuposto*, 2ª ed., p. 92.

21. Embora consagrada a ampla liberdade de iniciativa econômica, devem-se respeitar os ditames dos arts. 170 e 173 da Lei Maior o Estado, cuja função é regular a atividade econômica, poderá intervir para coibir abusos do poder econômico.

22. Rodrigo Pereira de Mello, "Privatização: cenário jurídico", in *Revista do Centro de Estudos Jurídicos* 6/66.

23. Por isso mesmo, diz ele, não é de se estranhar que muitos presidentes latino-americanos que aplicaram o programa neoliberal com fervor quase religioso tenham vergonha de qualificar-se como neoliberais ("O liberalismo, o neoliberalismo econômico e a Constituição Federal", in *http://www.infojus.com.br/area3/henriquechagas1.htm.*).

Chega-se mesmo a afirmar uma associação entre neoliberalismo e autoritarismo, eis que, para os neoliberais, a excessiva participação do povo no governo importaria um aumento de demandas para o Estado, sobrecarga insuportável para o mercado. Estaríamos às voltas com a ideologia do mercado quase como guerra, assim despido dos valores propagados pelo liberalismo político, já discutidos. É o que leva Bobbio a comentar: "Por neoliberalismo se entende hoje, principalmente, uma doutrina econômica conseqüente, de qual o liberalismo político é apenas um modo de realização, nem sempre necessário; ou, em outros termos, uma defesa intransigente da liberdade econômica, da qual a liberdade política é apenas um corolário".[24]

Cada vez mais tornam-se conhecidos os excessos do neoliberalismo e percebe-se a necessidade de uma harmonização entre ação pública e ação privada em qualquer processo de desenvolvimento. Precisamos, sem dúvida, de um mercado livre, que funcione melhor para acelerar o crescimento econômico e favorecer a toda a população, mas se faz mister sobretudo um Estado mais moderno, dinâmico e informado, que saiba transferir para a sociedade civil maiores responsabilidades na gestão produtiva e exercer sua função de controle das políticas públicas, garantindo a estabilidade e corrigindo as imperfeições do mercado.

5. *À guisa de conclusão*

Não é o fato de aceitarmos uma certa hegemonia da pregação neoliberal que nos levará a aceitar todos os seus ditames, pois, como ressaltado, o discurso neoliberal é falacioso e não vem cumprindo com as suas promessas de progresso, não se apresentando, pois, como verdadeira alternativa para o suposto esgotamento do *Welfare State*. E se constatamos que o neoliberalismo tem uma clara feição intervencionista, vimos que vem sendo praticado um intervencionismo perverso, talvez mais nefasto que o intervencionismo a que se contrapõe.

Cremos estar demonstrada a necessidade do exercício do capitalismo regrado, sem exageros ou maiores abusos, respeitando-se o direito de todas as partes no imperioso intuito de alcançar um equilíbrio nas relações e a suportabilidade das próprias obrigações — o que se chama uma "saudável" concepção neoliberal de Estado.

Podemos concluir que o neoliberalismo supõe, em princípio, a ampla liberdade de iniciativa, porém tal liberdade não pode comprometer a justiça social (um dos pressupostos do próprio bem comum do Estado) e há de ser limitada, através da regulação do mercado pelo ente estatal. Daí porque a teoria da regulação ou da auto-regulação não pode, principalmente diante de um mundo globalizado, dispensar a existência do Estado como ator fundamental nesse processo de diminuição da esfera pública e responsável pela produção — em escala razoável, e não desmedida — de normas assecuratórias das liberdades individuais e de mercado e das garantias sociais.

6. *Bibliografia*

AGUILLAR, Fernando Herren. *Controle social de serviços públicos*. São Paulo: Max Limonad, 1999.

ARRUDA, José Jobson de A. *História moderna e contemporânea*. 23ª ed. São Paulo: Ática, 1990.

BONAVIDES, Paulo. *Do Estado liberal ao Estado social*. Rio de Janeiro: Fundação Getúlio Vargas, 1972.

BURNS, Edward McNall. *História da civilização ocidental*. v. 2. 31ª ed. São Paulo: Globo, 1993.

CHAGAS, Henrique. "O liberalismo, o neoliberalismo econômico e a Constituição Federal". In *http://www.infojus.com.br/area3/henriquechagas1.htm*, 9.1.2001, 11h5min.

24. Norberto Bobbio, *Liberalismo e democracia*, 4ª ed., p. 55.

DIAS, Maurício Leal. "O neoliberalismo é intervencionista?". In *http://www.apriori.com.br/artigos/politica/188.htm*, 9.1.1991, 10h41min.

DWORKIN, Ronald. *Uma questão de princípio.* Trad. de Luís Carlos Borges. São Paulo: Martins Fontes, 2000.

HOBSBAWM, Eric. *Era dos extremos: o breve século XX — 1914-1991.* 2ª ed. São Paulo: Cia. das Letras, 1995.

GRAU, Eros Roberto. *O direito posto e o direito pressuposto.* 2ª ed. São Paulo: Malheiros Editores, 1998.

———. *A ordem econômica na Constituição de 1988.* 3ª ed. São Paulo: Malheiros Editores, 1997.

LAUBADÈRE, André de. *Direito público econômico.* Coimbra: Almedina, 1985.

MELLO, Rodrigo Pereira de. "Privatização: cenário jurídico". In *Revista do Centro de Estudos Jurídicos* 6/65-70. Brasília: Conselho da Justiça Federal, set.-dez. 1998.

MISES, Ludwig von. *Uma crítica ao intervencionismo.* Rio de Janeiro: Instituto Liberal, 1987.

NOZICK, Robert. *Anarquia, Estado e utopia.* Rio de Janeiro: Zahar, 1991.

SCAFF, Fernando Facury. "Controle público e social da atividade econômica". In FRANCO FILHO, Georgenor de Souza (org.). *Presente e futuro das relações do trabalho.* São Paulo: LTr, 2000, pp. 415-434.

———. *Responsabilidade do Estado intervencionista.* São Paulo: Saraiva, 1990.

SCHMITT, Carl. *Teoría de la Constitución.* México: Nacional, 1970.

VENÂNCIO FILHO, Alberto. *Intervenção do Estado no domínio econômico.* Rio de Janeiro: Fundação Getúlio Vargas, 1968.

VITA, Álvaro de. *Justiça liberal: argumentos liberais contra o neoliberalismo.* Rio de Janeiro: Paz e Terra, 1993.

* * *

Impressão e acabamento: GRÁFICA PAYM
Tel. (011) 4392-3344

RDT 80

CADERNOS DE DIREITO TRIBUTÁRIO: EL PRINCIPIO DE LA EQUIDAD TRIBUTARIA Y EL VÍNCULO DE SOLIDARIDAD SOCIAL: LA RELACIÓN ENTRE LAS NECESIDADES FINANCIERAS DEL ESTADO Y LA JUSTICIA ECONÓMICA – Victor Uckmar • LA ENSEÑANZA DEL DERECHO FINANCIERO EN ITALIA Y ESPAÑA – Andrea Amatucci • LOS PRINCIPIOS GENERALES DE LA IMPOSICIÓN Y LA CODIFICACIÓN TRIBUTARIA – Eusebio González • PRESCRIPCIÓN DE TRIBUTOS Y SANCIONES – Ramón Falcón y Tella • A SUPREMACIA CONSTITUCIONAL COMO GARANTIA DO CONTRIBUINTE – Hugo de Brito Machado • FISCALIDAD DEL COMERCIO ELECTRÓNICO – César García Novoa • A CONSTITUIÇÃO FINANCEIRA COMO QUESTÃO CRUCIAL DO DIREITO CONSTITUCIONAL – Raimundo Juliano Feitosa • ASESORÍA FISCAL Y DERECHO A LA DEFENSA: NOTAS EN TORNO A LA RESPONSABILIDAD PENAL DEL ASESOR FISCAL – Luis Manuel Alonso González • PRAZO PARA RESTITUIÇÃO DE TRIBUTO RECOLHIDO COM BASE EM NORMA DECLARADA INCONSTITUCIONAL – José Henrique Longo • NORMAS TRIBUTARIAS PARA LA PREVENCIÓN DE LA ELUSIÓN INTERNACIONAL – *CONTROLLED FOREIGN CORPORATIONS* – CFC (TRANSPARENCIA FISCAL INTERNACIONAL) – Alejandro C. Altamirano • INCONSTITUCIONALIDADE DA COBRANÇA DAS CONTRIBUIÇÕES ADMINISTRADAS PELO INSS ANTES DO FATO JURÍDICO TRIBUTÁRIO – Eduardo Marcial Ferreira Jardim • PRINCIPIOS CONSTITUCIONALES DEL DERECHO TRIBUTARIO SANCIONADOR – Álvaro Rodriguez Bereijo • LA RESIDENZA DEL *TRUST* NEL DIRITTO TRIBUTARIO ITALIANO E COMPARATO – Giuseppe Marino • LA RETENCIÓN EN EL DERECHO TRIBUTARIO: OBLIGACIÓN "EX LEGE" DE LOS PATRONES – Gabriela Ríos Granados • ***ESTUDOS E COMENTÁRIOS:*** A REGRA ANTIELISIVA. APENAS UMA DISSIMULADA INTENÇÃO – Sidney Saraiva Apocalypse • LA IMPOSICIÓN AL CONSUMO DERIVADA DE LA ADQUISICIÓN DE PRODUCTOS DIGITALES – Rossana Rodríguez Ruiz • ALGUNAS DISQUISICIONES EN TORNO AL CRÉDITO FISCAL Y A LA DENOMINADA REGLA DE LA PRORRATA RECOGIDA EN EL IMPUESTO GENERAL A LAS VENTAS PERUANO – Jorge Bravo Cucci • ESTADO DIMINUTO (?) – A FEIÇÃO INTERVENCIONISTA E OS DESCAMINHOS DO NEOLIBERALISMO – Danielle Souza de Andrade e Silva

MALHEIROS
EDITORES

Revista de Direito Tributário

117